Robert Neumann:
An den Wassern von Babylon
Roman

Deutscher
Taschenbuch
Verlag

Ungekürzte Ausgabe
Juli 1991
Deutscher Taschenbuch Verlag GmbH & Co. KG,
München

ISBN 3-421-06358-3
Erstveröffentlichung 1939 in englischer Sprache
unter dem Titel ›By the Waters of Babylon‹;
die erste deutschsprachige Ausgabe erschien 1945
in England, in Deutschland 1954.
Umschlaggestaltung: Marek Mann
Gesamtherstellung: C. H. Beck'sche Buchdruckerei,
Nördlingen
Printed in Germany · ISBN 3-423-11417-7

Das Buch

»›Sie brechen durch‹, rief der Telegrafist. ›In fünf Minuten sind sie über der Grenze!‹ Der Autobus arbeitete sich höher, stand schräg, glitt zwei Meter zurück auf dem Schottergrund, fand sein Gleichgewicht, fuhr weiter. Von der Straße gesehen, klomm er nun schon in beträchtlicher Höhe. Der Sergeant verlangte: ›Das Maschinengewehr. Wir schießen auf die Reifen.‹« ... Im Jahre 1938 nähert sich der Grenze des englischen Protektorats Palästina ein Omnibus. Seine Passagiere: Juden aus allen Teilen der Welt, Verfolgte und Gescheiterte, die das gelobte Land der Väter zu erreichen versuchen. In den Lebensgeschichten dieser Menschen entrollt Neumann das ganze Panorama der jüdischen Diaspora von den Anfängen bis zum Ausbruch des Zweiten Weltkriegs. »Neumann hat gewußt: der Stoff ist so bedrückend, daß Sprache und Stil leicht, ja womöglich heiter sein müssen«, schreibt Hans-Albert Walter in der ›Frankfurter Rundschau‹. »Nur so ist das Unsagbare auf eine ästhetisch gültige Art erzählerisch zu bewältigen.«

Der Autor

Robert Neumann wurde am 22. Mai 1897 in Wien geboren und arbeitete nach dem Studium als Buchhalter, Bankbeamter, Devisenmakler und Direktor einer Schokoladenfabrik. 1927 wurde er schlagartig durch seine literarischen Parodien ›Mit fremden Federn‹ bekannt. Er publizierte Romane und Erzählungen, Dramen, Biographien und Essays. Nachdem er 1934 nach England emigriert war, erschienen viele seiner Werke zuerst in englischer Sprache. 1957 übersiedelte er in die Schweiz. Er starb am 3. Januar 1975 in München.

Warum willst du sterben, du Haus Israel?
Denn ich habe kein Gefallen am Tode dessen,
so da stirbt, spricht der Herr HErr.
Darum wende dich, und lebe.

Hesekiel, 18, 31. 32

Was in diesem Buche berichtet wird, greift weit zurück, und auch der Vorfall an der Grenze ereignete sich vor kaum mehr vorstellbar langer Zeit – noch vor dem letzten Kriege.

DIE GRENZE

DIE GRENZE

Das Wasser war noch grau, doch zitterten schon Lichter auf den flachen Kämmen der Dünung, die aus den ungewissen Nebeln der hohen See träg mächtig in einer schlafhaft breit hinrollenden Traurigkeit gegen die Küste lief. Nur eine Viertelstunde, so wußte man, nur noch zehn Minuten, dann ist alles azuren. Wie gelbe, nackte Knochen, blankgespült von der Morgenebbe, lagen die Ufertrümmer eines toten Gesteins, das sich in langen, langsamen, baum- und graslosen Halden höherklimmend in die Wildnis kegliger, einander gleichender Berge zog. Nur noch zehn Minuten, so wußte man, dann ist da die große Dürre und der ewige Sand. Ein erblaßter Dreiviertelmond segelte weit dort hinten irgendwo über das öde Land. Nur noch eine kleine Weile, so wußte man, dann ist er verstorben.

Zwischen Wüste und Meer, dem träge klimmenden Flutschwall jener Südostbucht nur um wenige Meter landein entrückt, standen Pfähle in regelmäßigem Abstand. Zwischen diesen Pfählen schimmerte Draht. Die Telegrafenleitung entlang war in Dreimeter-Breite der rauhe Stein zermalmt und hinabgepreßt zu einer holprigen Wanderspur, die immer wieder für eine Strecke in einem Tümpel fliegenden Sands ertrank. Das war eine Straße. Wo ein im Widerstreit von Wüste, Meer und dem großen Wind zu einer unüberschaulichen Halbmondform zusammengebrochener Uferberg nah an die Küste trat, war zwischen Wasser und Wildnis nicht einmal mehr Raum gewesen für dieses Dreimeterband, und so hatte man es aus dem Gestein gesprengt. An dieser Sprengstelle, die Straße beherrschend, klebte am Berghang ein dürftiges

Steinhaus. Ein Wegweiser zeigte dahin und dorthin. Nach der einen Seite war es die Wüste. Nach der andern Seite, an einem Schlagbaum vorbei und über das Bett eines eingetrockneten Flusses weg, war es wieder die Wüste, doch hieß sie dort Palästina. Über dem Steinhaustor war ein Wappen. Es wohnten da die englischen Wächter des Landes Kanaan.

Dieser Teil der Straße war neu. Die alte war, dem Küstensturz ausweichend, keine dreihundert Meter von der Grenze mit einer jähen Wendung in die Berge getreten; blickte man scharf hin, so sah man dort noch ihr schon dem Sand und der Ödnis verfallenes Fundament. Auch zog sich, Kontinent mit Kontinent verbindend, irgendwo dort hinten das Schienenband einer Eisenbahn; doch war die nicht sichtbar. Und auch ein vereinzelter Pfiff, der mitunter auf den Schwingen der trockenen Sonnenluft aus ihrer Verborgenheit herüberritt, war so ohne Macht vor der großen Stille, daß er nicht lauter war als eines fernen Wüstenvogels klagender Wanderruf. Da war nur das Meer und der Wind, da war nur das Land und der Sand, da war nur die Straße.

Blickte man scharf hin, so sah man die wandernde Säule des Staubes schon meilenfern. »Ein Auto«, sagte der Telegrafist, auf der Steinstufe neben dem Schlagbaum sitzend, das Fernglas am Auge.

Der Sergeant nahm ihm das Glas aus der Hand. »Ein Autobus«, sagte er nach einer Weile. Nun war es so, daß zu der Zeit nicht viele Autobusse über die Grenze fuhren nach dem Land Palästina, in dem ein unruhiger Frieden war. Die Fremdenreisezeit hatte für jenes Jahr noch nicht begonnen; viel Zustrom händelsüchtiger Araber gab es aus den Ländern ringsum; auch gab es einen heimlichen und zähen Zustrom von Juden; man schaute sich besser der Reisenden Pässe an. »Den Schlagbaum nieder«, befahl der Sergeant.

Der Telegrafist sagte: »Es ist kein Auto avisiert auf der Straße. Aber die Leitung war nicht in Ordnung während der Nacht. Kann sein –« Er brach ab, die Säule war nähergekommen, er hatte wieder das Glas am Auge. »Sie fahren wie die Verrückten«, sagte er ruhig.

Nun war es schon mit unbewaffnetem Auge erkennbar: ein großer, schwerer, sechsrädriger, staubgrauer Autobus. Die Nummerntafel war nicht zu unterscheiden, doch gehörte das Fahrzeug nach Farbe und neuartigem Bau zu einer Rotte amerikanischer Wagen, die weit dort hinten im Westen liefen, jenseits der Ödnis, auf den regelmäßig befahrenen ägyptischen Linien. Aber dieses Ausdemweggeratensein des Reisekolosses war immer noch weniger verwunderlich als die Weise, wie er gesteuert ward. Aus Sorglosigkeit, aus Übereile, oder, fast konnte man es glauben, weil er mit den Hebeln und Knöpfen des Schaltbretts nicht ganz vertraut war, hatte der Führer es übersehen, die Scheinwerfer abzudrehn. So blickten sie, blaß gewordene Augen, durch das Grau des frühen Tags, und an ihrem Irren war zu erkennen: die dort fuhren tatsächlich wie die Verrückten. Rechtshin, linkshin geworfen, immer wieder in einem letzten Augenblicksbruchteil zurückgerissen von dem Verderben des Straßenrands. Sand stiebte, Staub quoll unter den Rädern dieser rasenden Reise.

Als der Wagen noch dreihundert Meter von dem niedergelassenen Schlagbaum und den auf der Straße Wartenden ferne war, bremste er so scharf ab, daß man das Kreischen herüberhören konnte durch die trockene Luft. Nun kam er zu stehen. Ob nun aber ein so sehr Ortskundiger auf dem Lenksitz saß oder ein so sehr Ahnungsloser oder nur einer, der eben erst den Grenzposten und Schlagbaum wahrgenommen hatte und dem jeder Weg lieber war als der dort vorüber – das Automobil fuhr wieder an und bog seitab auf die verfallene, unter Geröll und Flugsand kaum mehr sichtbare Straßenspur, die sich dort in die Berge zog.

»Sie brechen durch«, rief der Telegrafist. »In fünf Minuten sind sie über der Grenze!«

Der Sergeant sagte langsam: »Noch nicht.«

Der Autobus arbeitete sich höher, stand schräg, glitt zwei Meter zurück auf dem Schottergrund, fand sein Gleichgewicht, fuhr weiter. Von der Straße gesehen klomm er nun schon in beträchtlicher Höhe. Der Sergeant verlangte: »Das Maschinengewehr. Wir schießen auf die Reifen.«

Der Wagen dort oben bog taumelnd doch siegreich gesteuert um die Kante des Halbmondbergs und verschwand.

»Das tut nichts«, sagte der Sergeant. »Das Maschinengewehr. In vierzig Sekunden kommen sie an der alten Straßenschleife dort oben wieder zum Vorschein.« Er hatte die Uhr in der Hand. »Zwanzig Sekunden«, sagte er. »Dreißig.« Die Männer standen um ihn und warteten. Einer kauerte hinter der zylindrischen Waffe auf ihrem Drehgestell und visierte. Ein Schweigen war.

»Achtzig Sekunden«, sagte der Telegrafist. »Sie werden nicht wieder sichtbar.«

Der Sergeant sagte: »Wenn sie nicht wieder sichtbar werden –« Er verstummte und horchte.

»Zweieinhalb Minuten«, sagte einer der Männer.

Nun erst, in die Stille, die folgte, trug die trockene Luft um die Kante von der unsichtbaren Seite des Berges her ein ungewisses Geräusch. Das war so fein und so fern, daß man nicht zu erkennen vermochte, ob das nun ein Klirren gewesen war oder ein Poltern oder auch nur ein Knall.

»Da ist etwas geschehen«, sagte der Sergeant. Er wandte sich und befahl: »Sechs Mann dort hinauf.«

Der Telegrafist saß drinnen am Apparat. Indes die ausgesandte Patrouille schon über eine Schutthalde bergwärts klomm, trat er wieder auf die Straße hinaus. Er trug einen Zettel. Er sagte: »Ich habe mit den Posten drüben auf der ägyptischen Seite Verbindung bekommen. Der Autobus ist heute nacht um elf Uhr gemietet worden, in El Bahra, für eine Sonderfahrt.«

Der Sergeant, mit dem Blick auf jene bergwärts Klimmenden, fragte: »Die Passagiere?«

»Ich habe die Namen.« Der Telegrafist las von seinem Papier. »Der erste heißt« – er unterbrach sich und lachte ein wenig, ehe er fortfuhr: »Reb Mojsche Wasservogel aus – ich kann den Ort nicht aussprechen. Muß in Polen sein. Dann ist da einer – wie heißt der? Borscht! Mit Frau und Tochter.«

Der Sergeant sagte: »Juden.«

»Warten Sie«, sagte der Telegrafist; er las weiter: »Lord Melville!«

»Ein Jude«, sagte der andere.

Der Mann las von seinem Zettel:

»Madame Sephardi, Konstantinopel.

Simson Silverman, Preisboxer aus New York. Mit Frau.

Glückstein, ein französischer Advokat. Mit Sohn.

Smith, Ingenieur aus London.

Liselotte Lewy aus Wien, kommt von Moskau.

Marcus, Schriftsteller, München.«

Der andere nickte. Und fragte: »Schluß?«

»Einer noch«, sagte der mit dem Zettel. »Der Name ist mehrfach gemeldet worden – mehrfach verschieden. Der Mann heißt Schlessing – ist die Vermutung der Polizei.« Er setzte hinzu: »Heißt er Schlessing – so läuft gegen ihn ein Steckbrief.«

»Juden«, sagte der Sergeant. Er hatte seine Augen auf den nun schon ferner und höher Klimmenden auf dem Hang; nun bogen sie dort oben Mann um Mann hinter die Kante des Berges.

Der Sergeant wiederholte: »Juden. Von überall.«

DIE ERBEN

Wasservogel – oder Das Leben im Geiste

Borscht – oder Das Blut der Väter

Melville – oder Das Lächeln der Schlafenden

WASSERVOGEL

oder Das Leben im Geiste

Dies ist der Bericht von einem Mann, der bekannt war unter dem Namen: der Blasse. Dieser Blasse hatte hinter sich ein reiches, heiteres und unbelastetes Leben. Keine Lieben, keine Geschwister, nicht einmal seine Eltern hatte er sterben sehen müssen – und war doch schon über fünfzig Jahre alt. Das kam daher, daß er jene Lieben, Eltern, Geschwister nicht kannte. Denn als man ihn damals auffand, hatte er, als ein Kind von drei Jahren, noch nicht den rechten Blick für die kleinen Vorgänge ringsum. Nicht für den Vater, der da lustigerweise sich schlafend stellte und auf dem Estrich lag mit dem bärtigen Gesicht in einer Lache fröhlichen Rots. Nicht für die Mutter, die ein wenig geschrien hatte, als die vielen fremden Männer mit den schönen Kosakenuniformen sie stolpern machten. Nicht auch für die Brüderchen und die Schwesterchen und die Kinder von nebenan, die jene Uniformleute an lange, blitzende Bajonette gespießt hatten, daß es für ein weiß Gott wie und weiß Gott warum Übersehenes ein wenig zum Lachen war. Da waren auch schon die lustig knisternden Flammen, die an Bett, Tisch und Schrank sich ergötzten. Dann waren, nach Abzug jener Kosaken, auch alsbald die weißröckigen, fröhlichen ukrainischen Bauern da, mit Säcken, um mitzunehmen was sich etwa noch fände. Und einer fand noch ein versehentlich lebendiges Judenjunges unter den Gemetzelten sitzen, und gutmütig wie Bauern sind, nahm er es lebendig mit sich, so wie ein Jäger ein lebendig gebliebenes junges Reh oder Füchslein mit sich nimmt.

Es war aber diese kleine, den Juden damals an der Karpathengrenze gewordene Bestrafung nur ein gerechter Ausbruch des Volkszorns. In einem Orte mit Namen Tisza-Eszlar drunten im nahen Ungarn hatte in diesem Jahr 1882 ein Jud, wegen Verwendung von Christenblut nach altem Brauch vor die Richter gezogen, die Frechheit gehabt, unter dem Schutze jüdischer Advokaten aus Budapest und aus Wien auf seinem Freispruche zu bestehen. Weil er freigesprochen worden war, mußte man die Juden ein wenig in ihrem Übermut beschneiden. Das tat man drei Jahre lang, bis ins vierundachtziger Jahr. Kaum zweitausend von ihnen wurden dabei erschlagen. Und das war wieder ein Beweis für den Fortschritt der Menschheit an weichlichen Ideen und für ihren Rückschritt an Tüchtigkeit, denn zweihundert Jahre zuvor, als der große Chmelnicky noch lebte, hatte er es in eben jenem Landstrich in einem einzigen Sommer auf siebenhunderttausend tote Juden gebracht.

Das so am Leben gelassene Rehlein wurde acht Jahre alt und wußte nicht wie, ehe es von zwei bärtigen Kaftanhausierern gefunden wurde, es wußte nicht wo, und in eine Stadt gebracht, es wußte nicht ihren Namen, wo viele Kaftantragende nah und warm beieinander wohnten. Denn so lebt sichs nun einmal fröhlich weiter nach einem kleinen Aderlaß.

Da sein Name vergessen war, nannten sie ihn Moses wie jenen andern im Strom des Lebens Gefundenen, und gaben ihm, wie das Gesetz des Zaren es vorschrieb, auch einen europäischen Namen. Doch hieß er schon damals, als ein Achtjähriger, gemeinhin »der Blasse« – und das wollte etwas besagen unter der Gemeinschaft der Judenkinder von Semienka. Das war der Name der kleinen Stadt. Mit achteinhalb verstand und schrieb er Hebräisch und Jiddisch. Mit neuneinhalb konnte er große Strecken der Thora auswendig hersagen und las neben Jünglingen, Männern, Greisen viele Stunden des Tages im Talmud. Die Nacht verbrachte er als Gewölbwächter eines Altkleiderhändlers, für das Nachtlager, zwei Stück Zwiebeln und einen halben Hering als Wächterlohn. Doch war das minder wichtig, als daß er von jenem Altkleiderhändler auch die Besitztümer seines Lebens erwerben konnte: ein Sterbehemd, wie der Gläubige es mit sich führt; ferner ein hebräisches Buch, auf dem als Titel stand *Sohar*, das heißt: das Leuchtende, und das dem Knaben in einem erregenden, beinahe ketzerischen Gegensatz zu stehen schien zu den ihm bis dahin bekannt gewordenen hebräischen Büchern. Es bejahte, was jene verneinten; es war irdisch sozusagen, wo jene anhingen dem Vertrag mit Gott dem Herrn und der buchstäblichen Auslegung des geheiligten Worts; und so war es zu verdammen und doch sündhafter- und lockenderweise aufzubewahren in aller Heimlichkeit. Dazu kam als dritter Besitz ein überzähliges, einäugiges Hündchen, das zu ertränken man von jenem Brotherrn ausgeschickt worden war, und dem zwischen Unrat und Gerümpel in glückhaftem Geheimnis das Leben zu bewahren dem blassen Knaben zum Abenteuer jener sorgenlosen und umfriedeten Jahre ward. Doch vermochten diese beinahe unstatthaft diesseitigen Bindungen das Leben im Geist und die Glaubensstrenge, wie sie von einem Mann von damals schon mehr als zehn Jahren zu erwarten waren, nicht zu erschüttern. Mit elf Jahren hielt er vielmehr in der Talmudschule von Semienka jene in rabbinischen Kreisen später viel erörterte Disputation, bei der er gegen dreimal und sechsmal ältere Unterredner die Kabbala und alles Kabbalistische, als da war der ohnmächtige Versuch eines Brückenschlagens vom Worte zur Wirklichkeit, mit einer für solch einen jugendlichen Gelehrten verwunderlichen und durch genaue Vertrautheit mit den von ihm verdammten Schriften befremdlich wirkenden Entschiedenheit der Dialektik verwarf. Mit dreizehn Jahren, ein Mann schon, der auf seinen eigenen Beinen stand, Marktkarrenabladehelfer bei einem Geflügelhändler und weiter Nachtwächter in jenem Altkleidergewölb und eine Hoffnung der Thoraschule ansässiger strenggläubiger Judenheit, wurde der Blasse als mannbares Mitglied in diese Gemeinde von Semienka aufgenommen. Es war das im zweiundneunziger Jahr.

Im vierundneunziger Jahr, am 26. August, erfolgte im Auftrag des Gouverneurs von Kiew unter Einsetzung einer

Eskadron der Achten Don-Kosaken, dreier katholischer Priester, der lokalen Musikkapelle und einer Kompanie der Kischinewer Stadtpolizei in Semienka der Einzug der Fliegenden Militärischen Kommission. Von dem Versuch, die Juden auszurotten, war man in Rußland eben damals übergegangen zu dem edlern, sie zu erziehen. Das tat man, indem man sie in die Grenzbezirke des großen Reiches verbannte, wo das Leben ein wenig dürftiger und dadurch geeigneter war zu moralischer Festigung. Indem man ihnen zweitens den Aufenthalt in diesen Grenzbezirken verbot, damit sie sich nicht etwa zu Spionage und Schmuggel verleitet fühlten. Indem man ihnen zum dritten das Leben in den Dörfern und auf dem flachen Land untersagte, dem schlichten, treuherzigen, ihren jüdischen Praktiken nicht gewachsenen Bauern zum Schutz. Und indem man viertens den derart in den Städten Zusammengetriebenen dort zwar kein Quartier gab, ihnen dafür aber auch die Ausübung eines Gewerbes, den Beitritt zum Anwalt-, Arzt- und Beamtenstand und den Ankauf von Haus und Boden ein für allemal verwehrte. Einer ob solcher Pädagogik jählings einsetzenden Prosperität des Leichenbestattungsgewerbes konnte man allerdings nicht gut Einhalt tun. Und da auch die erlassenen Ehebeschränkungen samt Judendoppelsteuer, Spezialprotektionsabgabe und Israelitenerziehungsumlage nur halbe Wirkung taten, wollte man den halsstarrigerweise Überlebenden wenigstens jene heilsame Disziplin erschließen, wie sie in der Zarenarmee gang und gäbe war. Und kurz und gut – an jenem 26. August 1894 etablierte sich zu Semienka die Fliegende Militärische Kommission. Daß vierzehn Juden erschlagen, zweihundertelf verletzt und etwa achthundert Häuser geplündert wurden, geschah eigentlich nur aus Versehen, und am Abend zog man weiter, mit hundertachtzig jüdischen, für fünfundzwanzig Jahre Waffendienst dem Zaren verpflichteten Rekruten wohlbewacht in der Mitte.

Unter diesen war einer, fünfzehnjährig damals, mit Namen Moses oder Mojsche Wasservogel – es war das der bürgerliche Name, mit dem eine vorsorgliche Behörde ihn unterscheidbar machte von anderen, die Mojsche hießen, und auf ewig erzieherisch verbunden mit den Segnungen der Zivilisation und des Abendlands. So war es ihm wieder einmal wohl gelungen im Leben; man hatte ihn nicht übersehen und nahm sich gar trefflich seiner an; jenes immerhin mühvollen Marktkarrenabladens und Gewölbbewachens war er ledig; für Kost und Quartier sorgte fürder der Zar und gab ihm noch eine zwar dreckige aber prächtige Uniform! Auch hatte er nicht wie mancher andere den Schmerz eines Abschieds von seinen Lieben, Eltern, Geschwistern. Und der Verlust jenes Hündchens, das ein Infanterist scherzhafterweise auf sein Bajonett spießte, wog weniger als der Glücksfall, daß ihm das wichtigere Teil seines Besitztums erhalten blieb: jenes Buch und auch jenes Totenhemd. Damit war einer nicht schlecht ausgerüstet fürs Leben.

Der für fünfundzwanzig Jahre vorgesehene Militärdienst des kaiserlich russischen Infanteristen Mojsche Wasservogel dauerte drei Monate und einen Tag. Die drei Monate waren gefüllt mit einigem Exerzier- und Marschierversuch. Ferner mit dem Spaß, daß man dem Infanteristen Wasservogel das von seiner Religion verbotene Schweinefleisch zu essen gab (ein wenig gewaltsam zu essen gab, wie man gestehen muß, mit Festhalten, Indenschlundstopfen, Durchdenhalswürgen, wie man es sonst mit den Gänsen treibt). Ferner mit einigem hieran sich schließendem Krankliegen in einer Baracke (auf den Tod krank liegen, wie man am besten gleich zugibt), das aber aufgehellt ward dadurch, daß der Militärpfaff täglich in christlicher Nächstenliebe sich einstellte an dem Krankenbett. Und einmal fragte er: »Na, Jud, wie gehts, wie stehts?« Und einmal fragte er: »Na, Jud, wie wärs mit Sichtaufenlassen und der ewigen Seligkeit?« Und einmal sagte er: »Wenn du dich nicht taufen läßt, jetzt, sofort, heute, du dreckiger Saujud –!«

Das waren drei Monate. Der eine Tag, der noch fehlte, des Infanteristen Mojsche Wasservogel Militärdienst vollzumachen, war einem Strafexerzieren gewidmet. Das begann um sechs Uhr am Morgen, unter Hepp und Hallo. Für zehn Uhr war ein allgemeines Ausrücken angesetzt, in Feldmarschadjustierung mit Tornister und Bajonett. Um zwölf Uhr, als die Sonne hochstand, schlug der Infanterist Wasservogel lang hin und kollerte ein wenig seitab in den Graben des staubigen und endlosen Karrenwegs. Und da er sich nicht mehr bewegte, nahm man ihm Tornister und Bajonett und den Rock und die Stiefel und ließ ihn liegen, dort wo er lag.

In Wirklichkeit war in diesen drei Monaten die Erlebnisreihe des Infanteristen Wasservogel ein wenig anders verlaufen, als es nach außenhin den Anschein hatte. Jene Zwangsaushebung hatte ihn unterbrochen auf der Höhe der Meditation über die mögliche Rechtfertigung des von den Rabbinen Jona Gerondi und Salomo ben Abraham vom Berge im Jahre 1226 ausgerufenen Banns gegen die profaner Wissenschaft gewidmeten Werke des Moses Maimonides. Wenn (so hatte er schon all die Wochen zuvor bei seinen Nachtwachen in jenem Kleidergewölb und auch beim Abladen der Geflügelkarren gedacht) – wenn Jacob ben Machir, genannt auch Profatius, recht hätte mit seiner Verdammung jener Rabbinen, wie hätte der große Raschba zu Bercelona diesen als Eideshelfer erstehn können, in dem Großen Bannfluch von dreizehnhundertundfünf? Es wäre (so dachte er eben, als mit Hepp und Hallo jene Musterer in die Schule von Semienka brachen und ihn aufrissen von seinem Meditationspult) – es wäre da nachzulesen, wie die ersten Erkenner des Zwiespalts in Gottes Volk, des Zwiespalts zwischen Ratio und Antiratio sich zu der Frage verhielten. Was er, der fünfzehnjährige Reb Mojsche Wasservogel von Nirgendwo, als Störung und mit leisem Protest empfand, war nicht so sehr die zwangsweise Einkleidung in ein unwürdig buntes Tuch (als ginge es, kaum fünf Sabbate nach dem Versöhnungstag, auf einen Purim-Ball) – sondern daß man ihm, durch eine ihm aufgenötigte räumliche Entfernung, das Heraussuchen jener seinen Fragenkomplex beleuchtenden Werke aus dem Büchergewölb der Gelehrtenschule von Semienka unmöglich machte. Es hatte da (so erinnerte er sich, indes man in folgenden Wochen das sinnlose Hin- und Widerstolzieren auf einem abgemessenen Feld und das Anfassen eines gefährlichen Kriegsinstrumentes, eines sogenannten Gewehres, von ihm verlangte) – es hatte da einen frühen Versuch gegeben zu einem dualistischen Kompromiß!

Wie war es (so dachte er eines Abends, nachdem die gleich ihm in Buntes verkleideten Gojim ihren Scherz getrieben hatten mit ihm nach Gojim-Art und ihm etwas Unreines durch den Schlund gepreßt) – wie war es, dachte er, indes er schon auf seiner Pritsche lag, mit Würgespuren am Hals und ein wenig Blut auf den Lippen, und das Fieber in seinen Adern schwoll, wie war es mit der Lehre des Rabbi Isaak Albalag? Es war wohl nur dieses Fieber (auch lag er da schon anderswo, das war wohl, was man nennt: ein Spital), das es ihm als aussichtsreich und statthaft erscheinen ließ, daß er den täglich ihn durch einen Besuch auszeichnenden Galach (als da ist das Wort des Gläubigen für einen christlichen Priester) befrage nach dem ihm entfallenen Namen jenes Werks des Rabbinen. Es ist das Werk, mein Herr Galach – so gedachte er all die Tage lang es ihm klarzumachen –, das sich an der Möglichkeit einer dualistischen Lösung der ewigen Antithese zwischen Ratio und Irratio versucht! Sie kennen es selbstverständlich, es muß recht genau um das Jahr zwölfhundert gewesen sein, Herr Galach, nach Ihrer Rechnung der Zeit!

Der Christ sprach von anderem, so wie Christen tun – Taufe, sagte er, Saujud und derlei leicht Überhörbares. Aber da Gott einem das Hirn wieder erhellte vom Fieber, am neunzigundersten Tag seines Militärdienstes, mitten in einem sein tieferes Bewußtsein nicht weiter berührenden, Strafexerzieren genannten Vorgang, fiel dem Infanteristen Mojsche Wasservogel tief glückhafterweise endlich der Name ein. Die Lehre von der Doppelten Wahrheit – so hieß jenes Werk des seit bald siebenhundert Jahren toten Rabbinen! Und dies war (aber das wußte einer erst, da er von der Sonne geschlagen seitab in den Straßengraben gekollert war und, um jene bunten und gewalttätigen Gegenstände erleichtert, nach Verhallen von Schritt und Tritt allein gelassen mit seinem Hirn und dem Herrn in einer großen äußern Ermattung lag) – dies also war jenes Werks von der Doppelten Wahrheit Kernsatz und Weisheit: »Bin ich auch auf Grund meiner wissenschaftlichen Einsicht davon überzeugt, daß etwas sich mit Naturnotwendigkeit auf eine bestimmte Weise verhalte – was vermag das wider den Glauben? Und so glaub ich gleichzeitig und dennoch dem Wort des Propheten und daß auf eine übernatürliche Weise sich zugetragen habe das Gegenteil!«

Es war aber dieser Reb Mojsche von Unbekannt in einem Zustand großer Beglücktheit über die Wiederauffindung der vergessenen Sentenz. In diesem Zustand – demgegenüber es wenig wog, daß von seinem Puls und von seinem Atem nicht mehr viel zu merken war – fanden ihn zwei kaftantragende Hausierer und erkannten ihn als einen der ihrigen Leute. Sie brachten ihn nach einer nahen und guten Stadt, in der achtzigtausend andere Kaftanträger zusammenwohnten, in drei sicheren Gassen. Die nahmen den aus dem Militär Gefallenen auf, wie es sich gegenüber einem Gelehrten ziemt. Damit er sein Brot und Auskommen habe, gaben sie ihm bei einem Wurstmacher einen Gedärmwäscherposten, was ein leichtes Gewerbe war. Den Rest des Tages und ein Gutteil der Nacht saß er in der Gelehrtenschule über den Büchern. Und der Umstand, daß er mit seinem Militärbesitz auch jenes geheime Druckwerk verloren hatte, an dem ein wenig sein Herz hing, wog weniger als der Glücksfall, daß ihm das wichtigere Teil seines Besitztums erhalten blieb: Es war ein Sabbat gewesen, als ihm jener kleine Unfall und jenes große Erinnern kam. Den Sabbat zu heiligen in der Fremde, hatte er nichts anderes unternehmen können, als daß er sich festlich kleidete. Und er führte nichts Festlicheres bei sich als jenes sein Totenhemd. Das trug er am Leibe, als man ihn liegen ließ. So blieb ihm immer noch dieses Hemd als Besitztum. Damit war einer nicht schlecht ausgerüstet fürs Leben.

Die Stadt, die ihn so gut und gastlich aufnahm zu einer dauernden Geborgenheit, hatte den Namen: Kischinew.

Einer Registrierung der Biographie des M. Wasservogel in den Jahren, die folgten, stehen Schwierigkeiten entgegen. Die der Zeitberechnung ist unter ihnen noch die geringste. Ob er nach der Stadt Kischinew im Jahre 1894 nach Christi Geburt kam oder im Jüdischen Jahre 5655 nach Erschaffung der Erde, das wäre minder wichtig als die Beantwortung der Frage, ob er denn nun also wenigstens wirklich in diesem 1894er Jahre lebte, als er dort einzog – oder nicht vielmehr im Jahre 1611, oder im Jahre 1502, da der Kabbalist Ascher Leculin sich als einen Vorläufer des Messias bezeichnete, oder im Jahre 1399 zur Zeit des Posener Hostienschändungsdisputs. So wäre es vielleicht richtiger, nicht von Jahren zu sprechen, sondern von der Meditation. Dann kam er nach Kischinew, als in ihm war die Doppelte Wahrheit des Isaak Albalag, und blieb dort eine sehr kurze Weile, die als neun Lebensjahre zu bezeichnen abwegig wäre – reichte sie doch eben hin, ihn erkennen zu lassen, daß auch die Behutsamkeit und Bedingtheit, mit der der Scholastiker diesseitige Erkenntnisquellen immer noch zuließ, ein Weg in den Irrtum und ins Verderben war. Ja er war nahe daran, dies betreffend einen noch entschiedeneren Standpunkt zu beziehen, noch trennten ihn vielleicht nur wenige Versöhnungstage oder gar nur ein kleines Dutzend Sabbate von einer Entscheidung hierüber – als der Vorfall von Kischinew sich ereignete.

Der Vorfall von Kischinew böte denn, nach Jahresepochen und Meditationsepochen, eine dritte Möglichkeit zur Einteilung der Zeit. Dem erziehungsfreudigen Zaren Alexander war ein Zar Nikolaus, der zweite seines Namens, auf dem Throne gefolgt (man schrieb 1903), und dieser neue hielt es den Juden gegenüber wieder einmal nicht mit der Pädagogik, sondern mit der eisernen Faust. Es war das in Rußland eine demokratische Zeit – für die Volkstümlichkeit des neuen Herrschers mußte etwas geschehen. Am 6. April dieses Jahres 1903 verkündeten Flugblätter in der Stadt Kischinew, der neue gute Zar habe die Abhaltung eines Pogroms gestattet. Es war kein großer Pogrom – als am Ende des zweiten Tags die Truppen eingriffen, zählte man fünfundvierzig Tote und fünfhundertsechsundachtzig zu Krüppeln Geschlagene oder sonstwie ein wenig Ramponierte, ausschließlich, wie sich versteht, der vergewaltigten Frauen. Doch sprang der kleine Funken von Kischinew noch in diesem selben Augustmonat 1903 hinüber nach Homel, Schitomir, Odessa, Bialystok und dann noch nach sechshundertvierunddreißig anderen Städten und Städtchen in achtundzwanzig Provinzen des durch solches frisch-fröhliche Hand in Hand mit der Behörde von revolutionären Gedanken abzubringenden Russenreichs.

Will man nun also diese dritte Art der Zeitberechnung heranziehen, die nach Pogromen, so erlebte der Blasse seine Entscheidung zur unbedingten Antiratio und Wortgläubigkeit zur Zeit des Pogroms von Kischinew. Eine Welle der innern Anfechtung dieser seiner Unbedingtheit hatte er durchzumachen zur Zeit, als die Massenverbreitung eines die geheimen Praktiken der jüdischen Weltverschwörer aufdeckenden Druckwerks, genannt: Die Weisen von Zion, einen neuen Judensturm entfachte. (»Achtung, der Jüd marschiert!« so hieß die Parole.)

Wobei das jene innere Anfechtung Auslösende selbstverständlich nicht besagter Sturm war. Der drang gar nicht hinab bis in den Keller, in dem der brotlos gewordene emeritierte Gewölbwächter, Geflügelkarrenablader und Wurstdarmwäscher Mojsche Wasservogel auf einem feucht verfaulenden Strohlager hauste. (Die Abwässer eines undichten Kanales sickerten durch die Mauern; ein Weib mit drei Kindern verhungerte nebenan.) Nein, was den Blassen, der ein wenig entkräftet in jenem Keller lag, in eine kleine und vorübergehende Anfechtung stürzte, war das Verhalten der Juden selbst. Es war da ein Mann aufgestanden unter der Judenheit, ein Westler mit dem Namen Theodor Herzl. Der hatte eine höchst verwirrende und verstörende Erfindung gemacht, und der Name für das Ding hieß: Nation. Wie aber: sollte es nun also eine nationale Bewegung unter den Juden geben als wären sie Gojim, mit bunten Anzügen und gefährlich anzurührendem Tötungsinstrument in der Hand? Sollte wirklich der Herr Gott seinem Volke die Demütigung und Strafe abfordern wollen, daß es dem Goj die Faust und Stirne zeigen müsse nach Gojim-Art?

Die Anfechtung für den Besinnlichen war gering, wenn man ihm nur Muße ließ, es recht zu bedenken. Als er es recht bedacht hatte, schrieben die Christen eben 1914 oder 1915, und in einigem Nebensächlichen und Äußerlichen ringsum trat unter vieler Gewalttat ein Wechsel ein, wie er in der Natur des Vergänglichen nun einmal beschlossen ist. Reb Mojsche Wasservogel zog eben mit anderen eine lange, enge Gasse hinunter – er rannte, jene anderen rissen ihn mit sich fort. Die Häuser brannten links und rechts, und was da ticktackte, war ein russisches Maschinengewehr, und was da explodierte, waren deutsche Granaten. Nein, diese neue Erfindung, genannt Nation, sie war zu verwerfen – so meditierte der Rennende. Über sie stand nicht geschrieben, also war sie nicht existent! Das Ticktacken der russischen Maschinengewehre war da schon ferngerückt, und die Häuser schwelten verkohlt, und jeder dritte oder vierte der Kaftanträger lag still auf den Katzenköpfen des Pflasters, zwischen denen ein kleines hellrotes Rinnsal lief, und die Deutschen zogen schon mit Schritt und Tritt in die Ruinen ein.

Als ob Gott, so meditierte der Blasse und fror ein wenig vor Hunger, zur Errettung und Erhöhung seines Volks eines Doktor Theodor Herzl bedürfte und seiner Erfindungen! Wie zum Beispiel hatte Er dem Anführer der Buntverkleideten (einem Goj und General, er hieß Ludendorff) es ins Herz gelegt, daß er einen Anschlag kleben lasse an alle Mauern? »Zu die lieben Jidden in Paulen!« Und wenn sie bis dahin geknechtet worden seien von Rußland, zertreten, geschändet, in Häuser gepfercht, Mann, Weib und Kind, und mit Petroleum übergossen und massakriert – jetzt, Jud, so stand es da, jetzt, unter dem Segen und der Freiheit unserer Kultur, jetzt (wenn du nur zu uns hältst und eine deutsch-patriotische Extra-Befreiungskontribution bezahlst), jetzt wird das anders! Freue dich, Jid in Paulen – der Deutsche bietet dir seine Bruderhand!

Die Registrierung der Erlebnisse des M. Wasservogel begegnet von diesem Augenblick des Eingriffs deutscher Ordnung in seine Existenz keiner weitern Schwierigkeit. Nicht, daß er etwa gar zu jenen dreiundachtzigtausendundvierhundert gehört hätte, die dem brüderlichen Ruf des Deutschen Folge leisteten und die Bärte und Schläfenlocken hinopferten unter dem Schermesser, um einzutreten in die deutsche Armee oder gar um nach Westen auszuwandern in ihre gastfrei dem neuen Bundesgenossen sich darbietenden Städte Breslau und Berlin. Diese Versuchung war dem im Glauben Lebenden nicht einmal eine Versuchung. Doch vertiefte sich in ihm der Gedanke: wie wenn diese Erhellung des Großen Elends der Fremde in der Tat ein Fingerzeig des Herrn Gottes sein sollte dafür, daß der Tag des Messias nicht mehr ganz ferne war? Kam da der Goj und reichte die Bruderhand! Mochte sein – es hatte Gott, dem das Sonderbarste noch dienstbar ist, den Goj gesandt als ein Zeichen? Und da eine geringe Weile danach (die Christen schrieben 1918) der Goj Deutscher davonzog, kam nun auch noch der Goj Pole und der Goj Ukrainer und baten: Komm, Bruder Jud, hilf mir bauen ein Freies Polen, hilf mir aufrichten wider die Roten ein Freies Ukrainisches Königreich! Und gehörte der Blasse auch nicht zu den hundertunddreiundsiebenzigtausend, für die dieser Bruderruf ein Ruf in den Tod ward, so brachte er doch auch ihm die Erhellung, endgültig und nicht mehr verrückbar: Ja, dies war des Herrn Gottes Signal! Auf den Messias zu warten, dauerte sicherlich nicht mehr lang. Es war an der Zeit, sich zur Reise zu rüsten!

Es gab aber, so steht es geschrieben in der Anweisung des Elieser ben Nachman, für diese Reisezurüstung ein Doppeltes zu vollziehen. Und ist das erste, daß einer sich seines irdischen Eigentums entblöße, bis auf einen Reisezehrpfennig. Was das betrifft, so wohnte der Mojsche Wasservogel in dieser festlichen Zeit, da das Lamm sich lagerte mit dem Löwen, in behäbigen Umständen in der Stadt Lemberg. Sonnenstraße 34 hieß das Quartier. Mit nur neun Personen teilte er eine Kammer, in der es vier Betten gab, indes ringsum und in der Altgasse links und in der Synagogengasse rechts um die Ecke bis zu zwanzig in solch einer Kammer wohnten und hatten nur drei Betten oder auch zwei. Aber hier waren in vergangnen zwei Wochen vier Kinder an der Krankheit Scharlach gestorben und eine Greisin an ihrem Greisentum, und so hatte man behäbigen Raum! Man konnte gehen und kommen. Auch gab es einen Abtritt nur zwei Stockwerke tiefer. Auch war es nicht kalt, wenn alles daheim war und man das Fenster schloß. Und sogar großherrlich aus diesem Fenster lehnen konnte man sich mitunter, da ein Teil der Rauminsassen tagsüber drüben auf dem Jüdischen Markte stand, um etwas zu verkaufen oder zu kaufen, wenn etwa doch einer sich fände, der etwas zu kaufen oder verkaufen kam. Das Besitztum des Reb Mojsche Wasservogel ruhte unter dem Fußteil des einen Betts und war, wie es solcher Wohlbestalltheit entsprach, ein behäbiges Bündel. Darin fand sich nicht nur jenes Hemd, als Letztes und Wertvollstes, sondern auch einen Schatz von fünf Büchern besaß er zu jener Zeit, ferner einen ganzen Kranz Zwiebeln, die reichten auf lang hinaus, und vier Hosengurte, zwölf Kerzen und drei Spiegel mit Kämmchen – wenn etwa einer sich fände, der Kerzen oder Hosengurte erstehen wollte, oder ein Goj, der auf Ausschau war nach einem Präsent.

Gab somit der erste Punkt der Vorschrift für einen Reisenden, sein Hab und Gut zu veräußern, schon Anlaß zu Umsicht und tatkräftiger Spekulation – der zweite Punkt forderte Höheres, Tieferes, Schwereres: die große innere Bereitschaft für das endgültige Zeichen zum Aufbruch, für das Zweite Signal! Es gab aber für den sich Bereitenden Einen Weg – und einen Andern Weg. Und war der erste, daß er der Ankunft des Messias harre in Gebet und Kasteiung. Das war der Weg der Rabbinen. Für sie war Reb Mojsche Wasservogel mit seinen scharfsinnigen Streitgesprächen eingetreten, seit er nur dachte. Und der Andere Weg des Wartens – der war verpönt! Wie, oder sollte vielleicht doch ein im Glauben Gereifter, einer schon jenseits der Jahre, da man ein Weib sich wählt, mit ergrauendem Bart und falb gewordenen Schläfenlocken sich noch die Lehren eines Baal Schem, des Chassiden, zu eigen machen, so da anriet dem Wartenden: Freu dich, Jud, daß der Messias nicht ferne ist; Jud, trink, tanz!

Es war dies, meditierte der Blasse in seinem guten Quartier

mit dem Packen seiner Erdengüter vor sich auf dem Fensterbrett – es war dies eine verpönte und doch eine lockende Lehre. Nicht gut für den Alltag, gewiß. Aber nun, da die große Wandlung vor sich ging, da man neunzehnhundertundachtzehn schrieb und der Goj nicht weiter den Juden schlug? Was besagen wollte – so meditierte er –, daß man vielleicht kecken Mutes hineinfassen sollte in dieses Irdische, in diesen Kranz Zwiebeln zum Beispiel, und ihrer zwei verzehren zu einem einzigen Mahl, mit einem weißen Stück Sabbatbrot. Daß man einen der gojischen Präsentspiegel vor sich aufklappte hier auf dem Fensterbrett und das Haar sich kämmte mit dem Kämmchen, das in dem imitierten Leder verborgen stak. Daß man Kerzen – gleich zwei auf einmal! – vor sich hinpflanzte hier auf den Tisch und ansteckte, prasserisch, um müßig sich rückwärts zu lehnen, Bein über Bein, und zu lesen in einem Buch! Es war diese Versuchung die größte, der der Blasse ausgesetzt war in seinem Leben. Bedachte er es, alles in allem, so hatte er seine Tage herrlicher hingebracht als irgendein anderer. Gewiß, es hatte da einige Gewalttat gegeben. Aber wo war einer ein Jude – und begegnete nicht der Gewalt? Und hatte Gott ihn aus vielen Gefahren nicht ebenso viele Male gerettet?

An diesem Nachmittag bürstete Reb Mojsche Wasservogel von Nirgendwo mit einer Bürste den schwarzen Rock, den er trug, und setzte feierlichen Blicks, obgleich es ein Werktag war, auf seinen Scheitel den mit Kaninchenfell beborteten Sabbathut. Er stopfte sich vermessen mit vier Zwiebeln die Taschen voll, und auch eines jener Spiegelchen steckte er zu sich. Unter seinen fünf Büchern wählte er lange, welches er wohl mit sich nähme auf seinen Gang. Denn zu gehen, zu promenieren, großherrlich – danach stand sein Sinn. Das Buch, das er wählte, hieß Sohar, das heißt: das Leuchtende. Solch ein Buch hatte er besessen als Jüngling – und verloren zu gutem Recht, da er selber damals noch nicht erleuchtet gewesen war. Er wandte sich noch einmal auf der Schwelle und überschaute seine behäbige Wohnung mit einem lächelnden Blick. Das also war sein. Und es war wohl nur zur

Erhöhung dieses seines irdisch festlichen Besitzergefühls, daß er sein Bündel unter dem Bett noch einmal hervorzog und ihm jenes linnene Hemd entnahm und es an sich verwahrte, in der großen Tasche des schwarzen Rocks. Freude, sang er schon auf der Treppe – ich singe die Freude des Ewigen!

Es waren wenig Leute im Hause mitten am Nachmittag, auch hatten die ihre Sorgen, jeder für sich, und achteten seiner nicht. Als er drunten schon auf der Gasse stand, versuchte er einen Tanzschritt. Es war das aber nicht so sehr selten in der Sonnenstraße des Judenviertels von Lemberg, daß einer unter die Tänzer ging. Ein Chassid, dachten zwei, drei, die vorüberhasteten, und hielten nicht an. Da stellte der M. Wasservogel das Tanzen ein; er war ein wenig von Kräften gekommen, der Schwindel überkam ihn über dem Drehen. Auch gelüstete es den großherrlich Promenierenden, diesmal nicht die Juden zu sehen, die ihm glichen und die er kannte – sondern den Bruder Goj! Er verließ das Quartier. Da war schon eine Straße mit einer Straßenbahn. Gott, sang er, Gott, ich singe die Freude des Ewigen!

Zwei stießen ihn, einer lachte, ein Automobil verhielt mit Bremsenkreischen die Fahrt, da er über den Fahrdamm ging. Er holte eine Zwiebel aus der Kaftantasche und ein Stück weißen Schabbes-Brotes und biß darein. Schalom, grüßte er mit Lächeln und Winken drei Brüder Gojim, drei Eckensteher – Schalom, mit euch sei der Friede! Das war die Vorstadt, da waren noch zwei, drei Fabriken, dann war da ein Friedhof, ein Schuttabladeplatz, ein Strich zerfressenen Wiesenlands. An dieser Stelle versuchte der M. Wasservogel noch einmal zu tanzen. Ihn schwindelte. Auch war er allein. So ging er weiter in den schütteren Wald.

Der sogenannte Petljura-Pogrom, der nach Liebeswerben der Deutschen, Polen und Ukrainer über den Osten Europas ging, gehört der Geschichte an. Er setzte ein am 4. Januar 1919. An diesem Tag traf auf dem Bahnhof der ukrainischen Stadt Berditschew die sogenannte Todeskompanie ein. Das waren weißrussische Offiziere, die eben jenem Petljura zugehörten; die Mannschaft rekrutierte sich aus ukrainischen Bauern, Städtern, sowie Kosaken. Die auf dem Bahnhof angetroffenen Juden wurden mit Reitpeitschen totgeschlagen. Bei Kindern, später schon in der Stadt, war man mitunter nicht sicher und fragte: »Bist du ein Judenjunges?« – ehe man sie aufs Bajonett nahm. Die Frauen warf man über die Betten, die Männer trieb man auf die Straße hinaus und zwang sie zu rufen: »Tod den Juden!« Und knallte sie nieder.

Von Berditschew zogen die Kameraden des Todes nach Schitomir, von dort weiter nach Owrutsch. Dort ließ der Ataman Kosyr Syrko am 14. Januar die Juden zusammentreiben. Dann brachten sie die Kosaken mit Peitschenhieben in Trab und zwangen sie, das Lied Majofes zu singen – das Sabbatlied. Darüber kamen sie vor dem Bahnhof an. Von dort aus ließ der Ataman mit Explosivpatronen in die Singenden feuern, bis mit dem letzten Kaftanmann der letzte Ton des Liedes verstorben war.

An diesem selben 14. Januar wurden die Juden erschlagen in Kiew, Bobrinskaja, Sorny, Fastow, Romoday, Bachmatsch und Kasatin. In Proskurow erging der Befehl: zu töten ohne zu plündern. Der Ataman Semossenko ließ seine ordenklirrenden Offiziere und mit westlichem Kapital untadelig ausgerüstete Mannschaft aufs Banner schwören: die Hände sollten blutig sein – aber rein. Man marschierte in die Judenstadt mit der Musikkapelle an der Spitze und der Sanitätskolonne am Schluß. Alle wurden mit der blanken Waffe geschlachtet; kein Schuß fiel. Ein Priester, der mit dem Kruzifix in der Hand dem Schlächterzug in den Weg trat, wurde getötet. Tausendfünfhundertundsechzehn Tote gab es zwischen drei und sechs Uhr nachmittags an diesem 2. Februar 1919 in Proskurow.

Von da zog man nach Felchtin, von dort nach Schargorod, von dort nach Pestschanka. In diesen drei Städten schnitten Offiziere und mit westlichen Geldern ausgerüstete Mannschaft vierundvierzig Juden die Zunge ab, sechzehn riß man die Augen aus. Die Männer rasierte man und zwang sie, ihre Bärte zu fressen, ehe man ihnen das Bajonett gab. In Bratslaw hängten die Leute des Petljura an die dreißig an ihren Händen auf und schnitten ihnen mit den Säbeln das Fleisch von den Knochen. Und zwangen zwei Stunden später in dieser selben Stadt Bratslaw dreizehn Frauen (die des Rabbiners, die des Kaufmanns Weinreb und die des Arztes waren unter ihnen), ihre Kinder mit ausgestreckten Armen ihnen entgegenzuhalten. So schlug man ihnen die Köpfe ab.

So wurden vom Monat Januar bis zum Monat Oktober 1919 hundertfünfundsechzigtausend Juden qualvoll zu Tod gebracht. An die dreihundertvierzigtausend wurden zertreten, verstümmelt, geblendet – und lebten weiter. Die Vermißten sowie die geschändeten Frauen, Jungfrauen, Mädchenkinder wollte man zählen, um in Versailles eine Liste zu überreichen. Als die Liste eine Million und einhunderttausend Namen lang war, gab man das Zählen auf.

Reb Mojsche Wasservogel, der unter die Chassiden gegangen war, figurierte nicht auf der Liste der Toten, nicht auf der der Verstümmelten, nicht einmal auf der der Vermißten – und dies wohl, weil ihn keiner vermißte. Daß er durch den Zufall eines Ganges in die freie Natur vor dem Entsetzen bewahrt blieb – seines ersten Gangs dieser Art, in jener neuerwachten Tänzerfreude an dieser Erde –, das mußte die Überzeugung in ihm festigen, es sei endlich das Zeichen an ihm geschehen. Er rastete auf einem Baumstrunk in kahlem Wald, und es war ein seltsamer Anblick, wie er selbst in seiner Starrheit und falbhaarigen Dürre solch einem Baumstrunk glich. Geirrt – so meditierte er – hatte er nur, da er glaubte, jenes Zeichen sei wirklich schon das Große Signal gewesen für Alle. Er errötete vor sich selber, daß er auch nur für eines Atemzuges Dauer hatte annehmen können, wirklich habe der Goj die Bruderhand hingereicht und habe es wirklich so gemeint. Nein, was geschehen war, das war ein Zeichen für ihn, den M. Wasservogel allein, der sich der Freude an dieser Welt zugekehrt hatte. Und es hieß: Es will Abend werden, Reb Mojsche, so mach dich bereit für die Reise!

Von da ab, irgendwann im Spätjahr 1919, war ein falbbärtiger, blasser, mit einem vor Alter grünlich schimmernden

Kaftan bekleideter und festlicher Mensch von großer Hinfälligkeit und Dürre des Leibes darauf aus, den Reisepfennig zu sammeln zu seiner Fahrt nach Jerusalem, um dort zu sterben. Für dieses Sammeln, dessentwegen er von Ort zu Ort und von Gemeinde zu Gemeinde und von reichen Manns Tür zu reichen Manns Türe zog, brauchte er lange Zeit, denn es waren viele Tausende Kaftantragende gleich ihm auf den Straßen, die sammelten und wollten in der Erde Zions begraben sein. Einmal, nach sieben Jahren, war er nahe daran, daß er aufbrechen konnte. Es war das aber das Frühjahr 1927, da erreichte ihn ein Pogrom in der Stadt Klausenburg. Dabei verlor er sein Reisegeld, und das war ihm eine große Trauer, denn er war müde und eine Schlafsehnsucht war in ihm. Er begann zu sammeln, von reichen Manns Türe zu reichen Manns Tür. Doch war er langsamer auf den Beinen, und die Judenwelt um ein Vielfaches ärmer geworden in dieser letzten Zeit. So brauchte er an die elf Jahre, ehe er noch einmal sich aufmachen durfte zur Reise. Er tat das in großem Fiebern, denn ihm war, er habe keine Zeit zu verlieren, wollte er noch mit lebenden Augen das Land Palästina sehen. Er kam zu Fuß nach Triest. Von dort fuhr er zu Schiff nach Port Said. Die Eisenbahnfahrkarte hinüber nach der leuchtenden Stadt Jerusalem hatte er schon im voraus gekauft, gegen bares Geld.

Ja, da saß er endlich im Zuge! Zehn Stunden, acht Stunden, sechs Stunden noch – dann war man in Kanaan! Kam da noch einer, der sagte: Halt? Kam da einer, der sagte: Dein Geld her, du Judenhund? Blitzte da noch ein Bajonett? Nein, nein, nein! Man hatte schon enger gesiedelt auf dieser Erde als in dem Winkel des ein wenig engen Waggons, und nur aus einer lebenslangen Gewöhnung hielt man die zarten, knochigen Knie zusammengepreßt und war beflissen, nicht ein Zollbreit mehr für sich in Anspruch zu nehmen als unerläßlich war. Man saß da, ein wenig mager vielleicht, daß einer erschrecken mochte, wenn er unversehens herantrat. Man stellte sich an, als säße man da im Schlafe. Aber das Herz! Das Herz pochte wild. Das Herz flog durch das Dämmerlicht dem ratternden Zug voraus, und hätte einer etwa noch kommen wollen und Halt gebieten, ehe der Reisende Reb Mojsche Wasservogel von Unbekannt hinsänke auf seine Knie, auf Kanaans Erde – der hätte nunmehr schon von großer Schnelligkeit sein müssen, schneller als nur ein Mensch, und beinah so schnell wie der Flügel des schwarzen Engels, der das große Vergessen trägt.

Auf den Knien des schlaflosen Schläfers rastete seine Habe, ein Buch und ein Bündelchen. Es war das Buch Sohar, was da bedeutet: das Leuchtende. In dem Bündelchen war ein Hemd. Damit war einer nicht schlecht ausgerüstet fürs Leben.

BORSCHT

oder Das Blut der Väter

Es fehlte nicht viel – und ein Mann mit Namen Borscht, ein mit Weib und Tochter reisender, finster blickender Schwarzbart, hätte jenen Blassen gekannt von altersher. Anläßlich der an jenem Augusttag des Jahres 1894 stattfindenden Tagung der Fliegenden Militärischen Kommission in der Stadt Semienka lag zwischen ihm und dem M. Wasservogel nicht mehr als eine einzige Mauer. Auf ihrer einen Seite war der gemeinsame Betraum der Talmud-Thora-Schule, in dem man den eben über die Doppelte Wahrheit des Rabbinen Isaak Albalag Meditierenden einfing, und auf ihrer andern Seite war der Lagerkeller des Heringhändlers Leib Fischel. Dort zog man den Commerzianten Meier Borscht hinter einer Fischtonne vor, wo verborgen er sich seinen patriotischen Pflichten hatte entziehen wollen. Der Commerziant Borscht war damals zwölf Jahre alt. Da er einen Schnurrbartanflug auf seiner Lippe trug, schätzte ihn der Fliegende Militär-Kommissar auf achtzehneinhalb und verpflichtet zum Waffendienst. Der Commerziant verkaufte sein Warenlager, bestehend aus einem Viertelpfund Zigarettenstummeltabaks, zu einem Schleuderpreis an den Krämer Tulpenthal. Bei dieser Gelegenheit beschlagnahmte er ein auf dessen Pulte liegendes Paket der teuren Schabbes-Wachskerzen. Die nahm ihm die alte Schanofski ab, die Frau des Mühlenbesitzers, und zwar für das genau Fünfunddreißigfache ihres Wertes – als er durchfließen ließ, er kenne den Versteckort des Schanofskischen Sohnes, der seit der Ankunft jener Kommission in einer leeren väterlichen Mehlkammer saß. Der Erlös erhöhte sich nach Einkassierung einiger außenstehender, an gleichaltrige Persönlichkeiten gegen Faustpfand gewährter Darlehen auf sechzehn Rubel und sechsundfünfzig Kopeken. Hievon erhielt dreißig Kopeken der ihn unter ständigen Todesdrohungen für den Fall eines Fluchtversuchs auf diesen Geschäftswegen begleitende Herr Gendarm. Fünf Rubel hatte der Herr Fliegende

Militär-Kommissar selbst zu bekommen – und das obwohl er außerdem noch die Vorlage eines Dokumentes verlangte, das die behauptete Minderjährigkeit des Commerzianten bewiese. Weshalb weitere volle sechs Rubel und fünfzig zu investieren waren in einer Transaktion mit Schlojme dem Schreiber. Dafür sah aber auch der von ihm gelieferte kaiserlich russische Reisepaß so gut wie echt aus, und der darin beschriebene Commerziant M. Borscht hatte vorteilhafterweise eben erst das zarte Alter von acht Jahren erreicht.

Blieb von dem liquiden Borschtschen Kapital ein Rest von vier Rubeln und vierundsiebzig Kopeken. Sie wendete der Commerziant an den Ankauf koscherer Lebensmittel sowie eines Handkarrens, um sie zu transportieren. Damit fuhr er den hundertundachtzig Glaubensfrommen nach, die fortgeschleppt worden waren zum Militär. Er verkaufte seine Waren mit etwas über vierhundert Prozent Gewinn – von denen er allerdings an den Herrn Feldwebel der Kompanie die Hälfte hätte abgeben sollen (und tatsächlich genaue fünf Prozent abgab). Der Militärpope kam hinter diesen rituellen Versorgungsdienst und donnerwetterte dagegen nach Gojim-Art. Der Commerziant besänftigte ihn durch das Versprechen, die Taufe zu nehmen. Den Taufunterricht des Galachs verbog er nach zwei Stunden in einen Kursus im Lesen, Schreiben und Rechnen. Die Taufhandlung selbst wollte er, befallen von einer besondern christlichen Frömmigkeit, an keinem andern Tag als an dem noch beträchtlich entfernten Weihnachtsfeste vollzogen sehen. Drei Wochen vor diesem, als der noch ungetaufte Commerziant Borscht in den Lese-, Schreib- und Rechenkünsten schon wesentlich sattelfester war als sein Lehrer, wurde der Pope zu einem andern Regiment versetzt.

Dieser zwölfjährige Commerziant Meier Borscht aus Semienka in Russisch-Polen war – ohne daß er darum wußte (und hätte er darum gewußt, so wäre das für ihn nicht weiter von Bedeutung gewesen) – der Großsohn des Urgroßsohns jenes Meier Arboza oder Harboza, der mit dem sogenannten Falschen Großinquisitor zog. Das war nach der Austreibung der Juden aus Spanien. Etwa hunderttausend von ihnen erbaten von Juan dem Zweiten von Portugal Recht auf Durchzug. Der Portugiese gewährte es für acht bis hundert Gold-Cruzados per Kopf. Er verhinderte die Durchwanderer durch planvolle Verzögerung der Schiffsbeistellung an rechtzeitiger Abfahrt. Die hiedurch sich Verspätenden erklärte er als leibeigen und verschenkte oder verkaufte sie. Die Kinder wurden zwecks christlicher Erziehung nach der jüngst entdeckten Verbrecherinsel Sankt Thomas verschickt, wo sie sämtlich krepierten – soweit sie es nicht früher schon vorgezogen hatten, samt ihren Müttern ins Meer zu springen zu den Haien. Von den hunderttausend Juden blieben nach dieser Transaktion mit der portugiesischen Krone dreitausendachthundert am Leben. Mit unbekannten Mitteln gelang es diesen, doch noch in See zu stechen. Fünf Wochen später, am Ostertag 1498, traf zu Lissabon ein päpstlicher Legat und spezieller Großinquisitor ein. Die christliche Glaubenslauheit, wie sie sich in dem Echappierenlassen jener Dreitausendachthundert offenbarte, wurde von ihm zum Gegenstand einer scharfen und kurzen Untersuchung gemacht. Tags darauf brannten auf dreiundvierzig Scheiterhaufen dreiundvierzig Mönche und Pfaffen von Lissabon, obgleich sie ihren besondren Eifer beim zwangsweisen Judentaufen und der herzerfrischend exemplarischen Behandlung der Verstockten unter Beibringung vieler Einzelheiten beteuerten. Tags darauf, indes noch ringsum Heulen und Zähneklappern war, zog der Gehilfe jenes päpstlichen Inquisitionslegaten, ein finsterblickender, schwarzbärtiger Mann, die irdischen Güter der vom Leben zum Tode Beförderten ein. Und tags darauf war er samt dem Einkassierten und seinem Herrn mit einem Schlage verschwunden. Doch währte es noch beinah eine Woche, ehe der in Briefen avisierte päpstliche Speziallegat wirklich in Lissabon eintraf, mit großem Gefolge, und man so sah, daß der Pfaffenverbrenner nicht der echte gewesen war. Des falschen Inquisitors Name blieb unbekannt. Sein die Vermögen der Gerichteten einsammelnder Gehilfe hieß Meier Arboza oder Harboza.

Es zeugte aber dieser Meier Harboza aus der Kraft seiner Lenden acht Söhne, von denen in dem Großen Elend, das über die vertriebenen Juden kam, zwei Hungers starben an der Küste von Algier. Einen verschleppten die Berber, und er wurde nicht mehr gesehen. Einer wurde erschlagen auf einer Straße in Deutschland. Zwei, denen man kein Quartier gab, erfroren auf einem Alpenpaß. Einer, der der älteste und der mutigste war, kam bis nach Bagdad und starb dort an einer Krankheit, genannt: die Pest. Einen, den jüngsten, der noch zu zarten Alters war, zu wissen, wie ihm geschah, lockte ein Mönch an das Taufbecken mit einer hingehaltenen Rinde Brots. Der zweitjüngste aber, der all das überlebte und der den Namen Jona ben Meier trug, landete im Jahr 1527 in der Stadt Saloniki.

Dort war eben die Nachricht unter die Juden gefallen, es sei einer aufgetaucht, Reubeni mit Namen. Sein Bruder war König des verloren geglaubten Stamms Ruben und hatte irgendwo in der Wüste sein Königreich! Und war willens, mit Papstes und Spanienkönigs Waffenbrüderschaft zum nächsten Jahr das Land Palästina aus der Türkennot zu befreien! Ob dieser messianischen Nachricht bemächtigte sich eine große Erregung der von Gott geschlagenen Judenheit; und war die Judenheit der Stadt Saloniki mit allen anderen entschlossen, ohne viel Aufschub in jene Wüste und in die Schlacht zu ziehen. Darüber herrschte eine messianische Aufbruchsfreude, eben als Jona ben Meier vom Schiffe stieg. Da sah dieser Jona ben Meier (ein finsterer Kaftanmann mit einem Schwarzbart) seine Gelegenheit, kühlende und schattenspendende Wüstenhüte herzustellen nach seiner eigenen Erfindung und Phantasie. Die verkaufte er in großer Zahl den Juden von Saloniki für ihren Wüstenzug. Und als man daraufkam, daß sie nichts taugten und daß man übrigens ihrer nicht mehr bedurfte, da jener Reubeni schon als Schwindler entlarvt und in einem spanischen Gefängnis verkommen war – da war die Trauer über den Schwindel des Reubeni so viel größer als der Ingrimm über den Schwindel des Meier, daß man diesen letzteren laufen ließ.

Es zeugte aber dieser Jona ben Meier aus der Kraft seiner Lenden den Josua ben Jona, genannt Jossele Jonassohn der Buchhändler. Der zog von Gemeinde zu Gemeinde, aufrufend zur frommen Einkehr und Keuschheit der Sitten – und nach gehaltener Predigt versuchte er jedermann ein Exemplar anzudrehen des damals neu erschienenen frommen Werkes Schulchan Aruch, das heißt: der gedeckte Tisch. Er ward erschlagen im Jahre 1574 in Deutschland. Sein Sohn Schloime der Buchhändler ward erst erschlagen im Jahre 1612, in Lodcz im Land Polen, wo er sich niedergelassen und gezeugt hatte den Meier Salomonsohn, der bekannt ward unter dem Namen: der reiche Reb Meier Lodcz. Es war das derselbe, der die Uniformen und Sättel lieferte für den ukrainischen Hetman Chmelnicky, als der im Jahre 1648 gegen die Polen zog. Ferner Pferde sowie zwanzig Kanonen für den Polenkönig Jan Kasimir, als der den Chmelnicky aufs Haupt schlug. Ferner Schlachtvieh, Mehl und wieder Pferde und Kanonen sowie Darlehen baren Gelds für den Karl Gustav von Schweden, als der in Polen einbrach, sowie für den Polen, als der den Schweden wieder aus seinem Lande warf. Darüber zeugte der reiche Reb Meier Lodcz – ein finsterblickender Kaftanmann mit einem Schwarzbart – fünf Kinder. Und als ihm die erste Frau starb, zeugte er neun mit der zweiten. Und als ihm die starb (da war er achtundsiebzig Jahre alt) freite er eine dritte, die noch nicht zwanzig war, und zeugte mit ihr noch drei.

Von diesen siebzehn Kindern des reichen Reb Meier Lodcz starben drei Hungers, solang er noch lebte – die Chmelnicky-Kosaken hatten ihm nur die Augen ausgestochen anläßlich des Tulczyner Pogroms. Ein anderes Kind des reichen Reb Meier Lodcz kam durch die Leute des Chmelnicky zu Tode anläßlich des Pogroms zu Homel. Und seine Lieblingstochter Lea anläßlich des Pogroms zu Nemirow. Einer wurde gehängt. Zwei wurden erschlagen von den Leuten des Polenkönigs Jan Kasimir, als der gegen den Hetman Chmelnicky zog. Einer fiel für den Schweden Karl Gustav in offener Schlacht. Und kamen in diesem Hin und Wider auch siebenhunderttausend Juden unter Galgen, Kosakensäbel, Muskete und anderer militärischer Vorrichtung zu ihrem Tode – von den siebzehn Kindern des reichen Reb Meier Lodcz lebten immer noch acht, als alles vorüber war. Von den achten starben zwei Hungers – aber da war der reiche Reb Meier selbst schon gestorben, als Bettler in der Stadt Lodcz. Zwei starben an einer Krankheit, genannt: die Cholera. Einer schnitt sich die Kehle durch. Einer nahm die Taufe und wurde ein katholischer Galach. Einer ersäufte sich in einem Fluß.

Blieb ein einziger von den Siebzehn, ein finsterblickender, schwarzbärtiger Mann. Der floh in die Wälder, der hungerte, der fraß Erde und Gras, der schlich sich an die Dörfer der Bauern und riß ihr Vieh wie ein wildes Tier und fiel ihre Hirten an und erschlug zwei Soldaten um einen Brotlaib und ward verscheucht und kam wieder zur Nachtzeit und heulte im kahlen Winterwald wie ein hungriger Wolf. Es ward aber dieser Jacob Meiersohn, genannt Jeinkef Dieb, erst gefangen im 1680er Jahr von einer Kompanie Soldaten, nach einer Treibjagd von drei Wochen, und mit abgehackten Händen verbrannt. Er heulte, so wie ein Wolf heult, auf seinem Holzstoß acht Stunden lang, indes schon der Gestank seines brennenden Fleisches und Schwarzbarts den ob solcher jüdischen Hartnäckigkeit skandalisierten Marktplatzanwohnern in die Fenster und Zimmer schlug.

Er ließ einen Sohn zurück, Jossel das Kind. Der ließ einen Sohn zurück, der den Namen Meier Josselsohn der Buchhändler führte – da schrieb man schon tausendsiebenhundertvierundfünfzig; er hatte diesen Namen angenommen, ob er gleich von seinen zwei Ahnen, die Buchhändler geheißen hatten, nichts wußte. Das Geschäft des Meier Josselsohn Buchhändler war, daß er umherzog und mit gerichtsordnungsmäßigen Unschulds- und Abwesenheitstabellen hausierte – als da waren ein von ihm selbst in einem hochtrabenden Amtsstil aufgesetztes und in Druck vervielfältigtes Formular, in das jeder Jude Tag und Nacht zu jeder Stunde eintragen und von Zeugen sich bestätigen lassen sollte, was er getan und wo er sich aufhielt. Und machte man einem den Prozeß und wurde er wegen Ritualmordes angeklagt, so war solch ein Dokument

– das war des Buchhändlers Einfall – ein starkes Verteidigungsmittel und ein mustergültiges Alibi.

Es verkaufte dieser Meier Buchhändler siebzehntausend dieser Tabellen zu hohem Preis, bevor man ihn selber fing. Von seinem Prozesse kaufte er sich los durch Opferung seines Vermögens. Und gewann es aufs neue, indem er im Jahre 1771 als Prediger durch die Gemeinden zog – predigend die damals neue Lehre der Lebensfreude des Baal Schem Tow. (Und hatte er gepredigt, so drehte er seinen ergriffenen Hörern einen Posten im Preis zurückgesetzter chassidischer Schriften an.) Er vermehrte dieses neu gewonnene Geld im Jahre darauf, 1772 – predigend durch die Gemeinden zu flammendem Protest gegen die chassidische Lehre. (Und seinen erschreckten Hörern drehte er zu ermäßigtem Preis ein Edikt an des Rabbi Elia Wilnaer, so mit viel scholastischer Weisheit den Baal Schem Tow und die Lebenslust vor die Hunde warf.) Und er vermehrte wieder dieses Vermehrte noch in diesem selben Jahr 1772, da der Sektierer Jakob Frank seine zwischen Jud und Christ zerriebenen, verhungerten, von Verfolgung und Elend ausgedörrten Jünger noch einmal um sich versammelte. Ihre fadenscheinigen Kaftans sollten sie schürzen und sich allesamt jeder mit einer jeden in der Lust des Fleisches ergehen, um den letzten Tag, den sie durch eine höchste Frömmigkeit nicht hatten heraufführen können, vielleicht doch noch auf sich herabzuzwingen durch eine tiefste sodomitische und gomorrhanische Sündigkeit! Worauf also der Meier Josselsohn Buchhändler eingriff und den halbverhungerten Zelebrierern Riechwasser verkaufte, Talmischmuck, einen unter der Hand zu reduziertem Preis erstandenen Posten gojischer Karnevalsmützen, sowie ein geheimes Mittel zur Verschärfung der Sinnenlust.

Dieser Reb Meier Josselsohn genannt Buchhändler, der über all seinen ingrimmigen und guten Geschäften ein finsterblickender, schwarzbärtiger Jude blieb, zeugte in hohem Alter – denn bis dahin hatte ihm die neue russische Judenheiratseinschränkung die Ehe versagt – einen Sohn, hieß Schlojme. Der erlebte, daß ihm unter vierunddreißigmaliger Kriegskontribution an die Russen, Preußen und den Kaiser Napoleon die väterliche Habe und alles andere verlorenging. Doch ward ihm die solch kleine Bedrängnis aufwiegende Freude, daß er von der Behörde einen abendländischen Namen bekam. Er konnte sich nicht wie die Reichen, die dem Kommissar dafür zwanzig Rubel zusteckten, nach einem wilden und stolzen Tier benennen, noch wie die Zehn-Rubel-Bezahler nach einer edelduftenden Pflanze. Aber es erwachte in ihm aus diesem besondern und wichtigen Anlaß die Tatkraft der Ahnen. Er ließ nicht zu, daß er von einer um ihr Trinkgeld geprellten Behörde für alle Zukunft eingetragen werde als Stinker samt Kind und Kindeskind, als Schlecker oder Kanalduft. Zu der Zeit aß er ein kärgliches Brot in einer kleinen Gemeinde als Minjen-Mann – einer so da bestellt ist, bei Bedarf zu komplettieren die Zehnzahl der Männer, ohne die es keinen Gottesdienst geben darf im Volk Israel. Das war ein Freitagmittag, als er sich ermannte und drohte, er werde am Abend nicht ins Bethaus gehen und es so der Judenschaft unterbinden, Schabbes zu machen. Schon zwei Stunden später war er imstande, vor dem Kommissar zu erscheinen mit einer gestopften Gans, zwei Laib Weißbrot und fünfundneunzig Kopeken. Er stritt an und feilschte mit der Behörde, und sie nannte ihn nach einer ehrlichen Speise, und da er keine höher stellte als eine Rote-Rübensuppe, die dortzulande bereitet wird, nannte er sich mit deren Namen – und die hieß Borscht.

Es hatte aber die Lebenskraft des Schlojme Borscht mit dieser im Reigen der Geschlechter unauslöschbaren Handlung sich aufgebraucht; ihm war festlich zu Mute aber sein Herz war schwach; er starb zwei Tage später. Er hinterließ einen Sohn, der hieß Mojsche Borscht. Der hinterließ einen Sohn, der hieß Leib Abraham Borscht und siedelte sich in der Stadt Semienka an. Und starb der Sohn dieses Leib Abraham auch vor der Zeit im Jahr 1848 an einer Gewalttat, so blieb doch ein Sohn dieses Sohnes – der hieß Meier Borscht, und da der sich auf seine eigenen Beine stellte als Commerziant und als koscherer Lebensmittelhändler hinter den Soldaten des Zaren zog, war er zwölf Jahre alt. Und von jenen vor ihm Lebendigen und vor ihm Gestorbenen war in seinem Wissen nicht der Hauch eines Hauches und nicht die Spur einer Spur.

So bereichert und doch verarmt, so schattenlos überschattet, so ohne Gewicht und doch mit der Bürde von tausend und tausend Jahren auf seinen Schultern, wuchs der Commerziant Borscht in sein Leben. Da man 1903 schrieb, war er ein Mann von voller Gültigkeit. Er wohnte in einer größern Stadt, die hieß Kowno, und wenn auch nicht in der freien Stadt selber, so doch auch nicht mehr eigentlich im Judenquartier. Den steifen schwarzen Judenhut trug er auf eine städtische und westliche Weise. Der Kaftan hatte sich ihm zu einer Art weitgeschnittenen schwarzen Rocks verkürzt. Verkürzt, gestutzt (wenn auch beileibe nicht etwa vollends dem Schermesser hingeopfert) waren Schläfenlocken und frühsprossender Schwarzbart. Und wenn etwas unbeschnitten und unverkennbar dem Elend der lichtlosen Judengassen zugehörig geblieben war, so war es die von keinem Sonnenstrahl zerstörbare Blässe seines sehr jungen und sehr finster entschlossenen Mannsgesichts.

Er hatte zu der Zeit allerlei hinter sich. Jener ersten Geschäftsfahrt hinter den jüdischen Rekruten des Zaren her war ein Versuch gefolgt, Schuhmacher zu werden in Lowicz. Als dort die Verordnung über die neue jüdische Gewerbebeschränkung kam, hatte er es mit drei anderen als Ackerbauer probiert, im Kleinpolnischen auf einem Stück Brachland. Da sie nicht genug erwirtschaften konnten, die Gendarmen zu schmieren, und ausgetrieben wurden auf Grund des Gesetzes gegen den jüdischen Landbesitz, hatte er den Holzhandel angefangen, im Westen, an der polnisch-schlesischen Grenze. Als man die Juden aus dem Grenzbezirk abschaffte und ihnen ihre Geschäfte nahm, ward er Hausierer in Wilna. Bis zum jüdischen Pachtverbot war er dann Getreidepächter in Schitomir. Auch als Branntweinbrenner und als Wirtshauspächter in Grodno hatte er es versucht, ehe der neue Zar den Juden das Branntweinbrennen und die Wirtshauspacht untersagte.

Doch lag das alles damals für den Commerzianten Borscht

schon ein gut Stück dort hinten in der Vergangenheit. Er war nicht zugrund gegangen über all den kleinen Bedrängnissen und einundzwanzig Jahre alt und ein Kaufmann zu Kowno und ein Mann von Gewicht. Mit einem Paß, der bestätigte, daß er nach acht Jahren Militärdienst und Auszeichnung in Scharmützeln an der chinesischen Grenze wegen einer unheilbaren Epilepsie, eines Herzklappenfehlers und der Erblindung auf einem Aug als dauernd invalide von jeder weitern Einziehung zum Dienst mit der Waffe enthoben war. Mit einem christlichen Kompagnon, der früher einmal Gendarmeriewachtmeister gewesen war und auch jetzt noch die Uniform anzog, wenn es mit dunklen Aussprüchen über neue Verordnungen auf den Viehmärkten und Schlachthöfen der kleinen Ortschaften ringsum zu donnerwettern galt, um dem Aufkäufer M. Borscht entsprechend schleuderpreishaft reduzierte Angebote der verschreckten Marktfahrer zu verschaffen. Oder wenn es sich gebot, auf die Ämter zu gehen und dort von Kamerad Gendarm zu Kamerad Gendarm und von Goj zu Goj ein Wort einzulegen für den M. Borscht, der wieder einmal wegen eines Bündelchens Markt- und Steuer- und sonstiger Klagen vor die Behörden geladen war. Und als es in diesem neunzehnhundertdreier Jahr den Pogrom gab, stellte sich dieser Goj (Kocziusko hieß er, wie jener Freiheitsheld, und er bekam von jedem Rubel sauber abgerechnete fünfunddreißig Kopeken) in seiner vollen Gendarmeriewachtmeisteruniform vor des M. Borscht Wohnungstür und sagte: »Halt!« Und als das Schreien im Haus und in den Gassen ringsum verstorben war und mit ordenklirrender Uniform ein Herr Hauptmann kam, um nach dem Rechten zu sehen, da sagte der Goj: »Halt, Herr Hauptmann, es ist nicht nötig, daß Sie hineingehen. Die dort drinnen sind schon tot!«

Des Commerzianten Borscht Besitz vergrößerte sich aber in jenem Pogromjahr. Gott war ihm gnädig, daß er sich verbreitern durfte auf dieser Erde und zu seinem Paß und seinem Goj noch ein Drittes hinzuerwarb. Das war sein Weib Blümele Borscht, geborene Blümele Turteltaub – und wie er um sie warb und sie eroberte, das war eine so zarte und schöne

Geschichte, wie eine Geschichte nur zart und schön sein kann. Die Augen gingen einem über, wenn man daran dachte. An Herzklopfen und Warten und einen kleinen, scheuen, hauchzarten, bebenden Kuß im Mondenschein hinter dem schwarzen Haus, in dem keiner mehr wohnte seit jenem Pogromtag, da ihrer sechsunddreißig darin verbrannten. An sinniges und zartes Geschenk, ein Ringlein und ein goldenes bäurisches Miederchen, einem zugrundegegangenen Metzger aus der Stube gerafft an Zahlungsstatt für Schlachtvieh. Und an das bittere Ringen mit dem strengen und frommen Reb Turteltaub, der den Nachweis tüchtigen Besitzes verlangte in dieser stürmischen Zeit, ehe er einen zum Schwiegersohn annahm. Da war aber einer mit Namen Fiul, der durch die Pogromstädte zog und jüdische Frauen kaufte für die Dirnenhäuser in Südamerika. Und der auf Freiersfüßen gehende Commerziant erlag der Lockung, dieses Fiul Ankäufer und Unteragent zu sein. Aber als alles vereinbart war und an den Mann Borscht schon die Provision bezahlt, da überkam den zur Nachtzeit die Stimme seines Gewissens. Und des Morgens trieb er auseinander die Weiber, die er aufgelesen und beschwatzt hatte zur Reise über das große Meer. Und den Mann Fiul, der da ihn und jene versucht hatte, trieb er durch seinen Goj aus dem Gouvernement hinaus. Und als Züchtigung für jenes Manns Wandel behielt er die Provision und gab sie nicht zurück.

So freite er die Blümele Turteltaub, die sehr jung war, großäugig, schlank und zitternd zärtlich wie ein Reh im Wald, und so schön in süßer Strenge, wie es von der Erzmutter Sarah in den Geschichten geschrieben steht. Der Sommer war lang lebendig in jenem Jahr und die Herbstnächte sternklar und duftend von reifer Frucht.

Doch war die Herleitung dieser Blümele Turteltaub von jener Erzmutter nicht mehr zu erfragen. Und selbst ihre Herleitung von einer schon sehr spät Geborenen, einer andern Sarah, genannt die Rote Sarah Schochlinerin, die 1640 aus Deutschland nach Polen kam, blieb umstellt von Fragen.

Diese Sarah Schochlinerin hatte neben den Söhnen, die ihr alsbald entwuchsen, sieben Töchter. Von diesen sieben wurden in dem Pogrom des Hetman Chmelnicky sieben vergewaltigt. Doch kamen nur zwei von ihnen dabei zu Tod, und war von den Vergewaltigten die älteste vierundzwanzig und die jüngste sechs Jahre alt. Eine, die acht war, nahm ein Kosak mit auf den Feldzug für seine Lust und verkaufte sie im Türkischen. Auch noch eine andere schleppten sie fort, und die fand man später zerstückelt in einem Wald. So blieben damals, als die Ukrainer gegen die Polen zogen, von den sieben drei übrig. Als im Jahr darauf die Polen gegen die Ukrainer zogen, wurden von den dreien nicht drei vergewaltigt sondern nur zwei. Die dritte warf sich aus dem Fenster. Eine von den zweien, die blieben, ward schwanger. Sie war noch keine zehn Jahre alt und war immer heiter gewesen. Täubele hieß sie. Sie bettelte, man solle sie dabei lassen, denn sie hatte viele Angst vor dem Tod. Sie starb im Kindbett mit dem Kosakenkind.

Die letzte aber von den sieben Töchtern der Roten Sarah Schochlinerin, Esther Wilnaerin mit Namen, wuchs auf wie ein Reh, so schön in süßer Strenge, wie es von der Erzmutter Sarah geschrieben steht. Gott segnete sie, daß sie nicht empfangen hatte in der Gewalttat. Sie war gespart zu einem langen und glücklichen Erdenweg. Vierzehnmal kam sie ins Kindbett. Sie verlor von ihren Kindern in einem Dutzend Jahre nur vier. Und ein einziges kleines Mal nur mehr, als sie schon an die vierzig war, mußte sie den Pogrommännern zu Willen sein. Und von den zehn Kindern, die blieben, verhungerte nur ein einziges und starb an der jähen Krankheit Cholera nur ein einziges und ward in zartem Alter von einem Mönch in die Kirche gelockt und ging verloren ein einziges – so daß sieben Kinder standen an ihrem Totenbett. Auf dem lag sie, die glückliche Esther Wilnaerin, eine große Gebärerin und Kocherin vieler fetter Sabbatgerichte und Zauberin, zaubernd aus der Dürftigkeit und dem Nichts die lange heilige Reihe der Wochentagssuppen, daß man nicht Hungers sterbe dazwischen – bis sie so selbst starb, eine weise und fette Frau.

Sie hinterließ eine Tochter, die Simche hieß, Freude. Die war die Mutter der Chanele Süß. Die zurückließ die rote Chaje, was soviel heißt wie: Leben. Man verbrannte sie auf dem Holzstoß. Ihre Tochter war die Perl Löw. Deren Tochter hieß Ruth, deren Tochter hieß Esther, deren Tochter hieß Freude, deren Tochter wiederum Leben hieß. Und hatten sie alle in ihrem Erdentag Geburt, Tod, Lust und Hunger und Kindbett und wieder Kindbett und Kindbett, in Bauers Tenne, auf fauligem Kellerlager, zwischen zwei hastig hingebreiteten Fetzen am Straßenrand, und mit Not und Tod, wie das wohl ansteht einer, die Gott in seinem Ratschluß nur zum Weibe gemacht hat. Sie lebt jenseits des großen Geschehens in dieser Welt und jenseits der großen Frage, ob der Chasside recht hat oder der nach der Strenge lebt, und jenseits der brennenden Überlegung, ob denn nun also der Messias kommen werde in dreiundsiebzig Jahren oder in elf. Und fährt zur Grube darüber, nicht aufgezeichnet im Buch, nicht gerechnet in der großen Rechnung durch die Jahrhunderte, und gezählt von keinem, nur von der Mutter.

Diese letztgenannte Leben, genannt: Leben Rosenblatt, heiratete einen, der hieß Reb Turteltaub und hatte mit ihm eine Tochter, die hieß Blümele Turteltaub. Sie ward gefreit von einem Mann, der hieß Borscht. Da man 1914 schrieb, hatte sie sich entfaltet zu einer schönen und fetten Frau, und der Borscht hatte sich entfaltet zu einem Mann mit finster entschlossenem, schwarzbärtigem Angesicht und mit einer schweren goldenen Uhrkette über dem allgemach sich rundenden Bauche – wie er angemessen ist einem, der in seinem Paß die Berufsbezeichnung Großhändler stehen hat, und eines Regimentskommandanten sowie dreier Stadtverwaltungen eindringliche Rekommandation für jegliche Art Geschäft. Auch besaß er immer noch einen Goj, Kocziusko hieß er und war ein ehemaliger Wachtmeister der Gendarmerie. Der kleidete sich immer noch in eine alte, ihm schon zu eng gewordene Uniform und ging auf die Ämter und sprach mit diesen und jenen. Und von jeder Borschtschen Reichsmark und von jedem Borschtschen Rubel nahm er, je nachdem, vierzig Pfennig oder vierzig Kopeken. Davon kaufte er sich vieles, und auch viele Weiber und auch eine Hauptmannsuniform und ein Automobil. Borscht aber ging durch all das ohne Beirrung. Er ließ sich nicht bestricken durch die Schönredereien eines Generals mit Namen Ludendorff; »zu die Jidden in Paulen« hieß der Aufruf des Generals; aber es konnte kein Gutes davon kommen, wenn ein Goj und General zu die Jidden in Paulen sprach. Und ob es im Jahre 1917 nach Christi Geburt war oder im Jüdischen Jahr 5678, daß der große russische Unterdrücker zusammenbrach, spielte für diesen Borscht eine geringere Rolle als die Frage, ob er fünfunddreißig Kopeken zu zahlen hatte an seinen Goj oder vierzig oder gar fünfundvierzig, wie kürzlich im Rausch der Goj sich erfrecht hatte zu verlangen.

So ist es richtiger, nicht von Jahren zu sprechen, sondern von dem Kommerz. Dann schrieb man Weltkrieg, als die Doppellieferung an die Russen und Deutschen war. Der Goj bekam vierzig. Und Friedensschluß war, als man das ukrainische Getreide nach dem verhungerten Deutschland warf. Der Goj, in Uniform donnerwetternd, suchte die verkaufsunwilligen Bauern auf. Auch war es damals, daß er zum erstenmal im Rausch sich erfrechte, fünfzig Kopeken vom Rubel für sich zu verlangen. Und daß man in der Welt das Jahr 1919 und den großen Petljura-Pogrom schrieb, das war, als dieser selbe Goj eines Morgens nicht schützend vor der Tür stand, sondern in seiner falschen Hauptmannsuniform und mit einem Strich falsch klirrender Orden an der Spitze eines Kosakentrupps mitten im guten Zimmer, und sagte: »Das Leben, du dreckiger Saujud, oder das Geld!« Kocziusko hieß er.

Nicht daß ein Mann, der im Land ringsum der reiche Reb Meier Borscht hieß, sich hätte beirren lassen durch dieses ihm so offerierte Optionsgeschäft. Es erregte ihn weiter nicht, er hatte im Grunde nichts gegen die Gojim. Auch war es nicht so schlimm, solang es hieß »oder« das Geld und nicht »und«. Und so überlebte dieser Mann Borscht samt den Seinen das neunzehnhundertneunzehner Jahr auf eine andere Weise beinah ebenso sicher, als wäre er etwa ein Chasside gewesen, den seine festliche Blindheit für diese Welt an dem Morgen des Bluttags hinaus in die Wälder trug. Des Kocziusko erwehrte er sich ohne viel Mühe. Der hatte genug von ihm gelernt in all den Jahren (und nicht genug), auf ein Konto im Ausland erpicht zu sein. Er gab ihm ein Paket Aktien und zwei Bankanweisungen auf New York und Paris. Und sperrte sie telegraphisch, als alles vorüber war.

So war es nicht über diesem, daß der reiche Reb Meier Borscht in Grübeln fiel. Vielmehr hatte er da einen Sohn, und es handelte sich um diesen seinen Sohn Abraham Borscht, der damals ein Mann von fünfzehn Jahren war. Den überkam es, daß er sich abwandte von seinem Vater und von seiner Vaterart. Er schnitt sich die Haare. Er blieb allem Reden gegenüber so hart, wie das wohl ansteht einem, der Borscht heißt. Er packte seinen Koffer und ging aus dem Haus am Rande der Judenstadt, hinein in die freie ukrainische Welt. Und als er in dieser freien Welt ein halbes Jahr lang sich verborgen gehalten hatte und gehetzt worden war von dem Goj und anderen Ordenklirrenden, Nationalen, Zaristen und Juden- und Bolschewikenschlächtern, floh er aus dem Land und ging hinüber nach dem bolschewikischen Rußland.

Da sah der reiche Reb Meier Borscht dieses Zeichen, das ein Zeichen war nach seinem Verstand. Er hatte bis dahin viel Glück gehabt in seinem Leben; mit Krallen und Tatzen ein großes Raubtier war er gewesen vor Gott dem Herrn, ein starker Esser mit einem feisten und straffen Wanst und ein gefährlicher Lacher, vor dessen Lachen so mancher erblaßte, und ein weiser und grimmiger und grausamer Mann in seinem schwarzen, gestutzten Bart. Nun aber dämmerte es ihm, der viele Hypotheken hatte, Pfandbriefe, Gutscheine, Lagerscheine, Zessionen, Schecks, Wechsel, daß er keine Hypothek besaß und keinen Wechsel ziehen konnte auf dieses sein Erdenglück.

So machte er zu Geld all jene anderen Hypotheken und Wechsel. Und auch seine Darlehen, angelegt gegen Faustpfand zu hohem Zins, und seinen geheimen Anteil an den fünf Häusern und an den drei Sägewerken, sie alle machte er nun zu Geld. Das tat er gelassenen Mutes, und es war ihm nicht leid dabei. Von den zweimalhundertundvierundfünfzigtausend Rubeln, die er so aus seinen Geschäften zog und bar in der Tasche seines aus feinem Tuch geschnittenen, schwarzen und immer noch von fernher einem Kaftan gleichenden Stadtrocks trug, mußte er ganze sechzigtausend geben für einen gojischen Paß, in dem stand, daß er der zweiundzwanzigjährige ukrainische Oberleutnant Pan Wladimir Oskrowski war, reisend mit seiner Schwester. Sechzigtausend gab er für einen Wagen mit zwei Pferden davor. Sechzigtausend für die Mannschaft, unter deren Schutz er zur Grenze fuhr. Und zum viertenmal sechzigtausend für ein russisches Einreisevisum für ihn selber und sein Weib Blümele.

Aber auch als die vierzehntausend, die ihm noch verblieben, ihm an der Grenze im Übernachtungshaus aus dem Koffer gestohlen wurden – da verlor er, der dereinst reiche Reb Meier Borscht, noch immer nicht seine Gelassenheit und sagte zu seinem Weib Blümele, das sehr fett geworden war und ein wenig vergrämt und erschreckt, aber in seinen Augen liebreizend immer noch: »Mach dir nichts draus. Wir sind in Sowjetrußland, wo man nicht mehr die Juden schlägt. Und da irgendwo in dem großen Land ist dein Sohn! Und hat man nicht Geld, daß man zu ihm reist – das tut nichts, solang man noch immer lebendig ist. Man wird zugehn und handeln.«

So wird es wieder richtiger sein, nicht von Jahren zu sprechen, sondern von dem Kommerz. Borscht tauschte Pferd und Wagen, die ihm geblieben waren, bei einem Grenzfuhrmann gegen vierzehn Frachten Getreide und dieses gegen eine Partie Saccharin und das Saccharin gegen einen Wagen Speck und zweiundzwanzig Frachten Getreide und diese gegen sechs Ochsen und zwölf Pferde und so viel Medikamente aus den geplünderten Militärlazaretten im Grenzbezirk, daß man damit gereicht hätte bis ins neunzehnhundertfünfziger Jahr. Aber er sagte zu seiner Frau: »Nein, wart noch, noch nicht! Bevor wir zu unserem Sohn gehen und ihn holen von Moskau, muß sein Vater wieder einen Pelz haben und einen Wagen und gutes Auslandsgeld und seine Mutter ein Seidenkleid!«

Und obwohl Gott ihm gab zu verdienen, und zu essen gewesen wäre für ihn und sein Weib und zehn Söhne, sagte Reb Meier Borscht in Sowjetrußland es noch durch ein ganzes Jahr lachend und doch mit einer kleinen Heiserkeit in der Stimme: »Nein, wart noch, noch nicht!« Als es sich aber nicht mehr aufschieben ließ vor seinem Weib Blümele, fuhr er mit ihr nach Moskau. Aber da hatte sein Sohn Abraham Borscht, der in einem großen Staatsgeschäft mit einem unverständlichen Namen saß und nicht mehr Abraham und nicht mehr Borscht hieß, keine Freude an seines Vaters Pelzrock und keine an seiner Mutter Seidenkleid. Was sein Vater Tüchtiges geleistet hatte, trotz Tod und Teufel und Sowjet und Kommissar, trieb ihm das Blut in die Stirn. Er wies nach der Tür in einer der jämmerlichen vier Wände, zwischen denen er trotz seinen Amtsherrlichkeiten zu Hause war, und rief: »Hinaus!« Und er vergaß, was da über Vater und Mutter geschrieben steht, und rief etwas, das klang wie Burschuj und war nicht zu verstehen. Dann drohte er, daß er sie angeben wollte und ausliefern der Polizei.

Das war die Gelegenheit, da der Mann Borscht zum zweitenmal in seinem Leben ins Grübeln fiel. Er stand im Flur des Hauses, aus dem er gewiesen worden war von seinem eigenen Sohn. Sein Weib Blümele stand leise weinend an seiner Seite in ihrem Seidenkleid. Er aber sah sie nicht und starrte nur, ein mächtiger Mann im Pelz, vor sich hin in die Leere. Es war ihm nicht leid um sich selber und nur um sein Weib. Das ward sehr fett in jenen Tagen vom vielen Weinen im Sowjetland, darinnen man nicht mehr die Juden schlug; sie versteckte hinter ihrem großen Fett ihre Schönheit auf eine so vertrackte Manier, daß sie keinem mehr sichtbar war als nur dem Manne Borscht.

Er aber nahm es nicht schwer. Als die Polizei ihn verhaftete als einen unverbesserlichen Burschuj und Schieber, geschah das ohne Zutun des Sohnes und war nur ein Zufall und kostete ihn nicht mehr als sein Geld. Als die einzige Karre vor den Kommissaren verheimlichten Weizens, den er bei widerspenstigen Bauern erhandelt hatte zum Verkauf an widerspenstige Städter, auf der Straße verlorenging, blieb ihm genug, seinen Pelzrock und sein anderes Paar Schuh zu verschachern gegen vier Dutzend Kunstseidenstrümpfe, die man verschachern konnte an die Genossinnen Huren in Leningrad. Als die Kunstseidenstrümpfe konfisziert worden waren vom Genossen Kriminalkommissar, blieb der Hausierladen übrig, geschnallt vor den Bauch. Mit Spiegelchen und Kämmchen zum Kämmen, wenn etwa ein Genosse Goj etwas suchte als ein Präsent. Und mit einer Partie im Preis reduzierter Exemplare eines Buches genannt: Das Kapital, von einem Genossen Karl Marx. Darüber mußte man auf den Dorfmarktplätzen zu dem zusammengeströmten Landvolk einiges Kernige sagen, ehe man den Nichtverstehenden und Verschüchterten mit Amtsgebärden gebieterisch gegen klingendes Kleingeld jedem ein Exemplar in die Hände gab. Und als der Genosse vom Lokalkomitee nach dem Parteibuch fragte und darüber das Kapital des Karl Marx samt dem Hausiererladen verlorenging – da blieb noch immer der Genosse Wald, mit dem Genossen Hunger darinnen. Dort hungerte der Mann, der einmal geheißen hatte der reiche Reb Meier Borscht, und fraß Erde und Gras, und schlich sich an die Dörfer der Bauern und schlug einen um einen Brotlaib und ward verscheucht und kam wieder zur Nachtzeit und heulte im kahlen Winterwald vor Hunger wie ein hungriger Wolf.

Siebzehn Jahre später lebte ein sicherer M. Borscht immer noch, und zwar als Branntweinschleichhändler in der Stadt Leningrad. Als die Geheime Polizei ihn suchte, fand sie ihn nach einiger Bemühung in einer Nebengasse der Engelskaja. Es war dies am 16. Oktober, zwei Uhr nach Mitternacht. Die Behörde drang in das mit Vorhang und Kreidestrich geteilte Zimmer, dessen hintere Hälfte der Borscht bewohnte. Dort fanden sich des Borscht Weib Blümele – die lebte immer noch – sowie eine Tochter mit Namen Jessica. Diese Jessica, gezeugt im Leben der Erniedrigung, aufwachsend wie ein Reh, in zarter und süßer Strenge, wie es von der Erzmutter Sarah geschrieben steht, glich in nichts der Mutter, die eine fette Frau war, weise und ungestalt. Der Mann Borscht selbst war nicht zu Hause. Er kam heim um drei Uhr – ein finstrer Mensch, ergrauten Schwarzbarts. Er hatte sich mit zwei verborgenen Flaschen Schnaps in den Innentaschen seines fadenscheinig kaftanhaften Stadtrocks straßauf, straßab vorbeigeschleppt an Genoß Maschinenschlosser und Genoß Matros, und nun war er müde und kam nach Hause und wollte schlafen. Die Anwesenheit der Behörde an seiner Schwelle erschreckte ihn. Jessica, rief er in großer Verzweiflung, Jessica – befallen von einem Wahn, daß jener seiner Tochter ein Unglück widerfahren sei. Da er sie heil fand und auch die Frau, und sollte nur verhaftet werden, beruhigte er sich sofort. Vor dem Tore wartete ein Wagen, ihn wegzuschaffen. Eine Stunde später saß er hinter Gitterfenstern im Zug nach Moskau.

Seine Vermutung, er sei wegen geheimen Branntweinhandels gegriffen worden, war da schon verflogen. Während der Fahrt und später im Moskauer Gefängnis der G.P.U. stand er drei Tage und drei Nächte mit kleiner Unterbrechung im Kreuzverhör. Es handelte sich um einen Genossen Leo Woizoff, der früher einmal Abraham Borscht geheißen hatte. In seinem Wirkungsbezirk – er hatte gewisse Milchwirtschaftsprodukte seines Distriktes zu übernehmen und war verantwortlich für ihre Weiterleitung an die Konsumentenorganisation Nordwest – hatte sich eine Warenverderbnis eingestellt, die auffiel. Sie betraf zwei Lieferungen Magerkäse, ferner Butter, neun Halbwaggons. Auch gab es da eine Äußerung in einem Privatgespräch, die jemand der Behörde gemeldet hatte. So war der Verdacht begründet, es habe dieser Woizoff alias Borscht planmäßig sabotiert, des Arbeiters Zufriedenheit mit der Verwaltung untergrabend, im Auftrag eines Emigranten mit Namen Trotzki sowie des Geheimdiensts eines gewissen Nachbarstaats. Viele, die in den Sowjetämtern saßen, waren zu jener Zeit gleich ihm verdächtig.

Als dem Vater und Burschuj M. Borscht, bei dem vielleicht für jene hochverräterische Tätigkeit des Woizoff der Schlüssel lag, dieses Bild des Falles klar vor die Augen trat, war es schon gegen Morgengrauen der dritten dem Kreuzverhör geweihten Nacht. Er erschrak. Man brachte ihn zur Vernunft. Gelabt, mühsam sich aufrecht haltend, verlangte er konfrontiert zu werden mit seinem Sohn. Doch kam es nicht dazu, daß er neben diesem seinem verlorenen Sohn hätte sitzen müssen in offenem Prozeß – Trotzkist auch er. Der Gefängniswärter, der den Delinquenten Woizoff zu holen ging, damit er seinem Vater noch einmal ins Antlitz schaue, kam allein zurück. Der Delinquent hatte vergangne Nacht genützt, schriftlich ein volles Geständnis abzufassen. Hierauf hatte er sich durch Selbstjustiz der irdischen Gerechtigkeit entzogen. Der Wärter mußte den M. Borscht stützen, er war schon ein wenig übernächtig und von Kräften zu jener Zeit. Im übrigen, so bedeutete man ihm, bedurfte man seiner nicht mehr. Der Burschuj Borscht war frei, er konnte gehen.

Der Mann, der, in einem Eisenbahnzuge sitzend, schon sehr weit jenseits der sowjetrussischen Grenze nach Süden fuhr, trug von jenem Zusammenstoß mit der Behörde an sich keine Zeichen – es sei denn, man nehme als ein solches, daß er gehüllt, daß er ganz eingebettet war in eine Wolke von Schweigsamkeit. Man betrachte nur diesen schwarzen, schweigsamen, glattgestrichenen Rock! Was die diesen Rock nur wenig bauschende Brieftasche in sich birgt, ist des Trägers Geheimnis. Wie es sein Geheimnis ist, auf welchem Weg er über die Grenze gelangt, auf welchem Weg er in den Besitz der Fahrscheine gekommen ist, die er eben früher dem Schaffner gezeigt hat. Ah, er wird gegebenen Orts auch andere Dokumente vorzuweisen vermögen. Zum Beispiel einen vielfach gestempelten, vielfach abgegriffenen Paß! Schlug man den auf, so hieß der Reisende, so da finstern Blicks, ergrauten Schwarzbarts im Zuge saß, Aaron Leib Lemberger und stammte aus Braila im Lande Rumänien. Und daß die dem Namen in gleicher Zeitverblaßtheit hinzugefügte Bezeichnung »vulgo Borscht« in einer andern Tinte geschrieben war – das zu erkennen, hätte es eines schärfern Blicks bedurft als des aus einem gewöhnlichen Polizistenaug. Auch besitzt dieser Aaron Leib Lemberger vulgo Borscht eine schon vor einer stattlichen Reihe von Monaten von der englischen Behörde auf seinen Namen ausgestellte Bescheinigung, Einreise gestattend ins Land Palästina.

Denn er gedachte, einzureisen ins Land Palästina. Wohin sollte eins reisen? Keine Grenze, die offenstand. Dort unten aber am Mittelmeer lag dieses Land! Es war klein, wenn man es auf der Landkarte suchte – aber von innen her war es ein großes Land. Siedlungen schossen aus der Erde – zwischen ihnen etablierte sich der Kommerz. Protegiert von der Macht des jüdischen Kapitals, boten jüdische Idealisten sich an als eine billige Arbeitskraft, unverdorben von wirtschaftsfeindlicher Hetzerei. Der Commerziant Borscht – da saß er im Zuge zumitten seiner Geheimnisse, und er wählte für sich das Land Palästina!

Sein Weib lehnte ihm gegenüber, schlafhaft taumelnd im Reisetakt. Er blickte nicht auf, der Mann. Er saß in den Winkel gepreßt, um Raum zu machen auf seiner Bank für sein Kind Jessica, das da neben ihm schlummerte – in einem, diesen Reiseumständen ungemäßen, allzu teuern Kleid, hochatmenden Busens, leichtklaffenden, vollippigen und ein wenig törichten Mädchenmunds.

Mochte sein, einer wußte mit sehr großer Sicherheit, er reise von Moskau nach Tel-Aviv. Aber das Blut in ihm reiste aus einer großen Finsternis, die er nicht kannte, in eine große Finsternis, die er nicht kannte. Doch war das kein Gedanke für einen Reisenden. Denn hatte er auch keine Hypothek auf nichts und keinen Wechsel zu ziehen auf nirgendwen – noch stand er in Lebens Mitten.

MELVILLE

oder Das Lächeln der Schlafenden

Als jener Meier Arboza oder Harboza, Großvater des Urgroßvaters des Commerzianten Borscht, am Ostertag des Jahres 1498 seine Rechnung machte mit Juan von Portugal, war dessen jüdischer Hofbankier Las Melvas samt seiner Familie – Weib, Söhnen und Bruderswitwe – noch in der Stadt Lissabon. Auf die Nachricht vom Durchzugsgesuch der Hunderttausend aus Spanien, das von seinem königlichen Herrn und Schuldner auf so kommerz-gewandte Weise bewilligt und alsbald ein wenig weitherzig gegen die vertrauensseligen Durchwanderer ausgelegt ward, hatte es diesen Las Melvas in seinem Palast am Meer in der Nähe von Oporto nicht mehr geduldet. Er hatte seinen königlichen Kammerherrnfrack angelegt, schwarz, mit weißer Krause, über der, dunkelgetönt, hoch, schmal und scharf der zugleich kühne und gelehrte Kaufmannskopf sich präsentierte. Er hatte die beste Garnitur seiner Juwelen angetan, einschließlich des Diamantrings mit dem Davidswappen, ihm gespendet von der portugalesischen Judenschaft, des Saphirrings, ihm gespendet von seinem Herrn, dem König, anläßlich der so erfolgreichen Beendung der vorjährigen französischen Anleihetransaktion, und des Rubinrings, ihm gespendet von seiner Herrin, der Königin, und hatte den unauffälligen, sehr teuren Wagen anspannen lassen zur Fahrt hinüber in die Residenz. Er sprach für zehn Minuten den König selbst, für weitere fünfzig den ersten Kanzler, für weitere drei sogar den Erzbischof von Lissabon. Als er an der Ehrenbezeugung der Leibgardisten vorbei den königlichen Palast verließ, wußte er von mehr als einer in einem kleinen Lächeln gekrausten Lippe und aus mehr als einem vertraulich hingeworfnen Wort, daß einiges Unvermeidliche, den Juden nicht durchaus Freundliche bedauerlicherweise nun einmal in der Luft lag. Doch war das keineswegs gerichtet gegen die Ehrenhaften und Loyalen unter ihnen, als da waren Großhandelsleute, Palastbesitzer, internationale Bankiers.

Und selbstverständlich erst recht nicht gegen einen gewissen um die portugiesische Majestät verdienten Hofbankier im Speziellen – wenn dieser Hofbankier nur etwa die Klugheit haben wollte, gleich manchen anderen Klugen und Wohlbestallten zum Christenglauben überzutreten. »Eine Kleinigkeit, mein lieber Las Melvas«, sagte leichthin und gedämpft der Kanzler, der ihm hundertvierzigtausend Dukaten schuldete – »eine Formalität von zwei Minuten, die Sie nicht ernster nehmen müssen als wir es tun.«

Worauf es zurückzuführen war, daß dieser Las Melvas samt seiner Familie nicht mitgerissen ward in den Wirbel der Hunderttausend, die zugrundegingen in Portugal. Nicht wurde er als leibeigen verschenkt, nicht wurde er verkauft, nicht wurden ihm die Kinder genommen zu Zwangstaufe und Verrecken im neuentdeckten Verbrecherland. Als an jenem Ostertag der Falsche Großinquisitor mit seinem Meier Arboza oder Harboza in Lissabon einzog und die große Racheabrechnung mit den Pfaffen begann, war der mit guten Geldbriefen aufs Ausland und verläßlichen Pässen zwischen gepackten Koffern sitzende Maranne Las Melvas vielleicht der einzige, dem der Handel verdächtig schien. Indes die Mönche noch auf den Holzstößen brannten, kaufte er ein neues, teures, seetüchtiges Schiff. Und eine Woche später, als der echte Großinquisitor und die große nachhinkende Erkenntnis kam und der große Blutdurst nun doch auch noch den Klugen, Wohlbestallten, der guten Form halber ein wenig Getauften das Leben aus allen Adern soff, da schwamm der Las Melvas samt Söhnen, Weib, Bruderswitwe und dem ihm erhalten gebliebenen Hauptteil seiner Habe schon weit draußen auf hoher See – über lang hinrollende Wellen auslugend nordwärts, wo vielleicht eine Heimat lag.

Es war dieses Bild, schwer goldgerahmtes Bildnis eines Manns im Bart, in schwarzem spanischem Gewand mit weißer Krause, auf Schiffsverdeck, mit vielen Segeln im Hintergrund, das den Freunden des jungen Henry Melville, Neffen und vorbestimmten Erben Samuels, dritten Lords Melville auf Billesdon, eigentlich schon im ersten Augenblick ihres wohlgelaunt freundschaftlichen Eindringens in seinen drawing room in die Augen gefallen war. Und wenn von ihm nicht gleich gesprochen wurde, sondern erst später – so hatte das seinen besonderen Grund.

Wie war das nur gewesen in diesen Tagen? Abschied von Eton! Nur noch drei Wochen – dann war man das Städtchen los, drei Gassen, die man kannte zum Überdruß, das zeitige Schlafengehen und die top hats und die Erbauungsstunden und die Sonntagvormittagsansprachen des Provosts. Oxford, die Universität im Herbst, St. Magdalen's College – das war drei volle Monate in der Zukunft und keine Schule mehr, sondern ein vernünftiges Leben für einen Mann. Gestern noch dieser lunch, mit Sir Percy's Rede, »an die, die uns diesmal verlassen«. (Britisch sollte man sein für immer, als verstünde sich das nicht von selbst!) Und heute morgen packte man schon die großen Koffer; man gedachte sich spartanisch zu begnügen mit Handgepäck für den Rest der Zeit. Smith besorgte all das, der valet; er war schon frühmorgens von Melville Lodge herübergekommen. Er hatte den langweiligen Daimler gebracht statt des neuen kleinen Wagens, den man den Boys hatte zeigen wollen.

Inzwischen nahm man sein Bad. Da lag man in der Wanne, nur ein Halbzoll unter sechs Fuß lang, was für einen Achtzehnjährigen nicht so übel war. Auch die Armmuskeln hatten sich unter dem Tennistraining verbessert, die Hüften waren eng, die Beine ein wenig schwer und behaart, doch nicht übel. Nahm man nun noch den weichen Schnurrbartflaum mit dem Messer weg und bürstete den blonden Scheitel mit Wasser, so war man nicht größer noch kleiner, nicht klüger noch dümmer, nicht geschickter noch ungelenker als all die anderen Boys, die in Eton zur Schule gingen – und so, gerade so war es recht.

Nun, und dann hatte man ja noch einmal hinein in die Stadt zu fahren, zu Lords, zum Match gegen Harrow. Es war der zweite Tag, und ein gutes Match. Ralph Wilberfox war nicht um einen Schatten weniger brillant als gestern und letztes Jahr, obwohl doch selbst der Provost gefürchtet hatte, er werde diesmal nicht ganz in Form sein, weil es ja doch schon sicher war, daß er auch diesmal fliegen würde in Französisch und Mathematik. Aber Ralph war in Form! Ließen sie ihn wirklich die Prüfung nicht wiederholen und schickten ihn von der Schule trotz seiner Unentbehrlichkeit für das Cricket-Team, so ging er eben nicht nach Cambridge, sondern direkt in die Air Force; schließlich flog er ja doch seit einem Jahr seinen eigenen Aeroplan. Oder er ging nach Paris oder Indien oder sonstwohin in die Kolonien. Dort durfte man als Sohn und Erbe des Earl of Clovelly gut und gern auch ohne das hohe Examen sein; und das bißchen Trinken tat auch nicht viel.

Man hatte die Absicht gehabt, sich unter die Flaneure zu mischen, unter die unermüdlichen Schlenderer rund um das Spielfeld. Es waren nicht ganz so viel Leute da wie im vorigen Jahr, weil ja doch der König und die Königin beim Eclipse-Meeting waren, draußen in Sandown Park; aber auch so war das festliche Gedränge dicht genug, und wollte man nicht nur seine dunkelblau gefärbte Nelke spazierentragen, sondern auch etwas vom Spiele sehen, so schlug man sich besser durch und erkletterte die Familien-Coach der Macdeals, die natürlich auch dieses Jahr wieder auf ihrem angestammten Platz an der Kurve stand. Hier fand man sich unter Freunden. John Frazer war da, er war seit einem Jahr bei den Life Guards. Er stand neben Cynthia, selbstverständlich. (The Honourable Cynthia Macdeal, hatte es vor einem Monat anläßlich ihrer Verlobung mit John unter ihrem Bild gestanden im Tatler.) Es war ein gutes Ding, daß man mit so erwachsenen Leuten, die nächstens heiraten wollten, befreundet war. Und noch besser, daß auch Pamela da war, Cynthias jüngere Schwester. Sie kam frisch vom finishing in der Schweiz, Pam, mit der man noch gebalgt hatte vor zwei Jahren; und nun war sie schon finished und im Herbst kam sie schon heraus!

Sie trug Kornblumenblau, weil ihr Vater ja doch in Harrow gewesen war; dort drüben stand er und winkte einen Gruß herüber, und der hochgewachsene Herr mit der alten Eton-Krawatte, zu dem er jetzt redete, war Lord Halifax. Ja, man war schon erwachsen. In der Mittagspause herrschte glücklichste Familienstimmung auf der großen Party in der Loge der Baldwins; die Duchess of Devonshire hatte Söhne, Töchter, Freunde um sich versammelt in einer der Lauben des Übungsfelds; den Lunch (Huhn und Erdbeeren natürlich wie jedes Jahr) nahm man wieder mit Buddy, doch war der in Eile: er mußte noch seine Aufwartung machen bei dem hohen Verwandten, der dem Match zuschaute von seinem Zimmer in Lords Hotel. Ja, man gehörte dazu und war doch ein wenig einsam; man war ja nun leider einmal ohne Familie, seit Mutter ihrer Gesundheit wegen das ganze Jahr in der Villa wohnte, unten in Cannes.

Doch nun wandte man sich wieder dem Spiele zu! Da gab es Erregungen. Man begann acht Minuten nach zwei – um sieben Minuten früher als sonst. Etons Geschick war so gut wie besiegelt, trotz Ralph Wilberfox, der der beste Bowler auf dem Felde war; aber Harrows batting war nicht zu bezwingen. Halb sechs wars, da war Eton um acht wickets geschlagen, in dreißig Jahren zum erstenmal. Man war ein wenig heiser am Ende, in der Balgerei nachher flogen die top hats, man focht weiter mit Spazierstock und Regenschirm – dann wars vorüber. Auch ein paar Wetten hatte man verloren, zwanzig Pfund oder vierzig Pfund. Man harrte aus vor dem dressing room, man rief Cheers für die Sieger, auch wartete man auf Ralph Wilberfox. Auch John Frazer wartete, mit Cynthia und Pam. Zu ihnen stieß Buddy – gewiß, er war erst fünfzehneinhalb, aber er tat doch überall mit, wo Ralph Wilberfox mittat, und schließlich gehörte er ja doch zur königlichen Familie! Nun, und als letzter tauchte auch noch Butcher-Hatchfield auf, Pat wollte er, daß man ihn nenne, und man hätte nicht sagen können, warum das gerade bei ihm nicht in Schwang kam, obgleich er soweit allright und trotz seiner Vierundzwanzig überall dabei war unter den Etonboys. Stockbroker war sein Vater, er arbeitete bei ihm in der City.

Dann kam Ralph aus dem dressing-room, und damit war die Party komplett! Wohin? Zum Tee hinauszufahren zu den

Macdeals nach Maidenhead, war es zu spät. So wollten sie alle hinüber nach Melville Lodge, weil die Melvilles ja doch den guten Teich hatten auf ihrem estate. Denn jetzt, da Henry von Eton abging, mußte es allen Ernstes endlich entschieden werden, ob sein Jachtmodell nicht besser den Wind hielt, obwohl es nur drei Fuß vier Inches Kiellänge hatte, als der beinahe vier Fuß sechs Inches lange und unglaubwürdig übertakelte Kasten, den Ralph sich hatte bauen lassen und stets mit sich schleppte im Cockpit seines knallroten M.G., den er kürzlich in Brooklands einem Rennfahrer abgehandelt hatte vom Fleck weg. Dann aber hatten Cyn und Pam keine Lust und fuhren nach Hause; sie mußten sich auch noch umziehen für Covent Garden zum Ballet Russe. Da sie mit der Duchess of Denham waren, in deren Loge, hatte John Frazer den Abend frei. Er war es, oder waren es doch Buddy und Wilberfox, jedenfalls – da war der Vorschlag: nicht nach Melville Lodge, sondern nocheinmal nach der Stadt! Es war ein glücklicher Einfall, wenn Ralph und Buddy und Henry Melville auch noch in der Etondreß staken und man eigentlich so nicht gern ins Claridge ging. Nun, und dann beschloß man eben, sich doch noch umzuziehen, im Stadthaus der Melvilles, so gut und so schlecht man es eben dort fände. Das war ein Spaß mehr. »Nach London!« gab man – das war mitten in Windsor Great Park – die Parole aus. Von Staines an begann man full speed zu fahren, was für die anderen Wagen keine faire Proposition war, in Ansehung von Ralphs knallroter racing car. Da war die Great West, und da war schon Hammersmith, und von Bayswater bogen sie in den Park, um das Schiffchenfahren doch noch wenigstens auf dem Serpentine zu probieren. Aber es war schon dunkel, und ein Policeman, der Buddy selbstverständlich erkannte, watete in das Wasser und holte das Boot zurück. Und dann –

»Berkeley Square – euer Haus?« fragte Ralph. Auf Henrys Ja fuhr er knatternd davon. Mit sechzig Meilen raste er durch den Park, dem speed limit zum Trotz. Doch riskierte er natürlich nichts, solang er Buddy im Wagen hatte. Die drei anderen in ihren drei Wagen hielten sich hinter ihm.

Aber es half nichts, Piccadilly hinunter verloren sie Ralphs Wagen bald aus den Augen. Es war da ein stockender und schwerer Verkehr, irgendein Zug Demonstranten, weiß Gott wogegen oder wofür, war vor kurzem vorübergekommen oder wurde erwartet. Als man endlich vor dem Melvilleschen Stadthaus hielt, stand da der Rote seit langem.

»Das Haus gefunden, ohne zu fragen!« rief Buddy herüber – und Ralph: »Da! Wir haben es erkannt an dem Davidstern über dem Tor.«

»Sherlock Holmes«, sagte Henry mit Lachen. »Kommt, Boys, ich geh' voran.«

John Frazer fragte: »Es wohnt niemand in eurem Stadthaus?«

Henry Melville hatte den Schritt verhalten auf halbem Wege über das Trottoir. »Für gewöhnlich wohnt niemand hier«, sagte er. »Aber diesmal« – und wies mit dem Kinn nach einem mächtigen Wagen, der da verlassen stand – »der Rolls dort drüben gehört meinem Onkel.«

»Lord Melville?« fragte Pat Butcher-Hatchfield. »Wir werden ihn sehen?«

Henry stand zögernd. Er sah das Haupt der Familie nicht oft. Lord Melville verkehrte nicht mit den Melvilles. Auch nicht mit seinem Neffen und Erben. Mit niemandem eigentlich. Er lebte allein.

»It'll be allright«, sagte der Neffe und Erbe mit einer Frische, zu der er sich überwand. »Onkels Zimmer liegen nach der andern Seite. Wir stören ihn nicht.« Und wieder mit dem kleinen Zögern in der Stimme: »Er bleibt sonst nie über Nacht in der Stadt. Eigentlich wollten wir hier sogar zusperren.«

»Man schränkt sich ein!« lachte Butcher-Hatchfield und die anderen stimmten ein, und das war ein Witz in Anbetracht des Ranges der Melville-Bank und des Namens Melville auf dieser Erde.

»Feines Feuer«, sagte Buddy und streckte sich, Beine vor sich, in dem Sessel im drawing-room.

Henry Melville stand an dem Bibliothekschrank; klappte man ihn auf, so waren da einige Bücher. Und eine Bar. »Have a drink«, sagte er.

»Einen Whisky, pure«, verlangte Ralph Wilberfox aus seinem Sessel. »Und stell mir die Flasche her.«

Buddy warf den Kopf hintüber, so sehr mußte er lachen. Auch Henry lachte. Darüber entfiel ihm das Glas Benediktiner, das er für John Frazer gefüllt hatte, auf den Teppich. Als er es aufgehoben hatte und sich die starken blonden Haare zurückstrich, waren noch seine Finger feucht. Ja, es war Spaß. Auch Butcher-Hatchfield, Pat, pardon, lachte und trank und nahm Stück um Stück vom Kaminbord und drehte es in der Hand. »Schaut«, sagte er und hob eine javanische Puppe hoch.

»Von irgendwo in den Tropen«, erklärte Henry, endlich selbst trinkend. Er liebte den Whisky nicht, aber das war nun einmal so, daß man das trinken mußte, wenn man erwachsen war. Er ergänzte: »Ihr wißt ja – mein Vater war in den Tropen.«

Buddy setzte das Glas ab und nickte ernst. Jedermann wußte selbstverständlich, daß the Honourable G.V. Melville in den Tropen gewesen war mit His Majesty's Forces und gestorben vor Jahren, an der Malaria, dort irgendwo hinten in Borneo oder Singapore. Butcher-Hatchfield stellte behutsam die Puppe weg. Da war sogar eine kleine Stille.

John Frazer steuerte seit seiner Verlobung mit Cynthia mit Entschlossenheit auf des Lebens Ernst zu. Er wollte, sowie es anging, hinüber in die diplomatische Laufbahn; er hatte im Lauf der letzten zweihundert Jahre einen Premier, fünf königliche Minister und elf Gesandte in der Familie. Nun sagte er etwas Besonnenes über die Tropen und den Dienst in Far East, und dann sagte er etwas über das Empire – Sir Percy selbst hätte es nicht treffender zu sagen vermocht, und auch der Oxford accent des einen glich dem des andern. Seinen honey-moon werde er, so fuhr er fort, in Anbetracht der politischen Lage (er war Offizier!) nun doch nicht im Osten verbringen, sondern –

»Ich an deiner Stelle ginge nach Paris und –« begann

Ralph Wilberfox einen Satz, doch korrigierte er sich dann selber. Er wußte etwas vom House of all Nations. Auch Javanerinnen gebe es dort in letzter Zeit. Aber John reiste ja nicht allein. »Sorry, John«, sagte Ralph; kein Zweifel, er trank zuviel. Buddy mußte den Kopf hintüberwerfen, so sehr war das zum Lachen. Auch Henry lachte – er wußte natürlich, wovon die Rede war, aber nicht ganz genau. Auch interessierte ihn derlei nicht sonderlich. Darüber konnte man nachdenken, wenn man einmal in Oxford war. Und Paris – was einer auf dem Kontinent machte, war seine private Sache und galt nicht recht. »Have some more drinks, boys«, sagte er. Ralph hatte eine Zigarrenkiste zu sich und Buddy herangezogen; sie pafften. Butcher-Hatchfield stellte das Radio an; er und Buddy kannten den Jazz, der gespielt ward, und begannen zu steppen, auf der Steinplatte vorm Kamin. »Dumm, daß die Mädels nicht mitgekommen sind«, sagte Henry und dachte an Pam.

»Dad«, erklärte Buddy mitten aus seinem Steppen – »Dad schert sich den Teufel um Singapore und Borneo und Czechoslovakia und diese Sachen, und was Danzig und die Polen betrifft, so meint Dad –« Ach, er kam sich mit seinen Gedanken selbst in die Quere, indes er so steppte. Er redete wohl nur, um zu reden. Und der als Dad Bezeichnete war eine dem Throne nahe Person.

»Ah, halt den Mund«, sagte Ralph. Nur Butcher-Hatchfield tat wieder einmal so, als nähme er Buddy ernst. Im Club, im Carlton, habe er wieder jenen freundlichen Deutschen gesprochen, jenen Baron, der ihm kürzlich die vielen copies des hochinteressanten Buches gegeben habe, *The Elders of Zion*, zum Verschenken an Freunde. Und dieser Deutsche, der übrigens ein feiner Kerl sei und den er nächstens mitbringen wolle, habe ihm die ganze Sache erklärt! Und Danzig brauchten die Deutschen nur, um dann im Bund mit England und Italien gegen die bolschewikische Pest –

»Ah, shut up«, sagte Ralph Wilberfox; kein Zweifel, er trank zuviel. Und wenn man ihn nicht nach Cambridge gehen lasse, so sei ihm das auch recht. Und der Hitler oder der Stalin, wenn er denen einmal begegne – »niederboxen«, sagte er ein wenig mühsam. Buddy sekundierte ihm mit bedenkenloser Entschiedenheit; so denke auch Dad. Was aber jenen German und seine *Elders of Zion* betreffe –

»Sag einmal, Henry«, unterbrach ihn Ralph und richtete seine ein wenig glasig gewordenen Augen auf den jungen Melville – »ist es eigentlich wahr?« Er bestand darauf: »Was in dem Buch alles über die Juden steht – ist das wahr oder nicht? Das mußt du doch wissen!«

Nun, und das war der Augenblick, da Butcher-Hatchfield angelegentlich und ein wenig unvermittelt von etwas anderem zu reden begann, und auch John Frazer wollte von etwas anderem reden, und deutete nach dem Bild im schweren Rahmen überm Kamin und fragte: »Wer ist das?«

Ja, da hing es nun also, das Bild – darstellend einen Mann im Bart mit vielen Segeln im Hintergrund. Was Henry anlangt, so hätte er gern noch vorher Ralph ausführlich Bescheid gegeben auf seine Frage. Er fand es schmeichelhaft, daß ihm, offenbar weil die Melvilles Juden waren, eine höhere Wissenschaft zugemutet wurde, um ein ihm weiter nicht bekanntes Buch. Das handelte von ernsthaften Gegenständen, um die nicht mehr zu wissen, er ein wenig bedauerte. Denn dieses Jude-sein war eine jener kleinen Besonderheiten, wie etwa der Besitz eines besondern Pferdes oder einer besondern Marke von motor car –, auf deren Erörterung ein junger Mensch von Herzen eingeht. Es war bedauerlich, daß nun schon von anderem gesprochen wurde. (Warum?) Was aber das Bild betraf – ach, dieses Bild! Der Ur-Ur-Urgroß – nein, ganz sicher wußte man es wohl selber nicht. Man hatte schon lange den Plan, es einmal in den Familienpapieren nachzulesen. Jedenfalls: ein Vorfahr! Man war – so gab man John Frazer mit einiger Wichtigkeit Auskunft – nicht einmal so ganz sicher, ob er überhaupt schon Melville geheißen habe. Er lebte in Spanien! Und als der große Krieg war zwischen Spanien und England, Philipp der Zweite, Elisabeth – da nahm der Vorfahr den Spaniern in kühnem Handstreich einen Teil ihrer Schiffe weg. Und brachte sie herüber, nach Southampton, glaubte man, oder nach einem der Cinque Ports.

Vermutlich haben sie mitgeholfen im Kampfe gegen die spanische Armada. – Er blickte auf zu dem Vorfahren, der da stand, ein fremder Mann, in Öl gemalt, und sagte: »Eine Art Admiral!«

Da war ein kleines Verstummen. Die Jazzband lärmte noch aus dem Radio. »Stop that noise, please«, sagte Henry zu Butcher-Hatchfield und fragte den Butler, der wohl schon seit zwei Minuten im Zimmer stand: »Was ist los, Parker?« Er hörte drei leise Sätze an. Und wandte sich wieder den Freunden zu und sagte ein wenig unsichern Tonfalls: »Ihr müßt mich entschuldigen. Onkel Sam hat nach mir geschickt. Trinkt etwas inzwischen. In zwei Minuten bin ich wieder da.«

Nun, durch die Stille, hörte man Lärm von der Gasse. Viele Stimmen. Tritte. Marschierende.

Samuel David, dritter Lord Melville auf Billesdon, war ein klein gewachsener, ungewöhnlich magerer Herr, in seinem altväterlich makellosen, jählings zu weit gewordenen Anzuge sitzend wie ein kahlhälsiger, kahlschädeliger Vogel, der ins Freie Auslug hält durch ein Käfigloch. Ein Raubvogel übrigens. Und was den kahlen Kopf betraf, so galt er als vielleicht der beste und sicherlich der grimmig-witzigste Kopf in der City. Dafür hatte er schon gegolten, als sein Besitzer noch sozusagen ein Börsen-Schlachtenbummler gewesen war, zu Sport und Vergnügen, ehe er mit dem jähen Tod seines Vetters, zweiten Lords Melville, Bank, Vermögen und Titel geerbt hatte. (Es starb sich leicht unter den Melvilles, es heiratete sich schwer; ein neues Kind war unter ihnen seltener als eine neue, in klug geschlagener Börsenschlacht erkämpfte Million; sie waren ein dünnes, vielfach umdrohtes Gewässerchen, das sich da aus einer Nebelferne her durch die Geschlechter zog.)

Wie war das nun gewesen an jenem Tag? Um sechs Uhr dreißig hatte Higgins den frühen Morgentee an das Bett gebracht. Um sieben trat man in den übergroßen, über-wohlausgestatteten Baderaum, umlauert von Spiegeln, die man beinah noch herzlicher haßte als den in ihnen von vier Seiten verratenen, über-dürftigen Greisenleib. Dann stand man nebenan in dem Gymnasium, und Higgins hatte das Grammophon angestellt. Es schnarrte Kommandos, denen man in stummer Selbstverhöhnung würdelos andeutungsweise zu willfahren beflissen war – Knie beugend eben um eine zittrige Winzigkeit, vorwärts stoßend Fäuste, die keine Fäuste waren, militärisch jugendfroh tief atmend mit keinem Brustkorb. Dann war da das Frühstück – Wrack eines Frühstücks, lustlos gemacht durch allerlei Entzug. Und dann saß man auch schon im Wagen und glitt durch den Park von Hertford House, das eigentlich viel zu groß war für einen einzeln lebenden Gentleman, glitt aus dem Tor, glitt –

Ja: wie war das nun eigentlich gewesen mit diesem Gleiten? War man in Schlaf geglitten? Zwecks Balancierung des Nachtschlafdefizits? Oder infolge des plätschernden Berichts des gegenübersitzenden Sekretärs mit seinen allerlei Ziffern und Zeitungen? Später im traffic block am corner von Lombard Street ergriff man das Telefon und sagte ein paar unlordhaft saftige und saure Worte nach vorne zum Chauffeur. Ein wenig später übersah man ungnädig die Grüße des den Wagenschlag aufreißenden Hauptportiers der Melville-Bank und einer ungemessenen Anzahl von Angestellten, Direktoren, Sekretären. Den zum Diktat befohlenen Stenotypistinnen rief man ein wenig heiserstimmig ein paar Briefe zu. Waren die auch gerichtet an Großmächte dieser Erde, Brüder-Potentaten der Börsenwelt, so spielten doch in ihnen die Wörter »widrigenfalls« und »binnen« eine gewisse Rolle – Schlachtschreie der Finanz, bestimmt, zu flattern in vier Winde, nach fünf Kontinenten, und sich auszuwirken an viermal fünf Börsen in einem Vermögenslandrutsch, Gewinn, Bankrott, Erröten, Blässe, Triumph, Verzweiflungen, allerlei Schicksal, wie es sich eben ergeben mußte, wenn der regierende Lord Melville of Billesdon aus ihm selbst zunächst nicht weiter bekannten Gründen an diesem Morgen mit dem Erdball in Hader lag. Man hatte aus der Zeitung allerlei Ärgerliches sich berichten lassen müssen. Unbekannte Kräfte spielten an der Pariser Börse in Nickelaktien à la baisse, was einem aus siebenfach vertrackten Gründen derzeit nicht gelegen kam. Der große Kridatar in Rom erpreßte weiter, indem er Unruh stiftete unter den Arabern. Das war erzürnend. Nicht etwa wegen der Juden in Palästina. Die gingen schon nicht unter. Auch hatte man erst vor drei Wochen einen Scheck mit einer Ziffer und vier Nullen ausgestellt für ihren Fonds und wollte nun ein wenig in Ruhe gelassen sein. Aber da war die pipe line, die von Mosul nach Haifa lief und einiges Engagement bedeutete für die Melville-Bank. Wäre der Chef dieser Melville-Bank um zwanzig oder dreißig oder zehn Jahre jünger – er ginge einmal dort hinunter auf Reisen zwecks persönlicher Inspektion.

Korrespondenzen, Konferenzen und Audienzen einmal erledigt, gedachte man für eine kleine Viertelstunde acte de présence zu machen an der Börse, wie seit ein paarmal zehn Jahren an jedem Tag – und da also war man geglitten! Oder war es ein Stolpern? Jedenfalls: Macpherson von Macpherson, Bliss & Co sprang näher und stützte einen, und da war ein Glas Wasser und eine Polsterbank. Doch ergab man sich all dem nur für eine winzige Sekunde und saß dann schon wieder straff aufrecht, ein sehr altes und grimmig blickendes Vogeltier. Wie die Narren es zustandegebracht hatten, in dieser Sekundenspanne Sir Theodore Gibbon herzuzaubern, Quacksalber und Geldscheffler von Harley Street, der lächerlich außer Atem war – das blieb nun einmal sein und ihr Geheimnis. »You are quite all right now, don't worry«, sagte er vernehmlich.

Aber die erquickliche Sekunde auf jener Polsterbank hatte es einem angetan. Nach Hertford hinauszufahren, das war zu weit. Wozu jedoch hatte man ein kaum je betretenes Stadthaus? Man werde später noch einmal ins Office kommen zwecks Unterzeichnung der Post, bedeutete man ungnädig den Sekretären. Man verbat sich Begleitung. Berkeley Square, befahl man mit einem grimmigen Vogelblick dem Chauffeur. Man werde ihn fristlos entlassen, kündigte man mit einiger saftigen und sauren Verbrämung dem Butler an – wenn er einen einzigen etwa auftauchenden Funktionär der Melville-Bank oder guten Freund oder ungebeten in Melville'sche Privatangelegenheiten sich mischenden Quacksalber über die Schwelle lasse. Man gedenke da auf dem guten Sofa einen kleinen Nachmittagsschlaf zu tun, zwecks Balancierung eines gewissen, ihn, den Butler, übrigens verdammt nichts angehenden Defizits!

Wann war das gewesen? Um zwei Uhr. Für wie lang war man eingenickt? Für eine Minute. Aber da man die starkadrigen Lider hob, schwer von Erquicktheit, stand vor den Fenstern schon jene trügerisch erhellte Verfinsterung, so da von den in Städten Wohnenden genannt wird: die Nacht. So war das wieder einmal eine Winzigkeit jenes seltsam tückischen, zeit-betrügerischen, zugleich erquickenden und mit Mißtrauen zu betrachtenden Schlummers gewesen, zum Bersten gefüllt mit den windigen, eines Mannes unwürdigen Gesichten des Traums. War der wirklich von der peinlich nahegerückten Gestalt Sir Theodore Gibbons sinnwidrig abgeirrt, schwindlerisch rückwärts über ein Lustrum, in Gott sei Dank überstandene Jugendzeiten mit Schulprüfungsbedrängnis, Weibergeschichten und mehr derlei verjährter Plakkerei? Ah, es war nur angemessen, daß sich das errötend vor sich selber verflüchtigte, sowie man die Lider hob. Doch verstand es sich, daß auch die akustische Wahrnehmung, deutend auf ein irgendwo in diesem Hause spielendes Radio, fürs erste noch überschattet blieb von jenem Mißtrauen, das ein erwachter älterer Herr füglich solchen windig verflatternden Traumgespinsten entgegenbringt. Dann erst läutete er dem Butler.

»Ah«, sagte Samuel Lord Melville zu seinem präsumptiven Erben Titels und Vermögens nicht ganz freundlich und eigentlich ohne Gruß – »da bist du also.« Der Junge war gewachsen, man hatte ihn vermutlich lang nicht gesehen. Im übrigen sah er ganz genau so dumm aus wie andere Jungen, worüber man zugleich Mißbehagen fühlte und eine leichte, ingrimmig onkelhafte Befriedigung. Das war also der Erbe. Wie kam er daher? Man hatte ein lebenslang genährtes, saftiges Mißtrauen gegen zufällige Begegnungen. Der Junge war von Parker, dem Butler, dem wegen eigenmächtiger Überängstlichkeit zu entlassenden Idioten hergesprengt worden oder gar von dem Quacksalber aus Harley Street. Daß der Junge die Stirn hatte, das zu kaschieren durch Freunde-Mitbringen und Radiogeplärr, war frech aber schlau. Jenes Blödeaussehen war demnach eine Verstellung in der rechten englischen Tradition!

Der Junge sagte: »Tut mir leid, daß wir dich gestört haben, Onkel. Ich hab' geglaubt, hier oben kannst du uns nicht hören. Ich hab' ein paar Freunde unten. Wir sind hereingefahren, weil –« Ja, hier zögerte er eine Sekunde, was man ingrimmig begreifen konnte, und da stieg ihm sogar ein wenig Rot in die Wangen, wie das einem so jugendlichen Adepten in der Wissenschaft der Verstellung füglich nicht anzukreiden war. Nun aber sagte er jungenhaft, hell, beinah rufend: »In zwei Wochen ist Schluß mit Eton. Wir beginnen schon mit dem Abschiedfeiern. Und im Herbst geh' ich nach Oxford.« So geistesgegenwärtig diesen Vorwand zu finden für den Krankenbesuch – nicht übel. Und nur weil der Butler oder der Quack offenbar allzu dringlich gewesen war, hatte der Junge es übersehen, die Schulkluft aus- und Stadtkleider anzuziehen. Wie man sich doch wohl anzieht, wenn man zur echten Feier eines echten Abschieds von der Schule nach London fährt.

Der Junge sagte: »Wir waren bei Lord's, beim Match gegen Harrow.« Aus welchem Anlaß, wie jedermann weiß, das Tragen der Schulkleider vorgeschrieben ist, ergänzte Samuel Lord Melville bei sich mit einem Nicken. Nicht übel, nicht übel. Vielleicht sollte man den Herrn Erben gelegentlich probeweise in die Geschäfte ziehn? Es war in der Tat nicht lange mehr aufzuschieben: ein Melville mußte hinunter nach Haifa und Mosul, zwecks persönlicher Inspektion. Allerlei war dort unten aus dem Gleis geraten und wollte in Ordnung gebracht sein. Daran hing allerlei Geld. Wäre der junge Mann, heller Kopf der er war, einmal im Geschäft – die Dringlichkeit solcher Reise würde ihm nicht entgehn.

Der Erbe war ein wenig aus der Fassung geraten durch das Schweigen und Nicken des alten Herrn. Hatte man irgendwo irgendwie dieses reservierte Mißfallen herausgefordert durch irgendeinen Verstoß? Das Anstellen des Radios vielleicht? Man hatte sich doch entschuldigt. Ach, der alte Herr war auch einmal in Eton gewesen, er nahm Anteil, er schwieg in Erwartung weitern Berichtes! Man saß da blond und in bescheidener Männergebärde ihm gegenüber, man zog die unverschattete Stirne kraus und sagte: »Leider ein schwaches Spiel, Onkel Sam. Acht wickets down – wer hätte das erwartet? Und dabei war Ralph der beste bowler auf dem Platz!« Man sah das sekundenkurze Nichtverstehen, Nochnichtverstehen in den Augen des alten Herrn und rief aus, hellen Tons: »Ralph – ich meine Ralph Wilberfox. Er ist mein Freund! Er ist unten im drawing-room. Wenn ich ihn hier herauf –« Nein, hier sprach man nicht weiter. Sonderbar, wie alte Herren nun einmal waren, mochte Samuel Lord Melville in diesem Augenblick eine Begegnung mit dem Nummer Eins Cricket-Spieler aus dem Eton und Harrow Match vielleicht gar nicht zu schätzen wissen.

Es war das so etwas wie ein Wendepunkt. Der Verdacht, man habe in der Einschätzung der Qualitäten des präsumptiven Erben leicht danebengegriffen, währte nur einen Atemzug. Dann war er kein Verdacht mehr – sondern eine Gewißheit. Ärger hierüber? Eher einige Schadenfreude wider sich selbst. Der Junge hat, nimm alles nur in allem, nichts weiter dazugetan. Die Schuld für diese Situation trug man selbst. Und solche Trübung des klaren Blicks, solches Sicheinlassen in Privatgespräche mit einer minorennen Persönlichkeit bot allen Anlaß zu jenem witternd-wachen Mißtrauen gegen sich selber, wie es einem (man gestehe es sich nur ein!) nicht mehr aus dem Sinn ging seit den Zufälligkeiten eines gewissen kleinen Schläfchens heute am Vormittag. Man kannte solche plötzliche Schläfchen. Man hatte sich derlei anders vorgestellt, peinlich-feierlicher und ein wenig erschreckend, und so war man durch die Wirklichkeit angenehm überrascht. Kein Quacksalberkonzil, keine Abschied nehmenden schluchzenden

Hinterbliebenen, keine leichenbitterlich und zehenspitzig vorüberschleichende Defilierung des Personals. Da saß man einfach, vielleicht ein wenig schäbig geworden, doch im übrigen soweit aufrecht, und plauderte mit seinem Erben. Und sagte: »Wilberfox, Wilberfox – ist das nicht die Familie des Earl of Clovelly?« Der vor vierzig Jahren die große Affäre hatte, dachte man weiter bei sich, die Goldminensache. Die ganze Verwandtschaft mußte zusammenstehen, und auch der letzte Penny der Frau ging drauf, um ihn vor dem Bankrott zu retten und vielleicht vor dem Kriminalgericht. So daß man ihn in Ehren für zehn Jahre verschwinden lassen konnte, zu einer königlich britischen Gesandtschaft irgendwo unten in Südamerika. »Also Wilberfox«, wiederholte man in Gedanken.

»Ja«, bestätigte hellstimmig der Erbe – es war fein, daß der alte Herr sich noch interessierte fürs Cricketspiel. Und setzte hinzu: »Auch Buddy ist da, selbstverständlich. Du weißt ja, Buddy –«

Man wußte. Er war der jüngste aus jener Ehe, die offeriert worden war wegen Gelds und akzeptiert aus Ehrgeiz und Geltungssucht, und es deckte das ganze eine gewisse frühe Verirrung, und von den Kindern waren die drei älteren krank. Man nickte – man wußte. Was des weitern jenen Frazer betraf, John Frazer, von dem man erfuhr, daß er ebenfalls unten war – die Frazers hatten ihre Konten in den Büchern der Melville-Bank. Ein wenig heftig überzogene Konten. Man hatte erst im vorigen Monat –

Der Erbe sagte: »John ist auch schon verlobt. Mit Cynthia Macdeal, weißt du, die Macdeals –«

– die die Kohlengruben besitzen, gewiß, wo die Explosion mit den vielen Toten war voriges Jahr; eine gute Partie.

»– die Macdeals«, fuhr hellstimmig der Erbe fort – »die das schottische Königswappen führen dürfen, ganz so wie die Stuarts!« Es war fein so zu plaudern, von Mann zu Mann, mit dem vielgefürchteten Haupt der Familie.

Es war sehr tief sonderbar, so zu plaudern von Mann zu Mann mit diesem tief fremden Knaben, der Lord Melville der Vierte heißen sollte über kurz oder lang. (Nein, man gestehe es sich nur ein: über kurz!) Also ein Gespräch mit dem Erben – und vielleicht nicht nur ein erstes, sondern auch ein letztes Gespräch. Umstellt war er, dieser Erbe, wie er da blondhaarig und bescheiden männisch und ohne Ahnung und plaudernd über windige Nichtigkeiten vor einem saß – er war umstellt! Falsche Freunde umgaben ihn, die geldgierigen Frazers, die Säufer, die Kranken, die Spieler, die Verschwender, die kridatarischen Wilberfox! Da hockte man, ein zerzauster, bösblickender Vogel in einem nur mehr provisorisch Form und Halt bewahrenden Käfigbau, Lord Melville der Derzeitige, lebendig bis auf jederzeitigen Widerruf – und war mit einem Male tief bewegt. Es drängte einen, sehr viel zu sagen, vielerlei zusammengedrängt, Weisheit und Quintessenz eines Lebens wie nun einmal ein Leben war, voll Wachheit, voll Triumph der Durchschauung, voll höhnisch heller Abwehr des auf dein Geld, auf dein gutes Melville-Geld versessenen Widerparts. Aber wie sagte sich derlei? Wie sprach es sich aus gegenüber dieser Persönlichkeit, die einem durch einen Streich des Schicksals unversehens nahegerückt war – seltsam vertraut, tief fremd, und interessiert an einem körperlichen Exerzitium genannt Cricketspiel? Man schob den Kopf vor, und es ward sehr viel schärfer vernehmlich als man es sagen wollte, beinahe wie ein Kommandowort, und das lautete: »Schau sie dir an! Schau dir an, mit wem du verkehrst!« Und das war nun alles.

Der Erbe sagte: »Gewiß, Onkel Sam.« Oh, er verstand sehr wohl, daß ihm hier ein ernsthafter Rat gegeben ward, ein Auftrag fürs Leben, von autoritärer Stelle, die gut und gern beinah noch autoritärer war als Sir Percy in Eton selbst. Sich seinen Umgang wählen, sich hüten vor falschen Freunden – gewiß! So hatte zum Beispiel im vorigen term Dick Helford-Smith von Form Drei sich mit der Familie eines Tradesman in High Street eingelassen, und als er dann mit dem Girl überrascht wurde, von einem Präfekten, nachts in den playing fields –. Der Erbe zog voll Ernsts die unverschattete Stirne kraus und sagte: »Gewiß, Onkel. Auch Sir Percy hat davon gesprochen, einmal am Sonntag vormittag, und im Boy's Club hatten wir dann darüber ein Referat und eine Debatte!« Das war eine gute Antwort. Und was jenes Girl betraf, nachts in den playing fields, und Girls und jenes Bewußte und Unausgesprochene überhaupt – man würde da wirklich alsbald seine Beschlüsse zu fassen haben, womöglich noch bevor man nach Oxford ging.

Der alte Raubvogel saß da, blickend aus stark geäderten, durch viel Zeit zu einer großen harten Klarheit gekelterten Augen. Es wäre – so überlegte er – nachzudenken über die Einsamkeit. Du kannst nicht tasten mit deinem Wort und dich nicht verständlich machen aus deinem Leben in ein anderes Leben. Qual des Versuchs, so blind sinnlos wie das Auf- und Niederrennen eines vergessenen Hunds in verschlossener Kammer in verbrennendem Haus. Doch gibt man es nicht so leicht auf! Wenn es möglich wäre, zu sprechen zu einem Blinden und Törichten – so wäre zu sprechen: Erbe! Es ist da ein altes Bild, das muß noch irgendwo hängen in diesem Haus. Einen Seefahrer stellt es dar, einen Einsamen auf einem Schiff. Wer er war, weiß man nicht, doch war er ein Vorfahr. Einer jener Hunderttausend aus Spanien oder aus Portugal – von denen hast du nichts gelernt in der Schule von Eton. Das Gesicht dieses Seefahrers schau dir an, eines fremden Mannes, in Öl gemalt, und lies auf seiner Stirn. Ward er gleich jenen hunderttausend Enterbten betrogen, beraubt, geschunden und geschlagen und halb zu Tod gebracht? Wir wissen es nicht, aber es steht zu vermuten! Gelang es ihm, durch Glück, durch List, durch Gewalt, durch Gnadewinseln bis zu eines nicht ganz verhärteten Kerkerknechts widerwilligem Überdruß, sich auf jenes fremde segelnde Schiff zu schleichen, das auf dem Bilde zu sehen ist? Wir wissen es nicht, aber es steht zu vermuten. Eines englischen Kaufherrn Schiff. Gehörend vielleicht dem Groß-Urgroßvater deines Freunds Frazer oder dem Urgroß-Uronkel deines Freundes Wilberfox. Ließ der den Einschleicher aus seinem Versteck hinter Taurollen zerren? Stand es auf Messers Schneide, ob der Ertappte in die Wellen geschmissen ward unter Matrosengegröl oder doch noch davonkam mit einer Tracht Prügel und niedrigem Schiffsdienst, Latrinenreinigen, Schiffsdeckaufreiben, kriechend auf allen Vieren? Wie er das zustandegebracht hat, der Glückspilz, dein und mein Vorfahr – du liest es auf seiner in Öl gemalten, schweigsamen Stirne nicht! Du bist verdammt und begnadigt, daß es ein Albtraum bleibe deiner hilflosen Phantasie. Und wolltest du es vergessen – die anderen, die jetzt deine Freunde sind, die Söhne der Züchtiger, die Enkel der Unterdiefüßetreter vergessen es nicht! Dies eine wenigstens wisse, Lord Melville der Vierte, wenn du dich setzest auf meinen Sitz!

Ja, wenn zu sprechen wäre, so wäre zu sprechen. Aber statt dessen sagt man so leichthin, wie es wohl zusteht einem der ein Peer von England ist und allen Feierlichkeiten saftig und ingrimmig abhold gewesen ein Leben lang: »A propos – hängt nicht drunten in deinem drawing-room dieses Bild? Ein Mann in spanischem Gewand, auf Schiffsverdeck, mit vielen Segeln –«

»Ja«, ruft der Erbe (denn so sicher kann er auf diese Prüfungsfrage Antwort sagen, daß er jugend-lebhaft, anstandswidrig den Redenden geradezu unterbrechen muß) – »ja, Onkel! Das Bild, gewiß! Der Ahne, der Admiral!«

Ein kleines Klopfen fiel in das Schweigen. Die Tür ging auf. Butcher-Hatchfield – Pat, wollte er, daß man ihn nenne – stand auf der Schwelle. »Oh, Verzeihung, Sir«, sagte er, »ich habe Henry holen wollen. Ich habe gedacht, er ist allein«, fügte er nicht ganz glaubwürdig hinzu. Es mochte für einen jungen Clerk im väterlichen Börsengeschäft von einigem Interesse sein, dem großen Samuel M. bekannt zu werden von Gesicht zu Gesicht.

Doch war ja dieses Eindringen in jenem Augenblick nicht mehr von Schaden und weiter nicht störend. Eines alten Herren Beirrung, Verirrung ins Beinah-Feierliche war ja da schon verflogen. Und was den Jungen betraf – der hatte ja nichts gemerkt. Nichts zu merken, das Herz nicht getroffen, die Haut nicht geritzt – so dazusitzen, mit schönem und ahnungslosem und bescheiden männlichem Lächeln, war sein auszeichnendes Vorrecht. »Das, Onkel, ist Butcher-Hatchfield – ich meine: Pat«, sagte er. Zu seiner kleinen Beschämung fiel ihm ein – er hatte gerade dieses Freundes, der doch soweit allright war, früher nicht Erwähnung getan. Aber es tat nichts, es tat nichts. »Sohn des Brokers?« fragte ohne Strenge der große Mann. Man lobte sich den da. Der war doch wenigstens ein ehrlicher Streber. »Grüßen Sie Ihren Vater« – beschloß man leutselig mit einem Nicken die Audienz. Für beide, für beide. »Sie wollten Henry holen«, sagte man schon beinahe in Ungeduld – mochte sein, es gelüstete einen noch nach einem winzigen Schläfchen für eine Minute. Man konnte kaum mehr an sich halten mit einemmal – so sehr gelüstete es einen, allein zu sein.

»Yes, Sir«, gab Butcher-Hatchfield ein wenig verspätet zur Antwort. »Wir haben einen Riesenspaß unten auf dem Balkon. Sie kommen vom East End!«

Nun, da er verstummte, war erst zu verstehen, wovon er sprach. Es war da ein gedämpfter und verworrener Lärm zu hören von der Straße herauf. Stimmen vieler Menschen. Tritte. Marschierende.

»Kiss me, my dear,
oh yes, oh kiss me, my dear,
kiss my lips and my hips,
and my chair and my hair
and whatever you dare –«

sang Buddy und steppte dazu ein wenig, eben da Henry mit Butcher-Hatchfield zu den anderen hinaus auf die kleine Terrasse trat. Dann wandte er sich den Neuankömmlingen zu und erklärte: »Text ist von mir!« Er hatte einen Tirolerhut aufgesetzt, von dem Henry Melville sich dunkel erinnerte, ihn zu einem lebenden Bild getragen zu haben – Napoleon überschreitet die Alpen –, das sie vor drei Jahren auf einer Charity Party gestellt hatten, zugunsten eines county hospital irgendwo. Ralph Wilberfox, der ein wenig allzustark vorgebeugt an der Brüstung lehnte, hatte ein Dinnerjackett an statt des Etondress'. Kein Zweifel, sie hatten Henrys Garderobe durchstöbert, indes er oben war. John Frazer stand aufrecht und ernsthaft, wie es einem verlobten Mann und Offizier der Life Guards gemäß war, und hielt einen papierenen Sonnenschirm. »Das ist für dich«, sagte er zu Henry und deutete auf einen Bademantel und eine Nase, anzulegen mit einem Gummiband. Ja, es war ein großer Spaß. Und zu bedauern war nur: man war eigentlich ohne Publikum. Denn trat man an die Brüstung, so waren zwar dort unten, keine zwei Meter tief, jene Marschierenden. Aber sie schauten nicht aufwärts.

Nein, sie schauten nicht aufwärts. Es war das, im ganzen betrachtet, ein betrüblicher Zug. Er bewegte sich träg und langsam wie lehmträchtiges Wasser. Auch auf die eigentlichen Insassen und Straßengeher des Viertels (Mayfair, London West End) wirkte er, nach der Spärlichkeit der Stehenbleiber und flüchtiger Herüberblicker zu schließen, nicht anziehender als solch ein Rinnsal nun einmal wirkt: sein Dasein und So-Sein wohnt einem zwar im Bewußtsein – aber eigentlich ist das Ganze Sache des städtischen Bauamts, Abteilung für Kanalisation und Flußregulierung, oder besser noch eine Sache der Polizei.

Die war denn auch gegenwärtig – allgegenwärtig konnte man beinah sagen, in nicht viel geringerer Zahl als die Marschierenden selbst – und gab dem trüben Bild sein eigentliches Gepräge. Denn was die Marschierenden und Demonstrierenden selbst betraf – es war nicht viel Staat zu machen mit diesem lebenden Material aus dem Osten der Riesenstadt, aus Limehouse und Stepney, aus den Nebengassen von Whitechapel Road und Commercial Road. Ach, es war ein freudloses Marschieren, schleppenden Schuhs, fast als wüßten diese Marschierer, daß es für sie nicht eben nur hinüber nach Whitehall ging, eine Deputation hinaufzuschicken ins Ministerium – sondern, daß ihr Marschieren Teil war einer sehr viel größern, sehr viel längern, tausend und tausend Jahr alten Wanderschaft. Man war müde, wie man so in Wahrung seiner demokratischen Rechte dahinschlich, zwanglos begleitet von sehr vieler demokratischer Polizei. Die Standartenstangen schwankten ein wenig in versagender Hand, und waren auch die Sprüche auf dem entfalteten Tuch so demokratisch entschlossen wie zur Stunde des Auszugs – man hob doch nach ihnen die Köpfe nicht.

»Schade, daß sie nicht heraufschauen«, sagte Henry bedauernd. Auf dem ganzen Weg die Treppe herunter war ihm noch das Gespräch mit dem Haupt der Familie nachgegangen. Den Ernst dieser Aussprache von Mann zu Mann verstand er zu würdigen! Und stand da nun also, in jenen von den Verkleidungsfröhlichen in Nebengemächern aufgestöberten Bademantel gehüllt, und empfand es als eine gute Sache, wie John so sein Schirmchen hielt und Buddy mit dem Tirolerhut seinen Song sang. Auch die dort unten hätten das anerkennen müssen. Und so wiederholte man: »Schade! Sie schaun nicht herauf!«

»We won't allow them to pass«, las Butcher-Hatchfield nasal und behindert (er hatte jenes Ding aus Papiermaché im Gesicht) von einer Standarte. Er wandte sich (und wie er es tat, war ein Witz für sich) an den noch immer allzu vorgebeugt am Geländer lehnenden Wilberfox und fragte: »Who won't allow? What? To whom?«

Der Angeredete tat mit nicht ganz beherrschtem Arm eine weit wegwischende Gebärde statt aller Antwort; er hätte die letzten zwei, drei Gläser vielleicht nicht mehr trinken sollen.

Buddy hatte sein Steppen und seinen Gesang unterbrochen. Er legte die Hände als Schalltrichter an den ein wenig dummen und ein wenig verdorbenen und ein wenig kränklichen Jungenmund und rief zu denen, so da nicht ihre Köpfe hoben, hinunter: »Who does which and with what and to whom? – Kennt ihr den Limerick?« wandte er sich strahlend über sich selbst an die Boys: »A Lesbian girl of Khartoum –«

»Who does which and with what and to whom?« platzte John Frazer los, sich erinnernd, in einem plötzlichen Lachen. »Das da unten geht gegen die Faschisten«, erklärte er dann selbst mit noch vor Gelächtertränen erstickter Stimme, als der Wohlinformierte und Zeitungsleser, der er nun einmal war. – »Mosley will wieder einmal durchs East End marschieren. Die Leute dort sind dagegen. Also wollen sie, daß der Home Secretary –«

»Help Us Save Our Homes From The Blackshirt Danger«, stand auf einem Banner, das gespannt war zwischen zwei Stangen, von denen die eine von einem ausgemergelten, rothaarigen, sehr jungen Menschen getragen ward, dem die große Erschöpfung und die Not aus den Augen sah, und die andere von einem Greis. Dieser Greis, mit seltsamem Rundhut und schwarzem, schäbigem Rock und eingedrehtem Haar an den Schläfen und einem dürftigen Patriarchenbart – dieser Greis war's, der dem jungen Melville besonders vergnüglich schien. »Schaut«, rief er, »schaut den an!« Er hatte jenen Limerick nicht verstanden und war zwei Jahre älter als Buddy und wollte sich nicht die Blöße geben, zu fragen. »Schaut«, rief er. Leider war der Alte schon vorüber, und die anderen hatten seiner nicht acht gehabt. Es hatte sich da eine Meinungsverschiedenheit ergeben. Butcher-Hatchfield wollte seine nächsten Ferien auf Anregung jenes liebenswürdigen Barons aus dem Carlton Club in Deutschland verbringen, seeing the Nazi party meeting at Nuremberg. Buddy hingegen versicherte, party meeting, gewiß, die Schwestern Chilverton seien voriges Jahr dort eingeladen gewesen, man habe sie ins Mikrophon sprechen lassen und allerlei, sie hatten Spaß daran, aber dann in Oberammergau oder wie der Platz heiße und in Salzburg –

»Fascism Destroys Democracy«, stand auf einem der mühselig schwankend vorübergetragenen Banner.

»Schaut, was Ralph macht«, rief Henry Melville und wollte noch etwas sagen. Aber das versank in Gelächter. Da stand er, Ralph Wilberfox, plötzlich aufgewacht aus seiner kleinen Besoffenheit, und indes jene Bolshies oder was immer sie waren (Eastendler jedenfalls, von jenseits des Abgrunds!) ihre kümmerlichen Standarten vorübertrugen, hatte er sich mutig und witzig und weithin sichtbar ganz vorne dorthingestellt und hob dieser träglehmigen Belästigung zum Trotz und Tort seine Hand zum Faschistengruß! Ach, das war ganz Ralph Wilberfox, der ein feiner Kerl war und einer der besten Crikketspieler im Land, und mit dem befreundet zu sein eine Freude war und ein Stolz. Mann neben Mann, ein Frazer, ein Melville, ein Wilberfox, das Hütchen schräg auf den Scheitel gerückt, einen Bademantel spaßhaft spazierentragend, ein Sonnenschirmchen gespannt zwischen wohlgebürstetem Scheitel und das nächtliche Firmament – so hob man unter Gelächtertränen über die trüb trabende Masse hin in einer zugleich segnenden und grüßenden und bedrohlich barbarischen Gebärde die Hand. Unter den Müden und Fernherkommenden, die es da drunten vorübertrug, waren nun viele von der Sonderbarkeit der Tracht und des Leibes, die an jenem schwankenden Standartenträger wahrzunehmen gewesen war – häßlich Behaarte, Ausgemergelte, Ungelüftete, Fette, ein kläglicher Menschenschlag. Zu den Lachenden, zu den Sportlichen, zu den Grüßern auf der Terrasse hoben sie ihre Köpfe nicht. »Schade, sie schaun nicht herauf«, sagte der junge Hausherr zum drittenmal, herzlich und überzeugt.

Er wandte sich an den Butler, der eben leis und eilig auf die Terrasse getreten war, und fragte: »Was ist los, Parker?«

Es handle sich um Seine Lordschaft, sagte der alte Bediente verstörten Gesichtes.

Um Lord Melville? Man werde sofort einen Arzt –

Der Bediente sagte: für einen Arzt, so fürchte er, sei es leider zu spät.

Eine Stille war. (Nur die Marschierer drunten marschierten, marschierten.) Ja, sagte der junge Henry Melville mit ein wenig unsicherer Stimme und blickte zögernd von Freundsgesicht zu Freundsgesicht und ermannte sich; da werde er also –

Eine Stille war. »Sorry«, sagte Buddy; und so werde es wohl jetzt nichts mehr sein mit dem Claridge. Ach, er war ja doch noch ein grüner Junge, wenn man es genau überlegte. Da standen sie nun alle verstummt in einer leichten Verlegenheit. John Wilberfox hätte wohl wirklich die zwei letzten Gläser nicht trinken sollen; er nahm von dem Vorgang nichts wahr. Er stand als einziger immer noch an der Brüstung, nach der Straße gewandt, starr und taumelig in einem, schräg nachthimmelwärts erhoben die ein wenig schwankende Hand. Was das sei, wollte er plötzlich und zungenschwer wissen – was denn, verdammt, dort unten auf das verdammte Banner geschrieben sei, das die lausigen Ziegenbärte plattfüßig eben vorüberschleppten an diesem Haus. Was das, verdammt, für eine Schrift sei – verlangte er.

Doch hatte keiner von denen auf der Terrasse sie zu erkennen gelernt – die schwarzen Zeichen auf dem blauweißen Tuch. Auch war das wandermüde Banner da ja schon vorübergeschwankt, und was seine krause, keinem bekannte und fragwürdige Schrift betraf – von einer Chimäre mochte sie handeln, von einer Chimäre.

Der Butler klinkte die Tür auf. »Ja«, sagte mit ein wenig unsicherer Stimme Henry, vierter Lord Melville auf Billesdon – »ich werde jetzt also hinaufgehen.«

DIE VERWIRRUNG

Sephardi – oder Die Verstörung eines Weibes

Silverman – oder Die Not der Kreatur

Glückstein – oder Die Rebellion

SEPHARDI

oder Die Verstörung eines Weibes

Monseigneur, Monsieur! Oder: du mein dereinst Geliebter! Oder wie immer ich dich nennen mag, da dieser Brief ja doch niemals von dir gelesen werden wird – niemals zu Schluß geschrieben, oder geschrieben und nicht gesandt, oder gesandt doch aufgefangen von einem Adjutanten, einem Sekretär. Oder nicht einmal aufgefangen – und nur du selbst wägst ihn in einer schicksalslosen und kühlen Hand und blickst auf Schrift, Absendernamen, und dann trägst du ihn zum Kamin und läßt ihn brennen. All das weiß ich – und sitz' da dennoch und schreibe dennoch, und ist mein Brief vielleicht gar nicht einmal an dich gerichtet, der du mir verstorbener als verstorben bist. Sondern an mich selber, sondern an die Ödnis selber, sondern an das große Verstorbensein, das in mir um sich frißt wie ein schwarzer Fleck.

Neunzehn Jahre? Ja, neunzehn Jahre sind es, daß wir einander begegnet sind. Man kommt von weither – aber was will dir das sagen? Dir sind es leere Namen: Tatavla, Konstantinopel, sein Händlerviertel, in dem in drei, vier grellen Straßen eng beieinander und betriebsam die Juden wohnen, geschlechterlang verstrickt in zähe Kaufmannskriege gegen die Armenier und Griechen in dem Gassengewimmel nebenan. Man hat es nicht schwer gehabt, es durchzusetzen. Geld ist genug da, wenn auch nicht viel. Also wird man eine Studentin in Paris. Kunstgeschichte studiert man, moderne Sprachen, wohnt in einem winzigen Hotel garni in einem Seitengäßchen einer Seitengasse des Boulevard St. Michel, dort wo es schon hinaufgeht gegen das Observatorium.

Ja, es war auf dem Montmartre, auf der Terrasse, in einem der winzigen Cafés. Ja, es war eine Vollmondnacht, in die der Zuckerwerkkuppelbau von Sacré Cœur schwarz eingeschrieben stand, und da lag Paris, und gleich dahinten in dem Gäßchen wehten Harfenzirpen und ein Fetzen eines frechen und gewichtlosen Gesanges aus einer aufgerissenen und zugeschlagenen Kneipentür. Ja, du warst schlank, schwarz, schmal, dunkelgetönter Haut und kühner Züge, in die Übernächtigkeit geschrieben stand, Umarmungen von Frauen, vielerlei Wein, ein selbstgefälliges Verlottertsein, und als einzige Entschlossenheit die zum Genuß. Ja, du präsentiertest dich als ein Graf! Graf Ypsilanti. Daß du nicht so hießest, war sicher von Anfang an, eine Stunde bevor du es selbst eingestandest mit einem Lachen. Eine Stunde später, als jene zwei, drei anrüchig herrenhaft und militärisch blickenden Flaneure, die in dieser Mondnacht deine Spur verloren hatten, sich unter Rufen in jenem fremden Idiom zu uns gesellten, ergab es sich: du warst nicht, wie man hätte glauben sollen, ein Kellner aus einem der ausländischen Restaurants im Quartier Latin. Nicht ein Russe, wie deren damals Ungezählte nach Frankreich kamen. Nicht ein kleiner Student von Nirgendwo, der sich für diese Nacht und Zecherei den Grafennamen angesteckt hatte wie eine Blume, die man ins Knopfloch schiebt. Sondern da stand nun also wirklich dieser Karnevalsname ausnahmsweise für einen größern.

Inkognito! Ein Operettenprinz! Der einem Leben in Paris zulieb, mit Wein und Weibern, Schulden, Wechseln, Skandalen, Schlägereien mit Ehegatten, aus seiner Kronprinzenuniform gesprungen war, so wie ein Mönch, der aus seiner Kutte springt. Ex-Kronprinz, um genau zu sein. Eben damals hatte man in jenem östlichen Königreich durch einen Parlamentsakt dich abgesetzt. Ja, ich verliebte mich in dich. Ich liebte dich! Es war eine behütete Mädchenschaft gewesen zwischen Eltern, Brüdern in den wimmelnden und grellen Tatavla-Gassen, und ohne Lockung waren mir bis dahin die Lockungen der Stadt Paris. So war es eine Mädchenliebe, unwiderruflich Ewigkeiten fordernd, Ewigkeiten verschenkend, und vieler Schwüre und vieler Schwermut und Inbrunst voll. O Nächte, o flüsterndes Gestammel in schmalen Betten! Nebenan hinter dünnen Mauern zanken zwei oder spielen Grammophon. Auch ächzt ein Lager. Auch kichert eine, und ohne Übergang verlangt sie Geld. Auch schwillt durch die offene Balkontür die laue Luft herein, vielfältiger Geruch von Speisen, Lichterfluten, und der Frühling und das nahe Hallen und Hallen und Widerhallen des Gassenlärms. Und ist doch alles nie dagewesen, und geschieht doch alles auf dieser Erde und in diesem Bette zum erstenmal!

Dennoch – mir Törin war das noch nicht genug. Mein Blick war gerichtet auf etwas, das ich für größer hielt. Eine Aufgabe, eine Mission! Mochte sein, daß du dir nur deshalb die Nächte nicht mehr um die Ohren schlugst, weil sie nichts Lockenderes boten, nicht greller, lauter, leiser waren als unsere Umarmung. Mochte sein, daß du dich nur deshalb nicht mehr betrankst, weil es lustvoller war, unzüchtiger – nüchtern zu bleiben. Mochte sein, nur deshalb schriebst du von da an keine Wechsel aus, weil – ach, auch dies muß ich eingestehen, verzeih mir. Ich habe es ja gesagt: meine Eltern dort hinten im Osten, in der Konstantinopler Judenstadt, waren nicht reich – doch waren sie auch nicht arm. Und hat man seine Tochter nun einmal an die hohe Schule, in die feine Gesellschaft im großen Paris geschickt, und braucht sie Bücher und Kleider und ein teures, jählings hochgeschraubtes Studiengeld und wieder Bücher und immer wieder einmal ein Kleid – aber wozu das im einzelnen? Du unterschriebst keine Wechsel mehr. Erinnerst du dich jener kleinen Lade in der Kommode? Es war immer Geld in der Lade. Woher es kam – nein, du konntest es nicht wissen.

Es war diese Wandlung, die deine Adjutantchen und Offizierchen in glattem Zivil in Unruhe brachte. Königliche Hoheit, wie wär's mit einer kleinen Veränderung des Milieus? Die Blonde vom Ritz, die Javanerin vom Chabanais, die Marchesa vom letzten Gesandtschaftsball? Als das nichts fruchtete – im achten oder neunten Monat unseres Miteinanderlebens war es, daß einer zu mir kam. Petrovic hieß er, klein, straff, nicht ganz jung. Mit Mörderaugen und mit einer doppelten Reihe von Kriegsauszeichnungen auf der Brust, wenn er einmal in Gala war. Er war an der Gesandtschaft. Militärattaché. Er traf mich allein. »Wieviel?« fragte er. Und wartete nicht erst und fuhr fort: »Keine Szene, bitte, keine Hysterie. Ich komme im Auftrag, man würdigt Ihren Schmerz, kalkulieren Sie ihn in die Summe ein. Wieviel kostet es, wenn Sie verschwinden?« Er wartete nicht erst. »Verlassen Sie sich nicht auf den Prinzen«, sagte er, »Seine Königliche Hoheit hat bis jetzt keine Ahnung, daß Sie eine Konstantinopeler Jüdin sind. Übrigens sind unsere Erkundigungen über Ihr Vorleben noch nicht abgeschlossen, also nehmen Sie Ihre Chance wahr, Fräulein, ehe man –«

Es endete wie derlei endet. Du kamst nach Haus vor der Zeit. Der kurze Auftritt zwischen dir und dem andern begann mit staccato Vorgebrachtem in dem mir unverständlichen Idiom und mündete handgreiflich und peinlich heroisch in Melodramatisches. Da jener Petrovic aus dem Zimmer war, setztest du dich, ein wenig kurzen Atems noch, auf das Bett. Du zogst mich an dich. Ein Schweigen war. Wir plauderten uns ein wenig mühsam über die Stille weg. Am nächsten Morgen kam der Brief von der Gesandtschaft. Man hatte dir die Apanage gesperrt.

Unsere Beziehung ging darüber nicht in die Brüche. Daß ich bis dahin keine Gelegenheit wahrgenommen hatte, dir etwas zu sagen von meinem Jüdin-Sein, war eine kleine Unterlassungssünde – nicht mehr. Ich hatte mich einlullen lassen von der großen Demokratie und von der großen Vermengung, Frankreich, Paris, die Freiheit, die große Verbrüderung. Gewiß, sie hat ihre unsichtbaren, mit Rasiermesserschärfe gezogenen Grenzen. Aber was wußte ich davon zu jener Zeit, was wußte ich von Frankreich und von der Welt! Und vor allem: was ging es mich an und dich? Nun meine jüdische Herkunft einmal erwähnt war, war sie zwischen uns beiden auch schon wieder vergessen. Und lebte nur, mochte sein, als ein neuer Anreiz der Fremde und Phantasie in unseren Nächten fort.

Es war keine zwei Wochen später, daß der Brief meines Vaters kam. Sie hatten ihn aufgesucht, sie hatten ihn informiert. Ich studierte nicht, sondern führte ein Luderleben als Mätresse eines Goj, eines lockern Prinzen. Mir ward die Wahl gestellt zwischen Heimkunft samt sofortiger Heirat mit einem Irgendwer – und väterlichem Fluch samt Entziehung des Monatsgelds. Das vollzog sich, wie sich derlei vollzieht, zwischen Lächerlichem und Herzergreifendem peinlich und kompaßlos schwankend. Mein jüdischer Vater zeigte sich noch sittenstrenger, aufgebrachter, unerbittlicher als der deine. Meine jüdische Mutter zeigte sich so beflissen wie ihre hohe Schicksalsgenossin, diese väterlichen Bannflüche mit gelegentlichen, geheim gesandten Schecks zu umgehen. Wir hatten unser Hotel-garni-Leben aufgegeben und eine bescheidene Wohnung genommen – erinnerst du dich ihrer, hinter der Oper, Rue de Châteaudun? Das Studium hatte ich an den Nagel gehängt und arbeitete als fremdsprachige Korrespondentin in der Pariser Filiale der Banque Ottomane, indes du – nun ja, du hattest doch nichts Rechtes gelernt! Ausstellungen eröffnen, für Hochrufe danken, verkleidet in eine farbige Uniform. Was blieb dir denn übrig, da es stand wie es stand, als lang zu schlafen und sehr viele Zigaretten zu rauchen und im Kaffeehaus zu sitzen, mit dem Blick auf den lebenden Bilderstreifen des Boulevards?

Die Wendung brachte ein Abend in einem kleinen Lokal au prix fixe. Der Herr, der uns ansprach – dich ansprach, in einem fremd gefärbten doch wolkenbruchhaft an der eigenen Wortfülle berstenden und überstürzten Französisch – saß seit drei Abenden auf seinem Nachtmahlplatz. Er saß nicht zufällig dort. Er hatte nicht nur dieses prix-fixe-Lokal ausfindig gemacht, sondern auch alles andere, das dich anging. Der Name des Kinos, der Titel des Films, aus dem wir eben kamen, waren ihm schon bekannt. Auch was mich betraf, meinen Namen, meinen Arbeitsplatz, mein Salair – er wußte alles. Herr Negrescu! Er war ein korpulent beweglicher kleiner Mann mit roten Wangen und einem schneeweißen Backenbart. Er war ein früherer königlicher Minister in deiner

Heimat. Hatte er dich auf den Knien gewiegt? Ich glaube, er hat es einmal behauptet. Er war stellvertretender Präsident der dortzuland vor drei Jahren um Amt und Macht gebrachten liberalen Partei. Er bat Seine Königliche Hoheit den Ex-Kronprinzen um eine Audienz. Du gewährtest sie ihm in unserer kleinen Wohnung. Ich stand daneben und machte Kaffee. Ja, Herr Negrescu war nicht zufällig in Paris. Um die Gesundheit deines Vaters stand es nicht zum besten. Die kleine Indisposition – man hatte wohl das Bulletin in der Zeitung gelesen vor ein paar Wochen? Ein Schlaganfall! »Es bekümmert mich tief, Königliche Hoheit«, sagte Herr Negrescu, vorsichtig auf dem ein wenig wackligen Sessel sitzend, die Tasse Kaffee in der Hand balancierend – »es bekümmert mich tief, daß ich der Träger dieser tragischen Botschaft bin.«

Er kam dann eilig zur Sache. Das Leben des Königs konnte fünf Jahre währen – oder fünf Tage. Es war keine Zeit zu verlieren. Seit ein alleruntertänigstes Parlament sich hatte mißbrauchen lassen zu jenem Staatsakt, der dir deine Rechte nahm, war es dein jüngerer Bruder, der der Krone am nächsten stand. Ein Knabe, hilflos in den Händen seiner Erzieher, und die waren ein General und ein Admiral. Breite Kreise – wenn man denn nun Herrn Negrescu vertrauen durfte – blickten mit Sorge in eine Zukunft, aus der herüber es schon wie Waffenklirren zu hören war. Sie mochten den neuen Kronprinzen nicht. In ihnen lebte immer noch die Erinnerung an den andern, den Rechten, den um sein Erbrecht Betrogenen. Die liberale Gesinnung seiner Königlichen Hoheit, sein Hang zum schlichten Leben, seine Liebe sozusagen für das Zivile, Bürgerliche sei jenen breiten Kreisen nicht unbekannt, versicherte Herr Negrescu und streifte mich mit einem diskreten und flinken Blick. Er holte aus der Tasche ein Zeitungsblatt. Und noch ein paar Zeitungsblätter. Sie enthielten Artikel, spaltenlange Artikel, verfaßt in jenem mir unverständlichen Idiom. Doch sprang ihr Sinn in die Augen, blickte man nur auf die Bilder. In vielen gefälligen, volkstümlichen Abwandlungen immer wieder dein Bild. So hattest du als Knabe auf dem Pony gesessen, und so als Jüngling dich unter die Bergarbeiter gemischt, und hier war das Haus, in dem du jetzt wohntest, und da war sogar das von dir besuchte Café, und auch mein Bild fand sich irgendwo nicht sehr kenntlich in Kleinformat.

Was blieb – als ja zu sagen zu alledem? Man konnte dich doch nicht in den Kaffeehäusern sitzen lassen für den Rest deines Lebens. Ich konnte es nicht länger mitansehn. Ich liebte dich ja doch. Du hattest noch nie so recht eine Chance gehabt. Trotz der Fragwürdigkeit dieses Herrn Negrescu war das zum erstenmal eine Chance!

So wurde es der Geburtstag einer Bewegung. Geld war da fürs erste noch – doch nicht viel. Nach ein paar Wochen war es versickert. Die breiten liberalen Kreise, die auf ihren Kronprinzen warteten, waren offenbar doch nicht ganz so breit, wie Herr Negrescu an jenem ersten Tag es versicherte. Aber man hatte sich nun einmal darauf eingelassen! Anfangs kostete es nur meine Abendstunden. Viele Briefe waren zu schreiben, wenn ich aus dem Büro kam. Bücher las ich ja damals schon lang nicht mehr. Nicht einmal mehr für unsere Kinobesuche gab es jetzt noch Zeit. Aber wozu auch sich erhitzen an Fremdem, würdelos und unglaubhaft ersonnen, da doch das Eigene ein so viel größeres Feld bot für die Spiele der Phantasie?

Du wurdest tätig! Du wurdest beinah ein wenig fieberhaft tätig. Mitunter suchtest du dir sogar die Lettertasten für einen Brief auf der Schreibmaschine zusammen. Und dann war ja doch die Pflicht zur Repräsentation. Das hattest du gelernt, darauf verstandest du dich. Du machtest wieder acte de présence. Du zeigtest die Flagge. Dreimal wöchentlich rittst du im Bois. Auch zum Rennen in Longchamps kaufte ich für dich eine teure Karte. Zur nächsten Opernpremière hattest du einen neuen Frack. Du warst schön darin wie ein griechischer Götterjüngling, oder ein Gigolo, oder eben ein Operettenprinz. Das Seidenband deines Hausordens hing dir um den Hals, mit dem Stern. (Der Diamant war Imitation.)

Oh, du strahltest. Eine illustrierte Zeitung bemerkte dich – erinnerst du dich des Abends? Die Nummer schwenkend wie ein Gassenjunge kamst du nach Hause. Du sagtest: »Madame! Man wirft sich in evening dress! Wir gehn zu Larue!« Herren, Damen, Aristokraten, Jugendfreunde aus deiner Heimat hatten sich eingestellt. Ein Paris-Besuch begann dortzuland als unvollständig angesehen zu werden, wenn er nicht mit einer Respekts-Visite bei Seiner Königlichen Hoheit dem Ex-Kronprinzen verbunden war. Und wär es nur, um seine Unterschrift zu ergattern für eine Ansichtskarte, die man nach Hause schrieb. Auch ein paar dickbäuchige Bürgerliche gaben nach und nach ihre Karten ab. Und dann tat ein Bauernabgeordneter deines Lands in einer Parlamentsrede dieser kleinen politisch-mondänen Pilgerfahrten nach Paris ausführlich, stumpfsinnig und mit Rüdheit Erwähnung. Das war ein Erfolg. Ein größerer Erfolg war, als eines Nachts ein unbekannter Täter in unser sogenanntes Archiv brach. Ach, unser Schrecken, unser Gelächter! Und er war höchstwahrscheinlich nicht einmal ein königlich balkanischer Geheimpolizist, sondern nur ein ehrlicher Schränker und hatte sich in der Tür geirrt. Doch machten zwei Pariser Blätter für einen ganzen, an größeren Nachrichten armen Abend daraus eine Sensation. Und dann kam gar ein verbindlicher Herr vom Quai d'Orsay und hatte mit dir ein unverbindliches und leichtes Gespräch. Die französische Diplomatie orientierte sich! Das war viel, das war sehr viel, das war beinahe schon eine gewonnene erste Schlacht in dem kommenden Kriege.

Wenigstens – so schien es uns damals, für mindestens einen Abend und eine Nacht. Es war ein langer und steiniger Weg von diesem Resultat, zu wirklichen Resultaten. Die Last lag auf mir. Ich hab' sie getragen. Ich hab' sie gerne getragen. Du lebst in Paris, du bist auf die hohe Schule gegangen, Abendkleider trägst du mit Anstand – aber dein Vater kam im Teppichhandel zu Geld. Dein Großvater war ein Hausierer. Dein Bruder steht hinter einem Geldwechslertisch an der Grande Rue de Galata. Es geschieht aus den Erfahrenheiten deines Bluts, daß du deine zarte und zähe Kraft einsetzen mußt. So sagte ich es mir viele Male. Aber das war eine Lüge. Ich betrog mich schon damals. Es war etwas anderes.

Einmal, da war ich schon ohne dich, in London war das, nach einem Theaterabend oder einer langgezogenen Besprechung, ich weiß nicht mehr. Ich weiß auch nicht mehr recht, wie es überhaupt dazu kam, daß ich in das Lokal geriet. Ein billiges, riesiges, mit falschen Goldverzierungen lügnerisch prunkendes Speisehaus. Spaßeshalber vielleicht. Oder es hatten alle anderen schon geschlossen. Da waren – oh, vielleicht zweitausend Menschen, Essende, Schwatzende. Dennoch saß man mitten unter ihnen und hörte nichts von dem Schwatzen. Nicht ein Wort, nicht ein Gabelklirren, nicht ein Tellergeklapper. Denn zumitten, auf einem Podium, instrumentenblitzend und grell – da war die Musik! Es war ein Strom, von dem man betäubt ward und fortgezerrt, ein gnadeloser und gottloser Lärm von Metall und gestrichenen Saiten, so alles niederrennend, so ohne Pause, daß man sich einbilden konnte: wäre nur dieses Hämmern und Jaulen und Klirren nicht – es wäre still. Kein Laut wäre in der Welt. Eines Baumes Rauschen könntest du hören, ein Vogellied. Siehst du, das war der Sinn. Die Lärmhölle hatten sie eingerichtet – eben dieser gepeinigten Illusion zulieb. Geschwätz und Füßescharren und Tellerklappern und Autohupen waren real und gespenstisch in einem zu hören, sowie die Musik erstarb – aber solang sie lebte, lebte die Illusion!

Das war es. Wenn ich tat, was ich tat, konferierte, konspirierte, korrespondierte, wenn ich repräsentierte und Geld aufriß, wenn ich lachte und den unbekömmlichen und teuren Wein trank – das war, wie wenn ich pausenlos jene Musik um uns toben ließe. Es war die Angst vor den Pausen. Der Alltag scharrte und klapperte zwischen Flötengejaul und Tschinellenlärm. Das Schweigen hockte dahinter, kroch näher, unbeirrbar träg mächtig wie eine Nebelbank. Erst ist es, daß du das Bücherlesen aufgibst, den gemeinsamen Abendstunden zulieb. Dann gibst du die gemeinsamen Abende auf – du mußt Maschineschreiben, wichtige Korrespondenz. Auch ist kein Geld zu Haus, und Seiner Königlichen Hoheit Hosen wollen geplättet sein für morgen, für den Tee beim bolivianischen Konsul. Tut nichts, uns bleibt ja die Nacht. Und dann, da es schon vorwärtsgeht und Geld da ist für die Plättfrau und für den Schneider und die größere Wohnung und allerlei, zahlst du auch noch ein paar Stunden der Nacht darein – Bankette, Konferenzen, Repräsentation. Es bleibt nicht viel übrig von dieser Nacht, wenn man nach Hause kommt. Da will man schlafen. Und lügt sich vor, immer noch, es sei dieser erfolgeträchtigen Müdigkeit wegen, daß man nur mehr seltener, nur mehr sehr ausnahmsweise sich findet zu einer laugewordenen Umarmung im Morgengrauen. Langsam wuchs das und stand da mit einemmal. Wir redeten kaum mehr miteinander, wenn eine zufällige Viertelstunde uns unter vier Augen fand. Aber hätte eins ans andere die Frage gerichtet: »Liebst du mich noch?« – die Antwort wäre gewesen: »Aber gewiß!« So lebt sich's, so schweigt sich's, so gleitet sich's auseinander.

Dieses Schweigen und Gleiten mußte ich überlärmen. Ich überlärmte es mit großem Erfolg. Ich erntete vieles Lob von Herrn Negrescu und seinen Freunden, als ich den englischen Botschafter dazu bewog, angesichts einer im voraus informierten Presse mit dir in einem öffentlichen Lokal zu dinieren. Wie es mir glückte, von einem gewissen amerikanischen Nickelkonzern einen gewissen Scheck zu bekommen als Anzahlung auf einen gewissen, für den Fall deiner Thronerhebung wirksam werdenden Monopolvertrag – laß mich nicht davon sprechen. Nicht von jenem Aufkauf jener Staatsschuldverschreibungen mit Hilfe jener Londoner Bank. Nicht über den Weg, auf dem ich schließlich jene Erklärung erreichte, offizielle Stellungnahme der französischen Politik in offener Sitzung der Kammer, die dort im Osten zu Neuwahlen führte. Kostspieligen Wahlen, aus denen die Partei des Herrn Negrescu als Sieger hervorging. Zwei Wochen später lag der Antrag zur Wiedereinsetzung Seiner Königlichen Hoheit des Ex-Kronprinzen in seine früheren Rechte dort drüben im Parlament.

An dem Abend der Abstimmung saß ich beim Balkanreferenten am Quai d'Orsay. Auch du hättest kommen sollen – du kamst nicht. Die Nachricht traf ein, die Abstimmung war vorüber, du warst wieder Kronprinz. Aber du kamst nicht. Du hattest wohl gedacht, ich würde diese Debattennacht gleich den zwei vorigen Nächten am Quai d'Orsay aufsitzen, am Telefon. Oder du hattest überhaupt nicht weiter gedacht, und es war dir weiter kein Gegenstand des Bedenkens. Ich kam heim mit der guten, der großen, der so zäh und listenreich erstrittenen Botschaft. Ich suchte dich. Deine Tür war verriegelt. Du hörtest mich nicht, du lagst mit irgendeiner, einer Kichernden in deinem Bett. Nein, es war kein Erschrecken. Viel eher ein laues Staunen über mich selber, daß es mir kein Erschrecken war. Ich ging von deiner Tür, ohne daß du meiner Nähe gewahr wardst. Du wußtest es nicht, und weißt es bis heute nicht.

So vollzog sich das ohne Erregung, ohne Bewegung, ohne ein lautes Wort. Ohne Wort überhaupt. Und hätte damals, an jenem Tag noch, in jener Nacht eins von uns beiden ans andere die Frage gerichtet: »Liebst du mich noch?« – die Antwort wäre vielleicht ein wenig langsam gekommen, begleitet von einem kleinen verwunderten Heben der Brauen, doch sie hätte gelautet: »Aber gewiß!«

Ich erinnere mich mit überklarer Schärfe des Augenblicks, da ich in jener Nacht, von dir kommend, gedankenlos auf immer noch behutsamen Sohlen zurück in mein Zimmer fand. Die Deckenbeleuchtung brannte, ein vielflammiger Lüster. Ein hoher Spiegel war der Tür gegenüber – da trat ich mir unversehens entgegen, da schaute ich mir ins Gesicht. Kein übles Gesicht, der Grelle des elektrischen Lichts zum Trotz. Das Haar – man nennt das Tizianrot und hat daraus eine Mode gemacht; aber es ist mein eigen, so wie es ist, und ich nenn' es rot. Ein nie ganz zu bändigendes, wild quellendes Haar, das das Gelächter der Kinder und der Schmerz meiner Jugend war. Aber ich hab' mich dazu bekannt, zu diesem Feuerbrünstigen, zu dieser Unzucht. Die Stirn unter diesen Haaren war weiß. Auch die Wangen waren von dieser Weiße – und daß ich dazu noch jenen blassen Puder verwendete, war vielleicht schon zuviel. Die Augen – waren sie allzu durchsichtig bis in ihren grünlichen und ein wenig erschreckend unverschleierten Grund hinab? War das nun das elektrische Licht? Schöne Augen, konnte man sagen. Man konnte sagen: herzlose Augen. Ein Mädchenblick war daraus fortgelöscht. Eine Rune, nein, ein ganzer Fächer winziger Lächelrunen war eingeschrieben in ihren Rand – ich hatte so viel gelächelt und gelächelt und gelächelt in diesen Jahren. Und da überfiel es mich, indes ich so im grellen Licht vor dem Spiegel stand: unversehens, indes ich so lächelte, war ich um acht Jahre älter geworden seit jenem ersten Tag, da Herr Negrescu Seine Königliche Hoheit in jenem prix-fixe-Lokal angesprochen hatte. Diese unversehens hingegebenen acht Jahre – siehst du, da stand ich, ein Stück Papier in der Hand, von dem ich erst nach einer Weile mit sich sammelnden Gedanken wußte, daß es ein Telegramm war, aus dem Osten, betreffend etwas, das in diesen acht Jahren sehr wichtig gewesen war. Ich stand und starrte in den Spiegel, eine (das sah ich in jenem Augenblicke vielleicht wirklich zum erstenmal) sehr schöne Frau. Und nun endlich war ich erschrocken.

Drei Tage später hieß es: Reisen! Ostwärts! Nach Hause! Ein kranker König wartete, ein feierndes Volk. Es war allerlei vorzubereiten für diese unsere Reise, es fand sich in diesen drei Tagen keine Zeit zu Gesprächen. Als ich mit dem Packen unserer Koffer beschäftigt war, stand unversehens Herr Negrescu an meiner Seite. Er zog die weißen Brauen hoch in seinem rosig angehauchten Gesicht. Fragte: »Auch Sie verreisen, Madame? Darf ich fragen wohin?« Mein Schweigen dauerte nicht länger als einen Augenblick! »Geschäfte«, gab ich zur Antwort – »London, Amerika.« Herr Negrescu beugte sich über meine Hand. »Prächtig«, sagte er – und: »Viel Glück!« Als er schon in der Türe stand, zögerte er noch einmal und wandte sich. Und war kein Diplomat und nur ein alter Herr, da er flüsterte: »Liebe – nur so lang wie er Kronprinz ist. Wenn er König ist, kann er tun, was er will. Die alte Majestät – wir haben ärztliche Nachricht, daß er jetzt jeden Tag, jede Stunde –!« Er sprach den Satz nicht zu Ende, er ging, Seine Königliche Hoheit der Kronprinz hatte den Adjutanten um ihn geschickt.

Seine Königliche Hoheit reiste am nächsten Tag. Er nahm sogar Abschied. Er sagte: »Adieu! Liebste! Danke! Ich schreibe! Auf Wiedersehen!« Er war ein wenig in Eile, das Auto wartete vor dem Tor.

Was blieb mir viel anderes übrig als jene zwei Wege – von denen der eine der Weg der Verzweiflung ist? Ich aber bin keine Verzweiflerin. Ich wollte weiterleben – trotz der einunddreißig Jahre, die mir damals ein bedenklich hohes Alter zu sein schienen. Mir lag das Weiterleben im Blut – es müssen da Ahnen gewesen sein, große Weiterleber, mit einer tiefen Erfahrung. Auch ward mir dieses Weiterleben nicht schwer gemacht. Ich war damals schon der Gegenstand einer respektvollen chronique scandaleuse. Die Zeitungen wußten um vielerlei – ich hatte so etwas wie eine Königsmacher-Reputation. Als du nach deinem Land gefahren warst, packte ich meine Koffer aus. Ich blieb in Paris. Es ist eine Stadt für die Frauen, von den Frauen regiert. Und jenen amerikanischen Nickelkonzern kannte ich seit jenem Scheck à conto jenes Optionsvertrags. Und auch ein paar Finanzleute kannte ich und ein paar Diplomaten und die Leute vom Quai d'Orsay. Was soll dir das einzelne: diese Fabrikfusionierung und jene Rentenspekulation, dieser freche Kartellvertrag und jenes Husarenstück von einer Vorzugsaktienemission. Auf Grund einer galanten und besondern Information stieg ich zwei Stunden vor dem großen Krach und Katzenjammer aus der Kontermine in französischen Franken aus und lag mit vierzig Millionen à la hausse, als es wieder nach oben ging. Es war eine schmetternde, eine laute, eine große Musik. Und wäre ich damals wieder einmal vor den Spiegel getreten – aber wozu? Dafür blieb keine Zeit! Doch hätte ich es getan, für einen Augenblick des Besinnens, verstörte Aktionäre warten lassend in einem Sitzungssaal oder einen Geliebten in einem verdunkelten Zimmer oder die Schneiderin: es wäre eine Frau gestanden im blanken Glas, Hauptteilhaberin einer großen Privatbank, interessiert an zwei, drei, vier Industrien in fünf, sechs, sieben großen Städten des Erdballs, Besitzerin von zehn, von fünfzehn, von zwanzigerlei – doch wozu das. Es war eine

Frau, so schlank, so blank, so hart und durchsichtig gläsern wie das Spiegelglas selber. Ihr Haar war rot. Ihre Haut war weiß. Und schien nur das elektrische Licht nicht zu hell, so waren die winzigen Lächelfalten um ihre beinahe farblosen Augen, unter denen hauchleicht ein Schatten lag, gar nicht so viel tiefer geworden in dem winzigen Jahrzehnt, das dazwischenlag.

Ach, das habe ich zu sagen vergessen. Unversehens, über Nacht sozusagen – ein winziges Jahrzehnt war da nämlich wieder vergangen. Elf Jahre – rechnete man genau. Zweiundvierzig war ich da eben alt. Bedachte ich's – ich war jung.

Elf Jahre! Es hatte einiges sich verändert in diesen elf Jahren. Der Irrsinn war aufgewacht. Die Jugend, die da heranwuchs, wußte nichts mehr vom alten Krieg. Mußte schon einmal verhungert sein (denn das große Elend ging um), so wollten sie lieber verhungern im Schwarzhemd, Braunhemd, irgendeinem Hemd, wenn es nur eine Farbe trug. Der Kleinbürger, der Erbfeind des Geistes, enger Stirn und engen, aber patriotisch geschwellten Herzens, holte seine vermotteten Leutnants- und Unterleutnantsuniformen hervor und nestelte seine Medaillen an und marschierte im Stechschritt. Und da man das Vaterland leben ließ und die alte Zeit und die Reaktion, stand der Pfaff daneben (fürs erste noch!) und segnete, segnete, segnete.

So war es in Europa, so war es in deinem Land. Was es an Schwarzen, Weißen, Reaktionären, Faschisten gab – sie hatten einigermaßen an sich gehalten, solang der alte Herr, dein Vater, noch auf dem Throne saß. Nun aber, neunzehn Jahre nachdem man ihn beinahe schon totgesagt hatte, kam er wirklich ans Sterben, nun legte er sich ins Bett. In allen Zeitungen stand es zu lesen. Und jetzt, in dieser veränderten Zeit sollte der von den Liberalen zurückgeholte Kronprinz wirklich der Erbe sein? Man hatte ihn schon einmal gestürzt – man konnte ihn zum zweitenmal stürzen. Alle Dunkelmänner in deinem Land wurden wieder lebendig. Das blieb nicht ohne Unterstützung von außen her, von jener Internationale der Totalitäten, die –

Verzeihung. Ich errege mich. Was geht es mich an? Acht Jahre Lebens hat man jugendtöricht verzettelt an einen und hat seither von ihm nichts gehört, nicht ein Wort, nicht eine Zeile, nicht einen Dank, keinen Gruß. Was war es also, das da noch einmal zu rütteln kam an diesem wohlgegründeten, fehlerlos konstruierten, weithin sichtbaren Lebensbau? Wenn ein fremder Herr dort hinten in Bedrängnis geriet – was ging es mich an? Aber er braucht nur aufzustehen aus seinem Grab, der Verscharrte – und von fern ein wenig zu winken mit seiner Hand. Er braucht dich nur anzureden, ganz leise – und trotz der großen Musik, trotz Flötenjaulen und Trompetengeschmetter hörst du ihn, und nichts anderes ist niemals gewesen, und du bist nur ein Weib, und du stehst überwältigt.

Er stand auf, der Verscharrte. Er sprach mich an – oder richtiger: jener Herr Negrescu wars, der mich ansprach. Er kam, ein sehr alter Herr, an die Achtzig, doch im weiteren nicht verändert. Er war Premierminister gewesen inzwischen – nun stand er schon ein wenig im Hintergrund. Er kam im Flugzeug. Er wollte mich sprechen. »Madame«, sagte er, »meine Gnädige – ein alter Mann kommt zu Ihnen mit einer geschäftlichen Proposition!«

Es ging um den Scheck. Jenen Scheck, gegeben von jenem amerikanischen Nickelkonzern. Es war ein sehr großer Scheck gewesen. Die Neuwahlen der Liberalen im Land, deine Wiedereinsetzung in die Kronprinzenrechte, die Dirigierung der auswärtigen Politik und noch allerlei anderes damals vor elf Jahren war bestritten worden mit diesem Scheck. Er war das große Geheimnis. Hinter das Geheimnis zu kommen, diese Geldquelle aufzudecken, war der Faschisten, Militaristen, Nationalisten Sehnsucht und Bemühung gewesen elf Jahre lang. Elf Jahre vergebens. Bis nun also der alte König ans Sterben kam – und die Amerikaner sich auf ihr Geschäft besannen. Starb er, so wurdest du König. Wurdest du es, so war ihr Monopolvertrag wirksam. So schickten sie fürs erste ihre Experten mit Vermessungsinstrumenten ins Land. Und als dies auffiel und als man forschte – ach, wem erzähl ich das.

Eben da die Faschisten sich anschickten zu einem Handstreich, zu einem Staatsstreich, zu einem zweiten Kronprinzensturz, fiel ihnen dieses demaskierte Geheimnis liberaler Korruption, diese goldene Propagandafrucht in den Schoß. Eine Zeitung – viele Zeitungen zog der alte Herr Negrescu aus seiner Tasche. Er sagte: »Wir haben natürlich protestiert, mit allem Nachdruck. Selbstverständlich haben wir dementiert!«

Er kam dann eilig zur Sache. Nun die Bluthunde einmal auf der richtigen Fährte waren, half alles Protestieren und Dementieren bestenfalls ein-zwei Wochen lang. Dann hatte man die Dokumente, dann druckte man sie in der Zeitung ab. Und wie es dann mit den Liberalen stand und mit eines gewissen Kronprinzen Aussichten auf den Thron – der Alte sagte: »Madame, ich muß nicht zu Ende sprechen. Sie wissen es selbst!« Und sein sogenannter geschäftlicher Vorschlag, dessentwegen er sich ins Flugzeug gesetzt hatte mit seinen achtzig Jahren – der war: Ich hatte die Transaktion mit den Amerikanern damals zustandegebracht. Sie mußte aufgelöst werden. Ich sollte sie lösen. Das gestern offiziell in die Welt geschickte Dementi mußte wahrgemacht werden im Nachhinein. Ein Geschäft? »Ich weiß«, sagte Herr Negrescu weißhaarig, rotgesichtig und uralt – »es ist kein Geschäft, womit ich komme. Sie sind unsere letzte Hoffnung – ich lege meine Karten auf den Tisch. Ich komme zu Ihnen mit der Bitte um Hilfe.« Er blickte mich voll an. »Ich komme nicht im eignen Namen«, sagte er. Und leiser: »Ich weiß, Madame, was Sie sagen wollten – wenn Ihre Delikatesse Sie nicht daran verhinderte. Zehn Jahre. Elf Jahre schon? Wir waren es, die ihn davon abgehalten haben, mit Ihnen in Verbindung zu treten. Aus Gründen der Politik. Er durfte nicht – solange er Kronprinz war. Jetzt wird er König!« Er legte seine Hand auf die meine. »Sie können helfen«, sagte er bittend. Ach, er sprach sein Französisch wie ein Franzose, doch kam er trotz allem aus der romantischen Luft, die dort unten weht. Er war primitiv, daß man für ihn errötete. Und schlau wie ein Bauer. Und spielte auf der Ehrwürdigkeit seines Greisentums, wie einer auf der Maultrommel spielen mag. Sogar zwei, drei, ein Dutzend Fotografien Seiner Königlichen Hoheit des Kronprinzen waren in seiner Tasche.

Und ich merkte das, und ich errötete, und wissend um das Würdelose und Peinliche der Komödie, sehenden Auges – ich sagte nicht nein. Dabei war trotz allem Erreichten, trotz Beteiligungen, Aktienpaketen, Kontrakten, trotz Stadthaus und Landhaus und Autos und Juwelen und Weißgottwas mein bißchen Finanzmacht selbstverständlich bei weitem nicht danach angetan, daß ich einen ernsthaften Widerpart abgegeben hätte für jene Nickelgiganten von Übersee. Eine einzelne Frau. Es war Wahnsinn. Auch Herr Negrescu, auch seine Freunde, auch jener zwölffach Fotografierte mußte das wissen. Ja, auch Sie, Monsieur, mußten das wissen von Anfang an. Aber ich sagte nicht nein!

Seit jenem ersten glücklichen Handstreich – Franken-Kontermine –, der von vielen bemerkt den Grundstein zu meinem Vermögen gelegt hatte, war ein rasch sich erweiternder Kreis von Menschen um mich gewachsen, bereit zu unternehmen, was ich unternahm. In jedem Kasino, an jedem Spieltisch finden sich diese Trabanten – so finden sie sich auch in jedem Börsenkontor. Kleine Leute zumeist, Stiefkinder des Lebens, zähe Rechner, verschwiegene Sparer – mit dem Gott des Glücks ohne hohepriesterliche Vermittlung zu konversieren, schiene ihnen Vermessenheit. So gründete ich meine Privatbank. Jene Kümmerlichen und verstohlen Genäschigen machten bei mir ihre Konten auf. Meine Informationen bewährten sich. Der Kreis wuchs – mit ihm wuchs die Bank. Wuchs die Bank – so wuchs mit ihr die Verläßlichkeit meiner Informationen. Als ich zum erstenmal wahrnahm, daß eine dieser Informationen falsch war von Grund auf – und doch richtig wurde im Nachhinein, rein dadurch, daß ich sie an meine Klienten weitergab, rein durch meine eigenen Käufe: das war der Wendepunkt. Ich mußte nur wählen, dieses Papier oder das – der Rest lag bei den Trabanten! Die meisten von ihnen überließen mir die Lenkung ihres Schicksals blindlings, à discrétion. Sie drängten sich an die Schalter – da, nimm, spiel, trags an die Börse, tu damit was du willst!

So stand es um mich, so fragwürdig beneidenswert, als der alte Herr Negrescu mit jenen Fotografien in seinen Taschen zu mir kam. Ich zögerte nicht einen Augenblick. Einem gewissen vielfach Fotografierten zeigen, wozu man's gebracht hatte in diesem Leben! Es zuckte mir in den Fingern, mit dem auf seinem Schein bestehenden Goliath aus Amerika anzubinden. Solch eine Börsenmacht und Reputation ist empfindlich wie ein Erdbebenanzeiger in einem Observatorium. Rüttle ein wenig in Paris – schon schwankt der Zeiger in London, und in New York ist es eine kleine Panik. In Paris ein wenig zu rütteln, dieses und jenes Wort über gewisse katastrophale Nickeltransaktionen in die Zeitungen fließen zu lassen – dazu mußte es reichen. Glückte das, so gab es einen Kurssturz. Nun bedeutete aber eben damals die Beständigkeit seines Aktienkurses für den Giganten eine Irrsinnssumme in klingendem Geld; er stand vor einer Neu-Emission. Gelang, was ich plante, so war ich für den Koloß – nun, nicht ein wirklicher Widerpart, sicher nicht, aber doch der nicht mehr zu übersehende Störenfried.

Das aber wollte ich. Ich wollte verhandeln! Dein Interesse, Herr Gigant, liegt anderswo. Was schiert dich jenes Balkangeschäft. Ich laß dich in Frieden – und du annullierst den Vertrag. Und bestätigst mir in einem den Zeitungen eines gewissen Landes zu übergebenden Kommuniqué, daß er niemals bestanden hat!

Es gelang. Das Schicksal, frech herausgefordert, half nach, es half mit, es spannte sich vor die Karre und zerrte sie bergwärts. Als mein Börsenmanöver daran war, wirkungslos zu verpuffen – da griff es ein. Einer der beiden mit der eisernen Faust und der eisernen Stirne, jener Diktator, hatte wieder einmal seine Kreaturen im Stechschritt aufmarschieren lassen zu einer seiner Jahresparaden. Er schrie sich heiser, Schaum vor dem Mund, an einem Wortbrei – Friedensrede nannte er's, ausgestreckte Versöhnungshand. Der Schrecken, der vor dieser Art Frieden in alle vier Winde lief, brachte einen allgemeinen Kurssturz, so wie ich ihn brauchte. Die Aktien des amerikanischen Goliath stolperten mit den anderen der Tiefe zu. Es war viel – doch noch nicht genug. Noch hatte der Goliath mich nicht bemerkt. So trieb ich es weiter. Mein eigenes Geld war längst aufgebraucht. Aber ich hatte doch meine Gefolgschaft! Ich hatte doch jene Rentner, jene Vormünder ihrer Mündel, jene Väter von Töchtern, jene Sparer, jene gierigen Warter – sie hatten sich an die Schalter gedrängt und hatten eingezahlt, eingezahlt, eingezahlt. Stehlen? Vielgesichtigkeit eines Worts. Die Worte wohnen nah beieinander im Kommerz – fast so nah wie im Kriege. Und die Mittel werden geheiligt durch ihren Zweck. Und wer gewinnt ist ein Heros, und wer verliert ist ein Lump. Ich stahl nicht – ich borgte! Das Geld der Klienten ging den Weg, den mein eignes gegangen war. Ich spannte meinen Kredit bis zum Bersten. So trieb ich es weiter – so trieb es mich weiter.

Sinnlos die Einzelheiten. Der Goliath – endlich wachte er auf. Er rieb sich die Augen. Und sah mich. Und griff nach dem Telefon. Am zweiundzwanzigsten Schlachttage war das. Sein Aktienkurs war um siebzehn Punkte gefallen in den letzten drei Tagen. Hundertundvierzehn Millionen Franken standen mir als Nutzen auf dem Papier. In dieser selben Nacht kam der kontinentale Direktor des Goliath zu mir in mein Privathaus (Avenue Hoche, mit dem Blick auf den Parc Monceau) und brachte seinen Juristen mit. Nicht eine Viertelstunde dauerte es. Der Vergleich war geschlossen. Der Balkanvertrag war gelöst. »Wir setzen voraus« – so sagte der Nickelmann nach der Paraphierung des Schriftstücks und ließ das bis zu diesem Augenblick gewahrte Lächeln aus seinen Zügen fallen und nahm das nächste Glas Kognak nicht an und stand jählings von seinem Sessel auf – »wir setzen voraus, Madame, daß Sie es von Stund an aufgeben, mit dem Feuer zu spielen. Es gelänge Ihnen nicht noch einmal. Es gibt andere Felder für lukrative Betätigung. Was unsere Aktien anlangt – Sie stellen nun glatt, Sie liquidieren unverzüglich Ihr Engagement.«

»Gewiß«, sagte ich. Und lächelte. Und dachte: sieh da, ein Feind. Kein Mann verträgt es, die Partie zu verlieren, wenn eine Frau auf der andern Seite sitzt.

Der Jurist, schon im Stehen, beugte sich noch über die Blätter. »Ihre Vollmacht ist nicht legalisiert«, sagte er. »Ich will da noch die Unterschrift des Kronprinzen haben.« Wie unhöflich diese schlechten Verlierer sind, dachte ich. »Mit Vergnügen«, sagte ich lächelnd.

»Wie lange dauert das – bis die Unterschrift da ist?« fragte der Anwalt.

»Vierundzwanzig Stunden«, sagte ich lächelnd – »sechsunddreißig Stunden vielleicht.« Ich lächelte, ich brachte sie an die Treppe und lächelte.

Ich war allein. Es war drei Uhr nachts. Die Schlacht war geschlagen. Ich rief Le Bourget an. Flugpostdienst nach dem Balkan. Wenn der Brief herausgebracht wird, Madame, so geht er mit dem Flugzeug um neun Uhr früh. Ein noch früheres Flugzeug? Nein, Madame. Ein Sonderflugzeug für die Expedition dieses Briefes? Ich verbinde Madame mit dem Nachtdienst der Direktion! Wie – Madame kommen selbst heraus?

Ich fuhr selbst hinaus. Der kleine Eindecker wurde aus dem Hangar gezogen, der Propeller angeworfen, der Pilot mit dem Dokument in der Ledertasche kletterte in seinen Sitz. Halt, sagte ich, halt! Ja, denn so überkam es mich in dieser Sekunde, in Wind und Morgengrauen. (Das Blinklicht fror mir zu Häupten auf dem Kontrollturm.) Es überkam mich: nimm das triumphale Dokument und flieg selbst! Elf Jahre hast du ihn nicht gesehen. Keinen Gruß hat er dir geschickt. Keinen Gedankenaugenblick hat er an dich verwendet in elf Jahren, bis zum Augenblick der Gefahr. Du aber geh selbst, und schau ihm in die Augen, dem vielfach Fotografierten, der sich hat demütigen müssen zu einem Hilferuf, und leg lächelnd und wortlos deinen Triumph, den rettenden, vor ihn auf den Tisch. Sag: da, mein Herr, ich komme nur wegen der kleinen Formalität Ihrer Unterschrift. Und adieu!

Ich flog nach dem Osten. Ohne Koffer, so wie ich war – das Nötigste kaufte ich auf dem Flugplatz. Als ich ankam, in dem einen großen Hotel, war es hoch am Vormittag. Ich schrieb mich unter einem beliebigen Namen ein, ich wollte kein Aufsehen. In meinem Zimmer nahm ich, in Mantel und Hut noch, das Telefon und ließ mich mit Herrn Negrescu verbinden. Ja, da bin ich. Ja, ich bin hier in der Stadt. Mit Dokumenten, mit Nachrichten. Nein, die wünsche ich diesmal einem gewissen Herrn persönlich zu überbringen. Eine Audienz? Ich lachte ein wenig. Wenn Sie es nicht anders zu nennen belieben – nennen Sie es meinetwegen eine Audienz! Bald? Sogleich! Oder sagen wir, da ich noch ein wenig ruhen will – um zwei Uhr nachmittags. Um vier Uhr flieg ich nach Haus! Sie werden das arrangieren, Sie holen mich mit Ihrem Wagen aus dem Hotel, Sie begleiten mich? Ausgezeichnet. Ich werde bereit sein.

Ja, ich ruhte ein wenig. Oder soll ich bekennen: ich ruhte nicht? Ich wendete eine fiebrige Stunde daran, bei einem Halbdutzend Tiegelchen, Fläschchen mit fliegenden Fingern zügellos klopfenden Herzens vor dem Spiegel zu sitzen. Ich prüfte mich gnadelos, mitleidlos, auf meine Tauglichkeit zu diesem beinahe selbstmörderischen Weiberabenteuer, einem Mann gegenüberzutreten über einen Abgrund hinweg – der war elfmal dreihundertfünfundsechzig Tage und Nächte tief. Die Tiegelchen klirrten mir in den Fingern. Ich war fertig, ich blickte auf meine Uhr. Es war noch zu zeitig. Warum hatte ich zwei Uhr gesagt und nicht zwölf? Ich hatte ihn warten lassen wollen – einen gewissen Audienzgewährer in diesem Land. Blieb Zeit, sich hinzulegen und auszuruhen. Nein, es litt mich nicht. Ich ging hinunter.

Als ich langsam schlendernd vom Lift kam – etwas in der Halle des Hotels war anders geworden. Der Manager stand da und verbeugte sich ein wenig zu tief. Vielleicht eine Täuschung. In Fauteuils saß eine kleine Gruppe von Herren, unter ihnen ein Ältlicher, Kleiner, mit zwei Reihen Ordensbändern über der Brust. Den hatte ich doch schon irgendwo einmal gesehen? Ich erschrak ein wenig in all meiner fiebrigen Festlichkeit über die Gewalttat in seinen Augen; Mörderaugen, ging es mir durch den Kopf. Er erblickte mich und nickte. Da stand neben ihm einer auf, und hatte einen fotografischen Apparat. Ein kleines metallisches Klicken war hörbar, da er mich damit anschoß. Er enteilte, verfolgt von einem polizeilich aussehenden Herrn in Zivil, der dem an der Drehtür zum Stehen Gebrachten etwas abzujagen versuchte. Der Manager sagte mit einer zu tiefen Verbeugung: »Madame, wir bitten tausendmal um Verzeihung. Wir wissen zu schätzen, daß Madame uns die Ehre gegeben haben. Madame können sicher sein vor jeder weitern Belästigung.«

Kronprinzengeliebte! Alle die romantischen Geschichten von ehemals! Wie hatte ich auch erwarten können, mit einer kleinen Namensverstellung in dem einzigen Hotel dieser Balkanstadt mein Auslangen zu finden? Es machte mir weiter nichts aus. Ich war in Geschäften da. Ich lachte ein wenig. Es hatte mich eben einer erkannt, einer der mich schon früher – Petrovic, zuckte es mir in diesem Augenblick durch das Hirn. Der Kleine mit den Mörderaugen ist jener Petrovic – »was kostet es, Fräulein, wenn Sie verschwinden?« Dort saß er noch. Nun lachte ich – es lachte in meinen Nerven. Ich hatte ja auch nicht geschlafen in dieser Nacht. »Aber nein«, gab ich vielleicht ein wenig zu laut dem Devoten Bescheid – »aber nein, ich fühle mich nicht belästigt, seien Sie unbesorgt.«

Es war wohl nur eine Folge dieser Erklärung, daß man die beiden Herren, die nach mir fragten, wirklich an mich heranließ. Zwei beinahe allzu tadellos gekleidete Herren. Weltläufige Herren. Mitglieder des Vorstands der jüdischen Gemeinde in dieser Stadt. Ein Großkaufmann, ein Bankier. Sie baten um eine Unterredung. (Da stand wieder einer und fotografierte!) »Jüdische Gemeinde«, sagte ich allzu vernehmlich – »aber gewiß. Sie machen mir das Vergnügen, meine Herren, und leisten mir für eine halbe Stunde Gesellschaft. Drüben im Restaurant.«

Es ergab sich, daß nicht nur mein Aufenthalt hier im Hotel und mein richtiger Name bekannt waren. Nicht nur was dieser Name bedeutete im Zusammenhang mit einer gewissen hohen Person. Bekannt war viel mehr. Bekannt war bis ins Letzte, Vertraulichste, jedes Auf und Nieder in diesen vierzehn Tagen der Schlacht. Und sogar mein Sieg war hier schon bekannt. Und sogar daß ich hergeflogen war, wußte man und hatte es vielleicht schon gewußt, bevor ich noch aus dem Flugzeug stieg. »Madame unterschätzen« – sagte der eine der beiden jüdischen Herren – »das allgemeine Interesse für Ihre Person.«

»Das politische Interesse«, berichtigte der andre und tat einen Blick im Kreis. Die Scheu dieses Blicks, die ungläubige und gedrückte Erfreutheit, mit der sie meine Einladung zu diesem weithin sichtbaren Beieinandersitzen angenommen hatten – auch sie wurden mir aus dem, was ich hörte, alsbald verständlich.

Es ging um die Juden in ihrem Land. Daß ihr Kronprinz und ich – die weltläufigen Herren fanden die Worte nicht – kurz: jene romantische, in den Zeitungen reproduzierte Geschichte von dazumal war von den Juden dortzuland mit einer fiebernden Anteilnahme verfolgt worden. Mit einem Gemisch – so ging aus dem behutsamen Berichte hervor – von Stolz und Beschämtheit. Daß die Frau, die ihres Kronprinzen Herzen so nahestand (verzeihen Sie, es ist jener Männerausdruck, nicht meiner) – daß sie eine Jüdin war: das war ein kleiner goldener Schimmer der Phantasie, der Jahre und Jahre lang über den Alltag dieser Gedrückten gebreitet lag. Hetzt mir Hausierer auch der Bauer seinen Hund an die Beine, scheucht mich Handwerker auch der Herr nationale Patriot vom Bürgersteig auf die Straße, damit ich nicht an ihn streife, wenn er vorübergeht – dennoch und dennoch! Des Herrn Patrioten Königssohn liegt auf den Knien in Liebe zu einer von meine Leut!

Diese Aberhunderttausend nun also, diese Erniedrigten und Beleidigten hatten mit einer atemlosen Spannung die Entwicklung der Politik verfolgt. Sie waren es, die unter letzten Bemühungen, mit äußersten Opfern damals vor elf Jahren den Liberalen zum Sieg verholfen hatten im Lande. Sie ging es an, um sie ging es, ihr Kronprinz wurde da wieder eingesetzt. Als es gelang – es war ein jüdischer Festtag. Laßt ihn nur erst König werden, sagten sie untereinander. Als damals, vor ein paar Wochen, die neu erstarkenden Dunkelmänner sich daran machten, Sie, Monsieur, noch einmal um Ihre Kronprinzenrechte zu bringen, als Gerücht und Dementi flatterten um einen gewissen umstrittenen Nickelvertrag – auch da ging es um sie. Es war nicht so lang her, daß man sie in Ihrem Lande zum letztenmal erschlagen hatte. Noch saß der Schrecken ihnen im Nacken. Stürzte der Kronprinz, fiel das Gebäude der Liberalen zusammen – sie, sie, sie begrub es unter den Trümmern. So war der Kampf, den ich in diesen letzten Wochen zur Vernichtung jenes Vertrags gekämpft hatte – »Sie haben gesiegt, Madame«, sagte der eine meiner Besucher mit Erschütterung in der Stimme, »und unter denen, die Sie damit gerettet haben, sind wir. Eine Million und fünfmal hunderttausend Juden haben Sie gerettet.«

Ja, da saß ich. Zweimal zehn Jahre hat man im Westen gelebt, man ist eine Pariserin – wie, und nun sollte auch dieses weggewischt sein, nie gelebt, nie ersiegt, nie erlitten? War da wirklich wieder die laute Gasse der Kindheit? Tatavla! Und dort hinunter (nur um die eine Ecke mußt du noch biegen) gehts zum Pont Neuf und an das Goldene Horn! Ob ich lächelte? Gewiß, ich lächelte. Kamen da zwei und erzählten einem vom Großen Elend der Juden, die ewige Litanei. Und machten einem noch weis, man habe seinen Kampf gekämpft blindlings, nicht um Geld, nicht um seine Eitelkeit, nicht um einen gewissen vielfach Fotografierten, sondern für ein Volk. Es hatte eine gegeben, in der Bibel war von ihr die Rede, die Macht über einen König gewann, daß es den Juden in seinem Land wohlergehe. Wie hieß sie? Ihr Name fiel mir nicht ein in jenem Augenblick. »Meine Herren«, setzte ich lachenden Mundes an, »meine Herren –.«

Und da, als ich eben etwas erwidern wollte, ein pariserisches, ein abendländisch freies, ein gewichtloses Wort – eben da widerfuhr es mir, daß ich, dem scheuen Rundblick meiner bedrückten Kavaliere folgend, der großen, breiten Scheibe gewahr ward, die hinaus nach der Straße ging. Draußen, ohne Bewegung, Gesichter dieser Scheibe genähert – oh, es waren nicht viele, kaum ein Dutzend vielleicht. Und als ein Polizist vorüberging, brachen sie auseinander, und es blieben kaum mehr als sechs. Juden. Standen da draußen diese kaftantragenden Juden, das Wanderleid von Jahrtausenden im schmalen Gesicht, dünnbärtige, kümmerliche, groß – braunäugige Menschen, und blickten reglos herein und herüber, wo ihre Ältesten zu einem Schauessen saßen, wie in der Bibel geschrieben steht. Sie saßen zu Tisch mit einer, so da eine der Ihren war und eine Mächtige und eine Fremde.

An diesen stummen Gesichtern, tierhaft unbewegt zu mir hergedreht, in diesen schweigenden Augen wuchs das Geredete und ward leibhaft mit einemmal und war eine Wirklichkeit. Da saß ich, lachenden Mundes noch – und war erschrocken. Indes schon eine kleine Verstörung und eine kleine Verworrenheit mir in die Adern drang, sagte ich: »Aber meine Herren, welch ein Gespenstersehn! Was immer gewesen sein mag – es ist gewesen. In wenigen Minuten werde ich mit dem Kronprinzen sprechen und werd' ihm sagen, wie Sie zu ihm gestanden haben und was Sie haben erdulden müssen – für ihn. Er wird Sie beschützen sein Leben lang!«

Der maître d'hôtel kam. Das Auto wartete. Da standen wieder jene Stummen und Schauenden reglos in großer Zahl. Wir fuhren los durch ihr Schweigen.

In dem Auto saß neben dem alten Negrescu ein junger und straffer Mann – Offizier in Zivil, das sah man im Augenblick. Der Alte nannte seinen Namen, undeutlich erklärend, es sei dies ein Sekretär oder sein Sekretär – ich verstand nicht recht. Wir fuhren los, in großer Geschwindigkeit. Es war dieser Herr Sekretär, der weißzähnig lächelnd die Kosten des Gespräches bestritt, über irgendeinen Boulevardtratsch, den ich im Augenblick wieder vergaß. Solang die Straßen der Stadt an uns vorüberglitten, plauderte er so weiter – er hörte sich selbst nicht zu. Vorstadt. Ein kurzes Stück Landstraße. Da war ein Park. Breiter, knirschender Kiesweg, kein Mensch. Der Wagen hielt, der Chauffeur stieg aus und schlenderte seitab. Dem Herrn Sekretär fiel das Lächeln und Geplauder aus dem Gesicht. Er sagte: »Es war verdammt unbesonnen von Ihnen, da so ohne Aviso hereinzuschneien. Sie säßen besser in diesem Augenblick in Paris!«

Ich hörte ihn wohl, diesen sehr veränderten Tonfall. Auch sah ich das Gesicht des Alten, der peinlich schweigsam und unglaubwürdig bekümmert danebensaß. Aber irgendwie – es drang nicht zu mir. Da war noch die große Bewegtheit, und da waren die Nerven. »Reizend«, sagte ich lachend und wandte mich dem stummen Negrescu zu, »wie man in den Ton des Erziehers verfällt, wenn man einer Frau gegenübersitzt.«

»Und noch nicht genug an dem«, kam der Straffe einer wirksameren Form des Protests zuvor – »setzt sie sich noch mit diesen säuischen Juden in ein öffentliches Lokal!«

Gott sei Dank – ich war aufgewacht. Ich wandte mich an den Alten und forderte: »Sie weisen diesen Herrn aus dem Wagen. Sofort, wenn ich bitten darf. Und dann wünsche ich ohne weitern Aufenthalt zu Seiner Königlichen Hoheit gebracht zu werden.«

Negrescu, von Peinlichkeiten hin und her geworfen, sagte: »Der Herr hier ist der Sekretär der Faschistischen Nationalen Partei!« Und da ich darüber für einen Augenblick die Sprache und beinahe meinen Zorn verlor, fuhr er schwachstimmig fort: »Ja, wir haben Frieden geschlossen mit den Herren von der andern Seite. Vor einer Stunde erst. Das Land wird aufatmen, wenn es aus den Nachmittagsblättern die große Nachricht erfährt. Kein Konflikt mehr, keine Faschisten und Liberalen mehr – nur eine einzige neue Vaterländische Nationalpartei.« Er sprach mit greisenhaften Rednergebärden, als stünde er in einer Versammlung auf einem Podium. Es war, als fürchtete er sich vor dem Verstummen. »Eine große Verbrüderung, eine Fusionierung«, berichtete er unglaubwürdig begeistert und gab dem Militärischen einen ängstlichen Seitenblick – »wenn auch mit den jungen und unverbrauchten Kräften an den leitenden Posten!« Er schaute mir für einen Augenblick ins Gesicht und beeilte sich zu versichern: »Aber seien Sie ohne Besorgnis, Madame. Wir haben nicht locker gelassen. Unsern Kronprinzen haben wir uns nicht nehmen lassen, den haben wir uns bewahrt. Unter seiner Fahne –« Er verstummte erschrocken.

Der andere ergänzte sachlich: »Aber unter unserm Programm.« Er wandte sich mir zu: »Und jetzt hören Sie, Fräulein –«

Aber ich hatte mich ja besonnen, ich war erwacht. Ich fiel dem Straffen ins Wort und wandte mich im schroffen Tonfall dem Alten zu: »Sie werden mich jetzt augenblicklich zum Kronprinzen bringen oder ich finde meinen Weg ohne Sie.« Ich griff nach der Klinke des Wagenschlags.

Was zwischen den beiden Männern jetzt folgte, war ein Gespräch, nein, ein Zank, nein, ein Zweikampf, bestritten mit explosiven Gebärden und vielen maschinengewehrgeschwind und dramatisch abgeschossenen Worten in dem Idiom, das ich nicht verstand. Es mündete in eine Befriedung, Verständigung. Böse blitzenden Blicks stieg der Militärische aus und entfernte sich, doch blieb er auf und ab patrouillierend in Sichtdistanz. Der Alte, mit mir allein, fiel wieder in sein voluminöses Französisch. »Kind«, sagte er – »junge Frau! Sie haben sich leider unter falschem Namen im Hotel eingetragen. Sie kennen nicht die Strenge unserer Fremdenüberwachungsgesetze. Dieser Barbar, dieser Bauer hat gedroht, Sie verhaften und an die Grenze abschieben zu lassen. Aber ich habe nicht locker gelassen, ich habe für Sie gekämpft, Sie sind völlig in Sicherheit. Mein Kind – ich darf Sie so nennen, Madame, ich bin ein Greis an der Schwelle des Grabes! Sie haben ganz Großes geleistet mit der Vernichtung jenes würgenden und peinlichen Vertrags. Wir kennen die Einzelheiten, wir kannten den Abschluß eine kleine halbe Stunde, nachdem er vollzogen war. Beispiellos! Heroisch! Ihnen gebührt der Dank der Nation. Ihnen gebührt ganz besonders der Dank des hohen Herrn, dem zuliebe Sie selbstloserweise –« Er unterbrach sich und mir war, er fühlte nach seiner Tasche. Ich dachte: nur keine Fotografien jetzt. Ich sagte trocken und hatte das flache Behältnis mit meinem Dokument in der Hand: »Diesen Dank des hohen Herrn höre ich ja wohl noch persönlich. Auch brauche ich da noch eine Unterschrift.«

Die Hände des Alten, Beruhigung flatternd, streiften an meinen Arm. »Aber ja«, versicherte er – »aber gewiß. Aber leihen Sie mir doch noch Ihr Ohr für eine Minute. Ich habe nicht zu Ende gesprochen. Ihre Aktion war meisterhaft, aber – wie soll ich es sagen? Sie war ein wenig zu laut für unsere Politik. Die Existenz dieses peinlichen Nickelvertrags war nicht mehr zu bestreiten – da half kein Dementi. Sie folgen mir? Wir mußten paktieren« – er warf einen Blick hinaus nach dem Promenierenden – »es gelang uns zu paktieren im letzten Augenblick. Aber seien Sie ohne Sorge – die Position des hohen Herrn ist nun wirklich gesichert. Und von jener peinlichen Transaktion, deren siegreiche Lösung Ihnen gelungen ist, spricht in drei Tagen kein Mensch!«

Ich schwieg eine ganze Weile – so vieles arbeitete in meinem Hirn. Schließlich sagte ich ruhig: »Ich hole mir also die Unterschrift und in einer Stunde reise ich ab.«

Der Alte legte mir nun wirklich eine überredende Greisenhand auf den Arm. »Sehen Sie«, sagte er werbend – »Sie erfassen immer noch nicht ganz die Situation. Warum bestehen Sie so sehr auf dieser Unterschrift? Sie ist eine Formalität. Die uns schaden könnte. Oder lassen Sie mich noch offener sein. Wir haben uns ausdrücklich verpflichtet in unserem« – er blickte wieder auf den Promenierenden draußen –, »in unserem Arrangement, daß der hohe Herr mit jener peinlichen Transaktion nicht weiter in Zusammenhang gebracht werden darf. Seine Unterschrift wird er nicht geben.«

Ich war so wach, wie man nur irgend wach sein kann. »Hilft nichts«, sagte ich. »Dann bestehen die Amerikaner auf dem alten Vertrag. Meine Bemühungen in diesen letzten vierzehn Tagen waren dann vergebens. Und auf dem alten Vertrag steht ja doch des Kronprinzen Unterschrift.«

Er tat eine weite Gebärde und lächelte. »Und wenn Sie sagten – daß das alles von Anfang an Ihre eigene Sache war? Sie haben eine hohe Reputation als – kühne Frau. Jene Unterschrift – es war ja damals schließlich niemand zugegen! Allzugroße Empfindlichkeit wäre einer Dame Ihres Ranges nicht würdig.«

Ich fragte: »Ich soll sagen – ich habe die Unterschrift des Kronprinzen damals gefälscht?«

Der Mann wand sich und lächelte. »Gefälscht. Ein Wort ohne Grazie.«

»Ich will das mit dem Kronprinzen selbst besprechen«, beharrte ich.

»Wozu?« rief er aus, meine Halsstarrigkeit beklagend – »wozu?« Er griff nun wirklich nach seiner Tasche. Ich hatte ihm unrecht getan. Keine Fotografien kamen zum Vorschein – es war ein Papier. »Sehen Sie«, sagte er, »wir haben eine kleine Erklärung aufgesetzt – sie bedarf nur noch Ihrer Unterschrift.« Er sah meine Augen, und eben da jener draußen Promenierende in Ungeduld näherkam und den Schlag auftat, fuhr er fort, geänderten Tonfalls, greisenhaft zänkisch: »Machen Sie keine Schwierigkeiten – es hilft Ihnen nichts. Wir haben Ihre Zustimmung vorausgesetzt. Ihre Erklärung steht in den Nachmittagsblättern. Versuchen Sie nur zu dementieren! Und was die Amerikaner anlangt, wenn die etwa klagen wollen – klagen müßten sie hier, bei den Gerichten in diesem Land.«

Der andere war eingestiegen und warf den Schlag zu. Der Chauffeur saß mit einemmal auf seinem Platz. Jäh zog der Wagen an.

»Unterschrieben?« fragte der Straffe.

Der Alte sagte: »Nicht unterschrieben.«

Ich fragte: »Sie bringen mich jetzt doch zum Kronprinzen?«

Der Alte sagte: »Seine Königliche Hoheit bedauert von Herzen. Aber er ist bei seinem sterbenden Vater.«

»Wohin fahre ich?« fragte ich.

Der Straffe sagte: »Wir bringen Sie auf den Flugplatz.«

Der Alte fand seinen Ton zurück; seine Hand kam sogar wieder in Berührung mit meinem Arm. »Mein Kind«, sagte er – »ich darf Sie so nennen an der Schwelle des Grabes. Glauben Sie mir, Sie werden es überstehen.«

Wir fuhren schweigend. Da war die Straße, da war wieder die Stadt. Das Bild der Gassen hatte sich verändert in der kurzen Zeit, seit wir hier vorübergefahren waren. Plakate klebten an Litfaßsäulen. Zeitungsausrufer liefen – ich verstand ihre Rufe nicht. Was das bedeutete – verlangte ich. Nichts von Belang. Ich bestand darauf, es zu wissen. Die Schlagzeile der Zeitung hieß: Schwindelhafte Verwendung des Namens einer hohen Person für betrügerische Börsengeschäfte. Der Wagen glitt eilends. Zum Hotel? Meine Habseligkeiten waren schon auf dem Flugplatz.

Der Weg dorthin ging durch die östliche Vorstadt. Gewirr enger Gassen – wo hatte dieses schmalbrüstige Sichaneinanderlehnen der Häuser, wo hatten Ladenschilder mit dem vertrauten Klang dieser Namen schon einmal am Rand meiner Reise gestanden? O Abgrund! Und da waren hebräische Lettern. Und dort an der Front eines Hauses der Davidstern. Eine Synagoge vielleicht. Sie war versperrt. Die Gassen lagen vereinsamt – bar jenes lauten Gewimmels, das in den Gassen meiner Kindheit gewesen war. Die Geschäfte waren geschlossen. Was ging da vor? »Ausnahmezustand«, sagte der Alte neben mir mit einem undeutlichen Ausdruck im Gesicht. Das Volk, nach Beilegung allen politischen Zwiespalts zur Einigkeit aufgewacht, wandte sich gegen gewisse Fremdkörper in seiner Mitte. Es war zu bedauern – aber verständlich. Eines Zeitungsjungen Sohlenklappern und Ruf widerhallten von erschrockener Häuserfront. »Schwindelhafte Verwendung des Namens einer hohen Person!« rief er. »Jüdische Unverschämtheit!« Da, dort lungerten Einzelne, gewalttätig Aussehende – als warteten sie auf ein Signal. Einer hob ein Stück Ziegel, irgendwo klirrte es, eine Weiberstimme schrie gellend. Das Auto glitt eilig vorüber. Der Alte sagte: »Seien Sie ohne Sorge, Madame.« Des Zeitungsrufers Stimme war noch zu hören.

Da war der Flugplatz. Als ich in die Maschine stieg, sagte der Alte: »Madame! Belieben Sie die Kirchenglocken zu hören. Seine Majestät hat ausgelitten. Der Kronprinz ist König!« Ich wandte mich von ihm ohne Antwort. Der Pilot saß hinter kreisendem Propeller auf seinem Sitz. Er fragte: »Paris?« Ich sagte: »Irgendwohin. Nur über die Grenze.« Nun waren wirklich Kirchenglocken vernehmlich. Das Propellerbrausen ertränkte sie.

Etwas Nebensächliches habe ich zu erwähnen vergessen. Da war ja noch das Geschäft. Die Transaktion mit den Amerikanern war zusammengebrochen. In Wien stieg ich aus dem Flugzeug – eine Zwischenlandung, wir brauchten Benzin. Es kamen eben die Nachmittagszeitungen aus Paris. Nickelaktien: unverständlicher Umschwung, Hausse, Hausse! Selbstverständlich – da ich nicht mehr da war, die Kurse zu drücken. Und jene Rentner und zähen Sparer und Väter unverheirateter Töchter lagen noch unbeirrt engagiert in der Kontermine. Ich hatte ihre Sache verlassen, bei Nacht und Nebel, zu einem Privatflug zwecks Begegnung mit einer Privatperson. Ich rechnete. Das Geld der Gläubigen war verloren. Mein in Jahren und Jahren zäh und mit Schläue aufgebautes Geschäft war verloren. Ja, auch meine sogenannte Reputation. Es war eine Weiberreputation gewesen, Weibergeschäft – ein bengalisches Feuer. Die romantische Planung (von einem Weib, von einem Weiberschoß ausgeheckt) hatte dort im Osten einen Pogrom heraufgeführt, nach dem ehernen Gesetze der Fremde, nach dem Gesetz der Haftung aller für einen, der strauchelte. Dies als einziges ging mir in jenem Augenblick durch den Kopf: Ob es wohl auch in Frankreich zu einer neuen Woge von Judenhaß führen würde? Auch die Republik hatte einen Fall Dreyfus gekannt, auch die Demokratie hatte ihre Pogrome. Ich konnte mich dem entziehen. Nein, man konnte sich dem nicht entziehen – nirgends und nirgendwann. Was blieb, war weiterzufliegen nach Paris. Dort warteten ein paar Erregungen. Und, gewiß, die Verhaftung. Mein Herz schlug nicht schneller bei dem Gedanken. Ich sagte: »Ein Telefon!«

Es kam dann anders. Als ich das Börsenbüro meiner Bank am andern Ende des Drahtes hatte, war dort große Bewegung. »Madame! Wir suchen Sie seit Stunden in allen Städten des Erdballs. Sie sind ohne Ordres verreist – so haben wir auf eigene Faust alle Engagements glattgestellt und liegen seit heute vormittag à la hausse. Sie verdienen, wir alle verdienen, Madame, immer und mit Begeisterung zu Ihren Diensten, Madame – wir erwarten Sie.«

Ja, da stand ich in der Zelle des Fernsprechers auf dem

Flugplatz von Wien und hängte den Hörer auf. Ich stand dann noch weiter in dieser Zelle. Nicht lang, nur ein paar Minuten vielleicht. Draußen wartete der Pilot. »Bereit«, meldete er, und fragte: »Paris?«

»Nein«, sagte ich ein wenig verloren und wunderte mich über seine Vermutung, ich könnte fliegen wollen nach Paris. Mir war, ich hätte sehr tief nachzudenken über sehr vieles, und dazu war Paris nicht der Ort. Ja – was war nun eigentlich mit mir geschehen? Ich war reicher als je zuvor. Mächtiger – ich war ganz gewiß mächtiger. Mir fiel jene Jüdin ein, von der in der Bibel geschrieben steht – über einen König hatte sie Macht gehabt – und ich mußte lächeln, wenn ich bedachte, um wieviel mächtiger ich war als jene. Und nicht älter geworden, seit ich zum letztenmal mißtrauisch prüfend vor dem Spiegel gesessen hatte. Und was eine gewisse kleine Erfahrung betraf – nun, so war ich eben reicher um eine kleine Erfahrung. Und ärmer nur um eine winzige Illusion.

Da stand immer noch der Pilot. Er mochte da schon seit einer Weile stehen. Ich sagte: »Nach Tatavla!« Da ich sein Gesicht sah, erklärte ich lächelnd: »Nach Konstantinopel.« Und in Athen verlangte ich: nein, wohin immer, nur nicht noch einmal in die Gassen der Kindheit. Weiter, nur weiter, um Gottes willen – irgendwohin! Als ich zwei Tage, drei Tage später als Passagier eines großen englischen Flugboots von Brindisi in Alexandrien ankam, wollte ich hinauf an den obern Nil. Denn soviel wußte ich damals schon: ich hatte etwas versäumt! Nicht gewuchert hatte ich mit dem mir zugemessenen Pfund Leben und hatte es verzettelt, verzettelt. Und das Versäumte, so schien es mir damals noch, war die Welt selber, die fremden Sonnen, die ich niemals gesehen hatte. Ich war kaum auf dem Fluß – da beschloß ich: zurück. Nach Paris? Ich öffnete keine Zeitung und keinen Brief. Nein, nicht nach Paris. Ich wollte nach Port Said, auf ein Schiff, und hinüber nach Indien. Oder auch nicht nach Indien? Mit der Bahn nach Jerusalem? Nur irgendwohin. Denn die fremden Sonnen, nicht wahr – die waren ja doch das einzige, was bis dahin gefehlt hatte in meinem Leben. Geld, nicht wahr – das hatte mir nicht gefehlt. Nicht Macht, nicht Erfolg. Nicht die große Musik! Die fremden Sonnen – so dachte ich.

Monseigneur, Monsieur! Da sitz ich nun und schreibe, und ist mein Brief doch nicht an dich gerichtet, der du auf ihn nicht wartest. Sondern an mich selber, sondern an die Ödnis selber, sondern an das große Verstorbensein, das in mir um sich frißt wie ein schwarzer Fleck. Du mein dereinst Geliebter – laß mich dir sagen, daß da eine große Verstörung ist, wenn eines sich fragen muß, ob jene fremden Sonnen, die nie erschauten, vielleicht gar nicht dort draußen leuchten, sondern – Ja: wo? Wo leuchten sie?

Ich bin vierzig und zwei Jahre alt. Und mich schaudert.

SILVERMAN

oder Die Not der Kreatur

Die erste Begegnung mit dem jüdischen Problem erfuhr Simon Silverman (den Namen Simson erfand ihm ein bibelkundiger Impresario erst später) im zarten Alter von sieben Jahren. Da war Old Hall Street, Lower East Side, New York. Bis Nummer 16, vom Fluß heraufgezählt, saßen verhungerte, neuzugezogene Italiener in den schmalbrüstig hohen, rußschwarz aneinandergelehnten Häusern, deren Mauermörtel die Blattern hatte und stückweis auf den engen, holprigen, verdreckten Gehsteig hinunterbrach. (Aus dem top storey window hatte man über taumlige Dächer weg zum Greifen nah skyscrapers und die Freiheitsstatue obendrein.) Ab Haus 17 begann jählings die Judenstadt. Und es war eben an dieser Grenze, daß auf der einen Seite ein Goj, ein sogenannter Galach, hären gekleidet, mit Glaubensstreitergebärden etwas Italienisch-Amerikanisch-Religiöses ins andere Lager hinüberzurufen anhub. La santa virgin Mary kam darin vor, wie auch il nostro Lord Jesus Christ. Auf der andern Seite stand der aus einem elenden und feuchten basement zwischen anderen Kindern, Dreck, Tagschläfern, businessmen und aufgehängter Wäsche zutag gekrochne siebenjährige Simon Silverman, ein plumper Junge mit wassergrünen Augen, einer kurzen Runzelstirn und einer feuerroten Haarschur. Er pflanzte sich breitbeinig vor den Goj und prüfte seine dicke Zunge an den dicken Lippen und sagte: »You are a liar.« Der Galach langte ihm eine. Der junge Silverman riß ihm böse werdend die Kutte ab. Über die stolperte der Galach und schlug mit lautem Gezeter straight away in den Straßendreck. Der Simon Silverman in seiner Nekome schüttete über den Besiegten einen Spülwasserkübel. Und rushten da auch schon ein paar Gojim herüber, so begann doch auch schon Mamme Silverman mit einem grojßen Geschrei. Nun, und da waren die Jidden, smarte guys unter ihnen mit knuckledusters, aber gleich darauf bogen zwei cops um die Ecke, mit rubber sticks handy, und blosen etwas herein in ihre Feiferln, porco Madonna, und mit einem Schlag war die Gasse von Kämpfenden blankgefegt.

Es war dies des Simon Silverman erste jüdische Tat. Sie trug ihm nicht etwa Leid ein, sondern ein von dem jüdischnational gesinnten storekeeper Reb Fine gespendetes Mohncake. Der unerwarteten Belobung und Belohnung für das Regen seiner sommersprossigen Fäuste froh und ein neues Mohncake erhoffend, fiel er tags darauf den rituellen Schlächter Mister Titleboom an, als der ein paar ihn wegen seiner Drahtzieherlocken verhöhnende Italienerkinder mit dem Stocke verfolgte. Den erzürnten und frommen Mann schlug er durch einen einzigen, mit Hilfe eines losgerissenen Kistendeckels gegen die unteren Partien seines Leibs geführten, grell schmerzhaften Stoß aus dem Feld. Er war schwerfälligen Witzes, der siebenjährige Simon Silverman. Daß ihm seine Leibestat diesmal nicht das Erhoffte eintrug, sondern eine Tracht Prügel, erschütterte seinen Glauben an die Gerechtigkeit dieser Welt. Doch nicht sehr. Denn er war auch ein wenig schwerfälligen Gedächtnisses und vergaß des Vorfalls in Bälde. Was blieb, war, müßig und runzelstirnig verlächelte Viertelstunden lang, eine gewisse gestalt- und vorgangslose Erinnerung an die leckere, wenn auch flüchtige Spanne Zeit, da er bei den Jidden seiner Gasse in Ansehen stand.

Er war der einzige Sohn einer an ihren Sorgen dick gewordenen Frau, Mamme Silverman; die arbeitete round the corner in der Auskocherei. Ihr Gatte war im tailoring business gewesen, aber die Arbeit in einem sweat shop drüben in der Bowery schlug sich ihm auf die Brust. Die Witwe schob ihrem Sohn zweimal täglich in Heimlichkeit durch das Hinterfenster jener Auskocherei eine riesige Mahlzeit zu, die er gesammelten Ausdrucks und stillschweigend auffraß. Ferner verabfolgte sie ihm mit großer Regelmäßigkeit einmal wöchentlich eine schwere Tracht Prügel, die er laut plärrend, wenn auch im übrigen unerschüttert entgegennahm – auch noch als er sie, jäh gewachsen, um einen Kopf überragte.

Schließlich versuchte sie ihn viermal in einer Schule unterzubringen, einmal beim grocer Reb Fine, siebenmal bei Schneidern, zweimal als Tellerwäscher in der Auskocherei, in der sie beschäftigt war, ferner einmal up town als Liftboy und einmal bei dem gang, der im Distrikt die cables legte für die elektrische company. Dann starb sie.

Als er zum zweitenmal mit dem jüdischen Problem in Berührung kam, war Simon Silverman vierundzwanzig Jahre alt und assistant in einem butcher shop. Es war das an einem Freitagabend. Silverman hängte das letzte halbe Rind in den Eisraum, ein wenig ächzend, doch ohne Hilfe, wusch die Marmorplatte des Fensters rein, legte die Schürze ab und schob den Wochenlohn in einzelnen Dollarscheinen in die Taschen der großartig gestreiften Modeweste. (Outsize, wie er es brauchte für seinen riesigen Brustkorb, gekauft für einen Dollar fünfundneunzig als wilde Mezzie.) Er bürstete sich vor dem Spiegel mit einer Unze Brillantine das kräuselige, karottenfarbene Haar zurecht und rückte sich den crêmegelben Filzhut (gekauft als Mezzie) schräg auf den kleinen, über allzu breiten Schultern sitzenden Schädel. Dann prüfte er stirnrunzlig gesammelt mit blassen, gutmütig arbeitsschlußfreudigen Augen den Sitz der mit vielen winzigen Zionssternen geschmückten neuen Krawatte und zog die hellbraunen Imitationslederhandschuhe über die riesigen und ein wenig langsamen Hände.

So machte er Schabbes, die knabenhaft plumpen, ungegliederten und freundlichen Lippen pfeiferisch verwegen zur Melodie eines songs gespitzt. Er setzte sich in Bewegung, in ein wenig zu prall anliegenden Hosen, wiegenden, animalischen, wohlgelaunten und doch unbewußt bedrohlichen Gangs. Die enge jüdische Gasse entlang, in der er nichts galt, kam er vorüber an Fenstern mit um Tische Versammelten, in Gebetbüchern Lesenden, beschienen von einem Kerzenschein, der ihm nichts bedeutete. In der lärmenden, lichterquirlenden High Street gesellte er sich zu zwanzig anderen, Wartenden, Lungernden vor dem staff exit eines department store, um (linkisch, aber die waren nicht scheu und wußten schon, was man wollte) eine von den Schickses zu den movies zu nehmen und vielleicht auch zu einem drink. Die drei guys, die ihn und das girl nachher in dem speakeasy angingen, knockte er in einer kleinen Minute zu Boden, und den Wirt und den policeman gleich auch dazu. Und dann zauberte ein boxing rink manager, der auf der Talentsuche war, einen unterschriftsfertigen Kontrakt aus der Tasche und legte ihn auf den Tisch des Hauses, mitten zwischen die zerschmissenen Gläser.

Doch war das eigentlich noch nicht die Begegnung mit dem jüdischen Problem. Die erfolgte acht Monate später, als der Boxer Simson Silverman (ja, nun schon Simson) nach einem harten Training und einer Provinztour durch den mittleren Westen zurückfand in seine Geburtsstadt New York. Im Rahmen eines Abends sollte der Hauptcontest bestritten werden von jenem riesigen Neger gegen jenen nationaldeutschen Champion (man kennt ihre Namen). Der Neger (man wird sich erinnern) wurde am Tag vorher krank. Das management stand vor der Wahl, Ersatz zu finden oder das gute Geld zurückzuzahlen, das schon in die Kassen geflossen war. Auf ein Einspringen jenes bewußten andern Negers, gegen dessen upper cuts das empfindliche linke Auge des Deutschen nicht sicher war, ließ dessen Impresario nach einem Telefongespräch mit dem staatlichen Propagandaamt in Berlin sich nicht ein. So einigte man sich nach einigem Feilschen, den contest, da er ja nun einmal ohnedies nicht um eine offizielle Meisterschaft ging, bestreiten zu lassen von irgendwem, einem Irgendwer, eben gut zu einigem Katz- und Mausspiel und zu einem knockout. Und als Opfer wählte man, hoffend auf den box office appeal eines Rassenkampfes, den für das Beiprogramm engagierten, drittklassigen, letzten Augenblicks in ein paar bezahlten Abendblättern schlechtgläubig emporgelobten Jud Simson Silverman.

Man kennt den Verlauf. Der arme Teufel, der kleine Mann, der mittlere Bürger, Bronx, Bowery, Lower East Side kauften die noch unvergebenen Tickets. Alles lief nach Programm – und das einzige, was nicht nach Programm lief, war, daß der über das Wasser importierte nordisch-rassische Champion in der vierten Runde bis sieben zu Boden ging und in der neunten mit einem geschlossenen Aug und einer gespaltenen Braue blutend in seinen Winkel fiel. Sein Sekundant warf das Tuch, der Schiedsrichter hob des ungläubig starrenden Simson Silvermans Faust. Der Rest war eine kurze Verblüffung – und dann ein Toben, ein heulender Triumph, ein Aufruhr in Israel.

Zu sprechen ist vom Triumph. Der Triumph einer menschlichen Kreatur genannt Silverman unterschied sich von anderen Triumphen anderer Kreaturen in Wichtigem. Die Einladung, nach seinem Siege Dinner zu haben im Ritz mit drei Stadtverordneten, sieben Filmstars, zwei Millionären, schlug dieser Silverman in den Wind zugunsten eines lockenderen Offertes. Es gab da ein Hotel Stern! Es war das feinste auf der jüdischen Seite, vier Stock hoch, acht Fenster breit – und von einem, der dort einmal drei Tage Tellerwäscher gewesen war, bewundert ein Leben lang. Und Mister Stern, der Besitzer, kam in den dressing-room und ließ sich's nicht nehmen und drängte sich durch die anderen bis an den Champion, als der Sportenthusiast der er war, und offerierte ein Supper in der feinen jüdischen Art, mit Gans und Pfefferfisch. Für die Fahrt zu diesem Supper stieg Silverman nicht in das lange offene Auto, das der Manager aus dem Boden gezaubert hatte. Prall im Fleisch, umjohlt, verfolgt, auf die Schulter geschlagen, bekränzt, Hände schüttelnd, schmatzend auf die Wange geküßt – so kletterte er in seinen eigenen, second hand erstandenen Ford. Zu Tische, zu Tische! Die goose war ready, auch warteten schon die Fotografen und Presseherren. Der da sprach, war ein Redakteur. Der da toastete, war vom Sportclub Maccabi. Der da im cutaway und top hat gekommen war, das war der zweite Chairman vom Jüdischen Tempelverein. Was er sagte, drang einem, der zu jener Stunde schon regaliert worden war mit einigem Alkoholischen, nicht mit allen Einzelheiten hinter die Stirne. Doch war das Geredete so erhebend, als handelte es sich um eine Beerdigung. Ein

Jude war der Gefeierte, so wurde es hier gesagt, eine Zierde, ein jüdisch Kind! Meine Herren, und meine Damen natürlich, I am sorry, man zwingt mich ich soll etwas sagen, well, ich bin froh ich hab gewonnen, und ich dank alle Jidden vom ganzen district. Tellerwäscher bin ich gewesen – und die goose, Mister Stern, ist die beste goose ich hab gegessen in my lifetime!

Ah, zu sprechen ist vom Triumph. Und es war ein paarmal vierundzwanzig Stunden später so bestellt um den Mensch Silverman, daß er in diesem Hotel Stern einquartiert war. Er ließ es nicht mehr, da blieb er. Das dort drüben war sein Privatbad, und dies hier mit dem feinen Plüsch auf allen Möbeln und mit den Bildern von Washington, Herzl und der Königin Viktoria war sein eigener sitting-room. Da liegt er eben hingestreckt auf dem guten Sessel (der neue lachsrote dressing gown ist ein Geschenk vom Warenhaus Rosenblatt), und da kniet der Masseur und traktiert dem Herrn Champion die Wade des rechten Beins. Hier betrachte man – hier greife man eine Wade! Wäre man eine Weile früher gekommen zu diesem Lever, zur Zeit des Schnurspringens etwa – man hätte des Champions ganze famöse und pompöse Muskulatur sehen können! Er hat zu dieser Zeit auch schon ins Radio hineingesprochen – hulloh every-body, this is Simson Silverman speaking! Und klopfte einem das Herz dabei, so merkte das keiner, der Rundfunkexperte bezeichnete einen als eine first class mike personality. So setze man sich, so helfe man sich selbst zu drinks dort vom Schreibtisch! Wenn einer ins Schlafzimmer hinüberginge – er fände eine ganze box mit Mohncakes, wenn es einen etwa Mohncakes zu essen drängt. Unter Rührungstränen dargebracht hat sie ein grocer mit Namen Fine. Der Champion habe eine geniale Linke – so stand es heute früh in *The Jewish American*. Da, hier, man betrachte, man fotografiere sie! Auch gibt es da irgendwo einen Stoß Telegramme – im Badezimmer liegen sie oder irgendwo. Propositionen, Invitationen, Gratulationen – alle Juden gratulieren von überall. Die Blumen im Vorraum stammen von niemand und jedermann. Von dreiundachtzig verschiedenen, man hat sie abgezählt in einem müßigen Augenblick und kennt ihre Namen nicht. Ah, man rieche zu diesem Stoß noch ungeöffneter Briefe! Es lebe die Weiblichkeit!

Hier allerdings ist zu handeln von einem heimlichen Kummer. Es hat diese Kreatur Mensch schon immer nach den Schickses gegriffen. Man ist ein Fachmann in Weibern, man kennt sich aus. Let's go to the movies, und auf dem Materialplatz drunten am Wasser kenn ich einen Freund, der dort Wächter ist und eine Hütte mit einer Pritsche hat. Aber jetzt? Was ließe sich an Wohlgeformtem schließen in diese Hand, was ließe sich an Zuckendem, Zitterndem pressen an die unwiderstehlichen und schnaubenden Lippen dieses Überwuchters und Überwinders, dieses drängenden Mann-Hengsts. Wie dürfte er feiern im Fleische – fände er nur die Früheren, die Richtigen, die selbst schon wußten, wie es gemacht wird. Die von einem Mann nicht auch noch verlangten, daß er vor ihnen sein Maul sich wetze wie ein salesman, der Patentartikel verkauft. Let's go to the movies – wo waren die. Zu den Neuen, Wohlgerüche Atmenden, duftende Brieflein Schreibenden führte für den S. Silverman keine Brücke.

Aber was tut das? Zu sprechen ist vom Triumph! Vielemal vierundzwanzig Stunden waren vergangen, aber der Triumph lebte immer noch. Man folge nur etwa der Kreatur, wie sie, Fäuste in Hosentaschen, zeittotschlägerisch von der High Street her um die Ecke biegt – in die Gasse, in eine gewisse Gasse. Vor jedem Haustor, vor jedem shop kann man stehenbleiben – gleich stehen ein paar ringsum. Hulloh, guten Tag, how d'ye feel, seh der an der Simon, bye bye, kümmt herein einen Augenblick! Perhaps die älteren Jidden sind busy mitunter, Geschäft ist Geschäft. Aber wie die lads ihn umdrängen, hulloh Mister Simon, give me an autograph Mister Simon, can you spare a bob Mister Simon. Fäuste in Taschen, so schlendert er großherrlich bis an die Ecke zum paper stall. Anything in the papers, Reb Feigelstock? Hitler, Air Disaster, Czechoslovakia, Gott soll einen schützen die neuen Taxes, da lesen Sie. Anything anderes in the papers? Never mind, auch solch Fernerliegendes muß man hereindrucken in die papers gelegentlich. Auch war eine Kreatur Mensch schon in Eile. Broadway, die Music Hall! Für einen vollen Monat hatte man es im Kontrakt, täglich zweimal plump wiegenden und prallhosig animalischen Schrittes vorzutreten in entkleidende Weiberblicke und Applaudieren und Rampenlicht. Einen Strohhut mit den stars und stripes als Band darum trug man flott aus der Stirn gerückt – und so erzählte man die Story des großen Kampfs. Wie man ihn angeknockt hatte in Runde vier, und in der neunten – »dead like Hindenburg«, hatte man abzuschließen mitten in das Hallo hinein. Das war so angeordnet von dem writer, der die Story geschrieben hat. All das zu erlernen, Zeile um Zeile, von Witz zu Witz, hat einem vielleicht mehr Schweiß auf die freundliche und niedrige Runzelstirn getrieben als damals das Kämpfen selbst. Aber es brachte Geld. Damit warf man um sich. Doch war das nicht wichtig. Denn dieses war bestimmt zu dauern ewig!

Es dauerte zweieinhalb Monate. Der Boxer Silverman hatte nicht viel Zeit gehabt für die Aufglanzpolierung seines leiblichen Kapitals, Biceps und Triceps und Trapecius und wie immer es hieß, als er eines Abends in seine Garderobe kam, und dort saß der Manager, und der sagte: »Simson, hulloh. Just dropped in to tell you I signed you up.« Und da er eine kleine Verwunderung und ein kleines Erwachen sah in den langsamen Augen des für das Rampenlicht ein wenig Aufgeschminkten, brachte er ihn auf die rechte Bahn, indem er ergänzte: »Es wird ein großes Geschäft!«

In jenem Jahre 1938 herrschte in den Vereinigten Staaten von Nordamerika etwas, das nannte man: die Demokratie. Für die Juden bestand sie darin, daß der neu Eingewanderte, Flüchtling aus den Pogromen Europas, der sich Duckende, der mit den erschrockenen Augen, der noch sein Jiddisch sprach, verachtet wurde von dem Bürger von Bronx. Der war Ladenbesitzer oder auch office clerk und geboren im Land, und ohne europäische Last und Erinnerung. Seinen Namen schrieb er auf Amerikanisch, und verglich man ihn mit einem Amerikaner, so redete er sein Amerikanisch amerikanischer und war smarter als smart. Und sah man von einem kleinen

Gestikulieren der Hände ab, so bestand sein Judentum darin, daß er lecker würzige Speisen liebte, und der hohen Feste gedachte er nur kulinarisch, und der Juden, der Neuzugezogenen, gedachte er nur mehr mit jenem Verachtgefühl.

Er selber wurde verachtet von dem kleinen Konfektionär. Der verachtet wurde von dem großen Konfektionär. Der wieder verachtet ward von dem Bankier und Fabrikbesitzer, der sein Haus up town hatte im guten Teil von Park Avenue. Und der war schon wieder so fein und so alteingesessen nach zwei, drei erfolgreichen Generationen im Land Amerika, daß er nur mehr verachtet und gehaßt wurde von den Gojim, die zugleich mit ihm gekommen waren in dieses Land. Und er konnte es sich sogar schon wieder leisten, feinreligiös zu sein, ein Israelit, und einmal jährlich den fein-religiösen Luxustempel Emmanuel zu patronisieren. Und sogar für Jüdisch-Charitatives öffnete er seine Börse – wenn er nur damit jenen vor Pogromen flüchtenden Elendsstrom ablenken konnte von den Küsten des freien Amerika. Oh, er hatte im Grund nichts gegen die Juden. Nur war er, trotz Boykott und Verachtung, näher dem christlichen Bankherrn als dem Krämer, der mit den Händen sprach. Und der Krämer war näher dem christlichen Krämer. Und der Enterbte war ganz sicherlich um ein sehr Vielfaches näher allen anderen Enterbten, dem Italiener, dem Iren, dem Chinesen, dem Neger, die hungerten und sich drängten und verdarben an vielem Elend in dieser freien Stadt New York im neunzehnhundertachtunddreißiger Jahr, so wie er. Und das war die Welt, und dieses von den Gojim Verachtetwerden und doch Einanderverachten und Ohneeinanderzugrundegehen war die Lage der Juden in der amerikanischen Demokratie.

Doch galt das nur für den grauen Alltag. Immer noch fand man sich, wenn ein Fest war in Israel. Der Boxer Silverman, der da niedergezwungen hatte den Erbfeind mit der Kraft seiner Faust – er war solch ein Fest. Als er in den Ring stieg (gegen einen Neger übrigens, einen Mann von gutem, doch nicht glanzvollem Namen), war das Haus ausverkauft. Der Manager hatte recht gehabt – es war ein großes Geschäft.

Silverman grüßte rechtshin und warf Kußhände linkshin (so hatte er es gelernt in der Music Hall) und stand da muskelprangend und siegessicher und ungeschlacht. Er tänzelte ein wenig (so hatte er es gelernt!) und lächelte den feinen und fernen Damen und den Reportern zu. Dieses Tänzeln und Lächeln bewahrte er auch noch nach dem Gongschlag – für einen und für noch einen Augenblick. Dann ging er auf den ersten geraden Rechten des Gegners zu Boden – mit einem späterhin im vergrößerten Filmbild auf die Kinogeher lächerlich wirkenden, langsamen Erstaunen auf dem Gesicht. Er raffte sich auf bei sechs und warf sich wild in den Angriff. Doch hatte er wohl schon zuviel Blut in den Augen. Er führte schmetternde, unmenschliche, übermenschliche Schläge an seinem Feind vorbei, in die scheinwerfergrelle Leere der Luft. Vier Minuten später erwachte er aus einer Ohnmacht. Da lag er schon im dressing-room.

Er ging von da ab nicht auf die Straße. In einem Zimmer in jenem triumphalischen Hotel Stern, dem letzten Zimmer des obersten Korridors, saß er ungeheuer und stoppelbärtig und verwilderten Rothaars und starrte blaßäugig blicklos vor sich hin. Geh ich hinunter, so dachte er – alle die Jidden da im Viertel erkennen mich. Und geh ich nach der Bronx und geh ich in die feinen Straßen up town – alle Jidden zeigen auf mich mit den Fingern und lachen und verfluchen mich für die Schande und spucken mir ins Gesicht. Sie brachten ihm ein laues Essen aufs Zimmer. Der Manager war verschwunden. Die Freunde waren verschwunden, zusammen mit dem ihnen vorgestreckten und herzlich hingegebenen Freundskredit. Kein Brief kam, kein Brief.

Es war schon zwei oder drei Wochen später, daß der Hotelbesitzer Herr Stern ihn in seinem Zimmer besuchen kam. Er trug eine Hotelzimmerrechnung bei sich. Der Boxer hing nicht weiter an diesem Leben. Aber die Einzelheiten dieser Rechnung wollten besprochen sein. Mit ihm wars aus, er war in der Schande – aber dieses Dinner am 12. hatte er nicht genossen, er hatte es abgesagt! Der Schauplatz der lebhafter werdenden Diskussion zog sich – offen gestanden: infolge einiger flüchtender Sprünge des um Hilfe rufenden Hoteliers – aus dem Zimmer des Boxers hinaus auf den Korridor. Ah, der Hotelgast war diesem Herrn Stern im Grunde zu Dank verpflichtet! Er dehnte sich, er pfiff sogar ein wenig, gelassen und gefährlich in einem, indes er sich mit seinem vorstadtmodisch grellfarbigen Taschentuch die Finger wischte, an denen ein wenig Blut war – er hätte nicht sagen können woher. Er war wie einer, der nach einem langen Fasten endlich wieder gefressen hat. Er schickte sich an, seinen Argumenten auch hier auf dem Korridor noch weiterhin freien Lauf zu lassen – da öffnete sich die Tür des Zimmers nebenan.

Ja, da trat sie nun also in des Boxers weiteres Leben, da zelebrierte sie ihr Entrée. Sie war eine kleine, auf eine appetitliche Weise üppig gewachsene, dunkeläugige, unglaubwürdig grellblonde junge Dame. Vierundzwanzig, nein, vielleicht doch schon zweiunddreißig Jahre mochte sie alt sein. Eine Viertelstunde später, gestifteten Friedens, saß sie drunten in der zu jener Tagesstunde verlassenen, ein wenig schäbigen Lounge des Hotels dem S. Silverman mit Augen- und Zähneblitzen und Pudern der wohlgeformten, wenn auch ein wenig scharf geratenen Nase von Gesicht zu Gesicht gegenüber. Sie erzählte ihm auch ihre Geschichte. Doch ist es sicherer, sich nicht willkürlich an diese eine Erzählung zu halten. Aber woran sollte man sich halten, wenn nicht an die Quersumme ihrer Erzählungen?

Da war die der Präsidentin des jüdischen Hilfsvereins zu Seattle an der Westküste drüben vor ganz wenigen, kurzen, flatternden Jahren gelieferte, derzufolge sie Leah Roth hieß, brot- und bettlos geworden durch das eben erfolgte Ableben ihres Vaters David Roth. (Ableben infolge allgemeiner Erschöpfung, Zerriebenseins von einem Lebenskampf. Der einen freien amerikanischen Bürger im weißen Haar nicht höher emporgeführt hatte als bis in die Höhen eines assistant book keeping clerk bei einer gas company. Und bis auf die Höhe des one room apartments im sechsten Stock eines siebentklassigen guest house mit dem Blick, tagaus und nachtein, auf den Mordhof einer Fleischkonservenfabrik.)

Ferner war da jene andere Erzählung dieser sichern Leah Roth, abgelegt nur ein, zwei winzige, flatternde Jahre später vor einem Nachtrichter zu Los Angeles. Ihre Anwesenheit zu jener späten Stunde auf jenem zweideutigen Straßenstrich, von dem die cops sie schnappten bei ihrem raid, war ein reiner Zufall gewesen. Eine Passantin war sie, sie schöpfte Luft! Und die letzten Jahre hatte sie hingebracht als bar girl in einer milk bar und als Zeitungsausträgerin und als sales girl für sweets bei den Football matches und als Kunstblumenfädlerin und bei den invisible menders als window girl. Und sie war eine Waise, und woher sie kam, das sagte sie nicht, und für jenen zweideutigen Straßenstrich – für den konnte sie nichts dafür!

Es war diese Erzählung jedenfalls noch zutrauenswürdiger als die folgende, nach drei Tagen bitterlich unverdienten Vagabondagearrests geliefert jener allzu ehrbar gekleideten, lächelnden, busenstrengen Matrone, die einen draußen ansprach. Sie sagte, sie sei Agentin, music-hall artists vermittle sie, Chorusgirls, Damenkapellenmitglieder, auf gute Posten über die Grenze ins nahe Mexiko. Hatte einem jene Dreitagehaft endgültig weggeholfen über allerlei Hemmendes? Mit der Kunst und Mexiko und dem guten Posten wollte man es einmal versuchen! Und eigentlich, so vertraute man es der Dame an, hieß man nicht Leah Roth, sondern Leah de Rothschild und war die geheime Tochter eines Bankiers!

Ach, Erzählungen. Es wäre hier die dem gewisse Etablissements visitierenden Polizeioffizier zu Tia Juana gelieferte anzuführen. Oder die gegenüber dem reisenden Kaufmann, der eine aus solchem Etablissement Entwichene von Nogales bis nach Mexiko City ins Auto nahm. Oder die für den fetten, verliebten, knickrigen Vaudevilletheater-Direktor, der dann in Tampico verkrachte und einen auf dem Trockenen sitzen ließ. Oder wenigstens die vor dem Tampicanischen Charitativen Jüdischen Komitee. Ein jüdisch Kind war sie, eine Waise! Der Rabbiner ging zu vier Reichen, und die gaben einem jüdischen Kind ein Eisenbahnticket bis nach New York hinauf, woher zu stammen es versicherte. Ferner

Geld, ferner Kleider, ferner einen warmen Empfehlungsbrief an den New Yorker Mädchenhilfsverein.

Dieser ging ja nun allerdings für seine Adressaten verloren. Repariert an Leib, Kleidern und Portemonnaie, wohlausgeruht und mit neuen, nicht eben für Mädchenhilfsvereine geeigneten Plänen im Kopfe, bezog die L. Roth Quartier in einem Artistenhotel. Stern hieß es, Lower East Side, New York. Sie war sehr ehern entschlossen, ihre Erfahrungen zu verwerten. Was ihr vorschwebte, war eine Wiederholung ihrer mexikanischen Abenteuer – nur nicht mehr schutzlos, sondern unter männlicher Protektion. Nun, und da saß sie in ihrem Zimmer, und da war einiger Lärm, und da war der mit Hotelinhabern auf eine etwas gewalttätige Weise diskutierende, frisch verkrachte Ex-Box-Champion Silverman.

Eben hier wird das Bild des Vorfalls verschwommen. Eine geschäftliche Proposition? Mit ihr selbzweit auf Tournee zu gehen, mit einem zahmen Trapezakt, doch nicht so sehr als Künstler wie vielmehr sozusagen als athletischer Wahrer der Disziplin? Schon dieser Vorschlag, undeutlich deutlich vorgebracht mit Blick und Schweigepause und halbem Wort, drang dem massig und muskulös in prallem Anzug der Dame Gegenübersitzenden trotz gerunzelter Braue und gesammeltem Ausdruck ganz einfach nicht hinter die Stirne. Ach, er verstand sie nicht. Man offerierte ihm eine artistisch-athletische Partnerschaft. Ja, sagte er, ja!

Dieses Ja war aller weiteren Mißverständnisse Wurzel. Daß das Geschäftsgespräch sich aus dem Nachmittag in den Abend und aus der Lounge über Restaurant und Bar in das Zimmer der Proponentin hinüberzog – lag das noch im Plan? Die Frau hatte es in diesem Leben nicht leicht gehabt. Verfiel sie der kleinen Schwäche, leistete sie sich den kleinen Luxus eines Gefühls? Sie verlor darüber nicht ihre Nüchternheit. Und nur ein Tolpatsch, nur ein – ja, so nannte sie ihn gelegentlich in einem Zank: nur ein jüdischer Goj konnte glauben, daß das Leben zu zweit auf dieser Reise dann auch wirklich bestritten ward von den fünf Dollar pro Abend, die man für den jämmerlich ausgedachten Athletenakt kriegte. Unnötig erst noch in Breite über etwas zu reden, das sich von selbst verstand – so wußte die Frau aus einiger windgeschwind verflatterter Jahre Erfahrung. Und in St. Louis ging ja auch dieser Fünfdollarjob noch verloren. Man wohnte in einem furnished apartment, zwei Zimmer. Mit dem Blick auf den Fluß. Mit der Milchglastür nach dem gemeinsamen Korridor, über die langsam der bedrohliche Schatten des athletischen Mannes glitt, wenn er aus dem saloon ein wenig spät und polternd nach Hause kam. Wenn der Langsame nur eine Unze Hirn im Schädel hatte – womit hielt die Frau das teure Quartier? Warum hielt die es – wenn nicht eben jener Milchglasscheibe und jenem titanischen Schattengleiten zulieb? Es versetzte jeden galanten Besucher nach drei erschrockenen Flüsterworten in eine Panik. Es machte aufbruchsfreudig, zahlfreudig, ohne weitere Diskussion!

Dabei rollte das Geld. Zwei grell neue, prall über leicht verfettetem Riesenleib sitzende Anzüge kriegte der S. Silverman in jenen Tagen. Und den karierten Mantel und die goldene Uhr. Und die Frau bekam ihre grüne Toilette von jenem erschrockenen Konfektionär in Chicago. Und von jenem Pelzhändler in Cleveland kriegte sie die kurze Stola zum ausgeschnittenen roten Kleid und den weißen Fuchs. Und das feine starke Parfüm bezog sie von jenem branch manager des Bostoner department store. Und der bot ihr auch an, sich scheiden zu lassen, und hob seine Ersparnisse ab und gab ihr das bare Geld. Man prosperierte, man prosperierte – bis das Mißverständnis zum Platzen kam.

Detroit. Und dieser sugar daddy. Hält sich kaum auf den Beinen und fängt doch zu zittern an, wenn er einem nur auf die Brüste schaut. Hosiery manufacturer. Und diese weekend bottle party auf seinem country place, achtzig girls und guys in evening dress, keiner kennt keinen. Alle steif sternhagelvoll stinkend besoffen, faß sie an, so schlagen sie hin. Und da die Musik, und da die hintere Treppe hinauf, darling my little chicken, ich stütz dich, du stütz mich. Da oben in meinem Zimmer sind wir ganz ungestört.

Oh you old pig I know what you are in for taking a lady upstairs for a drink and then making her all fluff and dizzy with champagne and your dirty stories ach you are a sly guy I say don't kiss me that French way or I'll get all mixed up how can a girl stand this you are too tough for me. Da mein Scheckbuch, ich schreib dann meinem pussy cat eine Ziffer darauf, ach ich bin ja so sinnlich, auch knit wear aus meiner Fabrik kannst du haben von der prima Sorte soviel du willst!

Da also kam das Mißverständnis zum Platzen. Statt eines Drohworts, eines Sicherweichenlassens, eines Inkassos, eines glatten Geschäfts, brach der S. Silverman mit einem Fußtritt eine verschlossene Türe auf. Stand da vor dem Gesehenen für einen Augenblick langsamen Begreifens ohne Bewegung. Führte gegen einen mangelhaft Bekleideten einen einzigen, beinah behutsamen Hieb, unter dem Knöchernes knackte. Griff in der kleinen Laut- und Regungslosigkeit, die folgte (drunten johlten Besoffene), mit einem trägen Mörderblick nach der Frau. Die kreischte, und kreischte ungehört (drunten tobte Musik), und wimmerte nur mehr, da sie blau und braun geschlagen in einem Sessel lag. Und glitt hurengelenkig ins Kleid, und vor dem Verlassen des Zimmers, hinter dem toll gewordenen ausgehaltenen Boxer her, beugte sie sich zu dem auf dem Boden liegenden Hausherrn und nahm dem Bewegungslosen aus der Tasche das bare Geld.

Da saßen sie schon in einem Auto, das nicht ihr Auto war, da zickzackten sie schon mit ihren Scheinwerfern durch die Nacht, als die Frau ihr Wimmern einstellte mit einemmal. Statt dessen mußte sie lachen, und lachte nicht einmal in besonderer Beschwernis, eine zwar derzeit krummgeprügelte, aber auf eine appetitliche Weise plumpgewachsene junge Frau. Dann fragte sie: »Und was jetzt?«

Zwölf Stunden später heiratete in einem Nest, das da irgendwo an der Straße lag, der grimmigschweigsame Simon Silverman die in einer sonderbaren, ihr ungemäßen Ergriffenheit heulende L. Roth vor dem lokalen Rabbiner. Sie traten an zwei Schnorrern vorüber auf die Straße hinaus. Die neu gebackene jüdische Ehefrau wischte sich mit einem Tüchlein die Augen von rasch versiegten Tränen blank. Dann fragte sie nüchtern zum andernmal: »Und was jetzt?«

Ja – was jetzt? Soll man die Geschichte des Ehepaars Silverman schreiben, so ist die Geschichte einer Fleisch- und Selchwarenhandlung zu schreiben, in der feinsten Straße, die es weit und breit in Chicago gibt. Denn Geld ist da – und in diesem bürgerlichen Erwerbszweig ist der Ehemann zu Hause von früher her. Da steht er titanisch und schneidet die Würste. Drei Angestellte hat man im Laden stehen. Und werkt die Frau nicht um die Ecke in der Küche des als Mezzie per Kassa samt Möbeln übernommenen Appartements, so sitzt sie grellblondhaarig und scharfen Ehe- und Geschäftsfrauenblicks an der Kasse und zählt das Geld. Es liegt nicht an ihr, es liegt vielleicht an einer gewissen titanischen Ungelenkheit des Gatten, wenn man nach vier Monaten nicht mehr weiter kann. Die hohe Miete! Und der Posten da an der feinen Straße ist vielleicht doch nicht so prima, wer kauft da schon Würste, der Agent hat einen hineingelegt. Auch sagt der Mann: mit den gojischen Sachen kennt er sich nicht so aus. Am besten – man verkauft das Geschäft!

Man kauft dafür mit etwas Handeln immer noch ein feineres kleineres, wo man nur mehr gute jüdische Ware führt. Mit den Angestellten, diesen Räubern, muß man sich nicht mehr ärgern, wenn man keine mehr hat. Ah, der koschere Fleisch- und Selchwarengeschäftsinhaber S. Silverman hat jetzt, was er braucht. Fleisch und Würste schneidet er titanisch. Und da gleich um die Ecke in der neuen feineren kleineren Wohnung (eine Mezzie, zwei Zimmer) wartet grellhaarig mit dem lecker gekochten Mittagessen die Ehefrau. Auch sucht sie die Lieferanten auf. Auch räumt sie die Wohnung auf. Auch glückt ihr die Vereinbarung nebenan mit dem Restaurant. Auch schlägt sie sich herum mit dem income tax collector, dem Gasmann, dem Hausherrn, dem Ratenhändler, der die shop-Einrichtung geliefert hat – wird er eben warten über die jüdischen Feiertage, ein Jud, hat der Jud denn kein Herz im Leib? Ah, wenn der Titan zu dick schneidet und zu dünn auf die Waage schaut, und wenn der Ratenhändler den Eisschrank zurückholt, ein Gauner etwas, ein gangster, ein gunman, ein Wucherer, und wenn man hier in der Gegend im Sommer nicht Fleisch und nicht Würste ißt – dafür liegt die Schuld nicht bei der Ehefrau Silverman!

Wenigstens den winzigen Laden drei Gassen weiter will man doch halten. Eine Mezzie. Man schlaft gleich hinterm Gewölb und eßt Wurst vom Geschäft. Mit etwas Ware in der Ledertasche geht sie von Haus zu Haus da im Viertel hausieren. Zum Kochen kommt man ja doch nicht dazu vor Abend, geschlagen wie man ist mit einem Goj von einem Mann. Steht sich da im Gewölb wie ein Turm mit zwei linke Händ. Wacht nur auf, wenn am Abend die Schickses um ein Paar Würste kommen – ein Skandal; eine Hurengegend ist das, nächstens beklagt man sich bei der Polizei! Keine Zeit, keine Zeit, etwas zum Essen muß man noch ausdenken für den Abend etwas Billiges etwas Pikantes, er hat gern sein Essen, die Hände hat man sich schon ruiniert. Den Laden muß man doch wenigstens halten! Eine Frechheit, was sie verlangen Miete für so ein Loch. Vielleicht doch besser – man probiert und nimmt ein paar Würste und geht zum Verwalter?

Ah, der Verwalter – wer hat gesagt, daß der Herr Verwalter ein Unmensch ist? Nur die Bluse muß man sich zurechtziehen und das Haar muß man sich ein bissel frisieren, wenn man von ihm kommt. Gott behüte, wenn der Mann es bemerkt, er mit seinem Starrsinn und Stolz, gleich erschlagt er dich. Was liegt denn daran, man tut es doch für ihn, man tut's fürs Geschäft! Das Herz klopft dir beim Nachhausegehn wie einer Jungfrau. Um die Miete muß er sich für die nächste Zeit nicht mehr sorgen. Sogar die Würste bringt man nach Haus zurück. Und da ist sogar endlich wieder einmal ein bissel Geld. Nur die cream für die Hände hat man sich gekauft davon gleich auf dem Weg daher. Und ich hab' verkauft eine große Wurst, Simon, und heute gehen wir zu den movies, Simon, du mußt auch einmal auf anderes denken als wie nur aufs Gewölb, Simon, und morgen sollst du sehen, du brauchst es doch, kriegst du das rosa Hemd!

Ein Dummkopf nebbich, er merkt es nicht. Er steht im Gewölb. Er redet nicht. Er wird fett in der letzten Zeit. Und dann, keine zwei Wochen später, ist das mit der Brosche. Wannamaker getroffen, was für ein Zufall. Aus New Orleans, Pretiosenhändler, ein alter Bekannter. Hulloh Bill, hulloh Leah, danke, nicht so schlecht das Geschäft hier up North, keine Zeit, keine Zeit jetzt, aber ich hab' da ein apartment, come up and see me after business hours to-night. Und dann, am Abend, du entschuldigst mich, das Badezimmer ist rechts, ich muß noch zu einem Dinner, keine Zeit keine Zeit, deine Schuh werden drüben unter dem Divan sein, nächstens erzähl mir wie geht es dir eigentlich, bye bye – und dreht sich noch in der Tür und sagt: da Leah, hast du eine prima echte Rubinenbrosche!

Man hat schon lang keine Brosche gehabt. Die wird man behalten. Schau her, Simon, eine Mezzie eine Imitation, Simon, was sagst du wie gut, das hab' ich mir eben einmal geleistet für drei Viertel Dollar, du Nebbich mit deinem Stolz und Starrsinn, um so besser, du merkst ja nichts. Let's go to the movies! Morgen kauf' ich dir, du wirst so fett und gelb, die Patentmedizin!

Ja, sagt er, der Nebbich. Ja. Und schaut so und sagt nichts mehr.

Am nächsten Tag, man war shopping, das Gemüse ist billiger auf der High Street. Man will nach Haus, man kommt vorüber bei dem Uhrmacher an der Ecke. Steht er da, Mister Chown, sagt er: »Ah, Mrs. Silverman! What a brooch! Hundertvierzig Dollar bin ich bereit und zahl' ich cash down, Ihr husband war hier damit, und ich hab' sie getaxt!« Das Herz bleibt einem stehen in der Brust. Geh nach Haus – er mit seinem Stolz, man kann ja nicht mit ihm reden, er schlagt dich tot. Geh nicht nach Haus – weiß Gott wie er sich aufgeregt hat, er ist nicht gesund in der letzten Zeit. Man kann ihn nicht allein lassen, so ein jüdischer Goj, ein Skandal ist das. Also geh nach Haus – du hast es doch nicht getan für dir selber! Was kann dir passieren, er brüllt, den shop und die windows zertrümmert er, so ein starker Mann. Du kennst ihn doch, dich prügelt er blau und braun und schief und krumm – dann verzeiht er dir.

Nach Haus, mit einem Klopfen in der Brust wie bei den road menders die Bohrmaschin'. Für den Start am besten man macht sich nicht wissen. Wieso überhaupt ist der shop noch ganz? Soll er einen nur gleich packen, da kann man wenigstens schrein. Wie kommt das, da steht er ganz ruhig, er packt nicht, er redet nichts. »Ah, Simon«, sagt man und macht sich nicht wissen, »ich hab' gekauft frischen Spinat, eine Mezzie, du ißt doch gern.« Und denkt: jetzt! Steht er da mit seiner gelben Haut, die Patentmedizin vor lauter Schrekken hat man vergessen, und schaut so langsam, und dann sagt er: »Ja? Spinat?« Dann bedient er eine Kundschaft, was grad hereinkommt, ein Paar Vienna sausages, ein Skandal, eine Schickse von nebenan. Und dann schaut er vorüber an einem so langsam und sagt: »Leah«, sagt er, »es ist mir eingefallen, ich will nicht mehr dahier in Chicago.« Und bedenkt sich mit seiner Stirn und dann sagt er: »Da in Chicago – ist man nicht angesehen!«

Ein bissel schwach in den Beinen wird es einem, man ist gerannt zuviel. Setzt man sich auf den einen Sessel im shop, und neben sich auf den Boden stellt man die Einkaufstasche mit dem Spinat. Dann fragt man: »Und was jetzt?«

»Hast du gesehen«, sagte der Mann im prall sitzenden Anzug zu der grell gekleideten Frau – »er hat mich erkannt!« Sie waren beide erhitzt, sie waren beide bedrückt, sie waren beide festlich herausgeputzt. Und der ihn erkannt hatte, den Mann Silverman, war der boots, der Neger, der eben vor dem Eingang des Hotel Stern gelungert hatte. Oder grinste er so für einen jeden Passanten? Ah, keine Zeit, vorüber, vorüber. »Komm«, sagte der Mann, »second to the left, und wir sind schon dort. Wirst du sehn eine Gasse, so etwas hast du noch nicht gesehn. Das feinste was es gibt in New York. Wenn man Glück hat und wir finden ein top floor apartment – hast du vor dem Fenster die Freiheitsstatue, daß du glaubst du kannst sie catchen mit deiner Hand. Nur ein Gedräng wird sein für den Anfang. Laß mich nur machen. Du bleib nur ganz neben mir. Ansammeln werden sie sich, da kann man nichts tun, jedes Kind in der Gasse weiß: der Silverman. Es wird ein traffic block, never mind. Hier, komm links, das ist der grocer store von Reb Fine! Ich geh herein, ich mach einen Spaß, ich sag: ein Mohncake! Gleich wird er rufen – –«

Der Mann sagte: »Da, Leah, halt das Mohncake, ich mag es nicht. Altgeworden nebbich der Fine, er sieht nicht, er kann niemand erkennen. Aber, wenn wir dort herunter kommen zum corner, zum news stall von Feigelstock! Die guys dort, schau. Wenn sie hören, ich bin zurückgekommen und will setteln wieder da in der Gasse – wirst du sehn a surprise. I say, Mister Feigelstock! Was ist heut in the papers? Die Dame hier, was ich mitgebracht hab', ist meine Frau!«

Der Mann sagte: »Bleib stehen, Leah, was gehst du so schnell, so wart doch schon, ich kann nicht so rasch, ich bin außer Atem, ich hab' zuviel gegessen zu Mittag. Sie traun sich alle nicht, daß sie Lärm und große Geschichten machen – aus Angst. Denn die wissen doch: Silverman! Ein knock und erledigt! Was stehst du, was schaust du so? Den Hut setz dir richtig. Richt dich her etwas, da ist ein Spiegel, wie schaust du aus. Nehm' ich sie daher, macht sie so ein Gesicht, gleich könnt' ich sie mitten herein mit meiner Hand –! Na, sei schon ruhig, wein nicht, wie kann ich dich herzeigen, jetzt hast du die Augen rot. Laß mich machen. Wir werden leben anständig und bescheiden. Da bleib jetzt stehen und wart auf mich!«

»Guten Abend«, sagte der Mann von der Schwelle her.

»Der Simon«, sagte der Boß. Es war Geschäftsschlußzeit für den butcher shop, er wischte die Messer blank. »Ich hab' gehört, du bist gewesen in einem Zirkus«, sagte er schließlich.

Der Schwere stand ba breit und schaute glanzlos an ihm vorbei. Und tat mit einer riesigen Hand eine kleine Gebärde, die wischte sie weg, diese Zeit, die zwischen einem Gehen lag und einer Wiederkunft.

Der Boß putzte Messer blank. »Und jetzt willst du wieder deinen Job hier im Geschäft?« fragte er in das Schweigen.

Der Silverman blickte nieder auf einen Flecken Blut auf dem Ladentisch und prüfte die Zunge an einem Wort. Aber dann rang sich hinter arbeitender Stirne ihm der Gedanke durch. Er war kein feuriger Denker, aber dachte er einmal etwas, so saß es an seinem Fleck. Er sagte: »Man muß leben unter seine eigenen Leute!« Dann erst, so wie wohl ein Heimkehrer tun mag, wies er mit einer langsamen Hand durch die Auslagenscheibe auf die Straße hinaus und sagte: »Die dort draußen ist meine Frau!«

Auch der Schlächter rief seine Frau herein. Und sagte: »Der Simon. Er wird wieder arbeiten hier im Geschäft.«

Die Schlächtersfrau schaute der andern vom Lackschuh über den Pelz bis ins grellblonde Haar hinauf. Dann sagte sie zu ihrem Mann: »Ich hab' vergessen, daß ich dir sag', früher wie du weg warst, hab' ich einen fest engagiert, der Posten ist nicht mehr frei.«

Ein großes Schweigen fiel auf den Silverman. Dann tappte er nach der Hand seiner Frau. »Komm«, sagte er.

Die beiden standen schon auf der Schwelle, als Bewegung kam in die Schlächtersfrau. »Mister Silverman«, sagte sie zungenflink – »warum sind Sie so in a hurry, nächstens kommen Sie herein für a drink! Da liegt auch, warten Sie einen Augenblick, für Sie noch ein Hemd von der laundry, und ein Brief ist gekommen vor ein paar Monat, ich hab' ihn aufgehoben, und zwei Paar Socken und das Rasierzeug hab' ich gefunden in Ihrer box.«

Der Mann blickte sich nicht um nach der Redenden. Seine Frau nahm den Packen. Der Mann ließ nicht ihre Hand. »Komm«, sagte er drängend. Sie waren da schon auf die Gasse getreten. Es war erst zehn, zwanzig, dreißig Schritt weiter, daß der Mann zu rennen begann. Mächtig umklammernd ihr Handgelenk, zerrte er die hilflos kleinschrittige Frau hinter sich her. Tränen rannen ihr in die Schminke, der Hut saß ihr windschief verrückt auf dem Hurenhaar, er aber ließ nicht von ihr und rannte, schwerer Mensch, mit Keuchen die ganze lange Gasse hinauf bis dorthin, wo der Lärm war, das Licht und das Untertauchen im Menschenstrom.

In einem speakeasy fielen die beiden Keuchenden in einen Winkel. Die Frau öffnete den Packen, den sie unter dem Arme trug. Hemd. Socken. Da war der Brief. Der Brief kam aus dem Land Palästina.

Er lautete:

Teurer Herr,

die große freudige Nachricht ist gekommen hereinzudringen in dieser Stadt von dem Ruhm und Welterfolg, den Sie, teurer Herr, mit große Verdienste errungen haben. Hier in Tel-Aviv, woherzu ich ausgewandert bin mit viele aus der Heimat aus Polen, erinnert man sich an Ihren gottseligen Großvater und Vater, ein frommer Mann, ein freigebiger Mann wie oft hab ich in Polen mit ihm gebetet in Schul. Im Namen von hierortigen Jidden schicke ich an Sie, ein jüdisch Kind, ein Stolz und eine Zierde, meinen hochachtungsvollen Glückwunsch, Reichtum und Erfolg, hundertzwanzig Jahr sollen Sie leben, samt werter Familie. Ihre hiesige Verwandte beten alle für Ihrer permanenten Gesundheit.

Leider kann ich solches nicht von mir behaupten, ich bin krank von dem großen Antisemitismus, auch hier nicht anders wie als in Polen, Geschäft ist so gut wie überhaupt nicht, dazu die Frau mit Lungenschwindsucht und sieben Kinder unberufen, jedes eine besondere schwere Krankheit, man kann sich nicht mehr helfen. Wenn Sie Geld schicken, teurer Herr, Gott soll Sie segnen, so schicken Sie nicht Dollar, man verliert hier beim Wechseln, sondern kaufen Sie dort die Palästina-Pfund, am vorteilhaftesten ist, man kauft gleich einen größeren runden Betrag.

Mit hochachtungsvollen Segenswünschen

Ihr Verwandter

Abraham Silbermann.

»Ein Schnorrer«, sagte die Frau, die dem Lesenden über die Schulter sah. »Wirst du antworten?«

Simson Silverman hörte wohl nicht ihre Frage. Er saß da mit einem Brief in der Hand, den er langsam entziffert hatte, Wort um Wort. Und obgleich das eine Arbeit war, die einem den Schweiß auf die Stirne trieb – er las ihn noch einmal, er las ihn noch einmal! Ein jüdisch Kind war er, ein Stolz, eine Zierde – für die dort drüben, so da so ferne wohnten, daß sie nicht wußten von seiner Erniedrigung. Er suchte mit seinem plumpen Finger nach einem Wort. Und schaute auf mit seinen langsamen Augen, sonderbar erschütterten Blicks, und wandte sich der Frau zu in ihrer verstörten Blondheit und Kleiderpracht und fragte: »Wo ist das – diese Stadt Tel-Aviv?« Und dann sagte er: »In Palästina? In Palästina!«

GLÜCKSTEIN

oder Die Rebellion

Hoher Gerichtshof, meine Herren Geschworenen. Mein Klient, der Angeklagte hat gestanden. So plädiere ich nicht für Freispruch. Ich plädiere nicht einmal für Milde. Und wenn ich den vertrackten Organismus, genannt: sein Leben, auseinandernehme und vor Sie lege Stück um Stück, geordnet und säuberlich – will ich das tun so ohne Anteilnahme, ohne Parteilichkeit, so stählern und gläsern sachlich, als wär ich ein Chirurg, als wär ich Richter, als wär ich, über uns allen, der ewige Richter selbst.

Sehen Sie sich ihn an, den Mann da auf der Bank. Ist er ein Athlet, ist er ein Lächler, ist er einer, der auf der lichten Seite des Lebens wohnt? Ich tue ihm kein Unrecht, wenn ich ihn bezeichne als: dürftig. Dürftig dieser Brustkorb. Dürftig dieser ganze Leib, dürftig das Haar noch – und hat der Coiffeur es auch auf Glanz gebracht und ohne Makel zurechtgestutzt in der Art des Dritten Napoleon. Adrett, kokett, elastisch, martialisch beinah auf gallische Hahnenart – aber blicken Sie scharf hin! Durchschauen Sie die Attrappe! Glauben Sie mir, der ich es Ihnen verraten will: trotz Glanz und Eleganz und Schneiderkünsten – das Irdische dahinter ist jämmerlich.

Und nun folgen Sie mir und wagen Sie mit mir den Sprung zurück – einmal, zweimal, dreimal zehn Jahre weit. Da suchen wir ihn, den heute hier Angeklagten, dem Klang seines Französisch folgend irgendwo in der damals noch mit preußischen Garnisonen besprenkelten, noch unerlösten Lorraine. Hier an der Grenze des Elsaß muß er zu finden sein. Welcher Art Haus ist das? Ein Convent? Eine weltliche Schule nur, wenn auch von frommen Fratres Piaristen betreut. Finden Sie es etwa verwunderlich, daß er vierzig Meilen weit herüber an diese Schule geschickt worden ist, aus jenem Nest im Elsaß, in dem die bescheidene väterliche Manufaktur das einzige Haus war, das größer war als ein Bauernhaus? Was in der engern Gegend an pädagogischen Möglichkeiten sich darbot, hatte er absolviert. Und die Mutter war tot. Und der Vater war im Geschäft. Und die Schwester – aber wer bleibt zu Hause sitzen einer Schwester zu Liebe? Ein strebsamer junger Mensch sucht den Weg aus der Enge dort, wo er zu finden ist. Sie werden es nicht belächeln, daß es bei den Katholischen Brüdern war. Und nun er einmal zu leben kam unter den Fabrikanten- und Bergwerksherren- und Gutsbesitzersöhnen, die dort erzogen wurden – da, sehen Sie sich ihn einmal an! Ein wenig dürftigen Leibes ist er, gewiß (die Mutter ist an der Tuberkulose gestorben) – aber er tut es den anderen inbrünstig gleich. Oder sollte ihm dies verwehrt sein, nur weil er – nun ja, ich spreche es aus! Und wenn er hundertmal in einer mosaischen Wiege lag! Die elsässischen Israeliten sitzen im Land seit zwei Jahrtausenden! Und überdies kann niemand für den Zufall seiner Geburt!

Inkulpat sah um sich, in seinen frommen Lehrern, die hohen Beispiele christlicher Demut. In den wohlgeborenen Kameraden, in der Art wie sie sein Anders-sein übersahen, ward er zum erstenmal Zeuge jener weitherzigen Duldung, die im Schatten der katholischen Kirche wohnt. Da war nur Gleichmut, da war nur Lächeln, da war nur Gelassenheit. Er hielt dagegen die Enge, aus der er kam, den hartnäckigen und zänkischen Eifer, mit dem man dort sich klammerte an ein Nichts, eine Willkür, eine windige Tradition, nur beflissen, den Makel der Herkunft hochfahrend in eine Auszeichnung umzudeuten. Hätte dies nicht an sich schon ausgereicht, einen ernst strebenden jungen Mann den Rechten Weg zu leiten gradaus in die Katholische Seligkeit? Er aber rang mit sich! Er machte es sich nicht leicht. Er trug mit Demut die Bürde seiner Geburt. Er zeigte Duldung gegenüber den Empfindungen eines am Alten hängenden Manns, der nun einmal sein Vater war. Innerlich schon geläutert, im Geheimen schon ein Erweckter, trug er es Jahre und Jahre! Bei den Fratres Piaristen zuerst. Dann all die Zeit an der Universität. Er studierte Jurisprudenz. Vielleicht tat er das fürs erste ohne innere Berufung, nur um zu studieren, nur um nicht wiederkehren zu müssen in jenes deutsche jüdische Elsaß-Nest. Er hatte nichts gegen die Juden im Grunde. Er hatte auch nichts gegen die Deutschen – wenn Herz und Sprache seiner Erzieher und der mit ihm Erzogenen auch gut lothringisch und französisch waren. Und betete doch schon im geheimen zu der Dreieinigkeit: Gib mir Zeit, gib mir Demut, gib mir Geduld!

Er fand Erhörung. Die Nachricht vom Hinscheiden seines Vaters wühlte ihn minder auf als der Gedanke an das Sakrament, von dem ihn nun keine weiche Rücksichtnahme mehr trennte. Er war drei Jahre nicht zu Hause gewesen. Es gab da eine Kette bedauerlichen Aneinandervorübers von Telegrammen, voll kleiner Mißverständnisse, mitten auf einer Ferienreise in die Provence. Gewiß, bei zäher Nützung komplizierter Zuganschlüsse hätte der Student vielleicht noch eben zurechtkommen können zum Begräbnis. Wenn er auch für sich plädieren konnte, daß es sinnlos war, dem Toten in das entfremdete Gesicht zu schaun. Ja, zugegeben, es war da vielleicht auch ein wenig Angst. Doch hat nicht einer sehr viel Grund für sehr viel Ängste, wenn er einen hohen Berggrat erklommen hat – und nun soll er noch einmal rückwärts schauen in den Abgrund? Statt heimzufahren, fuhr er geradenwegs nach Lourdes, das ohnedies auf der Linie seiner Reise lag. Auch ihm ging es um eine Heilung. Er nahm die Taufe. Er eilte zurück nach Strasbourg, an die Universität, seine Studien zu beenden. Yvonne Pélissier war in Strasbourg auf Verwandtenbesuch. Sie stammte von jenseits der Grenze, aus Frankreich, aus der Stadt Langres, die auf einem Hügel liegt über dem Flusse Meuse. Er verlobte sich mit Yvonne nach zwei Wochen Werbezeit. Yvonne war sehr schön, sehr hoch gewachsen, und so sehr blond, wie man es mitunter findet an jenem Vogesenrand. Sie war sehr französisch bei alledem. Sie war bald siebzehn Jahre alt. Es war Frühling.

Ich werde einen hohen Gerichtshof nicht behelligen mit Schilderungen der Frühlingszeit. Noch mit einer Erörterung, wie solche Zufälligkeit der Saison sich auswirkt in Ideal-Konkurrenz mit jenem Zustand, gemeinhin genannt: junges Glück. Der Mann da auf der Bank war damals seiner Leibesdürftigkeit zum Trotz ein beinahe rüstiger Wanderer. Er bestand auf frisch-fröhlichen Fahrten mit Rucksack und Nagelschuhen. Gipfel erklomm er. Sie trauen es ihm nicht zu, so wie er da heute vor Ihnen sitzt – doch ging er barhaupt in Regen und Sonnenschein und auf freien Wiesen übte er sich im Gesang. Und dann eines Tages auf einem Vogesenberg, sagte die Braut: »Ich will deine Leute sehn. Ich will deine Schwester kennenlernen, und das Haus, und eure Fabrik, und das Dorf!«

Welcher Teufel ritt den Studenten, daß er auf jenen bräutlich-törichten Wunsch nicht Nein sagte von Anfang an? Gewiß, es gab da nichts zu verbergen. Den Makel seiner Herkunft hatte er der Geliebten erschlossen noch vor dem Verlöbnis. »Was soll mich das angehen?« sagte sie mit der lächelnden Gelassenheit ihres Mädchentums. Er aber nahm, was sie gab! Wie hätte er sich unterfangen dürfen, Nein zu sagen, da sie befahl: ich will deine Leute sehen? Und gebot nicht die Religion, der er inbrünstig anhing, dies auf sich zu nehmen in Demut? Und kam nicht hinzu, daß auch Erbschafts-Angelegenheiten zu regeln waren? Es war nicht mehr, als daß er sich seiner Pflicht entsann, da die Braut es verlangte. Ja, sagte er – ja!

Flau, denken Sie. Advokaten-Dialektik – drei Gründe für keinen Grund. Gut, ich will es bekennen. Da ist solch ein junger Mensch. Er hat es weit gebracht. Er hat studiert – Doktor juris ist er beinahe. Er spricht nicht mehr das plump verdorbene Deutsch seines Dorfs. (Die Juden sind deutsch, sie sind ängstlich, sie sind für die Obrigkeit!) Sondern er ist erzogen unter den Söhnen des feinen, frondierenden, lothringisch und französisch gesinnten Großbürgertums, er trägt sich französisch, er spricht französisch, er ist ein Franzose. Ein französischer Katholik! Aber all dieses Glück – es schwankte im Wind, es flatterte wurzellos in der Frühlingsluft, es war ein Traum und Rausch und nicht eine Wirklichkeit, solang es nicht in jenem kleinen deutsch-jüdischen Elsaß-Nest wirklich war. Die Schwester soll das erst noch sehen und bestätigen. Und Herr Bloch, der alte Prokurist der Fabrik. Und der Sohn des Schlächters, der große und kräftige, der mit dir in die untere Schule gegangen ist. Ja, er war noch nicht gar so weit entronnen, der junge Mann. Noch spannen sich Fäden, noch spannten sich Stricke, noch fesselten ihn Ketten an das dort hinten, an den Makel, an das Überwundene.

Was geschah? Wie war die Aufnahme des Triumphators in jenem Nest? Sank die Schwester ihm an die Brust? Kam der betagte Herr Bloch, kam der Sohn jenes Schlächters, kamen noch andere, blieben sie auf der Straße stehn, arrangierten sie, in dem lokalen Gasthofe etwa, für den Illustren und die Erwählte ein kleines Bankett? Ließen sie ihn in Frieden zum mindesten? Vergaßen sie, wenigstens für die kurze Spanne seines Séjours, der altbiblischen Starre, des kindischen Hängens an den leeren Formen einer windigen Tradition, und standen ihm wenigstens nicht vor den Fenstern und wandten sich nicht auf der Straße ab und übersahen nicht die zum Gruße dargebotene Hand? Er reiste mit seiner Braut! Das Betreten des israelitischen Friedhofs gaben sie ihm doch wenigstens frei? Er hatte im Grund nichts gegen die Israeliten! Auch war dort das Grab seines Vaters!

Der wenige Stunden nach seiner Ankunft, ein minder verstörtes als gelassen verwundertes Mädchen an seiner Seite, jenes jüdische Nest verließ, war gereift zum Mann. Mit einer Härte des Zugs um den eben noch knabenhaft blöde gewesenen Jünglingsmund, mit einer Härte des Blicks, mit einer Erbitterung der Gebärde – da, sehen Sie sich ihn an! Denken Sie sich Friseurkunst und Schneiderkunst und das Zerstörend-Verschleiernde dreier Dezennien hinweg. Erkennen Sie den Mann wie er ist, so dürftig wie scharf. Diese Schärfe ward geboren in jenem Augenblick! Stricke hatte er durchhauen. Ketten brach er mit Inbrunst. Nicht er war's, der zu verlieren hatte bei dieser Trennung. Die Liquidierung seines Erbanteils übergab er einem guten christlichen Anwalt. Ob er in das von preußischen Uniformen wimmelnde Strasbourg zurückkehren wollte zum nächsten Semester – das blieb noch zu bedenken. Fürs erste reiste man hinüber, ein neuer Mann, in die bodenständig französische und christliche Heimat einer bodenständig französischen und christlichen Braut. Fürs erste ließ man sich Zeit, fürs erste war's Frühling. Es war der Frühling 1914.

Gewisse Ereignisse des Jahres 1914 trafen den Mann auf französischem Boden. Als der Franzose und Patriot, der er war, meldete er sich am ersten Tage der Mobilisation zum Dienst an der Front. Am zweiten Tag trat er mit seiner Braut Yvonne Pélissier vor deren Oheim, den ehrwürdigen Pfarrer Gaston Pélissier, und wurde in Ansehung seiner unmittelbar bevorstehenden Abberufung unter die Fahnen in abgekürzter Zeremonie kriegsgetraut. François Marie Pélissier, seiner Braut Vetter und Jugendfreund, Leutnant der Artillerie, stationiert in dem nahegelegenen Fort, fungierte als Zeuge. Am dritten Tag erhielt der jung Getraute, patriotisch Entschlossene, Abschiednehmende, letzte Verfügungen Treffende ein amtliches Schriftstück. Er hatte vorschnell gehandelt mit seiner weit gediehenen und peinlich publik gewordenen heroischen Präparation. Da war ja jene kleine, eben erst spielerisch in ihm Wurzeln schlagende, von jedem Wohlgesinnten leicht übersehbare Dürftigkeit! Man hatte sie nicht übersehen. Er war zum Felddienst nicht tauglich.

Die jung angetraute Gattin nahm es mit Gleichmut. Aber nicht er! Man zog ihn zum Kanzleidienst ein. Die Frau blieb bei ihren Eltern. Voll anerkennend sein lothringisches Patriotentum versetzte man ihn doch so weitab von der Grenze, wie das nur anging, in ein Rekrutendepot zu Algier. Seinen Dienst versah er streng, scharf und gewissenhaft zur Zufriedenheit der Herren Offiziere. Als ihm, auf jene leichte Art, die in Kriegsläuften üblich ist, der Abschluß seiner Studien möglich geworden war, genoß er die Ehre, von diesen Herren Offizieren behandelt zu werden, als wäre er ein Echter aus ihrem Kreis. Er war es! Für den wirksamen Umgang mit den dortzuland hausenden kriegslässigen Arabern, Juden und Negern war er berühmt! Er legte selbst Hand an, als vaterlandsfeindlich-sozialistische Wühlarbeit fühlbar ward im Frühjahr neunzehnhundertundachtzehn. Aus dem Krieg ging er hervor mit zwei Orden und dem Reserveleutnantspatent. Er kehrte zurück, er eröffnete in der Geburtsstadt der Frau seine Anwaltskanzlei, er war nach seiner ersten Verteidigung patriotisch gegen weichliche Friedensbedingungen frondierender Offiziere eine Zierde des provinzialen Barreaus! Ja, auch sein Bärtchen à la mode des Dritten Napoleon ließ er sich wachsen zu jener Zeit.

Und nun bequeme man sich noch einmal zu einem Sprung! Nicht weit – fünfzehn Jahre nur. Was schreibt man? 1933. Wo lebt er, der Angeklagte? Wo er gelebt hat, wo er im Begriff war sich zu entfalten – in der Geburtsstadt der Frau. Die hat ihm auch einen Sohn geboren inzwischen, und der ist eben zehn Jahre alt. Er ist ein großer Mann geworden in diesem einen und einhalben Jahrzehnt nach dem Kriege. Jener Prozeß, Verteidigung frondierender Offiziere (sie frondierten für Frankreich!) – war das erste Glied einer Kette vieler Prozesse für unsern Maître und Advokat. Da war die Vertretung jenes Patrioten, der den deutschen Spion erschoß – dafür wurde jemand Distriktsanwalt und Vertrauensmann jener damals noch bescheidenen Gruppe verläßlicher Vaterlandsfreunde, genannt Croix de Feu. Mit dem Wachsen der Gruppe wuchs seine Tätigkeit. Als dreißig ihrer jungen Leute unter Anklage standen, in Belfort drüben, wegen eines patriotischen Handstreichs gegen ein Kommunistenversammlungshaus – wer stand für sie auf? Wer haute sie heraus aus dem Gestrüpp juristischer Fußangeln, Paragraphenfallen, staatsanwaltlicher spanischer Reiter, mit jener Rede, anhebend: Sehen Sie nicht auf die Hände, sehen Sie auf das Herz – die später in fetten Lettern auf der Titelseite der *Action Française* wiedergegeben war? Dadurch erwarb jemand die Anwartschaft, von den Nationalgesinnten als Kandidat für die Wahlen in die Chambre des Députés aufgestellt zu werden! Darüber verbreitete sich ein Wirkungskreis, er stand am Barreau in Vesoul, in Chaumont, in Troyes, in Mulhouse, ja in einem Falle machte er acte de présence vor den Pariser Gerichten. Die Presse bemerkte ihn. Er führte vierzehn Prozesse in eigener Sache gegen Ehrabschneider im ganzen Land! Dabei verdiente er Geld. Auch zauberte ihm eine wohlgesinnte Behörde zum Entgelt für vertrauliche Dienste das rote Bändchen der Légion d'honneur in das Knopfloch. Die große historische Untersuchung, an der er seit sechs Jahren schrieb – »*Politische Geschichte des Katholizismus in Frankreich, gespiegelt in der nationalen Literatur*« – geriet darüber ins Stocken, so sehr wirkte und werkte er. Es war seine prangende Zeit. Es war seine gehetzte Zeit. Die Mahlzeiten verschlang er im Stehn. Im Rennen über die Treppe gab er bedrückten Klienten Audienz. Im Bette liegend studierte er Akten. Er bellte Proteste, Manifeste, Rechtsverwahrungen, Briefe, Parade, Finte, Attacke der blaßgesichtig stenographierenden Sekretärin zu, indes er im Wagen saß. Ah, es war seine Zeit! Man schrieb 1933!

Es war dies das Jahr, da im Nachbarreich auf der andern Seite des Rheins, gerufen von kridatarischen Junkern, der Mann mit der großen Fresse sein Amt erschlich. Seine Kumpane, Zuhälter, warme Brüder, Morphinisten, Hysteriker, allerlei abgestraftes Gesindel, kleinbürgerliche Lumpen, drängten sich hinter ihm. Warum solches Geschehnis jenseits der Grenze meinen Klienten so sehr verstörte? Aber der Lakai dort drüben, einmal in die herrschaftlichen Zimmer gelassen, ballte ja seine Faust! Er ballte ja seine Faust gegen Frankreich! Wer wagt zu behaupten, die Erregung meines Klienten über jene Entwicklungen (eine Erregung über die Massen – ich geb' es zu) sei zurückzuführen gewesen auf das, was der Lakai im eigenen Hause tat. Etwa weil er die Juden schlug? Was gingen meinen Klienten die Juden an! Im Gegenteil – das Geschick jener Kläglichen nahm er zum Anlaß, seine Gesinnungsfreunde wieder einmal darauf hinzuweisen, daß ihre Lässigkeit in Dingen der Juden ihm ein trauriges Rätsel war. Wo blieb der gesunde Instinkt, den die Französisch-Gesinnten noch vor wenigen Jahrzehnten im Falle des Juden Dreyfus erwiesen hatten? (Mit Recht war er verurteilt worden!) Man hatte die Augen offenzuhalten für die große Weltvergiftung, die ausging von den Alttestamentlern, den Unbekehrbaren, so da forderten Aug um Aug, Zahn um Zahn. Mußte man unter diesen Umständen nicht einen triumphalen Anteil nehmen an jeder Nachricht, die von dort drüben kam? So und nicht anders mußte man mit den Unbekehrbaren umspringen. Sie wurden zerprügelt. Sie wurden von den Schulen gejagt. Man nahm ihnen das aus betrügerischen Handelsgeschäften aufgestapelte Geld. Die sich abgesondert hatten in Hochmut – nun sonderte man sie ab. Wo bleibt da noch Raum für ein Staunen, daß Angeklagter den Camelots die neuen Zeitungen aus den Händen riß? Daß er Nachrichten raffte? Das war nun einmal so seine Art – er hatte keine Zeit, keine Zeit! Wenn ihm darüber das Herz in einem raschern Takte schlug – da gibt es nichts mit den Augen zu blinzeln. Da gibt es nichts zu lachen – nach Art seiner Gattin, der geborenen Pélissier!

Bezüglich dieser geborenen Pélissier ist einiges nachzutragen. Hatte der Delinquent damals, im Jahre vierzehn, sich ihr Jawort erschlichen? Er hatte ihr nichts verschwiegen bezüglich einer gewissen demütigenden Zufälligkeit seiner Herkunft – sie aber hatte kein Bedenken getragen. Hatte er ihr das vergessen, hatte er es etwa gar an unterwürfiger Dankbarkeit fehlen lassen? Er trug sie auf Händen, er las ihr jeden Wunsch von den Augen ab. Auch als sie nicht mehr siebzehnjährig war, sondern älter als siebzehn und sehr viel älter als siebzehn. Sie verlor darüber ihre Schlankheit und stand aus dem Kindbett auf als eine stattliche Frau. Eine imponierend stattliche Frau, eine gelassene Schreiterin, von einer unnachahmlichen Würde und langsamen Lieblichkeit. Die Ehe der beiden war das Musterbildnis des Glücks. Von jenem dunklen Geheimnis in des Mannes Vergangenheit war nie, nie, niemehr die Rede. Sie war die einzige Wissende. Er glaubte, er hoffte, er war dessen sicher, daß dieses Wissen in bald zweimal zehn Jahren gemeinsamen Lebens vergessen, verscharrt, zu Grabe getragen war. Er hatte ein Recht auf dieses winzige Stückchen Vergeßlichkeit. Oder war dies doch ein Großes, was er da forderte? Ach, in seiner Meinung darüber schwankte er selbst. Sehr schwankte er, sehr ward er hin und wider gerissen all diese Jahre lang. Und mußte viel reden. Und viele Siege siegen als Advokat. Und vielmals seine Reserveleutnantsuniform mit den Medaillen tragen zum Kirchengang.

Und vieles tun, schnell schnell. Und auch beten zu seinem Herrn Jesus Christus. Ja, und auch seine Kampfworte gegen die Alttestamentler, die Unbekehrbaren rings im Land von vielen Pulten vielemal in eine und eine und immer wieder eine Versammlung schreien – ehe es um jenes Schwanken und Zagen und Zweifeln ein wenig stiller ward. Aber diese Stille war auf dem Wege! Was da verscharrt lag zwischen ihm und der geborenen Pélissier – es lag schließlich zweimal zehn Jahre tief eingescharrt. Mochte der drüben jenseits der Grenze die Fresse aufreißen, mochte er Totes lebendig machen – den Angeklagten ging es nichts an. In jeder Zeitung, die man jeden Tag jedem Camelot aus den Händen riß, stand es zu lesen, wie der drüben die Juden schlug. Und das heilige Sakrament der Taufe sei nichtig, und ein Jude sei ein Jude, so lallte er. Den Angeklagten aber ging das nichts an!

Das lief so ein Jahr. Das lief so fünf Jahre. In diesen fünf Jahren wuchs der Lakai auf der andern Seite der Grenze aus einem Wortbrecher und kleinen Mann in die Dimension der Historie. Eine historische Gestalt! Gewiß, es rief das nicht zur Revision des Urteils auf über ihn, sondern nur zur Revision des Urteils über andere Gestalten aus der Historie. Vielleicht hatte auch Napoleon so gekeift. Vielleicht hatte auch Cäsar so seine Ehrenwörter gebrochen. Vielleicht war auch Alexander so sehr ein Ideal des sturen und sentimentalen Mannstums gewesen für die Köchin und die Frau des Krämers von nebenan. Die alten Jungfrauen bauten ihm Altärchen in ihren Stuben. Fremde Staatskanzleien verkehrten mit ihm von gleich zu gleich. Ihn besuchte der Kumpan aus dem Süden, der ihm ein Vorbild gewesen war. Der Wortabhub, der aus seinem Munde sprang, galt einem Volk Verblendeter als Tiefsinn einer neuen Philosophie. Sein Licht stand so niedrig, daß der Schatten, den er über die Erde warf, aufwuchs ins Titanische. Darüber fielen ihm seine Eroberungen zu ohne Schwertstreich. Er hatte nur zu marschieren. Ein Strom Verzweifelter wälzte sich vor seinem Marschieren her. Er marschierte ins Rheinland. Er marschierte nach Österreich. 1938 war das, im März.

Für den 25. März war die Judensäuberung gewisser österreichischer Provinzstädte angesagt. An diesem selben 25. März erschien, ohne vorherige Warnung, ohne ein Wort des Avisos (das angeblich verloren gegangen war), in der Wohnung des Angeklagten seine Schwester Sabine, verehelichte Pinkas – von dieser Verehelichung mit einem Einheitspreisgeschäftsbesitzer in der österreichischen Stadt Graz erfuhr Angeklagter erst bei dieser Gelegenheit. In zarten Jugendjahren hatte diese verehelichte Pinkas ihm sehr viel bedeutet – der Vater war im Geschäft, nicht wahr, und die Mutter an der Knochentuberkulose gestorben. Aber diese Verbindung hatte die verehelichte Pinkas selbst mit ihrem Verhalten in einer gewissen Stunde vor vierundzwanzig Jahren gesprengt! Kein Brief war gelaufen, kein Gruß war gesendet worden in diesen vierundzwanzig Jahren zwischen Bruder und Schwester. Nun saß sie da – auf der Flucht. Mit ihrem Kind Siegfried Pinkas – das sohin, sich verständlich machend in einem deutschen, singenden Idiom, weithin sichtbar meines Klienten leiblicher Neffe war. Seinen Vater, den Schwager des Angeklagten, hatten die in jenem Landstrich völkisch Erwachten aus dem Fenster gestürzt und mit zerbrochenen Knochen auf der Straße gelassen, und die neue Behörde hatte ihn wegen Gewalttätigkeit in Arrest gebracht. Mit einer Horde anderer Flüchtiger hatten Frau und Kind ungarisches Gebiet zu gewinnen versucht und waren zurückgetrieben worden, sieben Tage schlafend in Hecken, irrend zwischen Bajonetten auf einem schmalsten Streifen von Niemandsland, bis durch einen von den Verzweifelten nur mehr mühsam als wirklich hingenommenen Zufall in dieser Front sich doch noch eine Bresche fand. Ich sagte es: man war auf der Flucht! Saß da verstört, eine fette, schwarzhaarige, großnäsige Frau, ergrauten Scheitels, Graun in den Augen – und war die Schwester. Da stand man ihr gegenüber, mitten zwischen zwei Konferenzen herübergerufen aus der Kanzlei. Yvonne saß neben ihr, freundlich gelassen, wie das so ihre Art war. (Sie war nicht zu durchschauen!) Man würgte sich ein Lächeln und ein paar Fragen ab. Der alte Bloch? Der war tot! Jener Schlächterssohn damals in jenem Elsaßdorf? Tot! Die Verwandten? Auch noch zwei Kinder hatte die Schwester gehabt und die waren – tot, tot, tot, war die Antwort auf jede Frage. Es war gespenstisch. Und dabei mußte man hinüber in die Kanzlei, man hatte keine Zeit, keine Zeit! Eine Stunde später schob man noch einmal den Kopf durch die Türe. Man hatte sich inzwischen etwas ausgedacht, mit Fahrkarten irgendwo weithin und mit einem Scheck. Da war Yvonne im Zimmer, allein. »Sie wollte nicht warten, sie läßt grüßen, sie ist wieder abgereist«, sagte sie so leichten Tones, als hätte sich nichts weiter ereignet, als wäre dieser Besuch der verehelichten Pinkas ungeschehen zu machen, als wäre er nicht der Anfang vom Ende!

Denn dies bitte ich zu verstehen, daß dieser Einbruch des Verscharrten, des Vergessengeglaubten, der geheimgehaltenen Schande notwendig, zwangsläufig, unerbittlich der Anfang vom Ende war. Des Angeklagten Verzweiflung galt nicht ihm selber – sondern der Gattin. Gewiß, er hatte ja einiges aufgebaut, ihr zur Sühne und zum Dank. Es war ja einiges aus ihm geworden, ihr zur höhern Ehre. Und da war ja auch François Marie, der Sohn, der in der Klosterschule aufwuchs zu Bar-sur-Aube. Aber all das Gebaute war gebaut wie ein Kartenhaus. Jener modrige Windhauch, der von dem Verscharrten herüberstrich, konnte es in sich zusammenfallen lassen in jedem Augenblick! Gewiß, die Botin der Toten, die Schwester, die verehelichte Pinkas war wieder abgereist. Gewiß, die geborene Yvonne Pélissier blieb gelassen. Aber das war nun einmal so ihre Art, sie war nicht zu durchschauen, und niemand konnte von niemandem wissen, was vorging hinter einer schweigenden Stirn.

Ein Angstträumer, nicht wahr, ein Gespensterseher – so denken Sie. Aber die geborene Pélissier hatte einmal gelacht! Damals, eben an jenem Abend nach der befremdlich überstürzten und weiß Gott was für stumme Drohung in sich bergenden Abreise der Schwester, erinnerte sich Inkulpat mit blitzhafter Klarheit des Vorfalls. In einer Versammlung der Camelots du Roi, als er wieder einmal gegen die Juden sprach. Das war keine sechs, sieben Jahre her. Die geborene Pélissier saß irgendwo im Hintergrunde des Saals mit ein paar Freundinnen. Auch der Vetter, der Hochzeitszeuge, der Offizier Pélissier, jetzt Major, war mit ihnen. Sie unterhielten sich mit leiser Stimme und glaubten wohl, er merke es nicht dort oben von seinem Rednerpult. Und da also, mitten in seine oratorische Leistung, hatte sie losgelacht. Gedämpft, gewiß. Ohne Aufsehn im Umkreis. Als er sie später fragte, erklärte sie es mit einem Witz jenes Vetters und Offiziers. Und er war blind gewesen damals vor sieben Jahren und hatte es ihr geglaubt!

Er handelte als der Ehrenmann, der er war – am selben Abend noch, keine drei Stunden nachdem die verehelichte Pinkas abgereist war. Er trat vor seine Gattin hin und erklärte ihr die Situation. Noch wußte keiner. Noch war ihre Ehre, ihr bürgerliches Ansehen zu retten. Eine Lösung der Ehe ließ sich juristisch rechtfertigen. Er hatte, ein Wissender, eine Wissenlose nicht hinlänglich aufgeklärt. Keine Scheidung. Eine Nichtigkeitserklärung, wie sie auch die Anerkenntnis der katholischen Kirche finden mußte. Was ihn betreffe – er werde verschwinden. In ein anderes Land. In ein Kloster vielleicht. Auch aus dem Leben zu scheiden erbot er sich. Er hatte die Schuld, er mußte auch den Verlust des Seelenheils auf sich nehmen können für seine Schuld!

Was sie tat? Was sie ihm zur Antwort gab? Es war nicht zu begreifen. Sie war gelassen verwundert, wie das nun einmal ihre Art war – dann lachte sie! Sie sagte: »Du bist ein Narr.« Dann wurde sie ernst. »Du bist überarbeitet«, sagte sie – »geh zu Bett.«

Meine Herren Geschworenen! Ich appelliere an Sie, dem Angeklagten zu glauben in einem: er hat es sich nicht leicht gemacht. Er beruhigte sich nicht an ihrer Beruhigung, er wiederholte sein Offert – dutzendmal im Verlauf jener Nacht. Erst da sie weinte und fragte: »Willst du mich denn los sein, bist du denn meiner überdrüssig geworden?« – oh, er empfing sein Leben wieder aus ihrer Hand: Er atmete wieder. Da lag er – es war schon nah am Morgengrauen – in dem breiten polierten französischen Mahagonibett. Sein Haupthaar war aus der Ordnung geraten, sein Bart à la Napoléon Trois war zerstört, unter bürgerlich wohlhabender Seidendecke lag beraubt aller Schneiderkünste sein Leib und war jämmerlich. Tränen drangen dem Würdelosen aus geröteten Augen. Und da hielt er die Frau im Arm, die geborene Pélissier, eine immer noch stattliche, schöne Frau, und ihre Tränen mischten sich mit den seinen. Er konnt' es noch nicht ganz glauben, daß er wirklich begnadigt war. Ein Gespensterseher, ein Halluzinant? Dann nennen Sie ihn eben einen Halluzinanten. Aber geben Sie zu: Wenn er sich nicht auslöschte aus ihrer Existenz, wenn er nun einmal sich beschenken ließ, dann durfte das nicht noch einmal in Frage gestellt sein. Er mußte die Frau an sich binden!

Er band sie an sich, hoher Gerichtshof. All die Jahre der Ehe, der Sohn im Convent, und sie war doch trotz allem nicht mehr was man nennt: eine junge Frau – schweren Leibs und leicht zu Tränen aufgelegt und nicht wohl auf den Beinen und vielleicht auch ein wenig hilflos. Es war ihm, als lärmte in seine Umarmung von der andern Seite der Grenze herüber ein Klirren. Die Judenhatz klirrte dort – Trappen rennender Füße, splitternde Scheiben, und immer wieder ein Schrei. In eben jener Nacht band er die geborene Pélissier. Drei Monate später konstatierte der Hausarzt die Schwangerschaft. Sie weinte ein wenig. Ah, aber er! Er atmete wieder, er wurde erst wirklich lebendig. Es war das die Zeit, da er die Wahlschlacht gegen die Sozialisten schlug. Vierundzwanzig politische Zeitungsartikel schrieb er in einundeinhalb Monaten. Er marschierte in Paris in einer Reihe mit den zehn führenden Männern unter Fanfaren und Flaggen und dem Surren der Filmapparate an der Spitze der Großen Nationalen Demonstration. Mit dem Flugzeug eilte er von dort nach Nancy zum Frontoffizierskongreß und wurde Zweiter Vorsitzender des Komitees zur Abwehr von Bolschewismus und Judentum. Es ging weiter mit der Judenfeindschaft im Lande, sie schlug Wurzeln, sie wurde reif, je mehr der Jämmerlichen es über die Grenze herübertrieb. Er mußte die Sitzungen unterbrechen – Prozesse riefen, Prozesse! Vier junge Anwälte beschäftigte er in jenen Monaten in seiner Kanzlei. An seinem Buche – die Judenkapitel! – arbeitete er Nachtstunden lang bis ins Morgengrauen. Er brauchte keinen Schlaf, keine Rast, er war elastisch, er war elastisch! Geld klapperte in allen Laden. Die Frau, unförmig werdenden Leibes und zu Tränen bereit, nahm er mit nach Paris – konnte sie keine Kleider probieren, so bekam sie vier Hüte und den teuren Pelz. Ach, es war so viel Leben in ihm, so viel brillante und elegante und blitzende und überhitzte Lebendigkeit, als wäre da nicht einer lebendig sondern drei Männer – zehn. Und jeder von ihnen noch ein Brillanter, Eleganter und Blitzender.

Es war zwei Monate später, im fünften Monat der Schwangerschaft der geborenen Pélissier, daß man ihn holte. Mitten aus einer Verhandlung. Sie hatte sich im Wäldchen am Flusse Meuse ergangen. Sie hatte die Eisenbahnlinie kreuzen wollen. Nein, sie war nicht überfahren. Nicht einmal verletzt. Sie war nur erschrocken. Es war eine Fehlgeburt. Vierundzwanzig Stunden – man ließ ihn nicht an ihr Bett, nur ihr Lallen hörte er durch die Tür. Dann starb sie. Gegen Morgengrauen war's, in einer peitschenden frühherbstlichen Regennacht. Ich bitte um ein Glas Wasser. Ich bitte mich niedersetzen zu dürfen für eine Minute. Ich bitte um eine Pause.

Hohes Gericht! Sie sind Zeugen gewesen des Geständnisses eines Verzweifelten. Was soll noch das advokatorisch-kokette Versteckenspiel, Spiegelfechterei, Komödie, Eitelkeit einem, der dort steht, wo ich stehe? Ich also – ich selbst! Sie sehen vor sich einen Mörder! Ich wußte es von dem Augenblick, da ich sie auf dem Bette sah, ich las es von ihrem für ewig verstummten Mund. Gelockt, verführt hab' ich eine Ahnungslose. Besudelt hab' ich sie mit dem Makel. Sie hat es getragen einmal, lächelnd, schweigend, wie eine Heilige. Sie konnte es nicht ein zweites Mal tragen. Als sie an ihrem letzten Tag den Spaziergang tat – die Wahl des Wegs war kein Zufall. Unter die Eisenbahn wollte sie sich werfen! Nein, ich bin kein Narr und kein Irrer, wie die spöttische Vermutung um Ihre gekrausten Lippen geschrieben steht. Da in meiner

Brust, da tief drinnen weiß ich, daß ich es bin, ich der Schwängerer, ich der Besudler, der sie ermordet hat!

Hier steh' ich, hohes Gericht. Ich habe gestanden. Und will Ihnen verraten: allem Glanz und aller Brillanz und Advokatenbemühung zum Trotz sind mir Verurteilung, Freispruch so gleichgültig wie – da, dieser Flecken Staub auf meinem Ärmel ist mir noch wichtiger. Aber ganz im Vertrauen, von Mann zu Männern, bitte ich Sie um Ihre Meinung. Seit das geschehen ist – geht mir ein logisches Mühlrad im Kopf herum. Der Mensch muß doch denken. Er ist doch geschlagen worden von Gott, daß er ausgezeichnet sei vor aller andern Kreatur durch das Gleisnerische, den Teufelsspuk, genannt Hirn. Und so frag' ich mich: Wenn die Frau in den Tod getrieben worden ist durch den Makel – wie hat sie ihn ertragen können all die Jahre und Jahre lang? Wenn es sein konnte, daß ich ihr und mein Leben nicht verstanden hab' all die Jahre lang – wer bürgt mir, daß da überhaupt eine Grenze war für dieses mein Nichtverstehen? Ich war blind gewesen! Ich weiß, es ist die Besudelung einer Heiligen noch über ihr Grab hinaus. Aber was ist heilig für einen, so da geschlagen ist, ein Knecht seines Hirns zu sein? Das Hirn sagt: Sie hat nicht Selbstmord begangen damals nach dem Krieg, als sie den Knaben trug, François Marie, der jetzt in der Schule im Kloster ist. Das Hirn sagt: Blind bist du gewesen für alles, was sie betraf – jetzt sei nicht blind. Warum hat sie damals den Knaben so genannt so wie jener Vetter heißt, jener Offizier? Gewiß, es kann sein, daß ich es war, der den Namen so wollte – aber sie hat mich darin bestärkt. Der Vetter, den sie als Trauzeugen wählte, und der dann all die Jahre hier irgendwo in der Nähe blieb. Und auch damals, als sie lachte – ja, dieses belastende Indiz kommt mir jetzt erst, da ich dies ausspreche, voll zu Bewußtsein – auch damals, als sie mich in jener Versammlung verlachte, mitten in meine Judenrede hinein, war sie mit dem Vetter, mit dem Major François Pélissier! Das ist die Erklärung. Das Wissen um die Schande meiner Geburt, den Makel konnte sie tragen – weil sie ihn gar nicht trug. Ich war ihr nicht mehr als eine Bequemlichkeit, ein Blinder, ein Narr, ein Betrogener. Mein Sohn, mein Kind – es ist nicht mein Kind!

Nein, nein. Ich kenne Ihre Gedanken. Gespensterseher, Halluzinant. Aber ich bin kein Verrückter. Nur, mag sein, ein wenig Kriminalist – wie das nun einmal in den Bezirken meines Berufes liegt. Ich bin an ihr Grab gegangen. Das schweigt. Ich habe, ein Bild meines Kindes in der Tasche, den Major Pélissier besucht. Nicht ihn zur Rede zu stellen. Nur zu plaudern, zu schaun. Er gibt sich harmlos, er stolpert in keine Falle, er gibt sich nicht preis. Und ich kann nicht fragen und kann es nicht finden, was für Gedanken hinter seiner schweigsamen Stirne sind.

Gewiß, da ist das Kind selber. Ich bin hinausgefahren nach der Klosterschule in Bar-sur-Aube. Mit dem Bild des Majors François Marie Pélissier, das ich aus einem Familienfotografiealbum genommen hab', in der Tasche. Mit mehreren Bildern – des Kindes, des Knaben, des jungen Mannes. Nur zu plaudern, zu schaun. Ich liebe mein Kind sehr, meine Herren Geschworenen. Und es ist Hölle und Himmel, ihm gegenüberzusitzen. Vater, sagt es – und weiß nichts von dem Abgrund des Zweifels, der mir im Herzen klafft. Sagt: wir Franzosen, wir, das christliche Frankreich – und weiß nicht, und nicht der Schatten einer Ahnung verwölkt ihm die Knabenstirn, welcher Makel haftet an meinem Blut. Er ist ein Knabe wie Knaben sind. Nicht schön – doch scheint es mir: er ist klug. Vielleicht nicht klüger als andere – doch, so scheint es mir, reinern Herzens. Er ist nicht sehr kräftig. Er soll Priester werden – so ist meine Sehnsucht. Denn ein Priester kann sehr viel beten, und hat ein starkes Wort bei Gott, das vieles vergeben macht. Und er sagt – Vater, sagt er, so wie du willst! Er ist nicht viel schwächer, scheint mir, als mancher andre – nur ist er ein wenig blaß. Es ist sehr seltsam, ihm gegenüberzusitzen – und er weiß nicht: es ist diese kleine Blässe, die mir das Herz zerreißt. Die Ärzte haben ihn untersucht, und sie fragen mich und fragen sich selber: Vielleicht ein winziger Ansatz einer kleinen Tuberkulose, wie sie manchmal in einer Familie sich vererben mag? Sie wissen nicht was sie mir sagen – da sie mir sagen: Sie selbst, Monsieur, sind nicht der Kräftigste auf der Brust! Und sie wissen nicht, was sie mich fragen – wenn sie mich fragen: Ob denn nicht vielleicht mein Herr Vater oder meine Frau Mutter –? Doch können wir uns auch irren, Monsieur, und das ganze ist nichts. So sitze ich ihm gegenüber und schaue mir seine Blässe an. Und hab' eine große, geheime Angst vor ihr, die die Schwester des Todes ist. Und hab' zu ihr, die aus meinem Blute kommt, eine große, heimliche, rauschhafte Liebe. Er aber sitzt mir gegenüber, ein Knabe wie Knaben sind, und weiß nicht einmal, was diese seine kleine Blässe bedeuten mag. So lebt sich's, so lügt sich's, so sehr ist der Mensch umstellt von Geheimnis.

Ich aber will wissen. Ich habe das Kind von der Schule genommen – eine Ferienreise, hab' ich gesagt, es ist eine milde Zeit! Die Ärzte wollen ihn in Ägypten sehen – wenn es ist, Monsieur, was wir vermuten, so kommt es dort zutag und stellt sich heraus. Ein katholischer Priester, hab' ich dem Kind gesagt, soll die Orte kennen, wo der Herr Jesus Christus gewandelt hat und die Heiligen. Denn ich will wissen. Ich muß wissen, was es denn für eine Bedeutung gehabt hat, dieses mein Leben. Was aber das Kind betrifft, François Marie, meinen Sohn – nicht ich, nicht um mich geht's. Trotz Glanz und Eleganz und Brillanz. Ich liebe ihn so sehr, meinen Sohn – ich wünsche ihm mit allen Fasern dieses meines noch lebendigen Herzens, daß ich ein Hahnrei sei, ein Gelächter, und er nicht mein Sohn. Nicht wegen jener winzigen Blässe. Sondern wegen des Makels, der an meinem Blute hängt. Sondern wegen des Makels.

DIE SCHWÄRMER

Smith – oder Die Gerechtigkeit

Lewy – oder Die Romantik

SMITH

oder Die Gerechtigkeit

Die erste Begegnung mit dem jüdischen Problem hatte Mister Smith im zarten Alter von sieben Jahren. Da war Whitechapel Road, im Osten Londons, da war eine der schmutzigen Seitengassen, mitten im jüdischen Quartier, da hatte die Christliche Mission einladend eine Kirche hingebaut, samt Obdachlosen-Schlafsaal, Suppenverteilung, Wohltätigkeitsamt, Gesellschaftszimmer. Und da verbrachte ein Missionar acht Stunden täglich damit, daß er von den Stufen des lockenden Etablissements den Vorübergehenden starkstimmig in makellosem Jiddisch die evangelische Seligkeit offerierte. Die Ablehnung dieses Offertes vollzog sich in den zivilen Formen der Demokratie. Man blieb stehen für eine kleine Minute, hörte sich zwei, drei missionarische Sätze an und ging weiter seinen Geschäften nach. Und auch der Judenbekehrer erwartete sich aus vieljähriger Erfahrung keineswegs ein greifbares Ergebnis seiner Bemühung und hielt sie nur aufrecht, acht Stunden täglich, weil er nun einmal von seinem Herrn Jesus Christus und von den frommen und kapitalkräftigen Trustes der Missionskirche hiezu engagiert war.

Hier nun also kam es zu der ersten Begegnung des damals siebenjährigen Mister Smith mit dem jüdischen Problem. In seinen Händen ruhte zu jener Zeit die Warenauslieferung der väterlichen Firma, der Schnittwarenhandlung des Morris Smith. Es war auf einem seiner Warenauslieferungsgänge (acht yard Kattun, weiß, ein Gros geblümter Taschentücher sowie vier Dutzend assortierter phantasiegemusterter Baumwollsocken trug er in der Schachtel unter dem Arm), daß er jene missionarische Seitengasse passierte und innehielt. Ein für sein Alter kleingewachsener, sommersprossiger, ein wenig ungesund und eher dürftig doch ernsthaft blickender junger Mann mit einer farbigen Schuljungenmütze, die zur Gereiftheit seines Ausdrucks sich wenig schickte: so faßte er Posten mitten unter den flüchtigen Stehenbleibern und Weitergehern, dem Evangelienausrufer nah gegenüber – nicht weichend, ein kleiner, doch harter Fels im Strom.

»When our Lord Jesus Christ came to earth«, setzte der Missionar an.

»You are a liar«, unterbrach ihn Mister Smith, nicht leicht sichtbar infolge seiner Position dort unten zwischen den Beinen Vorübergehender mit einer vor Entschlossenheit piepsenden Stimme.

Der Mann, gleichmütig und ein Demokrat, begann noch einmal: »When our Lord –«

Mister Smith, den Lieferungskarton unterm Arm, bemerkte piepsend: »You are a liar!«

Der Zweikampf vollzog sich unter wachsender Assistenz, und auch als die sich schon wieder verlaufen hatte (Mittagszeit war es, die Gasse lag menschenleer), standen der Fels der Kirche und der Fels Juda weiter einander gegenüber. Der eine, massiger Mann, dem längst schon das Blut in der Stirne stand, schmetterte seinen sales talk, und wann immer er Atem schöpfte, beharrte Mister Smith unerschütterlich, blaß geworden aufs äußerste: »You are a liar!« Bis volle zwei Stunden später ein um Waren- und Sohnverlust besorgter und erbitterter Vater ihn endlich auffand und an Ort und Stelle an ihm tat, so wie Väter tun.

So war es für Mister Smith nicht nur sein erstes Duell, sondern auch gleich sein erstes Leid um die jüdische Sache. Diese frühe idealistische Tat hinderte ihn nicht am Einschlagen einer nüchternen Laufbahn. Er ging, Geschäftsausträger immer noch, in die abendliche Gewerbeschule, interessierte sich dort für ein Nebenfach genannt Geologie, und muß wohl kurz darauf dieses Nebenfach zum Hauptfach seines Lebens erkoren haben. Denn wenige Jahre später findet sich seine Spur schon als die eines »Assistant Clerk for Geology« – was immer wir uns darunter vorzustellen haben – bei einer Firma von Chartered Accountants.

Es war in dieser seiner dienstlichen Eigenschaft, daß er kurz vor der Jahrhundertwende nach Paris kam. Damals war er neunzehn Jahre alt. Eine dienstfreie Stunde wendete er an einen Spaziergang. Das war die Zeit der Affäre Dreyfus. Wie es eigentlich dazu kam, daß er von der Balustrade des Pont de la Concorde eine antisemitisch demonstrierende Menge mit einer Ansprache in seinem englisch-jiddischen Schulbuch-Französisch bedachte, ist ungewiß. Man holte den kleingewachsenen, harmlosen, billiggekleideten jungen Mann von seiner Rampe und verprügelte ihn ohne viel Leidenschaft. Ein Agent nahm ihn mit auf das nächste Kommissariat der Sûreté. Er bekam einen Notverband. Von seinem Chef bekam er eine Verwarnung. Tags darauf sprach er von einer Karre nahe der Porte Maillot. Er wurde verprügelt. Auf der Sûreté bekam er eine Geldstrafe von fünfzehn Franken und einen Notverband. Von seinem Chef bekam er eine Fahrkarte dritter Klasse zurück nach London und die Entlassung.

Dies war Mister Smiths zweites Zusammentreffen mit dem jüdischen Problem. Es hinderte ihn nicht an der erfolgreichen Weiterführung einer nüchternen Laufbahn. Er war ein noch junger, doch in seiner Branche schon angesehener Mann, als er zum drittenmal über die Stränge schlug. Der Anlaß, der Komplex trug den Namen: Die Weisen von Zion.

Vorgeschichte, Vorumstände sind bald berichtet. Um die Jahrhundertwende sind der Hof zu Petersburg, der Zar, die Zarin beherrscht von Thaumaturgen aller Art, Quacksalbern, Mönchen, Taschenspielern, Schwindlern, Heiligen. Im Jahr 1901 ist der Mann in Gunst ein Monsieur Philippe, Gedankenleser und Hypnotiseur aus Frankreich. Gewissen Kreisen, neuen Aspiranten auf seinen Posten kam sein Einfluß auf die Zarin ungelegen. Man wandte sich an die Geheime Polizei – wer war der Franzose eigentlich, woher kam er, was hatte er auf dem Kerbholz? Betraut ward mit dem Fall ein Mann mit

Namen C., von Geburt ein Korse, der als junger Mensch im Geheimdienst des Dritten Napoleon gestanden hatte. In der ihm gesetzten Zweiwochenfrist konnte er zwar nichts den unliebsamen Hypnotiseur Betreffendes zutage bringen – aber was er lieferte, war sensationell und brauchbar.

Es handelte sich um Protokolle, in die ihm von einem ungenannt sein wollenden Jugendfreund Einsicht gewährt worden war. Mitstenographiert anläßlich geheimer Sitzungen der Führer Welt-Judas, abgehalten im Oktober 1900 zu Paris. Richtlinien, nach denen die Völker zu unterjochen waren, zwecks endlicher Errichtung einer universalen Herrschaft der Juden. Vierundzwanzig Sitzungsprotokolle in Dialogform. Auch eine Überschrift trug das papierene Bündel: »Die Geheimnisse der Weisen von Zion.« Der Zar bekam es noch am Abend der Lieferung. Er las es noch in selber Nacht. War jener Monsieur Philippe auch nicht ein Jude, so kam er doch geradenwegs aus jenem Neste jüdischer Verschwörung. Vermutlich ein zionistischer Agent! Nächsten Morgens bekam er den Ausweisungsbefehl. Er wurde abgelöst von einem Eremitenmönch aus Sibirien. Jene Protokolle waren mit einem Schlag nicht mehr auffindbar und sanken über kurz in Vergessenheit.

Nicht für immer! 1905 bedurfte man am Zarenhof, nach einem verlornen Kriege, einer Aufglanzpolierung der Popularität. Wer waren die wahren Verantwortlichen für den allgemeinen Zustand im Lande Rußland? Man fand die Antwort in einem Buch. Ein Staatsbeamter mit Namen Sergei Nilus verfaßte es. Es enthielt Protokolle, Protokolle! Der Autor hatte sie, so stand es dort gedruckt, von einer Frau bekommen. Die hatte sie von einem einflußreichen Juden-Führer unter galanten Umständen entwendet im Juli 1905 in Frankreich, am Ende einer geheimen Konferenz, gemeinsam einberufen von Freimaurertum und Judentum!

Es war eine Sensation inmitten dieser revolutionären Zeit. Der Absatz des Buches stieg! Wie Schuppen fiel es jedermann von den Augen. Keine sechs Wochen später schrieb Zar Nikolaus der Zweite an seine Mutter diesen Brief:

Peterhof, 9. November 1905.

Meine geliebteste Mama,

mein letzter Brief war lang, doch unklar und bedrückt. Laß mich Dir sogleich berichten, daß die ganze Lage besser ist als vor einer Woche! In den ersten Tagen nach der Veröffentlichung hoben noch die umstürzlerischen Elemente die Köpfe – aber dann setzte stürmisch eine starke Reaktion ein! Das Ergebnis war, wie man es erwarten durfte in unserem Land. Die Frechheit der Sozialisten und Revolutionäre erbitterte das Volk, und da neun Zehntel der Bösewichte Juden sind, wandte sich gegen diese der volle Volkszorn. Verblüffend, wie sich das in einem und dem selben Augenblick abspielte, in allen Städten, in Rußland, in Sibirien!

In England behaupten selbstverständlich die Zeitungen, diese Unruhen seien von der Polizei arrangiert worden. Das alte Märchen! Dabei sind doch nicht ausschließlich Juden zu Schaden gekommen, sondern auch einige russische Agitatoren – Ingenieure, Anwälte und dergleichen böse Menschen! Da zeigte sich einmal, was die spontane Empörung des Volkes bedeutet. Sie belagerten alle Häuser, in denen die bösen Revolutionäre sich versteckt hielten, und zündeten sie an, und wer entwischen wollte, der ward erschlagen!

Jetzt bekomme ich Telegramme von überall, voll herzbewegender Dankbarkeit für die gewährten Freiheiten; aber – so verlangen alle – die Autokratie muß bewahrt bleiben!

Ich schließe jetzt. Innigste Grüße, süße, liebste Mama! Glaub mir: ich bin jetzt viel ruhiger.

Von ganzem Herzen Dein

Nicky.

Das Zusammentreffen Mister Smiths mit diesem Weisen von Zion-Komplex spielte sich nachweislich erst einige Jahre später ab – 1913, anläßlich seines ersten Aufenthalts in Rußland. Er war ein Mann in den Dreißig damals, kurzbeinig, mager, mit einer mürrischen Sachlichkeit im Gesicht, mit einer leise schon ergrauenden Bürste nüchtern kurzgeschnittener Haare über dem Schädel, mit einem graumelierten, von der Stange gekauften Anzug, obgleich er als Consulting Engineer der British Overseas Mining and Development Company es sich kostspieliger hätte leisten können. (Ganz abgesehen von den Extraprämien, die er für das von ihm erfundene Verhüttungsverfahren armer Manganerze regelmäßig ausgeschüttet erhielt.) Er kam nach Petersburg anläßlich der gründenden Generalversammlung einer Tochtergesellschaft des englischen Unternehmens, dem ein wertvolles Schurfrecht auf Uranpechblende im Ural gesichert war. Er sollte den Posten eines ersten technischen Direktors bekleiden.

Eine Viertelstunde vor Beginn der Sitzung wurde Mister Smith ein massiger, gütigblickender Herr als russischer Regierungsvertreter vorgestellt, mit braun sich wellendem Vollbart und einer mit großer Würde gepaarten Redlichkeit und Kindlichkeit des Gehabens. Sein Name war Herr Professor Sergei Nilus. Die Frage des unscheinbaren Briten, ob er der Veröffentlicher jener Geheimnisse der Weisen von Zion sei, beantwortete er mit einem erfreuten und offenen Lächeln und einem weithin hörbaren Ja. Der Engländer stellte etwas unmittelbar eine zweite Frage – wie er denn diesen lallenden Blödsinn, diese verbrecherische Idiotie zusammengestoppelt habe oder dergleichen. Der andere, langsamen Witzes und überrumpelt, ließ sich tatsächlich auf einen Disput ein. Mister Smith bezeichnete ihn als einen Lügner. Hier intervenierte ein wohlmeinender Weißbart mit einem Ordensbändchen im Knopfloch. Aber der Biedermann war nun aufgewacht! Nein, erklärte er schmetternd – nein, nein! Man solle nur ein wenig warten mit der Eröffnung der Generalversammlung. Dann werde eben die neue Bergwerksgesellschaft fünf Minuten später ins Leben treten. Hier vor allem habe man ihn verdächtigt, hier gehe es um seine Ehre! Jene Alljuda entlarvenden Protokolle habe er von einem Freund bekommen, sie seien verfaßt, zwecks Vorlage an den Ersten Zionisten-Kongreß, zu Basel damals, 1897 – eigenhändig verfaßt, so schrie er es, von jenem Ober-Juden, Herzl habe er ja wohl geheißen, Doktor Theophil oder Theodor Herzl! Und unterschrieben – so kreischte Nilus in den Generalversammlungssaal – unterschrieben seien sie von sämtlichen Zionistenvertretern des Dreiunddreißigsten Grades der Freimaurerloge vom Großen Orient!

Es war ein Vorfall von einiger Peinlichkeit. Mister Smith, weißgesichtig mit einemmal, sah sich von einem englischen Kollegen am Arm genommen und aus dem Saale gezogen. Hinter ihm verfiel der Wellenbärtige, den Platz behauptend, in ein Kreischen und kreischte etwas über verdächtige Judenfreundschaft gewisser englischer Persönlichkeiten. Beinahe als ob sie geheime Juden-Emissäre oder gar selber Juden wären! Darüber müsse er als Regierungskommissar noch vor der Abhaltung gründender Generalversammlungen zunächst einmal höheren Orts berichten! – Das sei, erklärte Mister Smith im Hotel zwei Stunden später vor vier-fünf Journalisten – das sei ja der nackte Schwachsinn! Erst war's ein Weib, das jene Dokumente entwendete – jetzt sei's ein Mann. Erst in Frankreich – dann in der Schweiz. Und die Freimaurerloge zum Großen Orient nehme, das wisse jeder, gar keine Juden auf! Nehme man dazu die plumpe Idiotie des Kerls, der das alles gefälscht haben müsse – Hier klopfte es. Ein Polizeikommissar. Mit dem Ausweisungsbefehl.

Die gründende Generalversammlung der englisch-russischen Bergbaugesellschaft wurde tags darauf abgehalten, ohne weitere Störung. Man wählte einen technischen Direktor, der in innerrussischen Belangen minder aufreizende Ansichten vertrat als Mister Smith. Dieser war zu der Zeit schon außer Landes – nach einem weitern peinlich grellen, wenn auch sozusagen landesüblichen Zwischenfall. Von jenen Zeitungsleuten hatte ein einziger etwas geschrieben – in einem obskuren jüdischen Blatt, das sofort konfisziert ward. Dennoch verbreitete sich die Nachricht von einem Disput und einer Ausweisung durch die kaiserlich russische Polizei mit Steppenfeuergeschwindigkeit. Sie rannte dem reisenden Eisenbahnzuge sogar voraus, denn als der in den Bahnhof von Wilna fuhr, war der Perron schwarz von kaftantragenden Menschen. Und ein paar Herren waren das Komitee. Und einer war der Oberrabbiner und sprach Mister Smith auf Hebräisch und Jiddisch an und dankte ihm im Namen russischer Judenschaft dafür, daß er, ein anderer Doktor Herzl, für alle geredet hatte. Und einer übertrug es in die englische Sprache. Der wider Willen seltsam bewegte und doch nüchtern bleibende Mister Smith trug ihm auf, nun freundlichst aus der englischen in eine jener ihm leider unverständlichen Sprachen zu übertragen: Er, Mister Smith, sei sich weiter keiner Verdienste bewußt. Er wolle nicht mißverstanden werden; er sei ein Privatmann, ein Ingenieur und kein Utopist, ein Engländer zufällig jüdischer Konfession. Und als solcher lediglich für das, was man auf Englisch nenne: fair play – wie immer nun einmal der Interpret das übersetzen wolle ins Jiddische! Dieser zwiespältigen Übersetzungsverpflichtung sah der Linguist sich überhoben durch die eben in diesem Augenblick einsetzende Intervention der Wilnaer Polizei, die zu Pferde auf dem Perron erschien und ohne weitere Warnung in den Judenrummel hineinritt. Übrigens fuhr da auch schon der Zug. Was als letztes in des Weiterreisenden Ohr schlug, war dieses Hufeklappern auf dem Pflaster des Bahnsteigs. Weiteres ward schon überdonnert vom Schienentakt.

Bleibt für dieses Mal zu berichten, daß Mister Smith, kaum in London angelangt, sich nach dem Zeitungsviertel begab und mit dem Editor eines konservativen Blatts, eines Weltblatts von Weltruf, sich eine Aussprache verschaffte. Betreffend die jedem Vollsinnigen in die Augen springende Fälschung von Protokollen, zusammengestoppelt zwecks Aufreizung zum Judenhaß! Sehr wahrscheinlich, sagte der Editor – aber wo ist der Beweis? Unsere Objektivität und neutrale Stellung ist weltbekannt – wir wollen dieses Renommee nicht verlieren. Außerdem: wir haben innerrussische Empfindlichkeiten zu schonen – wir sind nicht einfach eine Zeitung, sondern eine Institution. Die Juden, sagte man Mister Smith bei der zweiten Zeitung – die Juden seien nicht topical, sie seien nicht in den News – in den News sei der kommende Krieg. Und außerdem: wo seien seine Beweise? Und als dieser Misther Smith drei Tage später der elften Zeitung einen Aufsatz anbot – den einzigen Aufsatz seines Lebens –, sagte der

Redakteur: »Ganz begabt! Aber schreiben Sie über etwas anderes!«

Dieser selbe Abend sah einen kurzbeinigen, sachlich gekleideten Herrn mit ergrauender Haarschur auf einem Stuhle stehen, an der Ecke des Hyde Park hinter dem Marble Arch, und etwas verlesen, das aussah wie ein für die Zeitungen vorbereitetes Manuskript. Er las so nüchtern, wie das seiner Erscheinung gemäß war. Der sozialistische Neger auf der improvisierten Estrade zur Linken und die geschult und pausenlos redende Methodistenkirchen-Propagandistin mit ihrer Hymnen singenden Entourage zur rechten Hand waren sehr viel lauter und lockender. Als Mister Smith ein wenig leiser und mühsamer weiterlas und noch vor Beendigung der Verlesung des Schriftwerks mit einemmal innehielt und von seinem Klappstuhl stieg, merkte das keiner. Er entfernte sich ungesehen.

Wohlmeinende veranlaßten kurz darauf den Aufgewühlten, seine nach jenem russischen Zwischenfall ohnedies wankende Stellung zu liquidieren und nach dem Fernen Osten zu gehen. Auch anderes in seinem Leben erfuhr (so läßt sich in Umrissen feststellen) hiedurch seine Liquidierung – und zwar seine auf nüchtern scheuen Bahnen in die Richtung von Verlobung und Ehe steuernde Beziehung zu einem gesetzten, Mängel leiblicher Schönheit durch einen seelischen Liebreiz aufwiegenden Mädchen, dessen Name verloren ist. Doch muß es wohl sein, daß ein aus der Ordnung Gefallener, einer, dem die Blässe der Leidenschaft auf der Stirne steht, hiefür zu zahlen hat, und vielleicht zu zahlen ein Leben lang.

Mister Smith ward hiedurch nicht in der Verfolgung einer nüchternen Laufbahn behindert. Nach einer Kriegsdienstleistung als Bergbau- und Erzversorgungsexperte der britischen Regierung weilte er im Jahre 1921 in Konstantinopel. Nicht mehr englisch-amtlich, sondern nun schon wieder für das prosperierende Londoner Ingenieurbüro, an dem er beteiligt war. Jahr um Jahr befaßte er sich zweckhaft und ohne Überschwang mit Reisen, Expertisen, Einfahrten in Stollen, Generalversammlungsberichten, chemisch-geologischen

Untersuchungen. Im Laufe dieser Jahre wurde ein Schriftstück, genannt »Die Geheimnisse der Weisen von Zion«, gedruckt in England, zur Erklärung der durch die Juden planvoll heraufgeführten wirtschaftlichen Depression. Gedruckt in Damaskus zur Aufklärung und moralischen Präparation der Araber, drei Wochen ehe sie die einzeln liegenden Judensiedlungen attackierten. Gedruckt in den Vereinigten Staaten von Nordamerika von der hiefür seitens einiger Industriemagnaten mit speziellen Mitteln bedachten Organisation Ku Klux Klan, mit einem Vorwort, das auf die hier gegebene sensationelle Erklärung für die Zusammenarbeit Alljudas mit den das freie Amerika in Versklavung und Elend stürzenden Freimaurern im Weißen Hause zu Washington hinwies. Gedruckt in Rußland von einem Kosakenhetman namens Petljura zur Entlarvung der jüdisch-weltversklavenden Bolschewikenmacht. Und gedruckt im Land Deutschland mit dem Vorwort eines Generals mit Namen Ludendorff; der hatte einiges früher einen Aufruf verfaßt »Zu die lieben Jidden in Paulen«, und nun verfaßte er eine Durchschauung, wie diese Jidden im Komplott mit allen anderen Jidden auf dieser Welt und unter Oberleitung der Generalstäbe Englands und Frankreichs gemeinsam mit den Freimaurern und dem Papst die unbesiegte deutsche Armee zu Boden gezwungen hatten, mit einem Dolchstoß von hintenher. Zu der Zeit lagen Übersetzungen des Buches vor in Russisch, Ukrainisch, Polnisch, Bulgarisch, Ungarisch, Litauisch, Griechisch, Arabisch, Französisch, Spanisch, Englisch und Deutsch; ferner waren Spezialausgaben erschienen in China, in Japan, in Saloniki, in Ägypten und Südamerika.

Das war im Jahre 1921 die Situation der literarischen Strategie. Am 21. Juli dieses Jahres wurde Mister Smith zu Konstantinopel auf dem kurzen Straßenstück zwischen der Grande Rue de Galata und dem Pont-Neuf angesprochen von einem ältlichen Mann zweideutigen Gehabens, fadenscheinig elegant auf Emigrantenart, mit einem hängenden Augenlid und einem ewigen Zucken in der ausgemergelten Wange darunter. »Mister Smith?« sagte der Blinzelnde. Dann sagte er etwas auf Russisch. Oh, unterbrach er sich und redete weiter in einem slawisch weichen Französisch – er habe vergessen: der Verehrte verstehe ja wohl noch immer nicht das Idiom des großen russischen Vaterlands. Er habe die Ehre gehabt in Petersburg vor – wieviel Jahren? Ach, man geriet aus der Rechnung. Nein, der Verehrte sollte sich nicht bemühen, er werde sich nicht erinnern. Immerhin – man habe den Verehrten wiedererkannt. Ach, das Leben in Konstantinopel. L'émigration, Monsieur, le désespoir.

Womit er ihm dienen könne, fragte Mister Smith. Er sei in Eile. Er griff nach der Börse.

Ein Mißverständnis, protestierte der mit dem Hängelid. Er hatte seinen Mann zwischen die Tische eines kleinen Cafés manövriert. Er wolle nichts geschenkt. Er wolle etwas verkaufen. Sich von früher her des Interesses des verehrten Mister Smith für Literatur erinnernd. Er hatte mit einemmal ein Buch aus einer der Taschen seines dünnen Überrockes gezaubert und hielt es in der Hand.

Er kaufe keine gewissen Bücher, sagte Mister Smith. Auch keine gewissen Fotografien. Auch sei er in Eile. Adieu, sagte er. Und blieb stehen. Sein Blick war auf die aufgeschlagene Titelseite des Buches gefallen – der Schäbige hielt es spielerisch in der Hand. *Die Geheimnisse der Weisen von Zion.*

»Sixpence«, sagte der Blinzelnde.

»Das kauf' ich nicht«, schrie Mister Smith, jäh heiser, jäh erblassend bis in seine graue Haarschur über der Stirn.

»Sie werden es kaufen«, sagte der Blinzelnde. »Sie werden es brauchen.« Er hatte ein zweites Buch aus der Tasche gezaubert. »Deshalb«, sagte er und wog es in der Hand. Etwas Maßloses stand mit einemmal in seinem lebendigen Aug. »Da, setzen Sie sich«, verlangte er. »Da, schlagen Sie auf, die Protokolle, auf Seite eins!« Ein unbeherrschter Finger wies fordernd auf einen Absatz. »Da – lesen Sie!«

Hier erst war es, daß Mister Smith sich langsam an eines der Tischchen setzte – ein billig emaillierter runder Eisentisch war es mit einer Lache eines von einem frühern Gast verschütteten Tranks darauf. Mister Smith war sehr ruhig mit einemmal. Er las langsam. »Was, meine jüdischen Brüder« – so stand es da – »hält die wilden Raubtiere im Zaum, die man Männer nennt? In den frühen Formen des Zusammenlebens ließen sie sich leiten von Brutalisierung und blinder Macht, später von Gesetzen, die in Wirklichkeit dasselbe waren, nur maskiert, und dann –« Mister Smith blickte auf. »Was soll das?« fragte er wachsam.

Der andere hielt noch immer jenes zweite Buch in der Hand. Jetzt schlug er es auf und blätterte suchend. Dann legte er es vor den Sitzenden ohne Wort. Ein fleckiges Buch, registrierte Mister Smith mit wissenschaftlicher Gründlichkeit. Zwischen siebzig und hundert Jahre alt nach der Konsistenz des Papiers. Dies ist Seite sieben. Er las: »Was aber, mein lieber Montesquieu, hält die Raubtiere, genannt Menschen, davon zurück, übereinander herzufallen? In den niedrigsten Formen sozialen Lebens: Gewalt. Späterhin: das Gesetz, das noch immer Gewalt ist, geregelt durch Formen; und später –« Er hörte zu lesen auf. Er blickte nicht hoch. Seine Finger zitterten ein wenig am Buchrand.

Der andere sagte: »Lesen Sie Seite neun. Und vergleichen Sie mit den Protokollen auf Seite zwei!«

Ein Schweigen war. Mister Smith las unbewegten Gesichtes. Nur seine Finger zitterten an dem Buchrand. Wort stimmte zu Wort. Da waren es Weise von Zion, die miteinander sich unterhielten – dort waren es, in den Gefilden der Seligen, die beiden Geister Montesquieu und Macchiavelli. Sie sprachen durchsichtig anzüglich. Sie sprachen nicht über die Juden. Über einen Despoten? Kein Zweifel: hier aus der Seite siebenunddreißig, aus der Seite hundertdreiundfünfzig ging es hervor: sie sprachen über den französischen Kaiser, über den Dritten Napoleon! Mister Smith blätterte. Die Titelseite fehlte. Doch stand irgendwo mit erblaßter Tinte hingeschrieben die Jahreszahl der Publikation: 1865. Der Rücken des Buchs war halb abgerissen. Ein Wort war auf ihm zu lesen: JOLI.

Mister Smith saß noch immer ohne Bewegung, aber sein Herz pochte maßlos. Was immer es war, das er da in der Hand hielt – es war das Buch, das ein Unbekannter, ein Lump, jener Nilus vielleicht, vielleicht auch ein anderer, vor sich liegen gehabt hatte so wie er. Und hatte es gestohlen und verbogen und umgelogen wider die Juden – ins Große Elend, in die Alte Verfolgung, in das Ewige Blut! Eine Fälschung! Und da saß er, ein Mister Smith, an einem billigen Eisentisch, und es stürzte auf ihn ein und diesmal konnte er es beweisen: es war eine Fälschung, ein billiges Plagiat! Er blickte nicht auf. Nur seine Finger zitterten immer noch. Und dann fuhr er mit dem Ärmel seines sachlichen und saubern Rockes über die Platte des Tisches hin und wischte die Feuchte weg, daß sie das zerschlissene und fleckige alte Buch nicht benetze. Endlich sagte er nüchtern: »Das erste Buch kostet sixpence. Was kostet das zweite Buch?«

»Hundert Pfund.«

»Ich kaufe es«, sagte Mister Smith. Er zog sein Scheckbuch, setzte die Feder an.

»Halt«, sagte der Zwinkerer. »Fünfhundert Pfund ist die Ziffer!«

»Sie haben gesagt –«

»Soll ich tausend sagen?« fragte der andere heiser. »Es ist geschenkt! Sie verlieren ohnedies nichts daran. Die anderen geben es Ihnen wieder!«

Mister Smith schrieb wortlos den Scheck. »Hier«, sagte er. Er erhob sich, schob das Buch in die Tasche. Blaß war er noch, doch zitterten seine Finger nicht.

Der andere nahm, prüfte, ging grußlos. Da war er schon zwanzig Schritt entfernt, als er noch einmal stehenblieb. »Die Not«, sagte er. »So weit kommt man – die Not!« Er ging weiter. Als er fünfzig Schritte fern war, wandte er sich noch einmal. Eine wilde Wut stand in seinem Gesicht. Beide Fäuste schüttelte er in maßloser Drohung. »Saujuden«, brüllte er. »Saujuden, Saujud!« – ehe er um die Ecke bog.

Der Konstantinopeler Korrespondent der Londoner Zeitung *The Times*, ein Mister Philip Graves, schickte wenige Tage später seinem Blatt drei Artikel unter dem Titel *The Truth about the Protocols*, sowie das Buch mit dem fehlenden ersten Blatt. Die Artikel wurden am 16., 17. und 18. August 1921 gedruckt. Sie enthielten Gegenüberstellungen aus jenem Buch und aus den *Geheimnissen der Weisen von Zion* in großer Zahl. Das Buch ward im Britischen Museum identifiziert als ein gegen den französischen Kaiser gerichtetes Pamphlet, verfaßt im Jahre 1864 von einem französischen Anwalt mit Namen Maurice Joli, anonym. Von einem tüchtigen, aus Korsika stammenden Geheimpolizisten, der später in russische Dienste trat, wurde der Autor aufgespürt; er ward zu achtzehn Monaten Zuchthaus verurteilt.

Der Entdecker der Fälschung, der Erwerber des verschollenen Buchs, der Entlarver des Großen Unrechts an der Judenheit, das geschehen war, wurde in jenen Artikeln der *Times* als ein »Mister X« erwähnt. Er hatte sich, so stand es dort, die Veröffentlichung seines Namens verbeten. Ein Versuch der Englischen Zionistischen Organisation, die Sonderdrucke jener Zeitungsartikel verteilen ließ, durch die Redaktion mit dem Unbekannten in Verbindung zu treten, ihm zu danken, ihn zu ehren wie er zu ehren war, blieb ohne Erfolg. Er sehe keinen Anlaß zu Ehrungen, war der Bescheid. Er habe etwas geklärt und geordnet – nun sei es erledigt. Auch sei er auf Reisen. Und schließlich, und um Mißverständnissen vorzubeugen: er sei keineswegs Zionist. Sondern Engländer – zufällig israelitischer Konfession.

Zwischen dieser Konstantinopeler Affäre und dem nächsten Mal, daß den Seniorchef der Firma Smith, Pickering & Co., Consulting Mining Engineers, London, E. C., das Unentrinnbare antrat, lagen Reisen, Expertisen, Analysen, Generalversammlungsberichte, abenteuerlich nüchterner Gelderdienst. Auch fünfzehn Jahre lagen dazwischen. Darüber wurde man ein noch einsilbigerer, in seinem Fach noch angesehenerer, beinahe berühmter älterer Herr, und eine sachlich graue Haarschur wurde beinahe weiß.

Der Vorfall spielte in Südamerika. Es war nichts Besonderes, es war gang und gäbe und dortzuland nicht weiter aufsehenerregend, es hatte einen nüchternen Namen, und der hieß: Fleisch.

Vorgeschichte, Vorumstände sind bald berichtet. Die Entdeckung jenes Landstrichs durch die Spanier erfolgte im Jahre 1511, die Errichtung der Bordellstadt am Rand der Siedlung erfolgte erst 1590. 1766 wohnten viertausend Huren dort. Die Nachfrage nach Europäerinnen bei Matros, Einwanderer, Hidalgo, Neger, Indio, Mestiz, Mulatte war von Jahr zu Jahr stürmischer. Ihr entsprach von Jahr zu Jahr ein besser organisiertes, steigendes Angebot. Doch vermochte es den Abgang durch Seuche, Gewalttat, Tod nur langsam zu überflügeln. 1883 waren es erst viertausendachthundert, und dabei blieb es. Obgleich gerade dieses Jahr 1883 den ersten Schub neuer Ware brachte. In Rußland war Pogrom. Bis dahin war das Fleisch, das nach solchen Pogromen herrenlos und lebendig blieb, von den Freudenhäusern Europas, Nordafrikas aufgenommen worden. 1883 war der Pogrom zu groß, das Angebot zu heftig, der legitime Markt hatte sich eingedeckt, der Fleischpreis stürzte, der Handel hatte finstere Tage, eine der renommiertesten Firmen, Schleierbaum in Warschau, stellte die Zahlung ein. Nun, und dann entlastete man eben den europäischen Markt durch einen größern Export. Das Fleisch war jüdisch. Die Händler waren jüdisch.

Diese Händler von 1883 fand Mister Smith, als er recht genau fünfzig Jahre später jene südamerikanische Stadt betrat, nicht mehr draußen im Hurenviertel, sondern in marmornen Privatpalästen am Meer und in der Stadt. Zumitten schattenspendender Wundergärten, in denen Fontänen plätscherten. Mit Söhnen, die Advokaten waren, Politiker, Doktoren, Künstler, Don Ignazio Pollak, Don Isidoro Abeles. Und ihre Töchter waren verheiratet mit Offizieren, mit Ministern, mit Staatsanwälten aus altspanischem Adelsstamm. Ahnherren aus großen Tagen des Geschäfts, hatten sie sich von den Fährlichkeiten anstrengender Europa-Reisen, Waren-Auftriebs und Verschiffung damals schon längst zurückgezogen. Sie beschränkten sich auf die Kommanditierung jüngerer Kräfte und auf ihren Bordellbesitz. Und auch von der erstimportierten Ware, Jahrgang 1883, und von dem Fleisch aus Kischinew von 1903 und allen anderen von ihnen noch eigenhändig traktierten Partien Fleisch war damals, als Mister Smith kam, nicht mehr sehr viel übrig. Sie waren ausgelaugt, verbraucht, versprengt in vorgeschobene Militärstationen, verrottet an der Seuche, verfault im Dreck.

Mister Smith war damals schon seit mehr als einem Jahr im Land – droben in der Wildnis der Kordilleren. Dort hatte er, nun schon auf eigene Rechnung, das große Bleiglanz-Vorkommen aufgeschlossen, mit jener kinderspielhaft simplen Verhüttung an Ort und Stelle, die später unter der Bezeichnung »Der Smith'sche Ofen« in die Lehrbücher einging. Er kam in die Hauptstadt zu einer Besprechung mit der finanzierenden Bank. Er stieg im Hotel Cortez ab, Plaza del Sol. Eine zweifelhaft jugendliche Frauensperson aufgedonnerten Aussehens sprach ihn in der Hotelhalle an, in einem Gemenge von Englisch und Jiddisch, und bat ihn um eine Unterstützung. Sie wolle eine Fahrkarte kaufen, sie wolle zurück nach Polen. Sarah Streletzky hieß sie übrigens, der Name bekam später seine Berühmtheit. Sie sei Musikerin, man habe sie unter der Vorspiegelung eines Engagements in einer Damenkapelle hergelockt, nun aber habe man sie in einem Bordell einquartiert!

Sie sprach bis hieher in übersprudelnder Hastigkeit. Hier aber brach sie ab, nackte Angst in den Augen, beim Anblick dreier Männer in der Hoteltür. Die zwei ersten waren Polizisten in Uniform. Der dritte war ein magerer, unjunger Mensch mit dürftig graublondem, unter vieler Pomade niedergehaltenem Kräuselhaar. Er war übermodisch gekleidet. Er trug eine farbige Brille. Die nahm er ab und tastete mit engstehenden, zugleich traurigen und grausamen Augen den Raum ab. Er erblickte die Frau, er hob nach ihr, nur ein wenig, nur andeutungsweise, eine schlenkrige Hand. Er warf den beiden Uniformierten auf Spanisch ein halblautes Wort zu. Im nächsten Augenblick war er irgendwohin zurückgetaucht. Die Polizisten warfen sich auf die kreischende Frau und schleppten sie aus der Halle, ehe Mister Smith aus dem niedrigen Korbstuhl sich zu einer Intervention hochgerafft hatte. Als er Aufklärung heischend zu dem Portier trat, hatte niemand nirgendwo nichts von dem Vorfall gesehen.

Daß er schließlich doch noch erfuhr, wer jener Polizisten-Kommandierende, Weiber-Verschleppende gewesen war – das dankte er einem jungen jüdischen Arzt, der neu genug im Lande war, noch zu sprechen, und alt genug zu wissen, wovon er sprach. Der beugte sich an sein Ohr und sagte: »Fragen Sie nicht weiter, machen Sie doch kein Aufsehen! Das war ein Agent, ein gewisser Fiul!« Eine kleine Stunde später betrat Mister Smith das Büro des Ersten Staatsanwalts Don Fernando Conde di Albaquerra und erstattete eine Strafanzeige gegen einen Agenten, einen gewissen Fiul, und unbekannte Komplizen wegen des Verbrechens des Mädchenhandels.

Don Fernando Conde di Albaquerra war der Gatte einer geborenen Señorita Bianca Bendiner, Tochter des Don Maurizio Bendiner, Besitzers eines Palais, eines Marmormausoleums auf dem jüdischen Friedhof, eines Tempelvorsteher-Ehrenamts und einer Kette von elf Bordellen. Deren Fleischbelieferung besorgte der hier angezeigte Agent Fiul. Der Graf und Staatsanwalt ließ es sich von diesem zugewanderten Ingenieur dreimal sagen, eh er seinen Ohren traute und die Anzeige zur Kenntnis nahm. Mister Smith hatte in der Stadt keine weiteren Geschäfte – er wollte reisen um Mitternacht.

Vorher, abends, erschien bei ihm im Hotel ein Herr – ein eingeborener Adeliger übrigens, der makellose Manieren hatte und makellos englisch sprach. Er fragte von Mann zu Mann, wo Mister Smith denn nun eigentlich mit seiner Aktion hinauswolle? Ein Konkurrent mit der Absicht einer Durchbrechung des Monopols? Man werde sich mit ihm einigen! Wie, also kein Konkurrent? Dann wolle er also Geld! Für den Fall einer Zurückziehung der Strafanzeige sei der Besucher berechtigt – er griff nach dem Scheckbuch. Mister Smith, blaß beherrscht, erbat sich die Vereinbarung schriftlich. Er reiste nicht ab. Mit dem Dokument, mit dem Scheck, mit dem Namen des Unterhändlers ging er am nächsten

Morgen zum Staatsanwalt und erstattete eine Strafanzeige wegen versuchter Verleitung zum Meineid.

Am Mittag stand der Fall in einem Boulevardblatt. Um zwei Uhr nachmittags kam jener junge jüdische Arzt. Man habe ihn mit Mister Smith reden gesehen, man verdächtige ihn, daß er es gewesen sei, der den Namen jenes Fiul genannt habe. Das Spital, in dem er arbeite, werde von den Reichen der Stadt patronisiert. Seit einer Stunde sei er entlassen.

Um vier Uhr kam ein Brief von der Bank. Mit Überschrift und Unterschrift war er sechs Zeilen lang. Man kündigte die Kredite. Ohne Begründung. Mister Smith hatte reisen wollen, man brauchte ihn droben im Bergwerk – nun beschloß er, noch für einen Tag zu bleiben, um sich nach einer anderen Finanzstelle umzusehen.

Das war um vier Uhr. Um sechs Uhr kam der Manager auf sein Zimmer. Es sei da ein Mißverständnis gewesen bei der Buchung des Appartements. Man brauche leider das Zimmer. Morgen früh? Vielleicht noch besser heute abend, Señor, wenn das nicht mit Ungelegenheiten verbunden ist.

Mister Smith war beim Kofferpacken, als um sieben Uhr der Rabbiner kam. Der Rabbiner war ein würdiger und bekümmerter Herr. Er wisse, er wisse, er wisse alles. Er habe erwartet, einen Goj zu treffen, einen Antisemiten – er treffe einen jüdischen Mann. Wenn aber schon ein jüdischer Mann, so habe er sich gesagt, so ist's ein Jüngling, ein mit dem Zustand dieser Welt nicht Vertrauter, ein Feuergeist. Aber er treffe einen mit dem Schnee der Reife auf seinem Haar! Wie solle er sich das erklären? Glaube Mister Smith, daß hierortige Judenschaft blind sei, stumpf, ehrlos? Zwanzig reiche Juden, reich geworden am Fleisch, ja, und vielleicht auch noch an anderem Finstern, seien unter hiesiger Judenschaft. Tausendmal zwanzig hierortige Juden seien arm und ehrlich und kämpften um ihr tägliches Brot! Glaube der überraschenderweise nicht judenfeindliche noch jugend-unbesonnene Mister Smith, diesen einen Fiul, diesen einen Lumpen treffen zu können, ohne die zwanzig Marmorpalastbesitzer zu treffen? Glaube er, die zwanzig treffen zu können, ohne die zwanzigtausend zu treffen? Sei er so unerfahren auf dieser Erde, nicht zu wissen, daß da gilt der Satz: Jud ist Jud, nicht ein Fiul hat's getan, nicht die zwanzig haben's getan – der Jud hat's getan, alle Juden sind Lumpen, alle Juden handeln mit weißem Fleisch? Zumitten des Großen Elends der Zerstreuung unter den Völkern sei ein Jeder haftbar für einen Jeden!

Mister Smith saß da unscheinbar und nüchtern in einem Sessel, blassen Gesichts, und sagte ohne Leidenschaft in der Stimme: »Dann müssen die Juden selbst mit ihren Lumpen fertig werden.«

Der andere lachte erbittert. Wolle der Herr aus England ihn nicht vielleicht belehren – auf welchem Weg? Fürs erste gebe es, soweit er unterrichtet sei, kein jüdisches Tribunal und kein jüdisches Zuchthaus. Fürs erste seien – und darüber sei er sehr genau unterrichtet – gerade die zwanzig die Erhalter der bedrängten Judengemeinde in diesem Staat. Die Finanzierer ihrer charitativen Institutionen! Die Brotgeber Ungezählter, die mit ihnen standen und fielen! Schon regten sie sich, schon verwahrten sie ihre Börsen, schon setzten sie jedermann unter Druck. Schon forderten sie Loyalitätserklärungen, schon preßten sie diesen und jenen, den Arzt, den Juristen, die Huren in den Bordellen selbst, um Expertisen, Atteste, Proteste, beschworene spontane Erklärungen. Schon regte sich's, schon schrieben die Zeitungen, schon hing der Unstern der Angst über Israel! Der Rabbiner sprang auf, ein würdiger und bekümmerter Mann, und rief beschwörend: »Reisen Sie ab!«

Mister Smith saß da immer noch. Er hatte zwei Telegramme bekommen. Man brauchte ihn im Betrieb. Er konnte vielleicht doch noch nicht reisen. Er fragte trocken: »Wer sind die zwanzig?«

Der andere rief: »Sie glauben ein Jude zu sein – aber was Sie da unternehmen ist ein Pogrom!«

Mister Smith saß da immer noch, die kurzen Finger gedankenvoll auf dem Kofferschloß. Er nickte. »Ja«, sagte er ohne Leidenschaft in der Stimme. »Das haben die Juden bisher nicht arrangiert. Das fehlt. Ein Pogrom.«

Zwei Tage später, nach Bezahlung der Arbeit einiger Detektive und nach Engagierung eines Anwalts, der für viel Geld und aus Spielerinstinkt auf das Abenteuer sich einließ, erstattete Mister Smith gegen die dreiundzwanzig reichsten Männer der Stadt hundertvierzehn Strafanzeigen wegen Mädchenhandels, Erpressung, Verleitung zu falscher Zeugenaussage, Beamtenbestechung, Betrug.

Am selben Abend stand's in der Zeitung. Am nächsten Morgen stand es schon in allen Blättern des Lands. Vierzehn Tage später war es eine sehr viele Gemüter erregende Angelegenheit weit über die Grenzen des Landes hinaus. In der Judengemeinde gab es eine Spaltung. Den dreiundzwanzig und ihrer Sippe standen die vielen gegenüber, die schon immer unter der Schande gelitten hatten. Sie hatten zähneknirschend geschwiegen und hatten es nicht gewagt – nun aber kam da einer und wagte es! Sie waren die ersten, Junge und Alte, Handwerker, Händler, Angestellte, die Mister Smith zelebrierten, so heftig er sich auch ihrem Beifall entzog. Als die dreiundzwanzig fortfuhren, der ihrer Patronanz sich entziehenden Judenheit ihrerseits allerlei zu entziehen, als sie weiter Subventionen einstellten, sperrten, entließen – auch da noch verstummten nur die Alten und Mürbegewordenen, und es blieben die Jungen. Kam da einer und wagte es! Sie verstummten erst, als die Nationale Partei, organisiert mit farbigen Hemden nach dem Operettenrezept des verwandten Italien, sich des Falls bemächtigte zu einem Druck, einem Ruck, einer kleinen Würzung ihrer Agitation. »Juden unter sich«, war die Schlagzeile über der ersten Attacke. Als daraufhin auch die Jungen ernüchtert von diesem Mister Smith sich wandten, blieb er nur mehr umgeben von Journalisten, von Projektanten, von Reisegeld erbettelnden Huren, von Schnorrern.

Er hätte längst abzureisen gehabt, er hatte da allerlei dringliche Telegramme – er blieb. Es gelang ihm nicht, eine neue Kreditquelle aufzutreiben, die Banken erwürgten ihn, sein Bergwerk stellte die Zahlung der Löhne ein und mußte die Belegschaft entlassen – er blieb. Dabei entwickelte sich das

Verfahren gegen die dreiundzwanzig auf Grund seiner Strafanzeigen mit einer dortzuland unüblichen, unheimlichen Schnelligkeit. Da war kein Raum für Niederschlagungsversuch und Bestechung. Die hadernden politischen Parteien bewachten einander und bewachten den Staatsanwalt. Als man Mister Smith einen Brief mit einer Morddrohung übergab, hielt er den Boten fest und erstattete eine Strafanzeige. Er blieb. Als man ihn überfiel, mit zwei Spezialisten, um ihn als geistesgestört und irrenhausreif zu erklären, schlug er einen der ihn Haltenden mit seiner kleinen und ältlichen und sachlichen Ingenieursfaust nieder und entkam auf die Straße und erstattete eine Strafanzeige. Und blieb. Und erstattete eine Strafanzeige und blieb noch immer, als wirklich einer aus einem dunklen Winkel ihn in den Arm schoß. Die Zeitungen rasten. Es war dem Mann dabei nicht viel anzusehen. Er war nur ein wenig magerer, ein wenig schweigsamer, wenn das noch möglich war. Und sein Haar war weiß. Zu der Zeit waren gegen ihn alle – die Juden vor allen anderen, verwünschend, laut zeternd in einer Front.

Zwei Tage vor dem großen Prozeß gingen mit einemmal wie auf ein geheimes Signal auch die Journalisten, auch die Huren, auch die Schnorrer aus seinem Weg. Es war die Stille vor einem Sturm. Einen Tag vor dem großen Prozeß gab es eine kleine Verschiebung im Land, einen kleinen, unblutigen landesüblichen Staatsstreich. Der erste Akt der neuen, auf faschistisch-autoritärer Basis formierten Regierung war, das Verfahren gegen die dreiundzwanzig niederzuschlagen. Es hatte sich herausgestellt, daß sie, die Marmorpalästebesitzer, guten Glaubens gewesen und nur in ihrer Arglosigkeit von einem Agenten hintergangen worden waren, einem Juden wie Juden nun einmal sind, einem sichern Fiul, der die ihm Vertrauenden hinters Licht geführt und ihnen nicht mitgeteilt hatte, zu welchem dunklen Handel er ihre Gelder verwendete. Der Jud Fiul, nicht ansässig hierzuland, sondern zugereist, ward mit dem zweiten Regierungsakt ausgewiesen. Ein dritter Regierungsakt, erlassen auf Grund einer von den Repräsentanten lokaler Judenheit einhellig unterzeichneten Petition, bezog sich auf die fristlose Abschaffung eines ebenfalls Landfremden, eines sichern Smith, vorgeblichen Ingenieurs.

Anzeichen sprechen dafür, daß diese überstürzte Zwangsabreise (er fuhr auf demselben Schiff wie jener Fiul) Mister Smith sehr zu Herzen ging – wenn denn einmal die Rede sein soll von so Unsachlich-Privatem. Was ihn bewegte, war nicht der Verlust eines Großteils seines Vermögens. Vielmehr scheint es da in der kleinen Bergstadt, in der er arbeitete, eine Frauensperson gegeben zu haben, ein neunzehnjähriges Mädchen, von dem auch ein Teil jener vergeblichen Telegramme stammte, die mit so großer Dringlichkeit nach ihm riefen. Sein Herz hing daran – wenn denn von so Unsachlich-Privatem die Rede sein soll –, gemeinsam mit dieser Frauensperson ein Stück weitern Wegs zu gehen. Das war nun verloren. Doch machte das, nüchtern betrachtet, nicht mehr ganz so viel aus, da er in dieser letzten Zeit ein gut Stück älter und die nach sachlicher Voraussicht noch zu durchschreitende Wegeslänge dementsprechend kürzer geworden war.

Drei Wochen später betrat er in London das Zimmer eines Herrn vom Zionistischen Komitee. Smith, sagte er – er sei ein Mister Smith. Es scheine ihm – man brauche einen jüdischen Staat. Über die Bedrohtheit eines gewissen heroischen Experiments dort unten am Mittelmeer sei er im Bilde. Er wisse wohl – er komme ein wenig spät. Auch habe er es leider nicht weitgebracht, einiges Erworbene habe er wieder verloren – aber hunderttausend Pfund oder etwas mehr würden wohl noch aus der Flüssigmachung seiner Engagements zu erzielen sein. Die gedenke er für die Rettung jenes Experiments zu verwenden! Er saß da, der weißhaarige Mister Smith, und blickte an seinem Gegenüber vorbei und irgendwohin an die Wand, als schämte er sich ein wenig der Feierlichkeit des Augenblicks, und fragte nüchtern und nicht ganz wohlgelaunt: »Wie steht es eigentlich in diesem Land Palästina? Wie steht's mit dem Bergbau, mit dem Boden, mit der Geologie?« Und blickte den andern endlich voll an und sagte: »Das ist nämlich mein Fach!«

LEWY

oder Die Romantik

Maurice Lewy, der Revolutionär, in einigen Schriftstücken auch kurzweg der Revolutions-Lewy genannt, zum Unterschied vom Export-Lewy, mit dem er nicht weiter verwandt war (der Alte Lewy, Hadern und Eisenwaren, Judengasse 11, kam für Verwechslungen von vornherein nicht in Betracht), verdankte die französische Verfeinerung seines Vornamens dem Umstand, daß er zur Förderung seiner Bildung ein volles Jahr in Paris gelebt hatte. Und das bedrohliche Unterscheidungswort verdiente er sich durch seine Teilnahme an der Revolution des Jahrs 1848 in der Stadt Wien. Er sprach darüber später in verschleierten, scheinbar vieles verschleiernden Sätzen. Auch von der Erstürmung der Mölkerbastei hoch zu Roß, im Kugelregen, an der Spitze eines Studententrupps samt Aufpflanzung der revolutionären Fahne, späterer Überwältigung trotz heldenhafter Gegenwehr und einer kaiserlichen Begnadigung letzten Augenblicks vor der standrechtlichen Füsillade war in der Familienüberlieferung vielfach die Rede.

Doch bedarf diese Darstellung einer bescheidenen Korrektur. Der damals Achtundzwanzigjährige weilte wohlausgestattet mit Geld und neuen Kleidern in der österreichischen Kapitale – nominell als hauptstädtischer Vertreter der väterlichen Textilmanufaktur in Mährisch-Weißkirchen, in Wirklichkeit aber wegen der Unmöglichkeit, nach jenem Pariser Jahr sich noch einmal in Mährisch-Weißkirchische Verhältnisse einzuleben. An jenem erregten Tage hatte er das Schöberlsche Kaffeehaus unter den Tuchlauben verlassen, mitten aus einem politischen Gespräch mit einem Redakteur der *Freien Presse*, einem entlassenen Ministerialbeamten, zwei Studenten, einem polizeibekannten Kartenspieler ohne feste Adresse und einem Ungarn. (Derart war der Umgang des Sohns und Erben einer Mährisch-Weißkirchnerischen Textilfabrik!) Er war auf dem sogenannten Heidenschuß von einem

Polizeivertrauten, dessen Bericht bei den Akten liegt, wahrgenommen worden zumitten einer »Hoch« beziehungsweise »Nieder« rufenden Volksansammlung, die der Anordnung eines Sicherheitsinspektors zum Auseinandergehen umstürzlerischerweise nicht Folge leistete. Mindestens vier aus der Menge waren bewaffnet mit den Beinen des zu Schanden getretnen Sessels einer dort stationierten Blumenverkäuferin.

Dieser Trupp, reichlich zehn Mann stark, wenn nicht angeführt, so doch mit aufreizenden Reden angefeuert durch den M. Lewy, schlug sich dann über die Freyung in die Herrengasse, wo ohnedies schon ein Wirbel war. Es ist nicht sicher, ob die ihnen dort entgegenkommende fünfundzwanzig Mann starke Halbkompagnie kaiserlich-österreichischer Infanterie sich den Frondeuren spontan ergab oder von dem M. Lewy ausdrücklich aufgefordert wurde, sich zu ergeben. So viel aber steht fest, daß diese Infanterieabteilung von ihren Gefangennehmern in das nahebei liegende Haspingersche Kaffeehaus gedrängt und dort zwar auf Kosten des genannten M. Lewy mit einer Tasse Kaffee und einem Kipfel pro Kopf bewirtet, im übrigen aber zurückgehalten und so an der Ausübung des beschworenen Diensts mit der Waffe behindert ward. Diese hochverräterische Aktion fand erst etwa eine Stunde später ihr Ende durch das Auftauchen von zwei Kriminalbeamten, die, unter Ablehnung einer ihnen angebotenen Erfrischung, den Lewy und seine Mitrevolutionäre verhafteten und die Infanteristen befreiten. Gewiß, es wurde ringsum ein wenig geschossen und ein wenig gehenkt, in der gemütlichen österreichischen Art. Doch kam der Lewy selbst durch eine unbekannte Verbindung von Umständen – oder sonst durch unbekannte Verbindungen – nicht vor das Standgericht, sondern vor die ordentliche Behörde. Dort wurde er zu sechs Monaten Arrest verurteilt. Diese Strafe wurde – wieder durch jene Verbindung oder Verbindungen – in eine Geldbuße von eintausendfünfhundert Gulden verwandelt.

Er zahlte – man zahlte für ihn –, und es war dieser Tag in seinem Leben ein Wendepunkt insofern, als er für alle Zukunft nicht ein Jakobiner wurde, sondern ein Textilfabrikant wie Textilfabrikanten nun einmal sind. Schon 1859 war er mit der herrschenden Reaktion so gründlich versöhnt, daß er Uniformen liefern durfte für die Kampagne in Italien. 1866 lieferte er – da war er schon Kommerzialrat – Uniformen gegen die Preußen. 1869 und wieder 1871 und 73 warf er sich auf Baumwolle, 1875 spezialisierte er sich in bedruckter Ware. So war dieser Revolutions-Lewy im Jahre 1878, zur Zeit des Schwarzen Freitags und großen Krachs, einer der wenigen finanziell Überlebenden. Achtundfünfzigjährig, Witwer, kinderlos, ein untersetzter Mann mit grauen Koteletten, war er sogar noch wagemutig genug, einen zweiten Ehebund einzugehen. Und zwar, nach einigen mißglückten lebemännischen Versuchen zur linken Hand, mit einer sichern Rosa Liptauer, fünfter Tochter des wegen seiner Talmud-Gelehrtheit hochangesehenen, sonst aber mittellosen Herrn Salomon Liptauer aus Kaschau, die in seinem Mährisch-Weißkirchener Haushalt als Stubenmädchen bedienstet war. (Er besaß für galante und kommerzielle Gelegenheiten auch eine Wohnung in Wien.)

Damit machte er die beste Transaktion seiner an guten Transaktionen reichen Karriere. Diese Rosa Liptauer war ein Mädchen von großer Jugendstärke und Lieblichkeit, rabenschwarzhaarig, feueräugig, hochbusig, heiter und ernst zugleich. Sie kümmerte sich um Haushalt und Fabrik, indes der lebemännische Gatte zu immer häufigeren geschäftlichen Konferenzen in die von einem lockern liberalen Geiste beschwingte, tanzlustige, judenfreundliche Hauptstadt fuhr. Sie gebar ihm zum frühesten Datum, das sich errechnen ließ, einen strammen, von der ersten Stunde in beinahe lächerlicher Weise dem Vater gleichenden Sohn. Sie wehrte mit einem alten Infanteriebajonett einen Raubanfall auf die Kasse ab. Sie pflegte das Kind durch Masern, Scharlach und Dysenterie. Sie traf mit einer unbequem werdenden Mätresse des Gatten einen günstigen Ausgleich und übersah ein Halbdutzend anderer. Im vierzehnten Jahr dieser Ehe, im dreiundsiebzigsten Jahr seines Lebens, traf den Revolutions-Lewy zu Mährisch-Weißkirchen im Nebenhaus, darin er einer

Soubrette des lokalen Theaters eine kleine Wohnung eingerichtet hatte, in den Armen eben dieser Dame der süße Tod. Da ging die Frau, von der Verstörten verständigt, noch in gleicher Nachtstunde hinüber und trug ihn auf ihren eigenen kräftigen Armen nach Hause und hatte ihn aufgebahrt, ehe der erste Skandalbeflissene sich den Schlaf aus den Augen rieb.

Henri Lewy, der Sohn, verdankte den französischen Klang des Vornamens jenem Jugendaufenthalt seines Vaters in der Weltstadt Paris. Er verbrachte seine Jungmannesjahre in Wien, nominell als hauptstädtischer Vertreter der von der Mutter regierten Mährisch-Weißkirchener Fabrik, in Wirklichkeit aber in liberal beschwingtem, kostspieligem, keine Rassenvorurteile kennenden Umgang mit Redakteuren, Offizieren, Literaten, Aktricen. Als die liberale Schlamperei mit einem Schlage zu Ende war und der Dr. Lueger kam, auf die Schultern gehoben von Hausmeistern, Greislern und dem kleinen Gewerb, und als man die Herren Israeliten ein bisserl hinauszuschmeißen, ein bisserl hinauszuprügeln begann, auf die gemütliche österreichische Weise, sozusagen im Walzertakt, war der junge H. Lewy unter den heftigen Protestierern. Einmal wurde er für sein Protestieren – es war das zu vorgerückter Stunde vor der Tür eines Nachtlokals – beinah arretiert. Doch war das ein Wendepunkt in seinem Leben. Er war von da ab ein Textilfabrikant wie Textilfabrikanten nun einmal sind, und verkehrte nicht mehr mit Literaten. Und mit Offizieren nur so weit sie sich seiner noch zu erinnern vermochten in dieser geänderten Zeit. Und nur die Aktricen behielt er bei.

Verblaßter Nachfahr des Saftigen, der wirklich in Paris und wirklich in einem Arreste gewesen war (ganz zu schweigen von jener galanten Apoplexie), war er zur Zeit, als er sich mit der Reaktion versöhnte, um acht Jahre jünger als der Vater gewesen war. (»Wer ein Jud ist, das bestimm' ich«, erklärte der Volksmann, und er bestimmte nicht die, so da Fabriken hatten auf der Kreditseite ihrer Lebensbilanz.) Und Kommerzialrat ward der Sohn gar als ein zwölf Jahre jüngerer. Und er lieferte den Uniformstoff für die christlichsoziale antisemitische Polizei der Stadt Wien im Jahre 1907. Und im Jahre 1914 lieferte er und lieferte noch 1915 und 16 und 17. Und als im Jahre 1918 der große Kehraus kam, war er nicht nur unter denen, die es überlebten, sondern auch schon Besitzer eines Bauchs, eines Automobils, zweier grauer Koteletten in dem lebenslustigen Bonvivant-Gesicht, einer Villa in Döbling, einer leichten Zuckererkrankung, dreier einträglicher Proletarierzinshäuser in Favoriten, des schon erwähnten Kommerzialrattitels und einer nur mehr prestigehalber aufrechterhaltenen Liaison mit einer echtblonden Verkäuferin in einem Mariahilfer Modewarengeschäft. Ferner einer wasserstoffsuperoxydblonden, scharfgesichtigen, scharfe Parfüms und teure Toiletten konsumierenden, ohne eigentliche Erkrankung viele Ärzte konsultierenden Gattin. Die hatte ihm auch schon vor Kriegsbeginn und Kriegsgewinn einen Sohn geboren, dem Vater gleichend von erster Stund, Maxl mit Namen – der wienerische Klang war im Einklang mit der wienerischen Bodenständigkeit der Familie. Und noch ein gut Stück vor Ausbruch des Friedens, 1916, kam sie ein zweites Mal nieder. Das war an dem Tag, da oben in Mährisch-Weißkirchen die hauptstadtfeindliche Regentin der Fabrik und Familie eines plötzlichen Todes starb. Das neugeborene Kind war ein Mädchen – rabenschwarzhaarig, glanzäugig und ernst und von einer gewissen lieblichen Robustheit von Anfang an. Liselotte Lewy.

Achtzehn Jahre später, am 12. Februar 1934, hatte diese Liselotte ihre liebe Mühe, ehe Maxl sich damit zufrieden gab, zu warten, bis der Chauffeur sie nach Sievering hinausgefahren hätte, an die Endstation der Straßenbahn. Er sei in Eile, sagte er, sitzend allein am Frühstückstisch. (Papa war seit einer Stunde im Geschäft, wie gewöhnlich, Mama war wie gewöhnlich aus dem heftig parfümierten Boudoir noch nicht zutag getaucht.) Er sei in Eile, sagte Maxl, Eier essend, so früh am Vormittage schon verkleidet in die schmucke Uniform einer operettenhaft militärischen, Heimwehr genannten faschistischen Formation. Bei der nahm man keineswegs nur die ordenklirrenden Gespenster, die aus allen Löchern kriechenden Offiziere und Barone und Grafen der zu Schanden gegangenen Monarchie. Sondern auch die Herren besseren Israeliten, soweit der Herr Papa, Bankier oder Fabrikant, bereit war, etwas springen zu lassen für die Aufnahme des Herrn Sohns in diese eherne Wacht gegen Bolschewismus und Nazitum. Und so sei er, Maxl Lewy, also in Eile! Er sprach in einem näselnden, zugleich forschen und weiblichen Wienerisch. Er habe einen dienstlichen Auftrag, erklärte er. Der Bubi Zinzendorf (Baron Zinzendorf, weißt ja) habe grad früher angerufen. Er müsse da einen Mister Blyth, der im Hotel Bristol wohne, angehörend dem besten Londoner smart set, dienstlich sofort nach Lainz hinausbringen in den Country Club zu einer Golfpartie mit dem Schussi Schroffenstein und der Yolanthe Plaschkes! Geh, lieber Levé, so habe der Zinzendorf es befohlen, bist fesch und bringst sie hinaus! Und dazu brauche er, Maxl Levé, das Auto, und darum habe er keine Zeit!

So bedurfte es einiger Mühe, ehe die Schwester den Wagen ergatterte für die kleine Fahrt hinaus nach der Straßenbahnendstation. Dort war sie verabredet zu einem Ausflug hinaus in den Wienerwald. Von der ursprünglich geplanten Skitour über das Raxplateau war leider nicht mehr übriggeblieben als dieser Tagesspaziergang in das nahe wellige Hügelland. Kein einziges Mitglied der Familie Cohn, mit der sie herzlich und ein wenig heimlich befreundet war (durch Ilse Cohn, ihre Intime und Klassenkollegin in der Schwarzwaldschen Schulanstalt), konnte sich solche Schneehöhen leisten. Was Ilse selbst anlangte, so machte sie trotz ihrer weithin leuchtenden Schulkarriere, mit Auszeichnung bei jeder Prüfung in jedem Jahr, jetzt noch rasch-rasch im letzten Augenblick einen Abendkurs in Stenographie und Maschinschreiben. Denn mit einer Mittelschullehrerlaufbahn für ein Lebewesen weiblichen Geschlechts und mosaischen Glaubensbekenntnisses war bei dem neuen christlich-bodenständigen Kurs nicht weiter zu rechnen. (Juden hinaus! Und die Frau gehört in die Küche! Und für so eine fesche Reaktion brauchen wir bodenständigen christlichen Österreicher nicht erst den Hitler – die treffen wir ebenso!) Was Paula betraf, Ilses ältere Schwester, Spezialärztin für Kinderkrankheiten, für deren Studium die Familie sich Groschen um Groschen vom Munde hatte abkargen müssen, so wartete sie nun auf eine Krankenkassenanstellung – und mochte so warten bis zum Tag des Jüngsten Gerichtes! Und wäre da nicht die arg bedrängte sozialistische Stadtgemeinde, die sie wenigstens aushilfsweise in den Kindergärten der neuen großen Arbeiterhäuser beschäftigte, so wäre sie schon verhungert. Blieb noch der mit Ilse gleichaltrige Leo Cohn – seit einem Jahr schulentlassen, seit einem Jahr arbeitslos! Er war der fröhlichste und unbegabteste und einem vielleicht eben wegen solch gewissenerleichternder menschlicher Unzulänglichkeit am nächsten stehende Repräsentant der Familie. Mit ihm hatte man als Zwölfjährige sich geprügelt, als Vierzehnjährige sich geküßt, mit einem Gefühle grausig schönen Erwachsenseins. Als Fünfzehnjährige war man seinem werbenden Beispiele folgend ohne viel Gedanken Mitglied der Jüdischen Pfadfindergruppe geworden, unter Geheimhaltung vor den Lewyschen Eltern, die diesen ganzen proletarischen Umgang mißbilligten. Zweimal wöchentlich fuhr man in verschwörerischem Verständnis mit dem Chauffeur hinaus nach dem armseligen Bezirk Leopoldstadt, dem großen Umschlageplatz der Judenschaft aus den Proletariergassen des Ostens nach den Proletariergassen des Westens. Und zwecks Flüssigmachung einer Winterhilfsspende für Arbeitslose verkaufte man eine Geburtstagsbrosche. Und entwendete klopfenden Herzens aus dem Garderobenzimmer einen riesigen Ballen Wäschestoff für einen sozialen Zweck. Und plünderte die Lewysche Speisekammer erbarmungslos für jede sonntägliche Wanderung. Und es war schön, all die vielen belegten Brote zu essen, und auch von den Idealen der Freiheit und Gleichheit und Brüderlichkeit zu singen, indes man durch die Felder und Wälder zog. Und so war man sehr im geheimen und ein wenig verschwörerisch gleich den anderen ein eingeschriebenes Mitglied der Jugendorganisation der Sozialdemokratischen Partei.

Die Schwenkung dieser Liselotte Lewy, Enkelin Maurice Lewys, des Revolutionärs, aus der männlichen Familientradition in die weibliche Linie jener tatkräftigen Großmutter, der sie glich, erfolgte an eben diesem 12. Februar 1934, etwa um 4 Uhr des Nachmittags. Heimkehrend von jener Wanderung trafen die Wohlgemuten an der Stadtgrenze auf niedergelassene Rolläden an den Geschäften, leere Straßen, eine Art menschenloser Panik. In dieses Schweigen fiel von nahe her (keine drei, vier Straßenecken konnte das ferne sein) ein einzelnes abgelöstes, nicht sehr lautes, widerhallslos trockenes Rattern. Eine Fabrik, vermutete die Genossin Liselotte Lewy. Nein, die Schießstätte, korrigierte die Freundin. Der Junge wußte: ein Maschinengewehr; und das mußte in der Gegend des Karl-Marx-Hofes sein. Sie standen und blickten einander in erblaßte Gesichter. Dann begann die junge Ärztin zu laufen, auf jenes große Haus und das Rattern zu, wortlos. Von den erschreckten Häuserfronten fiel der abgelöste Widerhall der Schritte zurück auf das verlassene Pflaster. Dann rannten sie alle.

Dieser Karl-Marx-Hof war ein riesiges Haus, eine ganze kleine Stadt in einem einzigen Haus, errichtet von einer dem kleinen Mann gewogenen Stadtgemeinde an der Stelle elenden und versumpften Quartiers. Seine ungezählten, kleinen, sauberen und heiteren Wohnungen waren Stockwerk über Stockwerk und Trakt an Trakt auf eine verwegene, luftige und zugleich trotzige Weise übereinander geschachtelt, mit großen grünbepflanzten Höfen dazwischen, und Kindergärten und gemeinsamen Küchen und Vielerlei. Die dort wohnten, mehr als zweitausend Männer, Frauen und Kinder, hielten zu der Verwaltung, die zu ihnen gehalten hatte, und ihre Gesinnung war von einem nicht sehr stumpfen, nicht sehr schreienden, redlichen Rot.

Zwischen dem Hineingeraten der von einem Ausfluge heimkehrenden Genossin Lewy in diesen Hauskomplex und dem, was sie späterhin »ihr Erwachen« nannte, lagen zwei Tage und zwei Nächte. In ihnen hatte jenes Rot seine reiche Gelegenheit zur Verbreitung – es wurde zu einer flüssigen

Wirklichkeit, aus vielen kleinen sickernden Quellen sich zusammenschließend zu einem wachsenden Bache. Das fing an mit der Niederknallung dreier in jenem Riesenhaus wohnender Arbeiter, bei denen ein paar in Heimwehruniformen eingekleidete Agenten ein verstecktes Waffenlager vermuteten. Die hiedurch aus Vernunft und Vorsicht Gelockten schlossen nun wirklich einen vermauerten Keller auf und holten ihre Waffen zu Tage, Revolver, verrostete Gewehre, alte Patronen aus dem großen Krieg und großen Zusammenbruch, und so waren es diesmal jene Uniformierten, die ihr Teil beitrugen zu dem Schwellen des alarmierenden Rinnsals. Dann schossen schon die in Vorbereitung und Hinterhalt liegenden Gruppen weiterer Uniformierter von den Straßen ringsum auf die beleuchteten Fenster. Dann wurden von denen drinnen die Türen geschlossen und die Lichter gelöscht. Und dann fuhren die bis dahin durch Reste einer demokratischen Verfassung gehemmten Regierer, froh des erschlichenen Vorwands, dort draußen auf zweihundert Meter Entfernung ohne viel Eile in der gemütlichen österreichischen Weise ihre blanken Kanonen auf. Sie begannen zu schießen, in direktem Feuer gradaus, mit hochexplosiven Granaten, schön langsam in Fenster um Fenster der Reihe nach. Jeder Schuß war ein Treffer, daß es eine Freude war für ein mit all seinen Kriegsorden ausgegrabenes Offiziersgespenst. Und auch der Herr Graf und der Herr Baron durften schießen. Und auch der Herr reiche, in eine Heimwehruniform verkleidete Jud durfte auszeichnenderweise danebenstehen. Und es genügte eine jede von diesen Granaten für eine jede der kleinen heiteren Wohnungen, Vorderzimmer und Hinterzimmer und Küche und die hilflos in die Winkel sich verkriechenden Bewohner gleich auch dazu. »Ho-ruck«, sagte einer der Herren Offiziere auf die gemütliche österreichische Weise bei jedem Kanonenschuß, und einer sagte: »Wir sind eh die reinen Lamperln«, und dann kommandierte er: »Feuer!« Das dauerte so zwei Tage und noch eine letzte Nacht. Dann war ja allerdings in diesem Haus und in ein paar anderen Häusern nicht mehr sehr viel übrig, das es noch zu erobern gab.

Was die von der Genossin L. Lewy späterhin als »ihr Erwachen« bezeichnete Episode betraf, so ereignete sie sich im Morgengrauen nach jener letzten Nacht. Das war in einem engen schachtartigen Hof, der übertürmt war von hochragenden Reihen erblindeter Fenster. Glassplitter lagen knöchelhoch, Hausratscherben, zertrümmerte Möbelstücke, von den Eroberern aus diesen blinden Fenstern hinabgestürzt oder, letzte verzweifelte Barrikade, erstürmt mit Flinte und Bajonett und fortgeräumt aus dem brandschwarzen Treppenhaus. Eben dieser Fensterblindheit wegen, eben wegen dieser zeugenlosen Stummheit ringsum hatte die triumphale Behörde gerade diesen wüsten Lichthof gewählt für das, was zu tun blieb.

Das meiste war ja allerdings schon getan. An einer der Seitenmauern lagen drei Reihen Leichen, ein wenig verstümmelt zwar oder auch ein wenig verbrannt, doch im übrigen säuberlich nebeneinander, Männer, Frauen und Kinder, eben in der richtigen Proportion, so wie sie gelebt hatten in jenen kleinen, umstürzlerisch sauberen, bolschewikisch ordnungsgefährlich luftigen Wohnungen. Die Männer hatten noch ihren Grimm im Gesicht, und die Frauen ihre Verzweiflung, und da hielt ein auf eine furchtbare Weise losgelöster und selbständig gewordener Kinderarm noch etwas Hölzernes, Buntes, das die Scherbe eines vom großen Wind des Schicksals zerschmissenen Spielzeugs war.

In dem gegenüberliegenden Winkel zusammengetrieben stand, von pulvergeschwärzten Fratzen, von siegreich lädierten Uniformen, von gesenkten Bajonetten bewacht, ein Rudel Gefangener. Ein Halbdutzend Männer wimmerten, blutige Bündel, von Polizistengürtelriemen zerprügelt. Daneben in einem nach diesem Hofe mündenden improvisierten Vernehmungsraum schrie einer hell auf, wurde sichtbar, ein Taumelnder, Blut an der Stirne, und torkelte zu jenen anderen. Die Schwerverletzten hatte man weggeschafft.

Der jugendliche Genosse Cohn, Mitglied einer subversiv gesinnten Pfadfindergruppe, lag mit einem kleinen dunklen kreisrunden Fleck überm linken Auge in seinem wienerwaldausflüglerischen Zivilistenanzug sauber eingeordnet unter den Reglosen, Abteilung Männer, an jener langen Wand.

Die Genossin Ilse Cohn, Vorzugsschülerin und Büroangestellte in spe, war unter einem im Granatfeuer niederbrechenden Haustrakt verschwunden. Man hatte den Schutt noch nicht weggeräumt, Stöhnen war darunter, doch ließ man sich Zeit, auf eine gemütliche österreichische Manier und auch sozusagen zur Strafe. Denn drüben, droben irgendwo in einem entferntesten Winkel des Riesenbaus war noch hinter einem letzten lebendigen Fenster ein letzter verzweifelter Einzelner und feuerte in großem Abstand letzte Patronen aus einem einsamen Infanteriegewehr.

Die Kinderärztin Dr. Paula Cohn lag damals schon seit vier Stunden, seit der siegreichen Eroberung der von ihr in einer Kindergartenbaracke improvisierten Verbandstation, mit einem Kolbenhieb im Schädel bewußtlos irgendwo in einem fernen Distrikt der Stadt in einem Gefängnisspital.

Die Genossin Liselotte Lewy befand sich unter den in jenem Hofwinkel bajonettbedroht zusammengedrängten Gefangenen. Sie sah nicht gut aus, die Genossin. Die linke Seite ihres Wienerwaldausflugskleides war versengt. Auch ihre linke Hand, um die sie einen irgendwo in einer blankgeschossenen Wohnung aus einer verlassenen Haushaltlade gerissenen Lappen gewunden trug. Ein irgendwoher gezauberter Infanteristengürtel, Patronengürtel, mit Haken, Handgranaten daran zu hängen, lief ihr um die Mitte des Leibs. Sie trug eine Bluse – die war zerfetzt, auch klebte sie auf eine undurchsichtig bedrohliche Weise von etwas Farbigem. Über ihre Stirn lief auf Zentimeternähe am Aug vorbei ein dünnes und gefährliches Rinnsal, so schmal wie ein Messerschnitt. Doch war nicht dieses das Alarmierende. Auch nicht der Mund, der nicht der Mund einer Achtzehnjährigen war, und überhaupt kein Mädchen- und Frauenmund, sondern auf eine erschreckende Art gleichzeitig sozusagen ermannt und verkindlicht, gleicherweise bereit zu fassungslosem Weinen und erbittertem Schrei. Auch nicht ihre jäh verwilderten, schwarzsträhnigen Haare (aufrührerische, bolschewikische Haare, wenn man es recht bedachte) waren das Alarmierende. Sondern die Augen. Ja, auch die Augen der Achtzehnjährigen hatten sich verändert in zwei Tagen und einer und noch einer letzten Nacht. Nur durch das Gesehene – Rauch, Feuer, Verzweiflung, Mord, Triumph, Tod? Das genügte nicht, Nicht für diese Umkehr des Blicks, in dem eine fanatische Leere saß – zugewandt einem Brennen von innen her. Achtzehn Jahre lang hast du in Automobilen gesessen. Kleider hast du dir anmessen lassen für den Aufenthalt in Sommerhotels, hast geschlafen, achtzehn Jahre zu lang, in zu weichen Betten – und nun das, und nun das. Solches Erwachen hätte hinlänglich zu denken gegeben – auch einer schärfern Denkerin, auch einer gründlicher und minder schreckhaft in die Bezirke der Wirklichkeit eingeführten Persönlichkeit, als es die in einem Hinterhof von gesenkten Bajonetten bewachte achtzehnjährige Genossin L. Lewy war.

»Hier«, sagte sie heiser, als endlich an ihr die Reihe war und ein Uniformierter ihren Namen rief. Er stand auf der Schwelle jener improvisierten Verhörskammer, aus der im Verlauf dieser Wartestunde immer wieder ein Schreien geklungen hatte, ein Klatschen, bis es einen Taumelnden, Blutüberströmten zurück zu den anderen spie. »Hier«, rief die Genossin. Mitten zwischen Mannhaftem und Mutigem hatte sie in diesen letzten zwei Tagen und Nächten mehrfach geheult, nach redlicher Kinderart. Es zuckte ihr um den Mund. Nur jetzt nicht, dachte sie – oh, nur jetzt nicht. »Hier«, sagte sie (wie im Krieg, nein, wie in der Schule) sinnlos zum drittenmal, indes sie verzweifelt und verwildert in jene Kammer trat.

Die Tür fiel hinter ihr zu. Der sie geholt hatte, war wieder gegangen. Es war ein einziger Mann im Raum – sitzend an einem einzelnen Tischchen, auf dem Papier lag, ein Schreibzeug. Auch eine Peitsche – harmloses Instrument, Reitpeitsche eines Kavallerieoffiziers. Der hätte ja hergeritten sein können, auf seinem täglichen Morgenritt, und draußen vor der Tür steht der Bursch mit dem Pferd. Der Einzelne hinter dem Tischchen erhob sich zu einer großen und dürren Höhe.

»Oberleutnant Zwanziger«, stellte er sich vor und nahm die Hacken zusammen und lächelte. Eine tiefe, alte Narbe lief ihm über die Wange. Er sagte in diskretem Konversationston: »Gnädiges Fräulein erinnern sich nicht – ich hab' die Ehre gehabt bei dem Wohltätigkeitsabend kürzlich bei der Baronin Stratz. Blaues Abendkleiderl und Perlen – stimmt's? Der Herr Papa hat dann –« Er unterbrach sich. »Ist ja eine grausliche Sache, wo gnädiges Fräulein da hereingeraten sind. Zufällig hergekommen aus Interesse für den Kindergarten, und in dem Augenblick fangen die Proleten zum Schießen an – und behalten gnädiges Fräulein als Geisel. Wir wissen alles! Werden nur noch schnell der Form halber ein kleines Protokoll –« Er setzte sich, mit jenem Lächeln. »Verzeihung«, sagte er – »es ist der einzige Sessel. Die roten Hunde haben ja alles zerhaut. Aber es dauert nur ein Momenterl. Wenn gnädiges Fräulein vielleicht inzwischen ein Zigaretterl – nein, Nichtraucherin?« Er hatte mit fliegenden Buchstaben zu schreiben begonnen. Dazwischen fragte er im Konversationston: »–kommen oft zur Baronin Stratz?« Er erhob sich – was zu schreiben war, war geschrieben. »Unterschrift«, sagte er – »da, wenn ich bitten darf.« Und dann sagte er: »Wollen nicht unterschreiben? Noch ein bisserl benommen von dem großen Radau. Ist ja nicht grad der richtige Anblick für eine junge Dame. Aber ist eh nicht viel geschehn. Wenn man bedenkt, wie zum Beispiel der Hitler an unserer Stelle –. Bei uns da in Österreich wär' der unmöglich. Ein Anstreichergesell' mit einem gestohlenen Eisernen Kreuz! Also wenn vielleicht jetzt doch da die Unterschrift –« Und dann fiel ihm das Lächeln aus dem hagern Gesicht, und er sagte kaum hörbar: »Aber jetzt machen Sie keine Geschichten mehr, Fräulein, treiben Sie's nicht zu weit, alles hat seine Grenzen! Da – ich unterschreib es für Sie!« Er durchquerte raschschrittig den Raum, klinkte hinten eine Tür auf, sagte ins Unsichtbare: »Herr Kommerzialrat! Die kleine Formalität ist erledigt, können das Fräulein Tochter schon übernehmen! Ah, den großen Pelzmantel haben Sie mitgebracht, sehr gescheit, der deckt alles zu. Der Maxl wartet mit dem Auto im Nebenhof auf das

Schwesterl. Ist alles in Ordnung, also glückliche Reise, nur ein bissel geschwind jetzt, wenn ich bitten darf. Nein, nichts zu danken, Herr Kommerzialrat. Werd ja übrigens die Ehre haben morgen nachmittag in Ihrem Büro! Na also, küß die Hand, Verehrung, Verehrung. Sind ja eh die reinen Lamperln – wir da in Österreich!« Er wandte sich ab, er hob etwas auf, die kleine Reitpeitsche war von seinem Tischchen gefallen.

Am Steuerrad, in Heimwehruniform, saß Maxl Levé, töricht langnäsigen und sehr roten Gesichts. (Unheilbar bloßgestellt war er, kaum mehr sehen konnte er sich lassen im smart set; Heldentod, so erwog er, oder ehrenkodexhaft eine Kugel sich vor die Stirn geknallt!) Da der Wagen anzog, sagte Herr Kommerzialrat Henri Lewy: »Den Pelzkragen schlag dir höher, daß man dich nicht erkennt!« Er sagte: »Seit zwei Tagen liegt Mama mit ihrer Migräne im Bett – so sehr hat sie sich aufgeregt!« Er sagte: »Fünfundzwanzigtausend Schilling, eine Spende an die Heimwehrparteikasse kostet mich das – und eine Anstellung in der Buchhaltung für den Zwanziger außerdem!« Er sagte: »Du kommst direkt in das Sanatorium Wienerwald. Für drei Monate mindestens wirst du verschwinden. Ich hab' mich verpflichtet. Und dann gehst du in ein Pensionat in die Schweiz!«

Ein Zug Blessiertenwagen, Totenwagen, Gefängniskrankenwagen mit vergitterten Fenstern schob sich an dem jäh abbremsenden Lewyschen Auto vorüber. Eine brüllende Stimme war in einem der Fahrzeuge, das da in der Stockung zum Stehen kam. Zwei Hände krallten sich an das Fenstergitter von innen her. Etwas zog sich an diesem Gitter hoch. Ein blutüberronnenes, schreiendes Mannsgesicht. Dann riß eine unsichtbare Gewalt den dort drinnen zurück. Eine Nonnenhaube ward sichtbar für einen Augenblick. Jäh zog der Wagen an.

»Den Pelzkragen«, sagte der Herr Kommerzialrat Lewy – »Liselotte, den Pelzkragen schlag dir hoch!« Sie bogen durch ein breitklaffendes Tor hinaus auf die Straße. Drüben, droben, irgendwo in einem entferntesten Winkel des Riesenbaus, war noch hinter einem letzten lebendigen Fenster ein letzter verzweifelter Einzelner und feuerte in großem Abstand letzte Patronen aus einem einsamen Infanteriegewehr.

Das war am frühen Morgen des 14. Februar 1934. Am 16. Februar, nachts, brach die wegen einer politischen Geistesverwirrung internierte L. Lewy aus dem Sanatorium aus, vermutlich mit Beihilfe von außenher. Erwiesen ist ihre Teilnahme an dem Rückzugsgefecht der schon zersprengten, schon verzweifelten Arbeiter an einem letzten Rand des Vorortes Floridsdorf, sowie ihre Anwesenheit in dem Menschentrupp, der in nächstfolgender Nacht im Scheinwerferlicht an fleißigen Gendarmerie-Maschinengewehren vorüber um Freiheit und Leben nahe bei Preßburg über freies Feld nach der tschechoslowakischen Grenze lief. Eine menschliche Demokratie, selbst bedrängt von den heroischen Fratzen im Umkreis, gab für zwei Wochen Obdach und einen Paß zur Fahrt hinauf nach Nordosten, wo die sowjetrussische Grenze lag. Diese Grenze überschritt die Genossin Lewy, verwilderten und verzweifelten Herzens, am 1. März 1934.

»– und auf diese Weise, Genossen, vollzog sich meine Erweckung!« – so schloß diese Liselotte Lewy ein, zwei winzige Jahre später den Bericht über ihre Erlebnisse in dem von den Faschisten geknechteten Lande Österreich. Sie stand da, redend zu denen, die sich nach Arbeitsschluß versammelt hatten, auf der Wiese hinter dem neuen Kornspeicher des Kolchos Beth Kalinin, der Zweiunddreißigsten Jüdischen Einheitsfarm in der Krim. Sie stak in ihrem blauen Overall mit den Schmierölspuren, wie man sie sich wohl zuzieht in der Werkstätte bei der Traktorenreparatur. Es war das wieder einmal, wie alle paar Tage, ein gutes, frühabendlich arbeitsschlußfreudiges Zusammensein der Genossen aus dem Betrieb. Da standen die Genossinnen von der Hühnerfarm, unter ihnen der Genosse Mendel Feigelstock, Parteisekretär. Dort drüben unter den Ahornbäumen, die in den frühabendlichen, wasserblauen Himmel sich zeichneten, hatten die Genossen Schweinepfleger, der Genosse Transportkommissar sowie die

Genossin Rifke Pineles, Stachanow-Arbeiterin aus der Schuhreparaturwerkstätte, sich in das Gras gelegt, zuhörend, ausruhend, bereit zu debattenfreudigem Zwischenruf. In den langen neuen Ställen dort hinten blökten die Rinder. Da vorne hatten sechs Genossen Kosaken, Besucher der Farm nebenan, sich unter die anderen hingestellt. Geruch von Heu, von redlichem Menschenschweiß, von gutem Dünger hing in der Abendluft.

Die Genossin im blauen Overall, auf dem zum Reparieren eingelieferten Traktor stehend, der heute als Rednerpult diente (jedem nach seinem politisch-autobiographischen Drang und Bekenntniswillen!), hatte klar lehrhaft zu Ende berichtet. Und nun stand es ihr wohl an, mit den anderen über die Zufälligkeit und Ziellosigkeit ihres ersten politischen Überschwangs zu lächeln. Inzwischen hatte sie allerlei gelernt! Über das Kapital! Über das Internationale Proletariat! Über die Jüdische Proletarische Situation in der Sowjetunion, die betreffend sie zwei Bücher auf dem Brett einer blitzblanken winzigen Wohnkammer in der Baracke vier stehen hatte. Sie hatte die Wahl gehabt, statt hierher in die Krim in eine der jüdischen Einheitsfarmen zu gehen, die in monatlich wachsender Zahl in der Ukraine zu freiem sozialistischem Wettbewerb unter die Farmen der Kosaken und der Deutschen gesprenkelt sind. Oder in eine der gemischten Farmen des alten Pogromgebiets an der Grenze, wo der Wettbewerb in der Farm selber sich abrollt zwischen Genosse Ex-Pogrom-Erschlagenem und Genosse Erschlager und ehemaligem Pogromist. (Und pflügst du fünf Furchen die Stunde, Goj, so pflüg' ich fünf und ein Drittel. Und daß ich besser reit' als du, Kosak, das sagt dir jeder Offizier in der Roten Armee. Und versteh' ich mich besser aufs Vieh, so verstehst du dich besser aufs Säen. Und nun lern lesen und schreiben und übernimm die Parteimitgliedsbeitrags-Betriebsverrechnung oder es kann sein, Genosse Ex-Pogromist, ich heirate deine Schwester nicht!) Ah, die L. Lewy kennt die Einzelheiten der landwirtschaftlichen Produktionsschlacht von Grund auf. Hat sie nicht neben ihrer Bewährung als Lehrling in der Traktorenreparatur (Überschreitung der vertraglichen Leistungsnorm um volle sechsundvierzig Prozent!) noch Zeit gefunden zur Organisierung jener arbeitssparenden Eierkontrolle auf der Geflügelfarm? Die Tatkraft der L. Lewy war nicht alltäglich! Sie hatte den Blick auf die sozialistische Gesamtheit ihres Betriebs gerichtet. Auswendig kannte sie das Produktionsblatt des letzten Jahres, hersagen konnte sie die schwellenden Ziffern – hier das ist Weizen, da die Kartoffeln, dies ist unsere Milchwirtschaft, und all das ist nicht das Ende sondern ein Anfang. Dies hier ist der Ackerplan! Und da, wo ihr jetzt steht und mir zuhört, bauen wir im nächsten Jahr mit Hilfe des Beratenden Architekten aus Moskau das größte Gemeinschaftshaus des Distrikts. Jetzt ist noch diese unbrauchbare, sumpfige Wiese da, aber wartet nur! So wird das aussehen, und daher, in die vier Fenster im ersten Stockwerk, kommt die zunächst provisorisch auf drei Brettern im gemeinsamen Wohnraum organisierte proletarische Bibliothek! Marx, Feuchtwanger, Goethe, Lenin, Petrarca liest man, wenn man des Abends vom Felde kommt! Es lebe der Moloch, der einzige Moloch, dem zu huldigen, dem in Selbstaufgabe sich hinzuwerfen einer jungen Welt noch gestattet ist – es lebe der Moloch Statistik!

Der Moloch Statistik – aber nein, dies spielt sich ja wohl nun schon ein wenig später ab. Die Betriebsversammlung ist aufgelöst, die Wiese liegt verlassen. Die Genossen Kosaken-Nachbarn sind nach Hause geritten. Ein blasser Mond schwebt über dem Hügel hoch. In der Kanzlei ist noch Licht, dort telefoniert der Genosse Feigelstock jetzt mit Moskau. Die Baracke zwei liegt schon in Dunkelheit, aber an seinem offenen Fenster singt der Genosse Sonnenblumenkernpresse-Mechaniker ganz leise ein jiddisches Sehnsuchtslied. (In Odessa, singt er, in Odessa, in Moldawanka.) Heu duftet, eine Kuh ruft im Stall. Und was die Statistik anlangt – die Genossin L. Lewy hat inzwischen Zeit gefunden zu Akten des Kleiderwechsels, der Körperpflege (da, ganz verändert sieht sie aus), und nun geht sie also neben dem massig sie überragenden Genossen Pjotr Samuelowitsch Löwenfisch langsam den Weg am Rand des breiten Weizenfeldes entlang, und sie diskutieren Statistik! »Nein«, sagt die Genossin Lewy, »vierundfünfzig Prozent der russischen Juden waren ohne produktiven Beruf vor der bolschewistischen Revolution und heute nur zwei Prozent. Die Juden sind, Genosse, heute die produktivste von allen Sowjetnationen! Wenn man bedenkt –«

»Aber in Palästina, Genossin«, erwiderte der Genosse Löwenfisch, trotz seiner sechsundzwanzig Jahre erster Traktorenspezialist des Distrikts, und überragt sie massig im Sternenlicht, wie er da neben ihr die Weizenzeile entlanggeht – »geben Sie acht, Genossin, Sie stolpern über den Graben – in Palästina, wo bekanntlich –«

»Wir sprechen nicht von Palästina, Genosse«, verweist die Genossin Lewy debattenfroh und stützt sich bei der Grabenüberschreitung auf seinen Arm – »wir sprechen von hier! Zwölf Prozent der Juden im Ackerbau, einunddreißig Prozent in der Leichtindustrie, zwanzig Prozent in der Schwerindustrie – was sage ich, zweiundzwanzig Prozent!«

Der Genosse Löwenfisch ist im Debattieren behindert, er bückt sich, er pflückt etwas. »Aber wenn man bedenkt, Genossin«, sagte er dabei, »daß die reinste Form der kommunistischen Produktion in der palästinensischen Kwuzah –« Der blasse Mond segelt über dem Hügel, der Nachtwind weht.

»– palästinensische Kwuzah!« schneidet die Genossin dem andern das Wort ab, eine scharfe Debatterin. »In unserer Schwerindustrie, bei Putilow zum Beispiel, sind unter 35 000 Arbeitern 5000 Juden, in Amo sind unter 25 000 Arbeitern 3000 Juden, in – was haben Sie da, Genosse, was ist das?«

»Das, Genossin«, sagt der Traktorenspezialist Löwenfisch und steht massig im Sternenlicht – »das ist ein kleiner Blumenstrauß, Genossin, für Sie!«

»Danke, Genosse«, sagt die L. Lewy und nimmt den Strauß, und will sich nicht so leicht abbringen lassen von ihrem Debatten-Sieg. »In Dnjepropetrowsk sind 5000 Juden unter –« beginnt sie. Doch da bricht sie den Satz ab. Die Sterne stehen in der Finsternis, ganz dort hinten ist noch Licht in Baracke drei, das Rauschen hinter dem Hügel – das ist schon das Meer. O Stille. »Palästina«, sagt die Genossin leise – »in Palästina haben die Zionisten in 44 Jahren 70 000 Juden in die Landwirtschaft geführt, während« – sie spricht hier noch leiser – »während wir in 14 Jahren volle 150 000, und wenn Sie bedenken, Genosse –«

Aber was sollen jetzt noch die Ziffern ihrem hilflos gewordenen Mädchenmund. »Genosse«, haucht sie ein wenig später, »Pjotr Samuelowitsch, ich muß jetzt zurück, ich muß morgen zeitig aufstehen und lernen, ich hab' nächste Woche die technische Prüfung, Genosse, ich –«

Ach, was sollen noch Worte, der Wind weht, die Nacht ist groß.

Der Moloch Statistik – doch spielt das schon später. Da steht auf der Wiese auch schon das geplante Gemeinschaftshaus. Es zu vollenden hat nicht ein Jahr gedauert, sondern zwei und ein Drittel. Sechsundneunzig Tonnen Zement hatte man in den Grund senken müssen zur Verstärkung des zunächst zu dürftig vorgesehenen Fundaments. Dann war da die Verzögerung der Fensterglaslieferung um fünf Monate und vier Tage. Und dann noch jene undurchsichtige Verwechslung des Bauplans für das obere Stockwerk! Es gab einen Emigranten mit Namen Trotzki, es gab japanische Emissäre mit Geld, es gab Hitler-Spione – ob etwas Sabotage war oder nur Lässigkeit, wollte unter die Lupe genommen sein. Der Genosse Beratende Architekt war von seiner Rechtfertigungsfahrt nach Moskau bisher nicht zurückgekehrt. Aber hatte es auch eine Verzögerung gegeben von hundertdreiunddreißig und ein Drittel Prozent – da stand doch das Haus!

Die Genossin Lewy, heimkehrend spät abends von einer Fahrt über Land, kam an diesem neuen Hause vorüber und sah Licht im Versammlungsraum. Sie trat ein. Kreuz und quer an der Decke des Saales hingen noch die Girlanden von der Eröffnungsfeier am Vortag. An der Hinterwand war die leider immer noch nicht ganz fertiggestellte Schiebetür durch ein riesiges papierenes Stalin-Porträt verdeckt. Darunter stand ein Tisch. An dem Tisch saß der Kommissar Genosse Perlmutter, ein sehr junger Mann, der vom Distriktsausschuß als Delegierter zur Eröffnungsfeier herausgeschickt worden war – und war dann nicht abgereist. Der Raum war überheizt, auch waren da viele Menschen, und sie waren erregt. Eine Luft, dick von Dünsten, hing über den Köpfen. Der Kommissar hatte seine Lederjacke und dann seinen Rock und dann auch noch seinen Hemdkragen abgelegt. Sie lagen neben ihm auf dem Tisch, zwischen Tintenfaß und allerlei Schriftlichem. Ihm zur Seite saß der lokale Sekretär Feigelstock. Seine scharfe, dünnrückige Nase war noch röter als seine Wangen. Auch litt er an Schnupfen. Er redete mit flatternden Händen – nach dem Genossen Rubiner hin, seinem Stellvertreter in der Betriebskanzlei, einem schwarzhaarig verfetteten, traurigblickenden jungen Mann. Nein, sagte der Genosse Feigelstock eben, er habe schon zu Zeiten der Neuen Ökonomischen Politik, dieses großen und kühnen Zwischenexperimentes, als der Genosse Rubiner vermutlich noch in den Ideen seiner sozialrevolutionär-bourgeoisen Vergangenheit –

Das müsse er sich verbitten, unterbrach der Genosse Rubiner mit blassen und vor Erregung zitternden Lippen. Je länger er redete, desto tiefer erblaßte er. Die schwarzen Bartstoppeln sprangen ihm aus der ungesunden Weiße des vollen Gesichts. Sozialrevolutionär sei er nie gewesen. Und was die Kulakenfrage betreffe, noch zur Zeit als Sinowjew –

»Ich würde an Ihrer Stelle nicht Sinowjew zitieren, Genosse«, sagte der andere, leise aus nasaler Behinderung und Triumphgefühl. Zwar war das eigentlich kein Zitieren gewesen. Aber Debatte war Debatte. Den zitierten Sinowjew hatte man erst vor kurzem als Trotzkist, Faschist und Saboteur entlarvt. Er riß sich zusammen, den Sieg zu komplettieren, hol der Teufel diese nasale Behinderung – und schrie: »Genosse Rubiner! Wo waren Sie überhaupt in der Oktoberrevolution?«

Die L. Lewy, sich drängend durch Menschen, schmerzhaft

stolpernd über die Beine der auf dem Boden kauernden Schuhreparierein Pineles, hatte in jenem Augenblick das Ende des Tisches erreicht. Es war kein Stuhl frei, sie setzte sich auf die Platte. Heiß war's, sie zog sich die Schuhe aus. In der Oktoberrevolution sei er sieben Jahre alt gewesen, rechtfertigte sich mit zitternden Lippen der Genosse Rubiner, nichts bedaure er tiefer, als daß –

Hier gab es eine Unterbrechung. Neben dem Genossen Kommissar saß eine Genossin von der Farm nebenan. Sie war eine unscheinbare Frau, von bäuerlicher Herkunft, mit einem bunten Kopftuch. Vom Rübensammeln kommend war sie auf dem Heimweg da eingetreten, um sich zu wärmen. Sie war seit zwei Stunden oder noch länger aus kleinen, wasserfarbenen, von hohen Backenknochen bedrängten Augen dem Vorgang gefolgt und hatte von dem Gesagten – man sprach durcheinander Ukrainisch, Jiddisch und Russisch – offenbar nichts verstanden. Nun aber tat sie den Mund auf, und indes ein zorniges Glitzern in ihre bis dahin lustigen Äuglein trat, sagte sie einen einzigen kurzen, polternden Satz in einem fremden slawischen Dialekt.

Der Genosse Kommissar Perlmutter war Spezialist in slawischen Dialekten. Er übersetzte, zu dem fast schon siegreichen Sekretär gewandt: »Die Genossin sagt – Sie sollen endlich gestehen!« Es war spät, er hatte morgen zu guter Zeit aufzustehen, man erwartete ihn in Sebastopol, er brachte keine sehr greifbaren Resultate von seiner Rundfahrt. Er zog sich den Hemdkragen und die Krawatte an. Dazu sagte er: »Auch ich empfehle Ihnen, Genosse, Ihr Herz zu erleichtern. Keiner von uns ist ohne Fehler und –«

Er sprach nicht weiter. Jener Rübensammlerin war die Geduld gerissen, so schien es. All das dauerte ihr zu lang. Oder war es etwas anderes, Untergründigeres, das sie forttrug? Etwas zerrte an ihr, das war nicht zu verkennen. Hatte sie eben noch Geständnisse gefordert von diesem Bebrillten? Mit einemmal begann sie zu schreien. Jener unbekannte slawische Dialekt war untermischt mit Fetzen ukrainischer Sprache. »Ich«, schrie sie, »ich«, und klopfte sich an die dürftige, müde gewordene Weiberbrust. Ihre Pupillen glitzerten wie winzige gläserne Knöpfe. Eine verzerrte Verzückung lag auf ihrem Gesicht. »Ich«, schrie sie selbstanklägerisch, geschüttelten Leibes. Dann war da wieder ein Sturzbach des Unverständlichen. Das Kopftuch verrückte sich ihr und sichtbar wurde darunter glattes, pechschwarzes, in einen strengen Scheitel gepreßtes Haar.

Es war schon hier, daß ein, zwei, drei Frauen in ein, zwei, drei Winkeln des Saals zu kreischen begannen. Eine von ihnen schrie gellend, einen einzigen hohen Laut. »Ich«, lärmte die mit dem Kopftuch und tat mit beiden Händen eine maßlos geschwenkte Gebärde über den Kopf – als höbe sie etwas, als holte sie aus, als schmetterte sie es gegen die Wand. Da war wieder Gekreisch, jenes Unverständliche. Kinder habe sie erschlagen, behauptete ein alter Mann zu verstehen – sie habe vor zwanzig Jahren ein paar Kindern den Kopf zerschmettert, so, an der Wand. Er fügte hinzu: »Sie hat gesagt – bei einem Pogrom!« Nun redeten, schrien, lärmten schon viele. Ein Besonnener machte sich durch Gebärden verständlich: er kenne die, die sei nicht ganz recht im Kopf. Er faßte mit einem andern die Bekennerin unterm Arm und schleppte sie aus dem Saal. Das Kreischen der Fortgezerrten wurde draußen dünn und verwimmerte.

Die Hitze im Saal war nicht mehr zu ertragen. Man hätte nicht sagen können, was die Durcheinanderlärmenden wieder verstummen machte. Denn plötzlich, gleichzeitig beinahe, verstummten sie – nur Wimmern und Weinen von Weibern kam noch aus ein paar Winkeln. Und in dieser Verstummtheit erst nahm man wahr, daß auch der Genosse Rubiner unter denen war, die es gepackt hatte. Eben noch hatte er blitzblank diskutiert, Kulaken, Sinowjew, Neue Ökonomische Politik – und nun saß er da, weiß, fetten Gesichtes, schwarz stoppelbärtig, ein junger und schlaffer Mensch, und Tränen sprangen ihm aus den Augen, und aus dem Munde sprang ihm ein langgezogener, heulender Klagelaut. Es war dieser Laut, dieses abgelöste tierische Jammern, das alles andere in sich aufsog. Alles hing an seiner Besessenheit atemlos. Er habe einen

Brief von Trotzki, so sagte er. Er sei schuldig. Er habe es nicht bekennen wollen, in faschistisch verräterischer Verstocktheit, er Jammerlappen, er letzter Dreck, aber jetzt bekenne er es. Er habe einen Brief von Trotzki.

Genosse Perlmutter, Kommissar, war in Bewegung gekommen. Er hatte seine Erfahrung. Das war sein Mann. Er zog sich den Rock an. »Sagen Sie das genauer«, verlangte er. Feder, Tintenfaß.

Er habe einen Brief von Trotzki. Es bedurfte erst wiederholter Ermahnung, ehe der Genosse Rubiner sein Geständnis zu Protokoll gab. Er faßte sich selbst an der Brust und schüttelte sich. Tränen stürzten ihm aus den Augen, sein Haar war wirr. Er habe die marxistische Idee verraten, er jämmerlicher Schädling, er markloser Parasit. Verraten, heulte er. Er nahm seine Brille und schmiß sie auf den Boden und trat auf sie – es war das ein lächerlicher und grausiger Vorgang. »Genossen«, rief er, »ich habe gesündigt!«

Es bedurfte erst energischer Intervention, ehe er sich zu einer größeren, protokollierbaren Klarheit zusammenriß. Er hatte zu weinen aufgehört, er war ruhig, nur die Lippen zitterten ihm. Er beharrte darauf, so gehandelt zu haben auf des exilierten Trotzki Befehl. Und auf Weisung Sinowjews? Ja. Indirekt, indirekt. Und dieses Geständnis lege er ab spontan, ohne Zwang, zur höhern Ehre des sozialistischen Vaterlands, wider das er zum Verbrecher geworden war.

»Zum Verbrecher?« fragte der schreibende Genosse Perlmutter.

»Ja.« Die Lippen zitterten dem Geständigen.

»Zum Saboteur?«

»Ja.« Er war linnenweiß.

»Im Auftrag von Trotzki und Sinowjew?« Der Genosse Perlmutter wollte es noch einmal hören.

»Ja. Indirekt. Und in verbrecherischer Zusammenarbeit mit dem Genossen Feigelstock.«

»Mit mir?« Der war aufgesprungen.

»Ja! Mit Ihnen!« brüllte der andere linnenweißen Gesichtes. »Leugnen Sie nicht! Die Käse- und Butterlieferungen, die dann im Einvernehmen mit dem Genossen Woizoff von der Zentralen Übernahmstelle –!«

Der Genosse Feigelstock setzte sich plötzlich.

Perlmutter, aufblickend von seinem Schriftlichen, fuhr ihn scharf an: »Sie gestehen?«

Der Genosse Feigelstock sagte stimmlos: »Schreiben Sie, was Sie wollen.«

Und dann raffte sich die Genossin Pineles, Schuhreparaturwerkstätte-Stachanowarbeiterin, vom Boden auf und wies über sechzig Köpfe weg auf die Genossin L. Lewy, die immer noch auf dem Tische saß, und rief: »Feigelstock hat arrangiert, daß die Genossin Lewy vorzeitig ohne Prüfung von den Komsomolzen aufgenommen wird!« Sie schrie zornig: »Er hat für sie garantiert!«

Der Genosse Perlmutter, Kommissar, griff nach seinem Lederrock. »Telefon«, sagte er. Einer stieß die Tür auf. Die eisige Sternennacht sprang in den heißen Saal. Die Genossin Pineles lärmte immer noch.

Die junge Frauensperson, die in einem Eisenbahnzuge sitzend der sowjetrussischen Grenze zustrebte – von innen her –, trug von gewissen großen Begeisterungen, kleinen Enttäuschungen und Erregungen in dem Land ihrer Wahl an sich keine Zeichen. Weggewischt waren sie, wie die Zeit eben Dinge wegwischt und glattstreicht. Man betrachte nur, Zeugnis und Sinnbild, dieses glattgestrichene Haar, das so glänzend schwarz ist wie ehedem und so redlich gescheitelt und unbedeckt dem Blick sich bietet wie ehedem. Seit ihrem Eintritt in dieses Land ist es eben fünf Jahre her, und das ist nichts und alles, je nachdem man es wendet. Barhaupt reist sie – doch reist sie deshalb keineswegs ohne den Besitz eines Huts. Da liegt er neben ihr auf der Bank des Eisenbahnabteils, und ist ein Hut so wie andere und, gleich dem streng und doch mit einer modischen Bemühung hochgeschlossenen Kleid, vielleicht nicht nach dem letzten Pariser Geschmack, aber auch dazu wird es noch kommen in diesem großen Land, wenn man erst Zeit hat daran zu denken. Inzwischen ist es ein Kleid wie es ist, schön durch Nutzbarkeit, und der gute, rote, wollene Schal um den Hals gibt ihm einen redlichen und fraulichen und fröhlichen Farbenklang. Neben jenem Hute liegt die segelleinene und nutzhaft geräumige Handtasche der Genossin Liselotte Lewy. (Lisa nennt sie sich zweckvoll einfach und ohne bourgeoise Verschnörkelung seit einer gewissen Grenzüberschreitung, Ljuba nennen sie ihre Freunde.) Man öffne diese Tasche und greife nach dem hier wohlgeordnet ruhenden Dokumentenbesitz!

In diesem Leben herrscht Ordnung! Es lebe der Moloch Statistik – aber trotzdem hätte nicht eine jede sie noch aufbewahrt und mit sich geführt, diese lange und stolze Reihe der Zettel, mit denen eins zu reisen fährt in dem großen Land. Farm, Werkstätte und Fabrik – Traktoren, Traktoren! Oder interessiert uns, was die Genossin unternimmt zur Förderung ihres proletarischen Gesundheitskapitals und ihrer leiblichen Bereitschaft und Tüchtigkeit? Dieses blaue Kärtchen – sie ist Mitglied des Schwimmklubs. Dieser Schein betrifft ihre Teilnahme an dem Luftschutz- und Fallschirm-Absspring-Übungskurs. Und diese Bestätigung will besagen, daß sie Belehrung genossen hat im Gegenstand des Geschlechtskulturfeldzugs und der Empfängnisverhütung! Es wäre ihr solche Kenntnis zustatten gekommen in der in langen und redlichen Gesprächen geplanten Ehe mit einem gewissen Pjotr Samuelowitsch Löwenfisch, Erstem Spezialisten bei den Traktoren – hätte nicht, befallen von einer Panik, der Spezialist am Tag nach der Einleitung jener kleinen politischen Untersuchung gegen sie, sich ganz dort hinüber nach Wladiwostok versetzen lassen als Offizier einer Tankdivision der Roten Armee. Warum? Man war nicht mit Aussatz geschlagen! Über die Einstellung jenes Verfahrens führte man hier eine saubergefaltete Bescheinigung mit sich in der Tasche. Warum schrieb er nicht, warum antwortete er nicht auf Briefe, warum teilte er erst nach fünf Monaten auf einer Karte mit, er habe dort drüben im Fernen Osten sich verbunden mit einer Genossin Telegrafistin von der Meteorologischen Station? Dies war ein Unrecht! Man hatte es nicht verdient!

Ja, so gab es denn auch solch gar nicht leicht überwundenen privaten Schmerz in diesem leuchtenden Leben. Von dem mutig Vergessenen trug man unwissentlich und kaum sichtbar um die Augenwinkel eine erste, hauchleicht hingefächerte Runzelspur. Dieses Leben war strahlend, aber dieses Leben war ernst. Zwar zukunftsglänzenden, zwar frauenhaft klaren, doch auch unerbittlich durchschauenden Proletarierblicks. Aus jener genauen Befragung durch den Genossen Speziellen Kommissar war man mit makellosem politischem Ehrenschild hervorgegangen. Man hatte einige Belobung erfahren für einige Leistung in diesem Land. Eine bourgeoise Vergangenheit war vergessen. Doch das genügte nicht! Diese Genossin, eingeordnet in die lange und stolze Reihe marschierenden Proletariats, gibt sich nicht zufrieden mit ihrer Leistung in ihrem Bezirk und Betrieb. Vielleicht geht sie nach Spanien! Vielleicht läßt sie sich nach Mexiko delegieren! Vielleicht wird sie mit der Organisierung von Zellen in dem ihr von früher vertrauten, eben vollends von den Faschisten zerschmissenen Lande Österreich betraut! Auch liegt dort unten am Mittelmeer ein Landbrocken, abgefallen für ihre Nation vom Tisch der kapitalistischen Prasser, ein Fünftel von Birobidjan, ein Achtel vom ukrainischen Judenland, ein Viertel von der jüdischen Krim. Er ist auf der Karte nur mit dem Mikroskop wahrzunehmen. Aber dort verblutet sich halbgeweckte, verworrene Heldenkraft auf dürftig-heroischen Siedlungen, protegiert und belächelt von Bürgern, in einem fruchtlosen Wettkampf mit Araber, Großbauer, städtischem Unternehmertum, in einem sozialistisch-kapitalistischen Kompromiß! Den Antrag der Genossin Lewy, auf politische Reise kommandiert zu werden, haben Betrieb und Komintern schon bewilligt. Nehmt alles nur in allem – sie hat ihren guten Grund, so redlich und so fröhlich und so leuchtenden Blicks zu sein, wie sie da zu reisen fährt.

Da ist schon die Grenze. Da ist schon der visitierende Kommissar. Da reicht man ihm schon den Paß. Und schaut ihn voll an und sagt: »Wohin ich fahre? Genosse, ich bin eine Jüdin! Ich fahre nach Palästina!«

DIE ZERSTÖRUNG DURCH DAS HIRN

Marcus – oder Die Emigration

Schlessing – oder Das Leben in den Dingen

MARCUS

oder Die Emigration

Ein Mensch, ein Mann, ein Jude mit Namen Marcus wurde geboren im Jahre 1894, und zwar zwei Monate vor der Zeit. Das will erwähnt sein erstens, weil die Geburt dadurch nicht im heimischen Frankfurt stattfand, sondern im Krankenhause einer von der Wöchnerin letzten Augenblicks eben noch erreichten bayrischen Kleinstadt (Starnberg, im Süden Münchens, am Starnberger See). Zweitens, weil eine gewisse Feingliedrigkeit, beinahe Durchgeistigtheit des Leibes dieses sonst hoch- und wohlgewachsenen Marcus (Werner hieß er) zeitlebens zu Unrecht oder Recht darauf zurückgeführt ward. Und drittens, weil die Wöchnerin (eine geborene von Goldschmidt-Mendelssohn) bei dieser Frühgeburt zugrundeging und wegstarb. Der Vater (Marcus Metallverwertung, Frankfurt) folgte ihr acht Jahre später. Die Erziehung des allein gebliebnen Kindes übernahm eine Mutterschwester, die zu München unter dem Stand verheiratet war mit einem höhern Bankbeamten, Eichhacker, einem Bayern, Oberleutnant a. D. Dieser Mutterschwester-Gatte war es auch, der, sein Amt quittierend, die Leitung der Marcus Metall in die Hände nahm. Das tat er genau genug erfolgreich für sich selbst, genau genug erfolglos für den Verwaisten, genau genug von königlich bayrischen Oberleutnants-Redlichkeits-Überresten in seinem Tun gehemmt, daß dem W. Marcus, als er mit achtzehn vom Pennal ging, einiges über zweihunderttausend Mark zu Buche standen. Hiezu kam noch ein mittel-dickes Minoritätspaket Eichhacker-Marcus-Aktien sowie der Besitz des sogenannten

Schlosses, einer türmchenbewehrten Riesenvilla zu Ambach am Starnberger See, die niemand recht haben wollte. Es war das die Villa, von der aus achtzehn Jahre zuvor die von verfrühten Wehen überfallene Wöchnerin ihre Reise angetreten hatte in den Tod. In einer spätern Periode seines Lebens, nachdenklich geworden, zwecklos sinnend über Windiges, Chimären wie Bestimmung und Daseinszweck, sah der W. Marcus sich dazu verleitet, eine gewisse Schicksalsanfälligkeit, eine Katastrophenaffinität von diesem frühesten Ereignis herzurechnen. Er trage einen Katastrophenmagneten in seiner Brust – so schrieb er es einmal nieder.

Die Lebensbedürfnisse des Marcus waren unabhängig von seiner Erbschaft gesichert durch den besondern Umstand, daß er ein Dichter war. Einem frühen Erfolg bei einer poetischen Konkurrenz, einem auf Kosten des Autors gedruckten ersten Gedichtband, war ein Epos in Versen gefolgt, das dem sehr jungen Mann die erste große Beachtung brachte, wenige Wochen bevor etwas anderes die größere Beachtung auf sich versammelte. Man schrieb damals 1914, August. Zu jener Zeit glaubte der W. Marcus an das, was in einer Zeitung stand. In der Zeitung stand, Albion habe mit den Welschen seinem, des W. Marcus' Vaterland den Platz an der Sonne geneidet und aus einem Hinterhalt es angefallen. Marcus meldete sich nicht nur vorzeitig zum Dienst mit der Waffe, sondern er verfaßte auch jenes Gedicht, man kennt es, *An die Feinde*, das, man weiß es, mit Blitzesschnelle über die Erde ging. Es ward geschleift durch Schützengräben, Tanzbars, Grammophone, es ward gedruckt mit Bildern, es ward in Kissen eingestickt, mit Bibellettern ward es gemalt auf Kirchenfensterglas. Dem solchen Widerhall erschreckt Bestaunenden brachte es für vier Jahre einen Weltruhm. Es kostete ihn viel Erbitterung, viel Enttäuschungen, viel zähe Arbeit an sich selbst, und vielen Dienst am Frieden, am Geist und an der Dichtung, ehe er diesen Ruhm verwand. Jedoch gelang ihm das, wenn auch erst um das Jahr 1928, zehn Jahre nach Friedensschluß, genauer: mit dem Erscheinen seiner Romantrilogie *Die Enterbten* – sie ist bekannt. Er hatte zu der Zeit sein

Haus in München – ein großes Haus, in das aus Stadt, Reich, Ausland viele Besucher kamen, zu einem schlanken Mann mit glattem Schwarzhaar, schwermütig starken Brauen über weiblich wimperlangen und schönen Augen, einer kühnen doch feinen Nase über einem ruhelosen und weichen, doch edlen Mund. Man wußte von Frauen guten Ranges in seiner Vergangenheit, unter ihnen auch von einer Ehefrau. Nach deren Tod durch Unfall (Tod durch Unfall!) führte er zwei Jahre ein Sonderlingsleben in jenem Türmchenschloß. Dann kaufte er einer sichern Leopoldine Mittelgruber, einer strengen Blondine, die der Verstorbenen glich und die Tochter eines Eichhacker-Marcusschen Fabrikbuchhalters war, Schmuck, Kleider, eine kleine Sängerinnenstimme und einen Künstlernamen (Loo de Majo). 1933 war sie seine Geliebte.

Gewisse Ereignisse betreffend, vorgefallen in diesem Jahr 1933 in des W. Marcus' Vaterland, ist zu sagen, daß der Schriftsteller sich damals einer Tugend befleißigte oder auch eines Lasters, das er selbst einmal (in seiner Studie über das *Anarchische Postulat des Geistes*) als die »Wollust der Objektivität« bezeichnet hatte. Diese Wollust war es, die ihm gestattete, in dem, was vor sich ging, nicht den Trick bankrotter Junker zu sehen, nicht den klirrenden Aufmarsch des gepanzerten Drecks, sondern den Aufbruch der Jugend für ein größeres und freieres Deutschland. (Und das, objektiverweise, hatten wir doch alle gewollt!) Diese Wollust war es, die ihm gestattete, in einem Brand eines Reichstagsgebäudes nicht die freche Schiebung alibisüchtiger Kleinbürgerhirne zu sehen, sondern ein kommunistisches Attentat. (Man hatte einen in flagranti ertappt mit nichts auf dem Leib und doch einer bolschewikischen Parteilegitimation in der Tasche!) Und als die Menschen seines Kreises über Nacht verschwanden, war es wieder die Wollust, die ihn nicht so genau zusehen ließ, ob sie jenseits der Grenze, ob sie in einem Konzentrationslager saßen. (Und saßen sie jenseits der Grenze, so waren sie panikbefallene Narren, und saßen sie anderswo und hatten vielleicht sogar etwas abbekommen auf dem Weg dorthin, so mußte man objektiverweise bekennen – genug!)

Es dachte aber der W. Marcus so nicht aus einer Kleinheit, sondern aus einer Größe des Herzens. Als einer der Regierer – es war der Propagandist – ihn öffentlich und unflätig angriff, sandte er der Zeitung, in der das zu lesen stand, einen mutigen und stilistisch makellosen Protest (der im übrigen nicht gedruckt ward). Als er einer Horde gegen Judenkaufmannsfenster demonstrierender Universitätsstudenten begegnete (unter denen so mancher ihn kennen mußte, und wäre es auch nur von seiner Festansprache »*Zur Geburt der deutschen Republik*«), wich er nicht aus, sondern ging quer durch Auseinandertretende seines Weges. Und sah sich durch all dies (und da man ihn in der Tat durch Zufall oder auch geflissentlich übersah) so sehr in seiner Besonnenheit bestätigt, so sehr verlockt, dafür auch seinerseits den Totentanz rund um sich zu übersehen, daß er in mannhaften und wohlgeformten Worten und Briefen die Warnungen seiner Freunde lächelnd von sich wies. Er ging nicht fort in den Tagen der angesagten Judenhatz, die mit Hepp und Halloh, mit Prügeln und Plündern an seinem reichen Quartier ohne Schaden vorüberstrich. Und ging erst fort, ohne äußere Nötigung, sozusagen nicht aus politischen, sondern aus ästhetischen Gründen.

Das war am 10. Mai 1933. Um sechs Uhr telefonierte der Dichter mit der Blondine. Sie solle nicht schon um acht Uhr kommen, bat er, sondern um neun. Er habe vorher einen Weg, einen etwas kuriosen Weg. (Hier war ein kleines nervöses Lachen zu hören über das Telefon.) Es sei da nämlich eine Bücherverbrennung angesetzt im Universitätshof, ja, ein Scheiterhaufen, ganz im Stile des moyen-âge. Er sei unterrichtet, daß auch er selbst (hier war wieder das Lachen) – daß also auch seine, des W. Marcus' literarische Schriften bei dieser Gelegenheit eine schmeichelhafte Beachtung erfahren würden. Das vergnüglicherweise leibhaftig aus der Nähe zu sehen, interessiere ihn, den W. Marcus, vom Standpunkt der pathologischen Psychologie. Und kurz und gut, das werde die de Majo wohl einsehen: bei diesem Scheiterhaufenfest sei er, der W. Marcus, an seinem Platz. Und darum – hier lachte er – man diniere besser erst um neun Uhr!

Es war aber schon zehn Uhr oder sogar schon ein paar Minuten darüber, als er nach Hause kam. Die de Majo lag beleidigt auf einer Chaiselongue, sie blätterte in Büchern, wollte um Verzeihung gebeten sein. Da er eintrat, Hut auf dem Kopf, ohne Gruß, und sie sein Gesicht sah, erhob sie sich lautlos. Er war in keiner Weise aus der Ordnung geraten. Im Gegenteil: er war, wenn dies anging, noch korrekter gekleidet als sonst, der Hut saß korrekt, die Krawatte korrekt, die Handschuhe makellos, kein Stäubchen auf seinem Rock. Er war nur ein wenig blaß, sehr blaß sogar, wenn man genauer hinsah, von einer Leichenblässe, die einen wohl erschrecken konnte für einen Augenblick. Er klingelte dem Diener. »Koffer packen«, sagte er tonlos. Dann erst wandte er sich der Blonden zu. »Das ist der Teufel«, sagte er ruhig. Er schrie gellend: »Das ist der Teufel!«

Ach, Erregungen. Leser des W. Marcusschen Romanwerks *Die Enterbten* erinnern sich vielleicht des Abschnitts, handelnd von den Erfahrungen jenes Armenarztes mit den Sterbenden. Und wie da einem gesagt werden muß: Mit dir geht's zu Ende! Aber das ist ihm über den ersten Schrecken und Stoß hinaus noch lange keine seelische Realität, er weiß es und gleich hat er's vergessen. Da ist das Mittagsmahl, da kommt ein Besuch, da lachst du über ein Witzwort, und erst in die Finsternis kriecht dir vielleicht wieder das Wissen und schreckt dich aus deinem Schlaf. Und wenn du schon auf dem letzten Stroh liegst, das Herz setzt aus, die Pein sitzt dir im Gedärm, der große Schweiß steht dir auf der Stirn – nein, denkst du, das ist gar nicht wirklich, immer sind es ja nur die anderen, die sterben, vielleicht ist's auch diesmal ein anderer, du stirbst nicht, du stirbst nicht. Oder es fällt in dich eine Erkenntnis, »das ist der Teufel«, zum Beispiel. Aber eine halbe Stunde später sitzt du doch schon wieder beim Abendbrot, und eine halbe Stunde später hast du eine blonde Frau bei dir in deinem Bett, und wenn irgendwann irgendwo irgendwer etwas von einem Teufel gesagt hat – wer das gewesen ist, weißt du nicht.

Auch bleibt die Blonde fürs erste im Land und übernimmt die Verwaltung von Stadthaus und Landhaus. Auch gilt es ja auf ein Wiedersehn, sowie die Geisterverwirrung verflogen ist. Und der Diener fährt die sieben wohlgepackten Koffer zur Bahn. Und die Blonde hat einen Vetter bei der SA, der aus Loyalität und für fünfzehn Prozent jede Summe, die du nur haben willst, über die Grenze bringt. Du mußt gar nicht so viel hinübernehmen auf einmal – die SA-Stiefel knallt er zusammen und steht zur Verfügung, Herr Doktor, immer und jederzeit. Auch kommt da eben der Sekretär vom Polizeipräsidium und bringt dir den anstandslos neuausgefertigten Paß! Da liegt er, schlicht, doch schmuck, mit vielen dauerhaften, unberührten Seiten, Schulschreibheft fernenwind-umwehten Reiseschicksals, Anhauch von Bergen, Ebenen und der See – und war all das bestimmt zu währen ewig! Auf denn, W. Marcus, mit Paß, Geld, sieben Koffern. Damit ist eins nicht schlecht ausgerüstet fürs Leben.

Die Emigration, emigratio communis primaria, unterscheidet sich von anderen chronischen Krankheitsvorgängen erstens dadurch, daß Patient sich des Befallenseins erst nach einer gewissen, individuell variierenden Inkubationsfrist bewußt wird. Zweitens kennt sie Zwischenperioden eines trügerischen Sichwohlbefindens, klinisch bezeichnet als Euphorie. Die, drittens, abwechseln mit für dieses Übel typischen Zuständen der Großen Verzweiflung, desperatio emigratica, Zuständen von heftig contagiösem Charakter, in denen Patient entweder, drittens A, die Einsamkeit sucht, oder, drittens B, gleichartig Erkrankte aufspürend Amok läuft und die Einsamkeit meidet. Viertens endet zu beschreibende species aus der Familie der fressenden Übel unweigerlich mit dem Tode.

Den Zustand der Inkubation verbrachte Patient W.M. in einem teuren, doch stillen Hotel in der Stadt Paris. Es dauerte bei diesem Individuum ungewöhnlich lange, ehe das Übel zum Durchbruch kam – a) infolge einer für Patienten typischen Zähigkeit im Festhalten einer einmal akquirierten Erkenntnis oder Verblendung, und b) infolge reichlichen Vorhandenseins virulenter Antitoxine in der Form baren Gelds. Zu jener Zeit wälzten sich andre von der emigratio communis Befallene (populär genannt: Emigranten) schon in Zuckungen in allen möglichen fortgeschritteneren Stadien der Krankheit, laut heulend, so wie Wölfe heulen oder Verreckende auf dem Schlachtfeld. Patient W. Marcus aber nahm nicht teil an diesem Heulen. Nicht unterschrieb er Manifeste, Proteste, ja planvoll und programmatisch sonderte er sich ab von allen Manifestanten und Protestanten. Er sei, so sagte er es einem Interviewer, selbstverständlich von flammender Empörung erfüllt für Gewisses, das dort jenseits, dort drinnen vor sich ging, doch sei er andererseits so heute wie ehemals ein Gegner propagandistischer Verzerrung. Ein paar Exzedierer dürften nicht verwechselt werden mit dem Deutschen Volk, dem treu zu bleiben für ihn, einen deutschen Schriftsteller zufällig jüdischen Bekenntnisses, ein Gebot sei der – ja, hier also gebrauchte er zum erstenmal das Wort: ein Gebot der Würde. Wahrung der Würde – das sei dieser Stunde oberste Forderung. Die Proteste überlasse man ruhig wirksameren Instanzen als den verbitterten ausgetriebenen Einzelnen. Nämlich dem Völkerbund! Nämlich den westlichen Demokratien! Da – und der Schriftsteller nahm eine Zeitung zur Hand – hier eben lese er den Bericht der Debatte im englischen Unterhaus. England werde die Sache der aus ihrer Heimat Vertriebenen zu seiner eigenen machen, so stand es da schwarz auf weiß! Worauf der Interviewer (er kam aus England) ein wenig unvermittelt auf des Dichters neues Romanwerk zu sprechen kam. Der Dichter verriet es: es war, wie seit drei Jahren schon, der große Odysseus-Roman. Inbrünstig – so gestand es der M. – inbrünstig flüchtete er aus diesem Jetzt in ein Einst, facettierend, ziselierend. Und hier sprach er den Satz aus, seherisch in einem und ein wenig schmerzlich und ein ganz klein wenig kokett und pointe-bedacht, der dann in der Zeitung die Schlagzeile über dem Ganzen gab: Fast so wie ein Gemmenschneider in der Stadt Herculaneum, der, da die Erde schon barst, da die Lava schon quoll, da die Asche schon regnete, unbeirrt weiter an seinem winzigen Bildnis schneiden mochte – und wußte doch, über ein kleines werde es mit ihm sinken ins große Nichts. So werde auch er also weiter ziselieren, schloß der M. und löste die Feierlichkeit in ein Lächeln – und werde, ein von der Lava Gesparter, weiterfeilen an seiner Gemme noch gute zwei Jahre lang. Der Zeitungsmann fragte: »Und wo wird das Buch dann erscheinen?« Der Dichter, der sich zum Abschied erhoben hatte, blickte ihn voll an in einer großen Verwunderung. »In zwei Jahren!« sagte er. »Selbstverständlich in Deutschland!«

Nach welcher Symptomebeschreibung eigentlich nur noch ein Wort zu sagen ist über das erwähnte Antitoxin G – Geld. (Vorzüglich auch gegen andere Übel anzuwenden, besonders als Herzaufpeitschungsmittel in späten Stadien; es genügen dann kleinste Dosen.) Dieses Antitoxin Geld hat eine metaphysische Virulenz mit inneren Gesetzen. Weshalb es zum Beispiel einem Mutterschwester-Gatten im Grunde nicht zu verargen war, wenn er gewisse Reste bayrischer Oberleutnantsredlichkeiten erfolgreich überwand. Dem absoluten Programm der neuen Zeit gemäß, auf Grund einer schlagartig konstruierten Verrechnungsforderung (Vergütung für Erziehungsmühe), legte er Hand auf ein gewisses Aktienpaket. (Heil Hitler, so stand es unter dem knappen Brief.) Dies wieder, man versteht es, mußte Bewegung bringen in Fabrikbuchhalterstöchter und Künstlerinnen. Gewisse Hemmungen einmal erfolgreich überwunden, gelang es der Künstlerin, den immer noch antitoxin-verblendeten W.M. zu locken zu einer von dem Vetter garantiert gefahrlos arrangierten Überschreitung der Landesgrenze. (Geldliches wolle dem W.M. übergeben sein, auch habe sie keinen Paß, so schrieb die Blonde in klarer und harter Schrift, und sehne sich in des W.M. Arme.) Die Entrevue fand statt. Von jenem zu Übergebenden war weiter nicht mehr die Rede. Im Gegenteil lag da ein Dokument bereit, »Grundbuchliche Übereignung« überschrieben, zugunsten einer Leopoldine Mittelgruber vulgo Loo de Majo, Mitglied der Deutschen Frauenschaft. Es bezog sich auf allerlei, zum Beispiel auf ein Haus in München, auch ein Schloß mit Türmchen an einem See. Das ereignete sich frühmorgens in einem saubern dörflichen Gasthofzimmer. Nein, sagte der W. M.; die L. de Majo sagte ja. Der Vetter war mit einemmal da, in Uniform, und war mit einemmal, so schien es, nicht so sehr ein Vetter wie vielmehr ein Bräutigam. Abfindung, Brautgeschenk – dies war das Wörtlein, das hörbar ward. Nein, sagte der W. M. Das Wörtlein Rassenschande flatterte hier unversehens und gewichtlos in das Gespräch. Eine winzige Zweistundenspanne später überschritt Patient W. M. an einem angelegentlich in eine Zeitung starrenden Zollwachbeamten vorbei zu Fuß die Grenze. Korrekt gekleidet von Hut zu Schuh, wenn auch ein wenig blaß, ein wenig linnen- oder leichenfarben, wenn man genauer hinsah – so ging er seiner Wege, blutleer geschlossener Lippen, ausbruchslos, ohne die Erwähnung von Metaphern aus Bezirken des Mythologisch-Apokalyptischen. Besaß er nicht immer noch einen nur wenig abgegriffnen, mit vielen schmucken leeren Seiten bewehrten Paß? Damit konnte einer reisen nach Ost, Nord, Süd und West, wohin er wollte. Dieses Hochgefühl der Freiheit, federleicht, unbeschwert, gehört zu den typischen Symptomen des Zustands. Die Inkubation war vorüber, der Krankheit war heilsam zum Durchbruch verholfen. Er sei ein Emigrant gewesen, hatte Patient gewähnt. Doch nun erst, mit dieser Federleichtigkeit, trat er ein in die Ordentliche Emigration.

Es wäre da etwas zu sagen über den Sinn des Raums. Für den federleicht Gewordenen hat seine Unendlichkeit ihre kleinen Zufälligkeiten, sie ist ein wenig schwach auf der Brust, sie hat's mit der Schwindsucht! Da bröckelt's in einem Winkelchen, dort wetzt sich die Farbe ab, hier tut sich eben ein Diktatürchen auf, dort oben mag man gerade die Herren Juden nicht, da unten flackert ein Krieglein. Es ist vielleicht doch am geratensten, du läßt deinen fernenwindumwehten Reisepaß in der Tasche und bleibst in einer guten, alten, dauerhaften, zähen, trocknen Demokratie. Die Demokratie, die Emigrant W. Marcus wählte, war die britische; die Stadt hieß London. Zu solcher Wahl bestimmte Emigranten M., daß er ein berühmter Mann war im Lande England. Fünf seiner Bücher hatte man dortzulande in Übersetzungen gedruckt! Auch war es dieses selbe Land, das die Sache der aus der Heimat Vertriebenen zu seiner eigenen zu machen entschlossen war! Es war dazu geschaffen, dem in die Raum-Unendlichkeit Entlassenen und von ihrer Schwindsucht zugleich Betroffenen Unterhalt zu gewähren, Arbeitsmuße, ein Refugium, nein: ein Domizil, nein: eine Residenz! Der dortzuland berühmte Emigrant W.M. – er wählte England!

Man hat aus dieser Zeit von seiner Hand ein Dokument. Ein Zeitungsartikelchen, *Londoner Notizen*, erschienen in einem deutschen Blatte zu Paris, worin der M. in einem ihm seltsam ungemäßen Plauderstil denn einiges von seiner englischen Erfahrung zum besten gibt. Eine gewisse festliche Erhitztheit flackert aus seinen Sätzen. Ah, was für ein Land! Du gehst zur Behörde. Ich bin, sagst du, Ihr Bruder Landvertriebener und komme nun also zu Ihrer Freude mit Ihnen wohnen. Und die Behörde sagt: Willkommen! Man wird Ihnen schreiben, darauf müssen Sie ein wenig warten, ein wenig warten. Der Schriftsteller sind Sie? Wir kennen, wir schätzen, wir lesen Sie. Bitte buchstabieren Sie uns nur Ihren Namen – please spell your name. Oder du rufst den Verleger an, du bekommst die Verlagssekretärin ans Telefon – in welcher Angelegenheit telefonieren Sie, Mister Marcus? Der Chef fährt übermorgen nach Schottland zum Angeln, bis Donnerstag in einer Woche. Dann ist Weekend und in der dann folgenden Woche hat er schon einige Rendezvous. Aber ich rate Ihnen, in der Woche darauf noch einmal anzurufen. Vielleicht werde ich Ihnen dann sagen, wann der Chef Sie empfangen kann. Sie schreiben unter Ihrem eigenen Namen? Marcus? Please spell your name! Wir arrangieren selbstverständlich eine Zusammenkunft, nur müssen Sie ein wenig warten, ein wenig warten! – Ja, das sei das Geheimnis hiesiger Lebenskunst. Nach Jahren der Hatz und Hast, des sinnlosen im Brennpunkt Gestandenhabens dies und andres zu lernen – das sei die große Beglückung der Fremde und ihr weisestes und heimlichstes Gastgeschenk. Zu großartig sei man ohne Zweifel gewesen, zu wichtig! Warte ein Weilchen, spell your name, und inzwischen ein Hoch – so schließt ein wenig unvermittelt diese wohlgelaunte und enthusiastische Marcussche Plauderei – ein Hoch dem auf der Schattenseite Wohnen!

Ein ganzes Meer, ein ganzes sich türmendes Gebirg von Schatten habe man da mit einemmal zur Verfügung, hatte es dazu noch geheißen im Manuskript. Doch hatte der Redakteur, selbstherrlich wie Redakteure sind, den Passus gestrichen. Er schien ihm irreführend zu sein, zwielichtig, gegen die Absicht des Schreibers beinahe verdächtig eines defaitistischen Untertons.

In dem Marcusschen Tagebuch – damals führte er noch ein Tagebuch – findet sich unter demselben Datum eine Notiz. Aufsatz Paris, steht da. Ferner Plan eines weitern Aufsatzes, Titel: Keep Smiling. Heute, Montag, Beginn der elften Woche seit Aufenthaltsbewilligungsversprechen, neunten seit Versprechen Bescheid Verlag, achten seit keine Zeile mehr am Odysseus-Roman geschrieben, wegen (siebente Woche) Erkenntnis, daß Sichrückversenken in Historie und Mythologie sowie überhaupt das Geschichtenerfinden mannesunwürdig ist. Die Zeit will Zeugen; als jener jüngere Plinius beim Untergang von Pompeji war, schrieb er nicht Gedichte, sondern den Untergang von Pompeji. Daher fünfte Woche seit Verfassung des Aufsatzes *Die Tatsache dieser Zeit*, Englisch, und vierte Woche seit hierüber kein Bescheid von Redaktionen. Dritte Woche seit keine Antwort von Filmgesellschaft auf Gesuch um Verwendung beim Verfassen von Drehbuchdialog. Zweite Woche seit Auftreten des Post-Wart-Komplexes (Briefboten bis Straßenecke entgegengehen), erste Woche seit Auftreten des Boardinghouse-Rechnungsbezahl-Komplexes, nullte Woche seit hiemit gefaßtem Beschluß, Nie mehr auf Nichts zu warten. Nie mehr! Auf nichts!

Hier bricht das ab. Und drunter steht in wieder nüchtern gewordner Schrift:

Plan zu einer *Untersuchung über das Apokalyptische des Raums*.

Ein flauer, ein lauer, ein schlechter Titel. Ein einziges, flüchtiges, federleicht verflogenes Jahr nur lag zwischen Absicht und Niederschrift. Doch da diese endlich vorlag, ergab es sich, daß nicht die Rede war von jenen gefälligen Erwägungen betreffend die Schwindsucht des Unendlichen – Erdball zuerst, Nord-Ost-Süd-West, oder doch wenigstens: Demokratie, Land England, oder zum mindesten: Stadt London. Emigrant W. M. hielt weiter. Die Stadt London als seinen Lebensraum zu betrachten, darüber war er schon längst hinaus. Der Raum, so notierte er, die Geisteslage seiner früheren philosophischen Untersuchungen verleugnend, denk-fadenscheinig geworden gewissermaßen – der Raum sei eine Funktion des Gelds! Raum – das sei lebendig, das pulsiere wie ein lebendiges Herz, sich dehnend, contrahierend mit dem Steigen und Fallen des Kontodrucks. Wohnst du in Paddington, so hängt es ab von deiner Seelenhaltung gegenüber der Magie der Ziffer Sixpence, gegenüber dem Sixpence-Bus-Fahrscheinpreis, ob Putney Bridge, ob Hampstead Heath noch im Raume liegen oder schon jenseits der Schwindsuchtschwelle, im unwiderruflich Dahingewelkten, im schwarzen Abgrund, nichtexistent im Sinne der Empirie! Nein, nicht singe er vom Fluß und von dem kleinen Wald am kleinen Hügel, so merkte der Marcus an. Im Lande des auf der Schattenseite Wohnens sei der Raum ihm schwindsüchtig geworden bis herunter zu seinem eigentümlichsten Lebe-Raum. Sein Zimmer meine er und sonst nichts. Die Apokalypse des Möblierten Zimmers zu singen, stehe ihm heut der Sinn!

Doch hat Privatmann M. nicht einmal diese Möblierte-Zimmer-Apokalypse auch wirklich ausgedichtet. Da bleibt es wieder bei Skizzen und Notizen. O Raum, steht da, o du Vierfensterzimmer damals in Paris mit jenem Blick auf jene Wipfel, o Badraum, Bett, o Schreibtisch, o Telefon! O anderer Raum, steht da, zu London in jenem Boardinghouse, im ersten aus der langen und funebren Reihe der Boardinghäuser, wechselnd so wie Menschengesichter wechseln und einander doch höllisch gleichen. Du kannst dem Zimmer da nicht mehr in die Augen schaun. Den Spiegel haßt du, die bunten

Glasperlenschnüre an dieser Lampe, Türenkrächzen und Moderduft des Schrankes. (Die Ferne modert, ungezählte ungekannte Reisefernen modern in diesem Schranke!) Hat einer die große Tapetenmarter jemals aufgeschrieben? Tut nichts; mit tödlicher Gewißheit: der nächste der Räume ist höllischer! Die Tapete stumpfer und in einem greller, der Spiegel blind, das Wasser läuft nicht ab, die Seelen der Hiergewesenen werden in allen Winkeln lauern, nebenan werden keifen zwei, und jetzt – ah, was da aufklingt ist das Klavier! O Mensch, mit deinem Raum auf dieser Erde warst du zu prasserisch. Raumunzucht – das war es. Jetzt einmal die Augen zugemacht, Herr Marcus! Wo war es, daß der Spiegel schräg in der Ecke stand? Sehr richtig: in dem Zimmer in dem Boardinghouse Nummer drei. Wo, rechts, links, vorne, hinten, stand im Boardinghouse Nummer zweiundzwanzig die Kommode mit dem dir teuflisch fremden Familienbild? (Erinnre dich, die zweite Lade von unten war nicht zu öffnen, und öffnetest du sie, so kollerte in ihr die Leiche eines Füllfederhalters.) Falsch: die Kommode stand nicht links hinten (das war in Boardinghouse sechzehn!), sondern sie stand links vorn. Links hinten war ja der nasse Fleck mit jenem Bild der Königin Victoria, das ihn verdecken sollte, und daneben war der Wasserhahn, der tropfte die ganze Nacht.

Solches aufgezeichnet, erhob der M. sich von seiner Chaiselongue – einer, zugegeben, ein wenig wackeligen Chaiselongue, doch konnte man, wenn man sich nur ein wenig eng hinlegte, sehr wohl auf ihr liegen. Er trat vor den Spiegel, er rückte die Krawatte – das Hemd saß gut, der Hut saß makellos. Dann öffnete er das halbgeleerte Gepäckstück vier und entnahm ihm einen derzeit nicht benötigten seidengefütterten Sommermantel, ihn zu tragen aufs Versatzamt. Denn noch war er, Emigrant W.M., lebendig, und dieses Zimmer, hassenswert wie es war, war doch sein Zimmer. War es eben fünf Minuten nach dreiviertel drei? Was sollte man halten von einem Nichtmehrzuwarten-Entschlossenen – Niemehr! Auf nichts! – der, jenen Versatzamtmantel über dem Arm, ein wenig blaß, doch sonst korrekt gekleidet, sehr langsam die Treppe hinunterstieg. Schlenderte er so den Gehsteig entlang bis an die Ecke, so konnte es sich wohl fügen – er begegnete dem Mann mit der Post.

Ah, es war nicht so schlimm! Hatte der Raum die Schwindsucht – desto herrschaftlicher verfügte der von der Emigration Befallene über die Zeit. Blickte er in den Koffer – da lag die Zeit. Zog er die Lade des Schreibtischs auf – die Zeit. Griff er in seine Taschen – sie waren prall von ihr, Zeit-Münzen konnte er mit Geklimper um sich streuen wie ein Nabob. Er schloß sich ein – durchs Schlüsselloch, durch jede Ritze quoll sie zu ihm ins Zimmer, er konnte sich dieses prasserischen Überflusses gar nicht erwehren.

Auch fällt die Große Verzweiflung einen nur an, solang er noch sieben Koffer zu verlieren hat in diesem Leben. Als der W. Marcus noch einen Koffer hatte, war er nicht mehr in Bedrängnis. Er hatte dazu den Mantel, den er trug, und überdies den schweren prächtigen Pelz, in den die Motten geraten waren, so daß ihn keiner mochte auf keinem Versatzamt. Und er hatte ein Paket Manuskripte außerdem und eine Tracht Bücher, nirgends unterzubringen, und hatte außerdem seinen Paß. Ah, es war nicht so schlimm! Es gelang ihm, die Kurzgeschichte zu schreiben – »die Kurzgeschichte« nannte er sie zum Unterschied von vielen anderen Kurzgeschichten ruhmlosern Schicksals. Die verkaufte er an die Zeitung »Star« und bekam dafür zehn Pfund Sterling bar auf die Hand. Ferner wurde sein Gesang vom Möblierten Zimmer gedruckt, in jener Zeitschrift zu Paris. Und brachte das auch nur für zwei Abende Abendbrot – da war doch der Ruhm! Auch war das die Zeit, da er jenen Bekannten aus Italien traf, einen Kaufmann, der einmal in seinem Haus in München gewesen war. Nur einen kleinen Augenblick Herzklopfens kostete es und war dann gar nicht so schwer, einen langen Satz zu sagen, endend mit den leicht hingeplauderten Worten »für ein paar Tage fünf Pfund!« Mit einer gewissen Chimäre, einer Ausgeburt des Gehirns genannt Würde, schleppe sich gefälligst ein anderer – ein Eigenbrötler etwa, ein Einzelgänger mit sieben Koffern, ein Nicht-Manifest-Unterschreiber, ein Ziselierer und feiner Herr! Hatten einen Klüfte geschieden von jenen Heulern auf dem Schlachtfeld im Stacheldraht – die Klüfte waren geschlossen, da man in der Reihe auf Einlaß wartete in die Jüdische Gemeinschaftsküche im Woburn House. Da konnte es wohl geschehen, daß ein Ex-Ästhet erkannt ward von einem Ex-Rebellen. Und hieß der erste Schweigeblick: du bist das? Und hieß der zweite: du auch ein Jude? Und der dritte: du auch noch lebendig? Aber dann sprang stets ein Lächeln auf zwischen zwei Einkoffermännern. Der eine reichte dem andern die Rechte hin, als wär das in Berlin bei Reinhardt zur Premiere im Zwischenakt, und sagte: »Ah, Herr Kollege. Guten Tag!« Und murmelte wohl etwas von zufällig in der Nähe und sich die Sache hier einmal ansehn. Fünf Sätze später wurde man schon in den Speisesaal mit seinen langen, sauberen, herzlich dargebotnen und verzweiflungsvollen Tischen eingelassen. Wer war da nebenan die schmale, strenggescheitelte, lebendigäugige, brünette, sehr junge oder sehr schlanke oder kürzlich jählings sehr schlank gewordene Frau? Man konnte das nicht so deutlich sehen im halben Licht. Mit einer weltmannhaften Präsentationsgebärde konnte da wohl einer sagen: »Herr Kollege Marcus – Sie kennen ja wohl Frau Sonnenschein, die Architektin!« Und indes man seinen herzlich dargebotnen hastigen Teller mit dem Schnitzelchen Fleisch und Pudding und Kohl bekam, sagte da auch schon eine Frauenstimme: »Ich, Herr Marcus, ich kenne Sie! Sie sind eine meiner starken Erinnerungen! Das Gedicht an die Feinde!« Man mochte früher einmal, erinnert an dieses Dichtwerk, errötet sein. Darüber war man hinaus! Nehmt alles nur in allem – man war noch lebendig, man wurde noch gekannt und genannt! Woran der Dichter denn derzeit arbeite? »An meinem Odysseus-Roman!« Und die Architektin? »Ach, Sie kennen ja den hiesigen Baugeschmack. Ich tu da nicht mit, ich bin zurück zu der Malerei. Oder eigentlich zum Zeichnen. Oder eigentlich« – hier zögerte man, aber nur für einen winzigen Augenblick, dann sagte man mutig: »Eigentlich bin ich ja im Begriff, mich für die nächste Zeit auf Buchillustration zu konzentrieren!« Man blickte rasch auf, mit einem winzigen Prüfblick auf Herrn W. Marcus, diese einflußreiche Kommerzbegegnung. Das hatte nicht gezündet! So sagte man mutig: »Buchillustrationen oder auch Bühnenbilder! Sagten Sie übrigens: Odysseus-Roman? Wie interessant! Cochran, der Revuemann, Sie wissen ja, hat mich kürzlich gefragt – ich stehe da nämlich vor einem Abschluß!«

Nun war es so, daß dies in jenem Jahr Nirgendwann zu einer Grußformel unter den Federleichten geworden war. Sie begegneten einander und statt eines Guten Morgen fragten sie: »Stehen Sie auch vor dem Abschluß?« Was im besondern die ein wenig jählings abgemagerte Architektin Sonnenschein anging, so hatte sie, wie sie da in der jüdischen Notküche neben dem M. saß, ihren autobiographischen Bericht ein wenig vereinfacht. Ihr Weg war von den Architektenaufträgen, die sie hierzuland leider ablehnen mußte, eigentlich zunächst abgeschwenkt zum Bildberichterstatten für Zeitungen. (Sie hatte ja diese gute winzige Kamera!) Und erst als dieser Plan als Chimäre entlarvt und die Kamera der großen Raumschwindsucht zum Opfer gefallen war, hatte sie gesagt: um so besser, ich zeichne eben Karikaturen! Und nach einer winzigen Warteweile, um ein winziges nur magerer geworden und um ein winziges blasser leuchtend, hatte sie gesagt: um so besser! Dann gebe ich eben Sprachlektionen, Französisch, Deutsch! Und hatte dann gesagt: um so besser! Dann geh' ich als Nurse zu Kindern! Es war inzwischen nur eine winzige Anzahl solcher Umsobesser über sie hingeglitten und hatte sie schlanker und im halben Lichte jünger aussehend gemacht. Sie war eigentlich in letzter Zeit mit der Kunst des Handschuhnähens beschäftigt gewesen in ihrem Zimmer. Und sie hatte schon fünf Paar verkauft in jenem Monat, da es doch schöne und mutige Handschuhe waren, entworfen von einer Künstlerin. Auch deutsche Kuchen konnte sie backen, wenn einer etwa deutsche Kuchen bestellen wollte. Und so hatte sie eigentlich das Autobiographische ein wenig gerafft, verkürzt. Jener Buchillustrationsplan war eine tapfere Eingebung des Augenblicks, da man der nur durch soziale

Neugier in diese Armeleuteküche verschlagenen Kommerzbekanntschaft sich so glückhaft mutig zur Seite fand. Und was der Bühnenszenenentwerferin Sonnenschein Beziehungen zu jenem Revuemann anbetraf, so beschränkten sie sich bei nüchternerem Licht besehen auf ein Empfehlungsbrieflein-Überreichen auf einem hastigen Korridor und ein Gespräch, das war mehr als zwei Jahre her und war nicht ganz sechzig Sekunden lang. (»Danke! Ihre Adresse wird notiert!«) Aber was tat das, wer wollte da so genau hinsehn? Der Einfall, aus dem nun einmal infolge gereifter Einsicht ein wenig ins Stocken geratenen Odysseus-Roman eine Revue zu machen, war nicht so übel! Einmal endlich eine wirkliche Revue von Dichterhand, scharf, beißend peitschend, wenn auch dies vernünftigerweise sozusagen zwischen den Zeilen! Und daran zu arbeiten mit dieser Revuedirektor-Beziehungsreichen, einer sehr jungen, sehr schlanken, sehr schönen Frau! (Und kannte einen als Dichter!) »Ah, ich darf Sie heute abend, gnädige Frau, zu Lyons bitten zu einer wichtigen geschäftlichen Konferenz!«

Betreffend die Symptombeschreibung der Krankheit Emigratio Communis ist noch zu verzeichnen, daß der dort angezeigte Zustand jenes trügerischen Sichwohlbefindens, klinisch bezeichnet als Euphorie, im Gegensatz zu früheren Stadien gesellschaftsstrebig ist. Patient lädt jemanden zum Beispiel zu geschäftlichen Konferenzen ein. Wartend auf den Partner, ergibt er sich etwa noch dem Genusse gewisser Illusionsstimulantien. Zum Beispiel der ohne Rezept erhältlichen Droge Emigranten-Zeitung – in ihrer Wirkung beruhend a) auf der wechselseitig akzeptierten Unterstellung, als wäre man noch lebendig, und b) auf der toxischen Potenz des Wortes »morgen«. (Der dort in Deutschland hat den Kehlkopfkrebs und wird morgen zugrundegehen. Die dort in Deutschland sind unzufrieden mit dem um zwei Pfennig emporgeschnellten Butterpreis, was – morgen! – führen muß zur Revolution. Dieser Schuft in Deutschland grollt jenem Schuft und jener wieder jenem andern, welcher Situation zufolge – morgen!) Da sitzen Patient und Partner auch schon selbzweit.

Von jener Droge euphorisch stimuliert, erhitzt Patient sich ins Kühnere. Schon vollzieht er, rechnungs- und zeitenthoben, die Begleichung einer nahezu Fünfschillingzeche mit eleganter Hand. Die sogenannten Tagessorgen liegen schon weit dort hinten. Die toxische Verzauberung ist stark genug, zum Ankauf eines Zweischilling-Tulpensträußchens zu verleiten. Solcher Schwung hält an auf einem Gang durch Straßenlärm nach der Konferenzteilnehmerin nahegelegenem Appartement. (Sie kocht Kaffee, sie ist Besitzerin einer Kaffeemaschine. Auch wird da, unversehens wieder aufgetauchter, wenn auch euphorisch abgetönter Geschäftlichkeit, vielleicht einiges Zeichnerische in Augenschein zu nehmen sein.) Da ist man auch schon angelangt und hält bald mitten im Konferieren: Revue, man übergibt das morgen einem tüchtigen Agenten, zehn Prozent, fünfzehn Prozent, Amerika.

Was war das aber auch für ein Appartement, das die Architektin Sonnenschein innehatte in diesem Boardinghouse! War dort hinten vielleicht ein feuchter Fleck – dergleichen findet sich hierzuland in den besten Häusern, und hier war er verhängt mit einem heitern Familienbild! Auch bot der gute Schrank, aus dem es nach allen Geheimnissen der Ferne duftete, behäbig Raum für eine, so da nicht unvernünftig sich schleppte mit viel Gepäck. Die Lampe mit den gläsernen Perlen dran gab einen traulichen und starken Schimmer, und eingeschlossen, dies erfuhr man, war glückhafterweise der Lichtpreis gleich in den Zimmerpreis! Ah, welch ein Zimmer! Der Kaffee dampft, was einen das derzeitige Ausderordnunggeratensein des Gasheizungsautomaten vergessen macht. Dieses Boardinghouse-Zimmer ist von einem weltenfernen Boardinghouse-Nebenzimmer nur durch eine flüchtig kommodenverstellte Tür geschieden. Dies drückt zu solch später Stunde auf die Lautintensität des Verhandlungstons. Was aber wieder zu einem in aller Geschäftlichkeit traulichen Zueinanderrücken hinleiten könnte. Für Paris empfiehlt sich gleich die Mitofferierung der Bildentwürfe; ihre Reproduktion in einer illustrierten Zeitschrift wird Patient arrangieren, morgen; den Revuemann ruft Patient ganz einfach persönlich an, morgen; ah, dies also, wir müssen leiser reden, wäre genialisch blitzschnell auf den Block geworfen ein Szenenbild Insel der Kirke! Erlauben Sie, daß ich mich zu näherer Betrachtung neben Ihnen darüber neige, ich werde dann zu Hut und Mantel greifen und werde gehn, und morgen – o was fällt da über uns, was überfällt uns da im Geheimnis dieses Zimmers unversehens, gnädige Frau, Herr Doktor, o was bricht da über uns herein?

Ja, man hat recht gehört, die Diagnose stimmt, hier handelt es sich um einen Anfall jener auf des Messers Schneide zwischen Glückswahn und Verzweiflung akut grassierenden Sinn-Verrückung, Sinnen-Verrückung, genannt libido, zu deutsch: die Brunst. Es unterscheidet sich libido emigratica – die in der Federleichtheit – von der libido ordinaris durch ihren panischen Charakter. Sie ist eine Sonderform der emigratischen Panik, unmittelbar verständlich aus dem physikalischen Gesetz des Horrors vorm leeren Raume. Fortgerafft, dahingerissen von diesem Horror, verhält sich Befallener brünstiger, animalischer läuft er Amok, ein selbstzerstörerisches Übersichselbsthinaus ist für den Krankheitsprozeß charakteristisch. Jenes physikbekannte Grauen vor der Leere führt zu halluzinatorischer Verblendung in Wahl und Wertung des Objekts, und eben diese Wertverwirrung peitscht den Triebreiz und drückt zugleich die Zweisamkeit auch hochorganisierter Betroffener hinunter ins Phallische. Hier setzt ein die Sekunde des Wahntriumphs. Auch dem beziehungsweise der Geistigsten erscheint seine beziehungsweise ihre priapeische Leistung aufhebenswerter als alle je von ihm (ihr) erbrachten Leistungen des Gehirns. So wie er ihr (sie ihm) es tut, so hat noch keins an keinem es je getan. Jenes untergründig über all diesem Triumphalischen nie ganz gebannte Grauen überlärmend, kompaßlos (hie Lust und hie der Tod) kennt der (die) Betroffne keine Hemmung mehr gegen die sprachliche Benennung anrüchig fiktiver Werte. »Liebe« zum Beispiel. Auch varianter Zeitbestimmungen im Grade zwischen »morgen abend« und »ewig« geschieht Erwähnung. Und indes das überlärmte Grauen schon steigt, die panische Sekunde schon sich verflüchtigt, indes (mechanischer Reflex) das jählings blutentleerte Hirn die stimulantisch hohen Worte noch weiterlallt –

(– »ja«, sagte Emigrant W.M. verstörten Haars, veratmend, triumphal ermattet, zu der lieblichen Verwirrung von Kleid und zartem Leib, die er da in seinen Armen hielt – »ja, Geliebte, morgen! Ich ruf ihn an!« Und sie fühlte diesen zugleich Fremden und Vertrauten an sich und über sich, einen geliebten Mann, einen Raumeinsamkeitsvernichter, ein Bollwerk wider das große Graun. Sie war so stark, sie war so schwach. Da war ihr Zimmer wieder, schon ein wenig irdisch, doch noch in einem Leuchten liegend von innen her. Dort, auf der Kommode gefaltet, lächelte Handschuhleder, lächelnd über sein eigenes Nunmehrgewichtlosgewordensein. »Ja«, sagte die in letzter Zeit jählings ein wenig schlank gewordene Architektin S., »ja, morgen, Geliebter, rufst du den Revuemann an, Premiere im Frühling, und im Sommer fahren wir mit einem kleinen Wagen in die Vogesen. Dort ist es nicht ganz so schön wie im Schwarzwald drüben, wo ich zu Hause bin. Aber man kann ihn sehen, man kann die Wälder sehen und Dörfer mit dem Fernglas. Ja, morgen, ja, im Sommer, ja, nächstes Jahr!«)

– indes also das blutentleerte Hirn die stimulantisch hohen Worte noch weiterlallt (morgen, im Sommer, ewig), ist der (die) Voltigierende auf jenes Messers Schneide schon aus der Balance geraten. Eine Schwerpunktsverlegung, ein Erdrutsch des Gefühls aus dem Triumphwahn in Wirklichkeiten ist weiter nicht aufzuhalten. Da stürzt Befallner auch schon hinab und landet im Bezirk des Traurigen Nachher, triste post coitum, dessen Emigrationsspielart sich von der ordinären unterscheidet durch Sturzhöhe, Aufschlagsjähe und das hiedurch bedingte Große Zerschmettertsein. (»Ja«, hat Patient zum Beispiel eben noch in die große Schwärze des Raums gesagt – »ja, Schwarzwald, einen hab' ich, der kann uns über die Grenze bringen, es kostet nur ein wenig Geld, fünfzig Pfund, hundert Pfund, und dann fahren wir hinüber an den Starnberger See. Dort hab' ich ein Schloß mit Türmen!«)

Die Peripetie vollzieht sich radikal. Hat etwa Arzt für eine winzige Minute sich abgewandt (nach einem der Boardinghouse-Nebenzimmer zum Beispiel, deren ein jedes seine eigene Gespenstik hat) und kehrt er nun zurück, so findet er die Wandlung auch schon vollendet. Wenn denn von Zeitbestimmungen in diesem Raum noch die Rede ist, so lauten sie Niewieder und Nimmermehr. Ein nasser Fleck frißt sich dort drüben in die Wand, hier liegt geruchstark ein noch nicht zugeschnittener Handschuhlederfetzen, und könnte er schreien, so schrie er: Not!

Patient ist über das erste Stadium der großen Absturzzerschmetterung da schon hinaus. Hier liegt er, der bekannte Verfasser literarischer Produkte und Ex-Besitzer von vielerlei. Sein Mannsgesicht – und sollte doch jemandem ein Bollwerk sein wider das große Grauen – ist weibisch genetzt mit Tränen. In eine absturzhaft ernüchterte Verwirrung von Kleid und Weiblich-Leiblichem hat er dies Denkhaupt, diese Denkstirn (und war einmal ein Spiegel Gottes) wahllos wild hingewühlt und weint. Auch Selbstbekennerisches ist da schon peinlich aus ihm hervorgekrochen. Niemand ist er, eine leere Hülle, ein Denkgespenst, Niemehr Nichts wird er dichten, Niemehr Nichts wird Niemand mehr von ihm drucken, Niemehr Nie wird er jene deutsche Landschaft wiedersehen in diesem Leben, o Schulden, o Verzweiflungen, o Elend, mit ihm ist's aus. Ins Fensterviereck kriecht da vielleicht schon das Morgengrauen, Grauen vor dem Morgen. Kaum der eigenen Stimme lauschend gibt die Frau dem an sie Hingewühlten widerhallslose Tröstungsworte. Doch hat sich ihre Kleidverwirrung unversehens zurechtgerückt. Da steht sie, die Lippen zittern ihr ein wenig. Wie kommt es, daß auch Emigrant W. M. versiegter Tränen dasteht, schweigsam und leicht beschämt, und hat den Hut schon in der Hand und hat den Mantel über dem Arm? Er müht sich um einen Satz, der ihm nicht gelingen will. Das Wort, morgen, soll darin eine Rolle spielen. Aber dann gibt er es auf. »Du kennst ja nicht meine Adresse«, sagt er ernst lächelnd und schreibt sie auf einen Zeichenblock. (Auf ihn ist etwas skizzenhaft hingeworfen.

Was war es nur?) »Hier«, sagt er, »und das ist mein Telefon!« »Danke, geh nur, rasch«, sagt sie, als wäre sie plötzlich in einer großen Eile, »ja, auf Wiedersehen, mach auf der Treppe nur keinen Lärm.« Indes er schon in der Türe steht, hat sie vergeblich stöbernd ihr Handtäschchen aufgemacht. Ihre Lippen zittern. Und dann verlangt sie: »Hast du einen Schilling? Für den Gasautomaten. Er ist in Ordnung, ich hab' nur die Münze nicht gefunden. Ich will die Heizung andrehen. Mir ist kalt!«

Worauf der Emigrant, in ihrer Tür stehend mit Rock und Hut, ihr den Schilling gab. Es blieben immer noch drei Schilling sixpence in seiner Tasche. Und es konnte Emigrant gegen den Vorgang keine Bedenken zeigen, da er erstens befürchten mußte, ein Abschlagen des Begehrens mißverstanden zu sehen als Kleinlichkeit, da zweitens wirklich der Morgenfrost über dem Zimmer lag, und da drittens die S. beim Vorbringen ihrer Bitte tatsächlich zitterte. Hingegebener Münze begab sich der M. nach Hause. Festgehalten ist das in einem Protokoll der Polizei, mit ihm aufgenommen am nächsten Vormittag. Kam da einer und legte zivilistisch den Hut aufs Bett. »Herr Marcus, man hat Ihre Adresse vorgefunden; auf einem Block.« Er setzte sich, mir eine Zigarette dir eine Zigarette, und wollte nur eine kleine Auskunft haben. Und mitten drein sagte er: »Die Frau ist tot!«

Leser des W. Marcusschen Romanwerks *Die Enterbten* erinnern sich vielleicht jenes Abschnitts, handelnd von einer Fuchsjagd. Und wie da im geselligen Nachher der Raisonneur sich darüber verbreitet; des Treibwilds Tragik beruhe auf einem Mangel an Intelligenz. Auf einem Mißverständnis. Was wolle man denn Großes von ihm, als einen Anlaß, sich ein wenig Bewegung zu machen in frischer Luft? Das Treibwild aber nehme das fälschlicherweise persönlich, ihm fehle es an Gelassenheit, nicht genieße es die Durchsonntheit der Winterluft, den scharfen Trab, das fröhliche Hundekläffen, das liebliche Bild der ersten mädchenhaft aufgelockert nähergaloppierenden Reiterin. Nein, es fühle sich in einen Winkel manövriert, es warte gesträubten Fells auf einen gewissen peinlichen Augenblick. Kurz: es spiele nicht mit! Wozu gar kommen kann, daß das Mißverständnis noch weitergeht, und das Treibwild ist gar nicht selbst gemeint, man hat seiner gar nicht Notiz genommen, und es duckt sich zitternd in einen Busch, an dem mit Trompeten, Trompeten die Meute vorüberprescht. Du aber, Kreatur, hockst in deinem Gestrüpp, und daß das längst nicht die Treibjagd ist und soll dich nichts angehn, will dir nicht mehr in das Hirn hinein, die Nerven tragen's nicht mehr, in dir ist eine Sehnsucht, daß das alles zu Ende sei, den Reiter mit dem Hund und der Flinte willst du daher in das Dickicht ziehen, es ist in dir eine süße und gräßliche Lockung, daß du aufstehst aus deinem Versteck, mit geschwenkten Gebärden, und heulst, heulst.

Daß Patient W. Marcus aufzustehen beschloß, war zwei Wochen später. Er hatte diese zwei Wochen im Bett verbracht. Geschirr mit schalen Speiseresten stand auf Sessel und Kommode, Staub hockte auf der kahlen Platte des seit langem nicht mehr benützten Schreibtischs, eine Wildnis alter Zeitungen war über den Boden hingestreut. In ihnen hatte Patient gelesen – nun aber stand er auf! Er rasierte sich. Er packte seine kärglichen Effekten in Ordnung in den einen Koffer und ließ ihn stehn. Er blickte auf den Kalender – 11. November, stellte er fest – und zerriß ihn und warf ihn in den Papierkorb. Auf dem Sessel neben seinem Bett fand sich ein Zettel mit Notizen. Eine Apokalypse von der Behörde plante der M. zu schreiben! Die Parabel vom Großen Steueruntersuchungsmoloch! Die Aufenthaltsbewilligungs-Jüngste-Gerichts-Vision! Die Alkäische Ode von den Sesseln, so da in den Vorzimmern stehen! Den Bittpsalm von der Ratenzahlung! Den Großen Päan von dem Hinterdemschreibtisch-Gott! Den jambisch-anapästischen Angsttraum von der klirrenden Uniform! Nun las er diesen Zettel und zerriß ihn in kleine Stücke. Auch seinen Reisepaß gedachte er zu zerreißen, Schulschreibheft der Bedrängnis, Hohngelächter aus Papier mit vielen welken Blättern gleich einem Herbstbaum. Doch besann er sich eines andern und steckte das Verdorrte, von Stempelnarben Zerrissene in seine Tasche. Er ging hinunter und bezahlte seine Rechnung. Seinen von den Motten versehrten Pelz trug er, den schwarzen Anzug, Hut saß korrekt, Krawatte saß makellos. Er aber, Patient W.M., hatte beschlossen, sich nach einer Straße zu begeben, genannt Whitehall. Dorthin ging, so hatte er es in jenen Zeitungen gelesen, an diesem 11. November der König mit seinen Ministern und Generalen, um in einem Zweiminuten-Schweigen der Toten zu gedenken, der verscharrten Verstorbenen. Dabei aber war Patient W.M. an seinem Platz!

Unter den Menschen, die im dünnen Regen stehend die für den Festakt freigehaltene Fahrbahn säumten, war ein Mister C.B. Peckham, Glasgow, der mit einem Mister H.H. Jones, Major (retired), Torquay, ins Reden gekommen war. Dort hinten, wenige hundert Meter entfernt, hatte eben Seine Majestät der König das Automobil verlassen. Nun hatte er nur noch zu Fuß den leeren Platz zu überqueren, hinüber nach jenem Totenmal. Dort harrten seiner schon die Minister, sowie ein Adjutant mit einem Kranz. Gleichzeitig fiel den beiden Herren aus Glasgow und Torquay ein Mann auf, der kraftlos beharrlich sich vorwärtsdrängend in ihre Nähe geraten war. Er war soweit gut gekleidet, wenn auch sein reicher und schwerer Pelz vielleicht dem Wetter und dem Anlaß nicht ganz entsprach. Solcher Behäbigkeit zum Gegensatz war das Gesicht des Wohlgekleideten von einer grauen Blässe. Er zitterte. Ach, Fieber, dachten die beiden Herren und rückten ein Schrittchen seitab und hatten des Zufallsnachbarn nicht weiter acht.

Dieser Herr im Pelz aber hatte alles sich ausgedacht. Totengedächtnis-Schweigen – er aber bricht durch den Kordon und stürmt die Stufen des Monuments hinauf, gesehn, gehört von allen, dem König eines Weltreichs gegenüber von Angesicht zu Angesicht – und steht da und spricht es aus! Denn man muß es doch aussprechen. Eine Ausgeburt des Abgrunds, ein ewig erzürnter Irrer, Schaum vor den Lippen, jedes Wort ein Wortbruch, jeder Tritt ein Niedertreten der Menschenwürde, ein Gespenst aus Lehm, die schwarze Locke in die Stirn geklebt mit Blut, Blutflecken in der satten Fratze, blutbeschmiert die Finger – ihr aber wollt es schon wieder vergessen und fühlt kein Grauen im Rückenmark und reicht dem Apokalyptischen die Hand! Als hätte er nie gewatet in ausgerissenen Gedärmen. Als hätte er nie seine Metzelsuppe an brennenden Häusern gargekocht. Als wären da nicht tausendmal tausend, die seinetwegen ersticken. Tausendmal tausend Männer verfaulen in Baracken, bewacht von elektrisch geladenem Stacheldraht. Kinder krepieren. Frauen borgen sich einen Schilling für den Gasautomaten und am nächsten Morgen wachen sie nicht mehr auf. Sie liegen fiebernd im Niemandsland, das zwischen den Grenzen läuft, sie kriechen auf allen Vieren, aus ihren Sterbebetten werden sie hochgezerrt, sie verrotten zwischen den Ratten in einem Schiff. Tausendmal tausend, mit hochgeschlagenem Mantelkragen im Regen, traben und traben – Sie aber, meine Herren, hören das große Traben nicht! Einer muß es Ihnen doch klarmachen können, daß das die Treibjagd ist. Sonst zerreißt es einem ja das Herz vor Verzweiflung! Etwas muß doch geschehen. Man muß einen erschießen oder sich selbst eine Kugel vor den Kopf knallen, oder etwas in die Luft sprengen irgendwo oder wenigstens sich dem Wagen eines Ministers vor die Räder schmeißen, der nach dem Flugplatz fährt, oder doch einem Autobus, daß es wenigstens morgen in einer Zeitung steht! Es darf doch nicht sein, daß sie dir vorüberreiten, halli und hallo, an dem Gestrüpp, in das du geraten bist, und haben es schon wieder vergessen. Stirb – so beweist du ihnen doch wenigstens, daß du eben noch lebendig gewesen bist. Denn, meine Herren, noch sind wir nicht verreckt! Wenn es ein paar Minierer in Ihren Kohlengruben verschüttet – da regt sich Ihnen doch das Herz im Leib, da kommen Sie doch mit Spitzaxt und Schaufel, da schicken Sie doch um die Ambulanz. Ich steh' da aufrecht in meinem Gestrüpp im Namen aller Verschütteten, aller Trotzdemnochimmerlebendigen auf dieser Erde, einer großen, blassen Armee, und schwenke meine Arme und schrei!

So kam es zu jenem Zwischenfall. Der König hatte bis dahin noch immer hinten dort an seinem Wagen gestanden, leutselig demokratisch hinabgeneigt zu einem kleinen Greis mit vielen Orden auf seinem schwarzen Zivilistenrock. So hatten auch jene beiden Herren aus Glasgow und Torquay noch Muße zur halblauten Weiterführung ihres Privatgesprächs gefunden. Und zwar war Mister Peckham kürzlich von zwei Urlaubswochen im Deutschen Reiche heimgekehrt, berauscht von Rhein und Wein, über den Zustand im Land erschöpfend informiert durch je ein Gespräch mit einem Schaffner und einem Hotelportier. Und war nun also eben dabei, dem Mister Jones, Major retired, etwas durchaus Vernünftiges zu erklären, nämlich, daß es, objektiv zugegeben, um dieses England weit besser stünde unter einem Regime der Freundschaft mit dem, objektiv zugegeben, infolge von Entstellungen lange verkannten Führer des Deutschen Reichs, der (objektiv!) nichts als den Frieden wolle und, wie bewiesen erst kürzlich in München durch einen Handschlag und Friedensschwur –

Und an dieser Stelle war es, daß der von den beiden Herren vergessene Mann im Pelz zu schreien begann. Er hatte es sich sparen wollen für die Tat am rechten Ort, mitten in jene Minute Schweigens. Schon rückte sie ja näher, schon warteten ja die Minister, schon begab sich ja der König an seinen Platz – ihn aber, den Mann im Dickicht, duldete es nicht mehr, es zerrte an seinen Nerven, nicht mehr eine Viertelstunde, nicht mehr eine Minute hielten sie diesem Zerren stand. Er hatte es in wohlgeformten Sätzen sagen wollen – nun aber stand er da, grau, ausgemergelten Gesichts, vor den zwei fremden Herren und schrie gellend. »Objektiv«, so schrie er, kraftlos unbeherrschte Fäuste schwenkend – »haha, objektiv!« Und das war alles. Es artete dies aus in eine Art Schrei- und doch auch wieder Gelächterkrampf. »Objektiv!« so gellte sinnlos lachend der Exzedierende.

Es war das der Augenblick, da Seine Majestät der König den Greis entließ und weitergehend an jener Stelle des Spaliers vorüberkam. Er schritt dahin, ein ernster und junger Mann, von der Bürde seines Amts und von der feierlichen Trauer des Tags bedrückt. Hatte der Herr da im Spalier etwas gerufen? Vermutlich einen Gruß! Er dankte höflich. Und sah in diesem Augenblick, wie jenem Ovationsdarbringer eine weiß behandschuhte Polizistenhand sich vor den Mund legte. Da der König den Kopf abwandte und ein ganz klein wenig eiliger weiterging, war jenes schreiende Gesicht auch schon verschwunden. Da er hingelegten Kranzes mit seinen Generalen und Ministern vor dem Denkmal der Toten in Schweigen stand, hatten drei, vier fürsorglichgelassene und hünenhafte Männer dem Huldigungsrufer auch schon in einem Hausflur einen Sessel und ein Glas Wasser verschafft. Ein Arzt, im Hause weilend, nahm sich seiner an. Es habe, so meinte er, der fremde Herr an diesem Tage vermutlich noch nichts gegessen.

Jenes Zweiminuten-Schweigen draußen war da auch schon vorbei. Nichts sprach dagegen, den grau in sich verlöschten Hurrarufer zu entlassen in das neu erwachte Hallen und Widerhallen des Straßenlärms.

Nächsten Vormittags, heimkehrend von einem kleinen Besorgungsgang, vernahm Patient, es habe wieder einmal ein Polizist nach ihm gefragt. Er verließ das Haus und kehrte nicht mehr dahin zurück. Mit jenem Protest wider das Objektive habe er einen politischen Verstoß begangen, so setzte es sich in seinem Hirne fest. Nun wolle man ihn verhaften. Und das war doch nur ein Polizist, der kam, zu sagen: auf jene Aufenthaltsverlängerungs-Gesuch-Bewilligung sollte der Mister Marcus ein wenig warten, ein wenig warten! Auch tat ihm die Steuer ja weiter nichts, er hatte ja nichts verdient. Auch hatte er bei einer gewissen Totenschau in allen Ehren bestanden, er hatte ja doch nur einen Schilling hergegeben. Auch war sein Paß noch für viele Wochen gültig. Er aber, flüchtenden Fußes, verließ das Land!

Tatsächlich verließ Emigrant W.M. das gastliche Land England. Ein entfernter britischer Bekannter hatte ihm vier Pfund geliehen, bestochen dadurch, daß Emigrant, raumschwindsüchtig eines andern Rocks ermangelnd, in jenem Pelz einherging, den keiner mochte. Er wollte nach Frankreich reisen. Es gelang ihm, die Hafenbehörden zu passieren, doch wurde er in der Stadt Arras festgehalten. Man schob ihn über die belgische Grenze ab. Er ward in der Stadt Antwerpen verhaftet. So gelangte er nach Holland. Es war das ein gelassenes Land, erst nach drei Wochen fand ihn die Polizei. In Harwich ließ man ihn nicht passieren. So kam er nach Frankreich. In Lille erreichte ihn beinahe die Polizei, doch er entsprang. Dabei verlor er seinen Koffer. Tat nichts – er reiste nach einem festen Plan. In Paris hielt er sich siegreich durch vier Nächte gegen vier Razzien. Denn er reiste nach einem festen Plan! War da nicht jenes mediterrane Land, darin einer, dem die Schalen Lebens und Sterbens im Gleichmaß ruhten, noch leben und sterben konnte kämpfend? Ja, kein Kämpfer sonst, gedachte er doch diesmal zu kämpfen! Der Gedankenvolle wird einen Augenblick dabei verweilen, daß es eben jener Herrenpelz war, unveräußerlicher Rückstand früherer Existenz, der dem M. das Geld für die Reise verschafft hatte. Nun aber machte er die Männer in Marseille, bei denen er als einzureihender Combattant vorsprach, stutzig. Den Mann im Pelz blickten sie auf und nieder; nein, sagten sie, in Spanien brauche man keinen mehr.

Hier in der Stadt Marseille schlich sich der M. beinahe abgelaufenen Passes auf ein Schiff. Zwei Tage später wurde er auf hoher See entdeckt. Er sollte in Port-Said den Behörden übergeben werden. Doch fand sich ein Mann aus Amerika, ein ehemaliger Boxer, ein Jude, der ein Schecklein flattern ließ, das reichte eben aus, einen blinden Passagier in einen Reisenden zu wandeln. Warum er sich denn nicht noch ein Stückchen weiter nach Osten schlage, nach Palästina, fragte der Freundliche. Dort sei ein Jude ja doch zu Haus!

Ja: warum nicht nach Osten? Raum-Schwindsucht gab es nur für einen Prasser, einen Behäbigen, so da noch an einem Koffer schleppte in diesem Leben. Hatte er keinen Koffer mehr, so schreckte ihn keine Enge: denn was sollte sie ihm beengen? Keine Weite: denn weit – von wo? Und keine Dauer: denn kurz oder lang – zu welchem Ende?

SCHLESSING

oder Das Leben in den Dingen

Setzen Sie sich nur her, Mann. Rücken Sie näher. Sie sollen eine Geschichte zu hören bekommen, daß Ihnen die Augen springen aus dem Kopf.

Österreich, kleine Stadt in der Nähe Wiens! Kleinbürger, Halbbauern, zwei winzige Gettogassen – alles patriarchalisch überschattet von dem gräflichen Landgut am Stadtrand und von dem Grafenschloß. Landgutbesitzer, Schloßbesitzer: Herr Rechtsanwalt Doktor S. S. Schlessing aus Wien – recte Siegmund Salomon Schlesinger, ja? – der allerlei gräfliche Forst-Feld-Kohlengruben-Kauf-Erbschafts-Geschichten verwaltet hat und dem das Gut und das repräsentative Haus an Expensen-statt in der Hand geblieben sind. Ah, ein großer Mann. Ein kleiner Mann übrigens, tagaus tagein mit einer weißen Blume im Knopfloch. Modeanwalt, Scheidungsskandaladvokat, Geldscheffler, Geldverschleuderer, homme à femmes, Ordensjäger in einer juden-liberalen Zeit, Sammler von Pfeifenköpfen, Tarockspielpartner des Erzbischofs.

Dieses Grafenschloßbesitzers Siegmund Salomon Schlessing einziger Sohn war in dem Provinznest so etwas wie ein Kronprinz. Warum der Vater mich und die Mutter in dem Provinznest ließ – vielleicht, um es mit der Ehe bequemer zu haben. Samstag-Sonntag-Ehe – man fährt mit der Equipage aus der Stadt hinaus und später mit dem Automobil. Oder gar nicht. Und jetzt stellen Sie sich vor, daß der Kronprinz in die Elementarschule geht – und zwei Bänke hinter ihm sitzt einer aus der Judengasse des Nests und sieht dem Kronprinzen ähnlich wie ein Ei einem Ei. Bis auf die Kleider natürlich, bis auf das Herausgefüttertsein. Kümmerlich und schäbig anzuschauen war er schon damals. Aber die gleichen abstehenden Ohren, die gleiche zu gewaltige Nase, der gleiche aschblonde Haarschopf, die gleichen Schlenkerbewegungen – was sag ich! – die gleiche Art, die Zunge in die Backe zu schieben oder zu blinzeln mit einem Augenlid. Nein, jetzt denken Sie in die Irre. Später verlor sich diese meine hassenswerte Ähnlichkeit mit dem kümmerlichen Fiul – habe ich gesagt, daß er Fiul hieß? Ein polnisch-jüdischer Name. Sohn einer Wäscherin. Und jetzt denken Sie sich noch dazu, daß da tatsächlich für ihn eine Art Erziehungsbeitrag oder Stipendium ausgesetzt war von meinem Vater. Aber der Alte war der Schirmherr des Nestes, er gab Geld her für allerlei, aus Eitelkeit, die Rente für den Klassenkollegen bewies nichts! Acht waren wir damals oder neun. Der Fiul sagte: »Dein Vater ist der Vater von mir!« »Dann ist deine Mutter eine Hur«, sagte ich. Lächelt er nur, so ein dünnes Lächeln – ah, ich kann es mit Händen greifen, das Lächeln – und sagt: »Nein! Sondern meine Mutter hat er geliebt, weil sie schöner ist als wie deine Mutter!« (Dazu müssen Sie wissen, daß meine Mutter mein Stolz gewesen ist, mein Idol – in dem Alter. Sie stammte aus Budapest, die Großeltern kamen mitunter, Erdödy hießen sie, bescheidene Juden, eine Papierhandlung hatte ihr Vater. Aber ich sagte es mir vor bis ich es beinah selber für wahr hielt: Eine Gräfin Erdödy! Von ihrer Familie stammte das Schloß!)

Übrigens starb der Vater Modeanwalt Schloßbesitzer zu jener Zeit. Herzschlag, glaub' ich. Fiul sagte später, er sei im Irrenhaus umgekommen. Gewäsch. Es war Herzschlag. Ließ nicht einen Gulden Vermögen zurück – nur sogenannte gute Verbindungen. O ja, eines noch: die Dossiers. Die Schlessing-Dossiers. Man ist irgendwie, als Privatmann, als Anwalt, allen allenthalben in allen faulen Situationen ihres Lebens begegnet. Zu besserer Gedächtnisstütze hat man sich das alles auf Zettelchen aufgeschrieben und in Aktenmappen gelegt. Der hat da unterschlagen, die dort mit dem es getrieben, der das über den gesagt. Oh, man exploitiert es nicht – man besitzt es nur, es ist nur notorisch, daß man es besitzt. Um Besitz, Erhaltung, Vernichtung der Schlessing-Dossiers kam ein großer Skandal auf, kaum mein Vater unter der Erde war. Parlamentsinterpellationen, ein kleiner Selbstmord. Eines Tages war das vorüber, weggewischt, ausgelöscht, wer weiß wie das von wem zu wessen Gunsten gedreht worden ist. Mit einem Schlag war auch wieder Geld im Haus. Ich war keine zehn Jahre alt, zu klein es zu begreifen – und vermutlich doch groß genug. In dem Augenblick, da mein Vater starb und mein Kronprinzenruhm abblaßte, begann ich mit der Anlegung der Dossiers. Die hat dem den Rechenschieber gestohlen, der Zehnjahr-Casanova hat jener Siebenjährigen nach dem Kummer von Brust gelangt. »Dem Fiul seine Mutter ist heut nacht mit einem Soldaten eingehängt durch die Franzjosefsgasse gegangen«, schrieb ich auf – »dem Fiul seine Mutter ist eine Hur!« In einem säuberlichen Schulschreibheft führte ich dieses Dossier Fiul. »Die Seite reißt du aus«, sagte er mit jenem fadenscheinigen Lächeln. Ich sagte: »Wenn du willst, daß ich die Seite ausreiß', mußt du von heut' ab erstens und zweitens und fünftens!« Ah, Kinderbosheit, nicht wahr, das schmeckte Ihnen so. Ich sage Ihnen: ich habe diesen Fiul vernichtet mit meinem Dossier, seinen Stolz oder was dergleichen sich regte in seiner Jammerbrust hab' ich geknickt, zertreten, versklavt hab' ich ihn, auf den Knien mußte er rutschen, nackt mußte er vor meinem Schloßfenster auf der Gasse stehen, Dreck mußte er fressen. Wiegen Sie sich nicht in der Hoffnung, das seien gefällige Metaphern. Das ist buchstabentreue, blanke Realität. Ich hab' ihn zerfetzt! Seine Mutter konnte sich in dem Nest nicht mehr halten, der Hausherr schmiß sie hinaus, die Kundschaft verlief sich, als die Polizei eine Untersuchung gegen sie führte, wegen des Verdachts geheimer Prostitution. Sie wartete gar nicht den Freispruch ab, sie packte ihr Bündel. Ich seh' sie noch, eine schwere, schwarze Frau. Ich stand hinterm Fenstervorhang, als sie mit diesem ihrem Bündel und mit dem Sohn, dem Fiul, dem mir gleichenden, dem von mir aus der Welt geschafften, an unserm Schloß vorüber zum Bahnhof zog.

O ja – noch eins. Die Campagne Fiul dauerte von Weihnachten bis in den Mai – fünf Monate. Seit vier Monaten, so stellte es sich heraus, hatte er seine Konsequenzen gezogen. Nicht gegen mich, gegen mich muckte er nicht auf, von mir ließ er sich ohne Gegenwehr zertreten. Aber einen Monat nachdem ich begonnen hatte – hatte er mir die Methode schon abgeluchst. Sechs, sieben andere, Jüngere, Hilflose hatte er sich versklavt. Sie stahlen ihren Müttern für ihn das Geld aus der Börse. Auch zwei Mädel waren darunter. Sie willigten ein – aber wozu das. Verderbtheiten dritten Rangs. Mir kommt es an auf die moralisch-psychologische Formel. Wie ich ihm – so er anderen. Nur tat er es an diesen anderen – wie soll ich es sagen? Plumper. Mit niedrigerer Stirne. Ohne Brillanz.

Brillanz – das ist das Wort. Sehen Sie – ich war nicht, was man ein begabtes jüdisches Kind nennt. Begabt sind sie alle. Das lümmelt in allen Gassen, das lehnt sich an jeden Ladentisch. Ich war – nun, eben, ich war brillant! Mit vierzehn Jahren war ich ein Dichter. Gewiß, unter zehn Gedichten waren drei frech gestohlen aus gilbenden Jahrgängen einer verschollenen Zeitschrift, die ich irgendwo in einem Garderobenkasten gestapelt fand. Und drei waren umgedichtet aus den Werken eines Poeten mit Namen Heine, Lust, Brust, Herz und Schmerz. Und drei waren säuisch und nichts als das, getränkt mit etwas – das hielt ich damals für Ironie. Aber das zehnte unter zehnen war schlank, blank, sparsam, herb, tief, von einer makellosen Meisterlichkeit, daß einem der Atem stocken konnte, wenn man es so vor sich hinsprach! Daß man dachte: Welch ein Wunder! Welch ein Genie! Als das unter die Leute kam, interessierte ich mich übrigens nicht länger fürs Dichten. Es war mir ein Mittel zu einem Zweck gewesen. Nun ja, diagnostizieren wir es gleich jetzt, das Leitmotiv für allerlei Weiteres: also ein Mittel, mich in Szene zu setzen vor Weibern. Für die zwei Bordellhuren, für die vier zum kleinen Kichern und Stolpern zu bringenden Tanzstundengänse jenes Provinznests genügten eben die Verse aus zweiter Hand. Daß jenes zehnte Gedicht unter zehnen mit einfloß – damit war der Anlaß schon überzahlt. Und da es also unter die Leute kam – welch ein Dichter! – war das Wunderkind schon Universitätsstudent in Wien. Ich studierte, ich brillierte in Germanistik. Nicht linguistischer Forschung wegen. Vielleicht trotz allem, weil ich dort mit meinen Gedichten den rechten Hintergrund hatte? Ich dilettierte und brillierte auch in Philosophie. Ich erinnere mich da einer aus Universitätssnobismus im alten Stil arrangierten Doktordisputation einer Leuchte des Seminars, bei der ich den Widersprecher machte. Ein paar hohe Geistliche waren im Saal, es war damals ein stark katholischer Kurs, der Doktorand wollte in den Staatsdienst, also disputierte er über den Glauben an Einen Gott! Nach einer Viertelstunde hatte ich ihn in der Defensive. Nach einer halben Stunde hielt er glücklich bei der Monadologie und bewies mir die Existenz des Schöpfers à la Leibniz – diese Welt die beste der möglichen Welten, Sie wissen ja. Ich hatte Freud gelesen, ich sagte etwas über Religion und Angst. In Psychoanalyse hatte der Doktorand sich nicht präpariert. Der Professor kam ihm zu Hilfe mit ein paar Allerweltssätzen über die Gnade – Glaube ist eine Gnade, also vom Standpunkt der Ratio apriorisch, also nicht disputierbar. Warum ließ er ihn dann disputieren? Ach, ich hatte es leicht. Nichts dankbarer auf dieser Erde als die Rolle des Antichrist. Der Klerus im Saal wurde unruhig. Worauf ich aus Laune, aus Brillanz, denn was lag mir daran, mit der Pirouette eines Hysteronproteron und drei-vierer blitzblank funkelnder Syllogismen jäh herumgeworfenen Steuerrads eine Apologie des Katholizismus vom Stapel ließ. Die Monadenlehre entlarvte ich als versteckten Marxismus, die prästabilierte Harmonie vernichtete ich als sozialistisch und subversiv! (Was ein Blödsinn war, aber ich redete so blitzblank, sie waren außer Atem, sie merkten's nicht.) Und ich verkündete: bei allem Gemeinsamen habe dieses eine der Katholizismus vor dem Sozialismus voraus: das Metaphysische! Und darum werde er siegen!

Das war damals noch neu. Nicht das Geistige interessierte mich, nicht ja oder nein – mir war das eine so lieb und so tief gleichgültig wie das andere. Das Hirn, selbständig geworden, abgelöst von mir selbst – das Hirn lief Amok. Damals zum erstenmal fühlte ich diese zarte und kalte Lust. Es war ein großer Erfolg. Am nächsten Morgen – zweiundzwanzig war ich alt! – bekam ich eine Abendesseneinladung zu einem sehr hohen Geistlichen. Er habe meinen gottseligen Herrn

Vater gekannt, und es dränge ihn – ah, was schierte es mich, wozu es ihn drängte? Ich hatte keine Zeit, ich studierte zu gleicher Zeit angewandte Psychologie, ich hospitierte im Psychiatrischen Institut. Mit Hypnose und Suggestion befaßte ich mich und allerhand Bluff und faulem Zauber, wie er in jenen Breiten zu Hause ist. Und da sollte ich mich interessieren für die Karrierevorschläge des Erzbischofs? Das waren Nebenwirkungen, Nebenprodukte der Hirnindustrie, einzukassieren mit der linken Hand. Wenn ich dichtete, disputierte, hypnotisierte, wenn ich Amok lief und brillierte in den kühlen und süßen Räuschen des Hirns – mir ging es um anderes.

Oder habe ich das schon gesagt, daß es mir darum ging, mich in Szene zu setzen vor den Weibern? Eitelkeit, werden Sie sagen. Ein lächerliches Wort. Mir ging's um Das Eitle, um Alles Eitle auf dieser Erde! Ich hätte damals allerlei Brillantes darüber zu sagen gewußt, eine große Apologie des Machttriebs, so blitzblank, daß es mehr als eine hätte ankommen können, sich davor schwach zu fühlen in den Knien. Zarathustra, Sie wissen ja. Übermensch. Vergiß die Peitsche nicht. Der Nietzsche. Sein mystisches Kraftmeiertum hat's in sich, für vernebelte Köpfe steckt noch allerlei Ekrasit darin, im Zwielicht gelesen klingt's als spräche Gott der Herr mit seiner eigenen Zunge. Ich habe mit dem Zarathustra mehr Weiber ins Bett gekriegt als –! Denn schön war ich nie. Kein Adonis, kein lockig blaublickender Erosknabe, kein skilaufkundiger, sonnenbrauner Achill. Ich machte es mit dem Mund, mir wurde nichts geschenkt, ich hatte sie mir zu erreden – massig mächtiger Mensch schweren Leibes, der ich schon damals gewesen bin. Das sind die Truggesichter Leibs und Geistes, die Fallen. Diese Muskel da schauen Sie sich an, diesen Brustkorb – ein Tank, ein Athlet, ja? Stellen Sie ihn eine halbe Stunde in die Sonne, den Tank, und es faßt ihn der Brechreiz und es schmeißt ihn das Kopfweh um. Schon damals ist dieser Leib eine Fata Morgana gewesen, übertünchtes Grab, ein Traggerüst für einen Schädel und für etwas anderes. Gleich einer Kaulquappe. Rumpflos. Kopf und

Schwanz, wenn der Vergleich Ihnen zusagt. Stimmt auch gleich noch das kalte Blut. Soviel über das Leibliche. Und was das Hirn anlangt, das Zarathustra-Kraftmeiertum des Gehirns – ich habe einen Verdacht, daß das schon bei seinem philosophischen Erfinder eine Attrappe gewesen ist für die große Angst.

Angst – ah, allerlei Ängste. Nicht die von jenem Fiul zu Knabenzeiten mir ins Ohr geraunte – Vater gestorben im Irrenhaus, erbliche Belastung, Oswald aus den Gespenstern. Nein, dieses winzige Zweifelchen war viel eher eine feine, fatale, allgegenwärtige Würze des Lebens als eine Angst. Zumitten eines jeden mit rasiermesserscharfen Degenklingen erfochtenen Hirntriumphs einen Augenblick lang sich zu sagen: Achtung! Solche Brillanz, solche Übermakellosigkeit im Funktionieren des heilig höllischen Instruments ist nicht menschlich! So scharf ist schon schartig, so hirnklar ist schon verrückt! Nein, das ist keine Angst. Nur eine letzte, in einer feinsten erotischen Selbstqual hingesetzte Verzögerung, ehe der Hirnorgasmus in seine Rechte tritt. Nur ein eisiges Räuschlein. Die große Angst sitzt jenseits solcher sozusagen klinischen Zweifelchen. Da ist einer einsam hingestellt in die heulende Leere, da steht einer wie ein von Mittag zu Mitternacht furchtbar sich entblätternder Baum im großen Zeitwind, der da weht aus der Finsternis in die Finsternis – und ihn schaudert. Glauben – man hat keinen Glauben. Man ist viel zu blendend hirnklar für solche Rettungsinseln des kleinen Manns. Wozu noch kommt – ich weiß nicht, ob ich damals eben ein Katholik war oder ein Protestant, ich habe viermal mein Bekenntnis gewechselt, hin und her, nach den Opportunitäten des Augenblicks, kalt souverän, inbrünstig ohne raschern Herzschlag, sachlich ohne die falsche Romantik irgendwelchen halben Assimilantentums – wozu also noch kommt, daß man ein stolzer Sproß ist jener Ewigen, jener siegreichen Unterlieger, jener Korsaren durch die Jahrtausende, deren Erbschaft entfliehen zu wollen keinem beifällt, er sei denn ein Schwachkopf. Ein Jude also. Das war ein Jude, der gesagt hat: Mein Reich ist nicht von dieser Welt.

Ich weiß, er meinte es anders. Aber eben darum muß unsereiner mit Fingern und Zähnen sich einkrallen in diese Erde, auf daß er nicht abstürze in den Abgrund! Das nennen diese Narren den jüdischen Materialismus, das nennen sie die jüdische Sinnlichkeit! Sinnlich? Ich war nicht sinnlich. Gierig? Neu-gierig vielleicht nur. Sie werden Katzen gesehen haben, die es so treiben. Mir ging's nicht ums Fressen. Hatte ich eine – nicht erst in der Sekunde nachher, schon in der Sekunde vorher war es erledigt. Weil es viele waren, hielten sie mich für einen Erotiker. Das war Schwindel, das war Bluff, das war mein sexueller Geschäftstrick. In Wirklichkeit hatte ich für sie kein Gedächtnis, ich merkte mir ihre Gesichter nicht, ich merkte mir ihre Adressen nicht, ihre Namen nicht, so wenig wie ein Vivisektor sich merkt, ob der Hund, den er unter dem Messer gehabt hat, Pussi geheißen hat oder –. Einen Dialog hatte ich mir damals ausgedacht, Sinnlichkeit, Dämonie, Verführung, jedes Wort verlogen, zu schlecht für einen Hintertreppenroman. Daran schmolzen sie, darunter wurden ihnen die Schenkel schwach, den sogenannten Geistigsten – je geistiger eine war desto rascher! Darum handelte es sich nämlich: sie mit diesem falschen Zauber von Redeschwall niederzuzwingen auf einen bestimmten Antwortsatz, auf ein Lachen, auf ein Erbeben, auf ein entwürdigt banales, ein abgedroschenes, ein ewiges Wort! Da stand ich und schaute mir zu – wie einer vor Abgründen stehen mag. Was noch liegt dort drunten in deinen Abgründen – und du kennst es nicht?

Krieg war damals, der Weltkrieg. Musterung. In dem alten Provinznest war der Kader, dort hatte man sich zu stellen. In einem schweißstinkenden Wirtshaussaal, auf dem großen patriotischen Viehmarkt, kleiderlos, mit ein wenig Angst und mit einem großen Brechreiz im Leibe. Da war mit einem Male wieder der Herr Fiul! Saß da, neben mir, nackt. Ich hätte ihn nicht mehr erkannt – er erkannte mich. Wenn er mir jemals ähnlich gesehen hatte – er sah mir nicht mehr ähnlich, sage ich Ihnen. Wir wurden beide tauglich befunden fürs Heldische. Als er später in seinen Kleidern stak, glich er mir noch viel weniger. Er erzählte mir etwas, Ungarn, reisender Kaufmann, was weiß ich. Er hatte farblose Augen, frech und feig in einem, auch seine Schlenkerbewegungen hatte er noch. Einen hellgrauen Anzug – den seh' ich noch vor mir: in die Taille geschnitten, mit wattierten Schultern. Strohhut, kanariengelbe Schuhe, in der Tasche ein Seidentuch. Ein Halbdutzend Ringe trug er. Zwei Weiber warteten auf ihn an der Ecke. Zuhälter, sagte einer neben mir.

Ich wäre vielleicht wirklich in den Krieg gegangen. Aber, daß der Fiul da war! Ich hatte im Grunde nichts gegen den Krieg. Aber das Ent-Individualisierende, sehen Sie. Ich war kein Partner für einen Plural! Ich hatte damals eben das Doktorat der Philosophie gemacht, mit einer preisgekrönten Dissertation, die später – na, was soll das. Ich wollte eine Dozentur, ich war Katholik damals, ich verlobte mich mit der Tochter des Dekans der philosophischen Fakultät, einem ernsten, schwarzhaarigen Mädchen, Medizinerin, ich verführte sie. Diese Dozentur war nun uninteressant geworden, infolge des Krieges. Ich hatte eine Geliebte damals, Martha hieß sie, blonde Norditalienerin, eine Malerin, ach, eine wunderbare Frau, groß, streng, weich, ernst, heiter, prachtvoll, besessen von einem unbändigen Stolz. Sie liebte mich, nun ja, sie muß mich wohl geliebt haben. Die zwang ich, daß sie der Dekantochter schreibe, sie sei schwanger von mir, und sie werde den größten aller Skandale machen, öffentlich, wenn eine gewisse Verlobung nicht augenblicks aufgelöst werde. Weil es mir peinlich war! Ich war zu weit gegangen, es war nicht recht möglich, daß ich von mir aus die Verlobung löste!

Ich hatte da nämlich auf dem Akademikerball – ich ging damals auf Bälle – da hatte ich also den Meißner kennengelernt, Meißner Metall. Fahrräder, Gewehre, Kanonen. Ein mächtiger Mann im Land. Ein Hinkefuß. Auch die Tochter hinkte ein wenig. Eine blasse Blondine, so ein Hühnchen, wissen Sie, junges Hühnchen in Milch geschmort. Ich sagte dem Alten etwas von einem Motorrad-Kredit-Belieferungsplan für den kleinen Mann, an dem ich arbeitete, so sagte ich ihm das. Zwei Wochen später verlobte ich mich mit der

Kanonen-Tochter. Der Kanonen-Schwiegervater forderte mich als unentbehrlichen Finanzexperten an für seine Fabrik. Ich heiratete unter hoher geistlicher und militärischer Assistenz. 1915, im Februar. Krieg gab es für mich von da ab nicht mehr. Nur noch als Aktivposten in den Geschäftsbüchern der Fabrik.

Richtig – die kleine Medizinerin. Käte hieß sie. Sie hat sich aus dem Fenster geworfen, vom fünften Stock.

Der Schwiegervater starb erst neunzehn Jahre später, 1934, im Februar, an einem Herzschlag – betrauert von seinem Schwiegersohn. Der somit Alleinerbe wurde, Alleinbesitzer, und die Bürde auf sich nahm, den Konzern durch eine politisch bewegte Zeit zu steuern. Diese Bürde zu tragen half ihm seine Frau, die in diesen zwei Jahrzehnten sich wenig veränderte. Auch mit ihrem kleinen Körperschaden blieb es beim alten. Dafür war ihr die Sorge für den Ehemann nicht überlärmt von Geplärr und Gedanken an Windeln und Weißgottwas. Die Ehe war kinderlos! Man besaß die Fabriken. Das Paket Aktien der finanzierenden Bank. Das Bargeld, die Konten, die Bildersammlung, das Stadtpalais. Ferner die Villa, das Landgut, sowie die Jagd. Man war Verwaltungspräsident in sechs, Verwaltungsratsmitglied in vierundzwanzig Gesellschaften. Kam hinzu der Schmuck der Frau, ein Strich Orden, en miniature am Aufschlag des Fracks zu tragen. Ferner der Besitz der Aurora-Versicherungsgesellschaft, vor drei Jahren gegründet zur Förderung gewisser Interessen der regierenden Schicht, sowie die hierauf basierende, wenn auch nicht offizielle politische Position. Ferner die Ehrenämter. Ferner das Mausoleum auf dem Friedhof, mit dem Blick übers Land hinaus, aus schwarzem Marmor, errichtet von Künstlerhand.

Eine weithin ragende Säule, dieser Herr Schlessing, ein bronzenes Standbild, ein Fels! Man hatte das mit einigem Haarverlust erkauft in zweimal zehn Jahren, vielleicht auch mit ein ganz klein wenig Kalk um die Adern, doch war der noch lange nicht merkbar, und dazu nur noch mit einer gewissen Übermassigkeit des immer schon massig gewesenen, immer noch elastischen, immer noch gesundheits-übertünchten Leibs. Also nicht teuer erkauft, wenn man sich's überlegte. Eines brillanten jungen Manns Nerven hatten allzu bar und blank zutage gelegen. Das hatte diesen Brillanten vielleicht verführt, zu einer mephistophelischen Koketterie. Was er von dem Bösen in dieser Welt zu wissen geglaubt hatte, war kindischer Firlefanz. Er war gar nicht so brillant – so hatte es sich herausgestellt, seit das System seiner Nerven in ein wenig Fett heilsam gebettet war. Er war gar nicht so mephistophelisch. Und was das Böse anging, so verhielt es sich damit in diesem Leben ganz anders. Schlichter. Und sehr viel verworrener. Ein wenig schweigsam war es um einen. Doch war dies das Große Schweigen um den Gipfel der Großen Macht! Vielleicht war man ein wenig freundlos. Aber wer hat einen Freund? Statt seiner kam jemand anderer.

Es war das 1938, am 13. Januar. Da bat mich der Kanzler um eine Besprechung. Der Kanzler, der Vorzugsschüler, der da in die Weltgeschichte gestolpert war, mitten in den österreichischen Totentanz. Wir sind die mit allem Kirchensegen versehenen schwarzen Gespenster, die Offizierslemuren, die Aristokratenwracks. Wir haben die Roten vor ein paar Jahren in Blut ersäuft – dafür steigt uns jetzt das Braune, das von Deutschland her über die Grenze quillt, um die Stiefel hoch. So nehmen wir dem Anstreichergehilfen dort drüben den Wind aus den Segeln und werben in zwölfter Stunde um die Gunst der populace! Die Korruption fraß um sich auf wienerische Weise. Wohltätigkeitsfonds, von Ministertanten verwaltet, Eminenz, Exzellenz, wie du mir, so ich dir, es lebe der bodenständige Kropf und der Lodenhut, die Heimwehrgräfin, unterstützt von der Frau Revident und von der Frau Intendant und von der Frau Hofrat, verkauft Logensitze zum patriotisch-katholischen Ex-Frontkämpfer-Gespenstertee.

Mitten darein also bittet der Vorzugsschüler den Herrn Präsidenten Schlessing um eine Besprechung. Der sagt: aber gewiß, mit Vergnügen! Und dann legt er den Hörer des Telefons hin und denkt: Was heißt das – was will er? Ah, die Affäre mit dem Brasilianer. Die Frau hat sich auf die Schienen geworfen. Diese Exotinnen lieben die großen Gebärden, sie sind ja verrückt. Was kann ich dafür, wenn der Mann es gestern in die Zeitung gebracht hat, und heut ist er wahrscheinlich zu seinem Gesandten gegangen – und der Vorzugsschüler interveniert bei mir. Eine Kavalierssache, eine Privataffäre! Aber nein, er würde nicht intervenieren. Also ist es wegen des Karabiner-Maschinengewehrs! Ich hatte da einem Erfinder ein Patent abgekauft für ein Nichts, für ein Butterbrot. Ein neues Maschinengewehr, sechshundert Schuß die Minute, in der Größe eines Karabiners, wie ihn, wenn es sein muß, jeder Polizist an der Schulter trägt. Zehn Polizisten konnten damit tausend Erbitterte in Schach halten. Es war die Waffe des Tages! Eine Konkurrenz, ein Wettrennen, eine wilde Jagd hatte eingesetzt unter einem Dutzend Staaten um Erwerb und Einführung dieses präzisen und niedlichen Apparats. Nein, der war für größere Fische! So ein Narr war nicht einmal dieser Kanzler, daß er glauben könnte, er kriege davon etwas ab, ehe er mir die Kasse hier blank auf die Platte des Tisches zahlt. Da bleibt nur eines, weshalb er mich sprechen will. Aurora-Versicherung!

Sehen Sie – ich hatte ihm ja doch geholfen! Neunzig Prozent der Bevölkerung waren gegen ihn. Erleben, Ableben, Alter, Siechtum und Unfall – ich versicherte ihm jeden Beamten vom Aushilfsbriefträger bis zum Minister, ich versicherte jeden Mann im Staat, und in die Dokumente schrieb ich den Satz hinein: Der Vertrag ist erloschen, wenn der Versicherte sich einen Verstoß gegen die gottgewollte Regierung und Obrigkeit zuschulden kommen läßt! Ein Einfall und Ausweg gleich einem Blitz! Dazu gründete ich die Aurora-Versicherung! Und dann – ich konnte ja nichts dafür, daß sie alle kamen, vom ersten Augenblick, einer nach dem andern. Ein jeder war in schlechten Verhältnissen, ein jeder bettelte, ein jeder drohte, ein jeder zwinkerte mit den Augen – Geld, Geld. Ein Jahr später – ich zählte sie, die Herren Nehmer. Dreizehnhundertundelf. Dazu dreiundvierzig Zeitungen. Dazu hundertachtzehn klerikale Vereine. Dazu – ah, was soll es Ihnen. Das Geld zu schaffen, hatte ich das Geschäft zum Platzen gebläht. Kein Mittel, kein Mittelchen, das ich nicht verwendete. Eben dadurch, daß es alle waren – hielt es zusammen. In meinen Jungmannesjahren der Brillanz hatte ich eine Untersuchung geschrieben über die Erbsünde. *Zur Philosophie des Bösen*, so hieß der Titel. Wir wohnten, so stand dort, in einem aus wechselseitiger Verstrickung aufgerichteten Kartenhaus. Der einzige Sozialismus, so stand es dort, das einzige Solidarische auf dieser Erde sei die solidarische Haftung für die solidarische Schuld. Ja, kein Zweifel, es war wegen der Aurora-Versicherung, daß der Vorzugsschüler mich an jenem Tag sprechen wollte. Hat nie nichts genommen. Ist blind gewesen wie eine neugeborene Katze. Und jetzt hat ihm eben einer die Augen geöffnet! Ah, du hast keine Angst vor dem schwachen Mann. Aber verweigert er dir die neue Staatsgarantie, die du brauchst – ohne sie bekommst du die vierzig Millionen nicht. Und wenn du zum Ultimo nicht die vierzig Millionen hast – nun, tat auch nichts. Nahm man das Geld von anderswo. Ich war nicht besorgt. Nur ein wenig überarbeitet war ich. Ich rauchte zuviel. Es zerrte an meinen Nerven!

Seit ich mit ihm zuletzt in einem Zimmer gewesen war, hatte der Vorzugsschüler ein Gesicht und einen Schädel bekommen, modelliert von der historischen Fleißaufgabe, die er ins Reine schrieb. Verliert nicht erst seine Zeit mit einem Begrüßungssatz – sagt sofort: »Herr Präsident Schlessing. Sie wollen neue Staatsgarantien. Ich bin grundsätzlich nicht abgeneigt!« Gott sei Dank. Und es fällt mir ein: es wäre die Hölle gewesen, hätte er sie mir verweigert, die Garantie. Da sagt er schon weiter: »Herr Schlessing. Erinnern Sie sich des Tages, da Sie uns gegen die Roten geholfen haben!« Achtung, durchzuckt es mich, was ist das, eine neue Gefahr, eine Falle? Ich hab' ihnen tatsächlich geholfen, die Roten zu zertreten, damals vor vier Jahren. Zu der Zeit, da der Schwiegervater, der Meißner, der Hinkebein, das Zeitliche segnete. Also, was will der Mann da, was weiß er, warum spricht er mit dieser Betonung? Da sagt er schon weiter: »Herr Schlessing. Damals waren es die Roten – jetzt sind es die Braunen. Wir müssen etwas unternehmen gegen die braune Flut!« Hat seine Verzweiflung ins Gesicht geschrieben und steht da in der Verkleidung seiner verlogenen Uniform, eine beinahe tragische Gestalt, und hat sich für einen Augenblick nicht in der Hand und faßt meinen Arm und ruft: »Herr Schlessing. Helfen Sie gegen die Nazis, helfen Sie Ihrem Vaterland!« Und da fällt seine Volksrednergebärde auch schon in sich zusammen, er ist ein bebrillter Studierter, er sagt ganz leise: »Man ist umgeben von Verrat.« Und sieht, daß er immer noch meinen Arm hält. Und läßt ihn los.

Er wollte ja nur wieder einmal meine Hilfe! Man hatte es in den Nerven sitzen in dieser Zeit. Befreit, mit dem Schwingen eines kleinen gönnerhaften Tons in der Stimme – so sagt man: »Sie brauchen Material gegen die Nazis?«

»Ja«, sagt der Kanzler. »Material, Beweise, Greifbares, eine Rechtsgrundlage, überzeugend für alle Welt. Dann könnte man sie noch packen!«

In einer privaten Wohnung fand dieses Gespräch statt, zur größern Vertraulichkeit. Schaut der Herr Schlessing auf, so sieht er schräg hinter dem Kanzler an der Salonwand ein Bild des Musikers Johann Strauß, wie er dirigierte und dirigierte und dirigierte im Walzertakt. Schaute der Herr Schlessing an dem Kanzler vorbei aus dem Fenster, so lag da die schöne blaue Donau selbst. Es war ein lauer Tag. Ein frühes Hochwasser ging in ihr. Sie war dreckig.

Der Herr Schlessing war mit seinen Gedanken zu Ende. »Topp«, sagte dieser Herr Schlessing. »Sie bekommen das Material!«

Sehen Sie – ich sagte es in die blaue Luft. Nur aus jener Irritation, jenem Schwingen, jenem Hochgefühl. Aber man war ja doch der Aurora-Gott! Man hatte das Geld ja doch um sich gestreut! Allerlei Quittungen besaß man, allerlei Zettelchen. Zur Erinnerungsstütze. Wer kann denn so viel im Gedächtnis behalten. Ein längst vermoderter Modeanwalt Schloßbesitzer – was waren seine Mappen gegen die meinen! Eine Vorderladermuskete, verglichen mit meinem Patent-Karabiner-Maschinengewehr. Ich mußte nur dareingreifen. Von dir, Herr Eisenbahnoberinspektor, der du von mir genommen hast, weiß ich durch einen Herrn Hofrat, der von mir genommen hat, daß du durch deine Frau, die Schwester des Obersten (er hat von mir genommen!) dich hast verleiten lassen, das ganze neue teure rollende Material in jenem Grenzbahnhof zusammenzuziehen, den im Konfliktsfall die Deutschen schnappen können in einem Augenblick! So find mir heraus, was dein Chef gestern in der vertraulichen Sitzung im Finanzministerium gehört hat, oder es könnte sein, ich zeige einem gewissen Polizeifunktionär eine gewisse nicht ganz echte Unterschrift auf einem gewissen Brief – und dein Sohn, der in der geheimen Sturmschar der Nazis ist, wandert ins Zuchthaus!

Der Herr Schlessing stand da schon auf der Straße. Er dachte vielerlei. Sein Leben war wertvoll, die beiden Detektive, die ihn nun schon seit vier Jahren begleiteten, hielten sich in diskreter Distanz. Er blickte auf seine Uhr. Es war vier. Um sieben wollte er zu Hause sein, sich umziehn, er hatte Verwandtenbesuch aus dem Ausland, man ging vielleicht in die Oper. Es waren bis dahin noch drei Stunden. Sagte er die Konferenz mit dem japanischen Industriellen ab und verschob er die Inspektion der Schrapnellfabrik, so konnte er es sich leisten und machte diese drei Stunden dem Vorzugsschüler zum Geschenk.

Es dauerte nicht drei Stunden, sondern vier. Es war nicht sieben Uhr, sondern acht, und man hatte nicht einmal nach Hause telefoniert, und für die Oper war es zu spät. In dem holzgetäfelten Zimmer mit den schalldichten Türen, in dem der Herr Präsident Schlessing an seinem Schreibtisch saß, hing allerlei Zigarrenrauch in der Luft, und die Witterung von allerlei Menschen. Ja, allerlei Menschliches mußte in den letzten vier Stunden an der blanken Platte dieses Schreibtischs vorübergegangen sein, allerlei Kreatürliches. Der Mann, der an diesem Schreibtisch saß, war in Schweiß. Sein Kragen war aufgeweicht. Seine Augen waren gerötet, ermüdet, ah, er war nun einmal der jüngste nicht. Doch tanzte in ihnen ein Irrlicht der Nerven, ein Vibrieren, eine wärmelose winzige Flamme. Seine kurze, behaarte, brutale, proletarische Hand, fremd animalisch vorgesprungen aus der Glätte des Anzugstoffs, lag vor ihm auf dem Tisch und trommelte, trommelte. Er hatte Erfolg gehabt, der Herr Präsident, er besaß, was er brauchte. Gekauft von zwei Mitgliedern der geheimen Sturmschar der geheimen österreichischen nationalsozialistischen Partei. Es war der Aktionsplan R. H. Er hatte beim Gauleiter der beiden Herren Nationalsozialisten gelegen, sie hatten ihn aus dem aufgebrochenen Kassenschrank. Der Handstreich war ohne besondere Schwierigkeit gelungen. Die beiden hatten als höhere Funktionäre Zutritt zu dem Lokal, in dem jene Kasse stand. Es war ein tolles Dokument, man traute seinen Augen nicht, wenn man darin blätterte. Ein geheimer Aufmarschplan deutscher Truppen zur Eroberung Österreichs, mit aktiver Hilfe aus dem Innern des Landes. Gutgeheißen war dieser Plan durch die handschriftlich darunter gesetzten Buchstaben R und H. Die Handschrift war bekannt, die Initialen waren bekannt – als die jenes Stellvertreters des Führers aus dem Land nebenan. Für dieses Dokument bezahlte Herr Schlessing mit dem Zerreißen zweier Briefe und eines gefälschten Wechsels aus seinem Dossier, sowie mit einem Trinkgeld von zweimal einhundert Schilling. Wert war das Dokument eine gewonnene Schlacht. Von dem Musterschüler auf den richtigen Tisch gelegt, in London oder Paris, ungläubig gläubigen Beschwichtigern als Beweisstück – wer weiß, sie hatten damals noch nicht versagt, sie galten damals noch etwas, vielleicht bedeutete es noch die Rettung im letzten Augenblick.

Ja, so saß ich da, und trocknete mir die Stirn, und wog, einige dreißig maschinengeschriebene Seiten schwer, das Schicksal Österreichs in der Hand. Es war nach Büroschluß. Sekretär war draußen, die Detektive – sonst war ich allein. Ich rief den Kanzler an. Er war nicht mehr im Amt. Er war nicht in seiner Wohnung. Tat nichts, morgen war auch ein Tag. Bis dahin – wohin mit den dreißig Seiten aus Dynamit? Das große Kassengewölbe lag seit zwei Stunden versperrt. Der Safe in der Wand meines Arbeitszimmers war mir nicht sicher. Am sichersten – du läßt bis morgen das Dynamitene nicht aus der Hand. Verwahr' es in deiner Tasche! Du bist ein wenig müde, dein Tagewerk ist getan. Für die Oper ist es zu spät, so gönn' es dir, geh' zu Fuß nach Haus, vielleicht entspannt und verzaubert sich dir noch einmal das Gesicht in der frischen Luft, Herr Privatmann. Die beiden Detektive trotten hinter dir.

O ja, da war ja noch dieses winzige Intermezzo auf dem Nachhauseweg. Können Sie sich das vorstellen: einer ist ein einigermaßen realer Mensch; freundlos, gut, ein wenig ramponiert in ein paar geheimen Winkeln des Leibes, der Adern, der Nerven, was weiß ich, er sollte nicht so viel rauchen auf jeden Fall; aber doch einer auf der Höhe des Lebens, im Mittag der Reife, kein Windhund, kein Romantiker, kein Halluzinant; und da kommt zu ihm –!

Ah, ich verwirre mich. Eingesetzt hatte es ja schon ein paar Tage zuvor. Auf dem Heimweg, zu Fuß, genau so wie dieses Mal. Heller Tag, nachmittags zwei Uhr. Ich sehe vor mir einen Mann gehen – können Sie sich das vorstellen: einer geht stolpernd schlenkrig, schief sich vorwärts schiebend, und dabei doch zielgerichtet wie – ja, das ist es: Hunde, in deren Nervensystem etwas nicht in Ordnung ist, sieht man manchmal so trotten. Der Mann trug einen kurzen gelben Sommerüberzieher, so wie man sie vor dreißig Jahren trug. Dazu ein gewichtloses Spazierstöckchen spielerisch in der Hand. Sommerlicher Dandy von 1900 hier in dieser Stadt Wien auf der Straße im Feber-Frost. Ohne sich nach mir umzudrehn. Um die Ecke, verschwunden.

Diesmal aber sah ich sein Gesicht! Ein Gesicht – kennen Sie solche Gesichter, an denen man sich trotz einer großen Bemühung einfach nichts merken kann? Glattrasiert – das war alles. Vom Leben glattrasiert. Er trug eine farbige Brille, wie sie Halbblinde tragen. Er lungerte an einer Ecke, an der ich vorüberkam. Sieht mich, und durch die farbigen Gläser ein Blick wie – merken Sie übrigens, wie ich mir auf einmal nicht ohne Metaphern helfen kann? Ich erzähle schlecht! Wie das Heulen eines Hundes in der Nacht, so war dieser Blick. Und ab. Um die Ecke.

Vergessen! Es war ja spät geworden, ich war ja in Eile, ich hatte ja keine Zeit, mich trieb's ja nach Haus! Dort drüben der Blumenladen, nach dem ich suchte. Die beiden Detektive hinter mir. Eine Gardenie. Und ein Dutzend Rosen, ein Dutzend Rosen.

Denn ich hatte Verwandtenbesuch! Aimée war seit einem Tag in Wien. Schwester der Frau, Emy, aber ich nannte sie Aimée. Aus dem Rheinland. Mit dem Gatten, dem Nazi. Ich bin da aus der Reihe geraten. Wer kann denn so viel im Gedächtnis behalten.

Sehen Sie – ich war in den Vierzig! Da macht man ja doch seine erste Bilanz! Die große Pleite schimmert durch die goldene Stukkatur. Ah, nicht die Karriere, wer redet von der Karriere. Zu der Zeit war's, daß ich meiner Beziehung zu den Weibern zu mißtrauen begann. Plötzlich – es stimmte nicht. Sie waren gar nicht so hilflos. Ich düpierte sie? Sie düpierten mich wieder, sie kamen auf ihre Rechnung. Sie hatten sich mich geleistet, so wie eine Frau sich vielleicht einmal einen Neger kauft! Ich hatte da mit einemmal einen Verdacht: Hirnsublimität, technische Routine – aber wie, wenn dein Herz dabei so primitiv geblieben sein sollte wie das eines Stallknechts? Ein Stallknecht – und zugleich der Mann mit dem Großen Hirn. Der Regierer hinter den Regierern – und doch nur ein Neger. Welch diabolische Stimulanz. Sehen Sie, der Gedanke an diese Weiber machte mir heiß und kalt. Nachprüfen, Herr Erotiker, Kontrolle durch das Experiment, es lebe der Umsatz!

Was sagen Sie? Ach – die Ehe dieses bronzenen Standbilds, das Herr Präsident Schlessing hieß? Das Musterbildnis eines weithin sichtbaren Eheglücks? Sie haben recht, mich daran zu erinnern. Ja, es war noch immer dieselbe. Die Wasserblonde, das Hühnchen, in Milch gekocht. Das Hühnchen liebte mich! Genau so wie es im Schulbuch steht. Achtzehn Jahr' alt bist du an den ersten und einzigen Menschen deines Lebens geraten. Er hat mit dir in seinem Bett gelegentlich gewisse Dinge zu vollziehen versucht. Aber das hat er aufgegeben, Gott sei Dank. Doch hatte das damals nun einmal dazugehört, man war aufgeklärt darüber, es zielte auf die Erlangung von Kindern ab! (Mir aber graute vor Kindern, ja, das große Grauen packte mich bei dem bloßen Gedanken, fortsetzen zu sollen dieses Geschlecht!) Eine Gans, nicht wahr, wert eines großen Gelächters. Was belastest du dich mit ihr. Daß sie dich liebt, nach den Gesetzen ihrer Schulfibelweisheit, ist ihre eigene Sache. Aber jetzt stellen Sie sich einmal eine Schulfibelweisheit und Schulfibelverblendung vor in einem nicht mehr beschreiblichen Übermaß, stellen Sie sich die Blindheit vor in dämonischer Dimension! Du hast ihr erzählt, auf die Jagdhütte mußt du allein, dort triffst du inkognito den Generalstabschef eines Balkanstaats. Der Angriff in jenem Prager Blatt, wegen der Finanzierung jener mißlungenen Spionageaffäre, ist wieder einmal eine Verleumdung, hast du der Frau gesagt. Die große Blonde, die jene peinliche Szene im Theaterfoyer machte, hast du nie zuvor gesehen, eine Verrückte vermutlich. Und die Affäre mit dem Brasilianer war nicht wegen einer Frau, sondern wegen eines Geschäfts, einer Nickellieferung, und er war es, der bei der Sache im Unrecht war, und die Dame, die sich beinah unter die Räder warf, war seine Partnerin, sie verlor vielleicht an den Aktien! Wer kann denn so viel im Gedächtnis behalten! Und sie glaubt's. Und ist blind. Und man ist ingrimmig belustigt darüber. Und dann ist man vielleicht gar nicht mehr belustigt. Und fühlt vielleicht nur für einen Augenblick einen bösen Stachel, es ihr zu sagen: Nein, Madame, Sie sind ein wasserblondes Hühnchen, Madame, und in dieser Welt wird nach einer andern Melodie gelebt! Aber man sagt es nicht, o nein, man sagt es nicht. Und schweigt. Und läßt sich's gefallen. Und das ist eine Ehe.

Ein grausiges Gesellschaftsspiel mit sich selber – das große Lebenslügen-Entlarven um die Bankrottbilanzzeit des Vierzigers. Was soll es Ihnen. Eine sentimentale Introduktion. Aimée. Emy, aber ich nannte sie Aimée. Stellen Sie sich vor: die Frau, die einem eine vertraut gewordene Bürde ist, durchschaut, verhöhnt und doch hassenswert liebenswert ans Leben gewachsen, diese Frau also – nur um fünfzehn Jahre jünger! Ihr Blond – nur ein wahres Blond! Ihre Lesebuchredlichkeit emporgesteigert zu einem Leuchten, ihr Hinken zu einem – ah, Sie kennen italienische Frauen? Italische Frauen haben diesen Schwebeschritt, federnde Klinge, Kraft ohne Schwere. Na. Girren, als wär' man ein brünstiger Gymnasiast. Als ich die Wasserblonde heiratete, war die kleine Schwester ein Kind. Pensionat in Genf. Als ich sie wiedersah, war sie sechzehn. Ich schaute ihr auf die Brüste. Ich versuchte mit ihr zu sprechen. Ja, Schwager. Nein, Schwager. Ging nicht. Als ich sie das nächstemal zu Gesicht bekam, war sie Braut. 1933, ein halbes Jahr bevor er starb, brachte der Hinkebein sie noch unter die Haube. Rheinischer Kohlengrubenbesitzer, ehemaliger Korpsstudent, zerhackt, schnarrend, ein Piefke, unjung, ein behaarter Koloß in einer Wolke von männischem Bocksgeruch. Rinkel, die Rinkel-Rohrbachs aus Elberfeld. Ein Fatzke. Pupille, Pröstchen, Herr Schwager, ich komme nach! – so einer. Ein Tier! Und ich bin da und sie dort drüben – unerreichbar, vorüber, aneinander vorbeigelebt!

Das war also der Verwandtenbesuch, der zu Haus auf mich wartete. Am Vortag, gestern, waren sie angekommen. Herr Bergwerksbesitzer Kurt Rinkel samt Gattin aus Elberfeld. Besuch nach langer Pause. Bei den Braunen drüben war er in letzter Zeit eine große Nummer geworden und legte keinen Wert auf Kontakt mit der Wiener Verwandtschaft. Fett war es geworden, das Tier. Er saß im Fett und in seinem Bocksgestank. Durch seinen Zivilistenanzug witterte man die Gurten und Stiefel und die Revolvertasche der braunen oder schwarzen Banditentracht, die er sonst wahrscheinlich am Leibe trug. Kommt, sagt: »Emma hat gebeten, mitgenommen zu werden zur Schwester. (Emma –!) Sie haben da, Herr Schwager, ein neues Unter-Maschinengewehr, von dem man Rühmens macht. Ich interessiere mich für eine größere Lieferung oder für die deutsche Lizenz. Liefern Sie das Gewehr, so werden Sie beim Geschäft mit den Arabern mitgenommen. Irak, Transjordanien, Syrien.« Und er erklärt: »Sie wissen ja – wie beliefern die Araber.« Gegen England, gegen die

Juden, hing mit seinem Zigarrenrauch das unausgesprochene Satzende in der Zimmerluft.

Bei mir war das, zu Hause. Scheren Sie sich zum Teufel, dacht' ich zu sagen. Aimée kam ins Zimmer in diesem Augenblick. Ich sag': »Das will bedacht sein, Herr Schwager. Sie reisen doch noch nicht weiter. Sie bleiben ja fürs erste in Wien.«

Schnarrt er: »Ich gebe Ihnen bis übermorgen vormittags Bedenkzeit. Ohne Verlängerung!«

Aimée stand daneben. »Ja«, sagte ich.

So war das gestern gewesen. Und jetzt geht man nach Haus. Blumenladen, Gardenie für das Knopfloch, die Rosen. Komm' nach Haus – niemand. Ich geh' in meiner wilden und stumpfen Enttäuschung durch alle Zimmer – niemand!

Dann fand ich Aimée. Im Schlafzimmer meiner Frau. Verweinte Augen. Allein! Warum? Migräne. Die anderen? In der Oper.

Sehen Sie – ich war lang nicht in dem Zimmer meiner Frau gewesen. Vier Bilder – vier! – des zu seinen Vätern versammelten Vaters, des Hinkers, des begrabenen, der mir das Erbe ließ, schauten auf einen herunter, von drei Wänden, vom Spiegeltisch. Die Frauen, die Töchter, trieben einen Kult mit ihm, unterwürfig noch dem Vermoderten. Warum nicht? Ich blieb. Mich schrecken Gespenster nicht. Sagt Aimée auch schon und zeigt aufs Kaminbild: »Wie das lebendig ist!«

Hat sie über Vater-Erinnerungen ihre Tränen vergossen? Ich kenn' sie nicht! Verflucht, wenn man vor sich eine einzige Stunde hat bis zum Opernschluß. »Vielleicht ist er wirklich lebendig«, sag' ich, ach, ins Blaue, um einer Passage willen, und dazu etwas zwielichtig Funkelndes über Revenants. Heidnische Riten, Totenkult, und von da quer hinüber zum Buddhismus. Sie wissen ja. Ich sprach schnell, eindringlich, sozusagen mit halbverdunkeltem Redelicht. Ich saß sehr fern von ihr auf dem Sessel, indes sie ganz dort drüben auf dem Lager lag (meinem ehelichen Lager! schoß es mir klar und höhnisch durch den Kopf und war schon wieder vergessen). Es kam nicht an auf das, was ich sagte; es kam an auf die

Verschattetheit meines Stimmklangs. Negertrommeln im dunklen Wald, so dacht' ich indes ich redete – sie dürfen nicht schweigen. Ich hörte mir nicht recht zu, doch mußte ich sie irgendwie erschreckt haben, ich sah es an ihren Augen. Wovon hatte ich denn gesprochen? Von der Zeit vor vier Jahren, von der Zeit als man die Roten zertrampelte, von der Zeit als der Alte starb, der Hinker, der Millionär, der sich in der Marotte seiner sozialistischen Sympathien gefiel. Wie kam das eine zum andern, warum hatte ich von derlei geplappert in diesem Augenblick? Schlecht mit den Nerven in Ordnung, Herr Schlessing, die Negertrommeln – paß auf, was du trommelst. Du hast nicht von dem verreckten Hinker und Despoten zu sprechen. Er hat dich geduckt, er hat dich nicht zu Atem kommen lassen, solang er noch atmete. Du hattest mit ihm eine unbeglichene Rechnung. Kronprinz – da warst du wieder einmal der Kronprinz! Neunzehn Jahre, daß du seine blaßblonde Hinketochter genommen hast. Er aber stirbt nicht. Und inzwischen – oh, du bist so brillant. Du sagst und schreibst die fast-gescheitesten Dinge. Du holst dir die fastschönsten Frauen. Du hast die Fast-Macht, den Fast-Ruhm, den Fast-Erfolg. Auch das Fast-Geld. Nur die Hinkefrau mit dem Wasserhaar gehört dir ganz und ist eine Realität. Ja, Schwiegervater, sagst du gehorsam, ein überjährtes Wunderkind, ein Dilettant, eine sogenannte Hoffnung noch als Mann mit grauem Haar an den Schläfen – ja, Schwiegervater, wann und wo immer der Hinkebein kommandiert. Und du darfst nur die Zähne aufeinanderbeißen und denken: du stirbst ja doch einmal; tu dich nur auf, dir frißt es ja in der Leber, das weiß ich; du stirbst mir ja doch noch. Davon aber ist hier nicht zu trommeln, Herr Schlessing, indes du unter den Bildern sitzt. Da das Bett, da die Frau, da dein Thema, und das heißt Revenanz! Ah, sie hat nichts gemerkt von deiner kleinen Zerstreutheit, deiner Nervenverirrung. Da hast du sie schon wieder in deiner Gasse. Sie fragt: »Du glaubst wirklich – daß man wieder lebendig wird?« Ungeschult, deutsche Gattin, der Piefke hat nichts aus ihr gemacht! »Ja«, sag' ich im Augenblick – »ich glaube an die Unsterblichkeit des Fleisches.« Ah, mich störten die Photographien nicht. Die Uhr auf dem Ofensims – es waren vierzig Minuten bis zum Ende der Oper. Ich sage leiser und rascher: »Ich glaube an die Unsterblichkeit. Deine Schenkel sind Knabenschenkel, wie man sie bei südlichen Slawinnen findet und nirgends sonst. Deine Brüste, schau sie an in dem Spiegel dort, ihr Ansatz ist ein ganz klein wenig zu hoch wie bei einer Thrakerin; eine Ahnin, von der du nichts weißt, ein Weib aus Thrazien, längst auf einem Kirchhof vermodert, ist in deinen Brüsten lebendig.« Na und so weiter; läppisch. Und denk' dabei nicht einmal mehr an die Negertrommeln im schwarzen Wald, und denk' nur: Vielleicht ist es trotz allem auch diesmal gar nicht so sehr der Mühe wert? Aber mache einer Schluß, mache einer Schluß! Und denk': Fünfundzwanzig Minuten vor Opernende, ah, sie schmilzt, sie schmilzt, die Tür ist nicht zugesperrt.

Zwölf Minuten vor Opernende (aber eine Viertelstunde brauchen sie ja dann noch mit dem Wagen nach Hause!) – nein, sagt sie. Weiß wie ein Tuch. Um Gottes willen, sagt sie, mein Mann. Das Tier, ihren Mann – sie liebt ihren Mann! Ah, hilflos, ah, Worte. Nein, sagt sie eine Minute später, nein, laß mich – die Schwester! Liegt da auf eben diesem Bett und hat den Blick auf dem Bild des Hinkers an der Wand, der aus seinen toten Bildaugen auf sie niederschaut. Sehen Sie – es gab mir den Rest! Vorsicht, kommandier' ich mir noch. Acht auf dein Trommeln. Aber vielleicht ging es mir gar nicht mehr so sehr um die Frau. Vielleicht nur noch darum, diesem Aufmichniederblicker in sein gemaltes Gesicht zu lachen. Nein, sagt sie mit zitternden Lippen, nicht hier, sagt sie, nein. Und da schleppt es mich schon und ich sag': »Das war früher ein Schwindel. Die Toten sind tot! Und wär er lebendig, der da oben – wie würde er reden? Wovon? Von welchen Geheimnissen? Vielleicht von dem Augenblick, da ihn der Herzschlag traf. Es war an dem Tag, als es gegen die Roten ging. Die beiden Herren, die ihn damals besuchten, eben als ihn der Herzschlag traf – wer weiß, vielleicht waren sie von der Polizei und waren gekommen, ihn zu verhaften?«

Ihre Lippen waren weiß, sie stammelte etwas. Mich aber schleppte es! »Vielleicht hat ihn einer denunziert«, sagte ich, »daß er den Roten im Geheimen Waffen geliefert hat!« Ah, ich sah das Entsetzen in ihren Augen. »Wer –?« stammelt sie hilflos. Und mich schleppt's und ich lach' und sag': »Wie soll ich das wissen? Es war ein großes Geheimnis.« Ich nicke dem Toten an der Wand zu und – ah, ich weiß es, ich sprach mit rasender Schnelligkeit, Trommeln wirbeln so in der Finsternis. »Vielleicht einer«, so sagte ich, »der in seinem Vertrauen war, vielleicht einer, der um seine großen Geheimnisse wußte, einer der sich die Schwarzen verpflichten wollte und sich von ihnen bestechen ließ, was weiß ich – und so denunzierte er eben den Alten und gab ihn preis!« Ah, da läutete wieder in mir das Alarmsignal. Aber mache einer Schluß! Ich stand auf und tat drei rasche Schritte und setzte mich an den Bettrand. Nein, mir ging es nicht um einen gemalten Vermoderten. Mir ging's um die Frau! Da lag sie hilflos vor Entsetzen und stammelte. »Ich weiß es nicht«, sagte ich lachend, »wie soll ich das wissen. Vielleicht einer, dem der Alte im Wege stand!« Sehen Sie – und da war es auch schon wieder vorüber. Was war das gewesen? Vergessen und fortgewischt. Nur die Nerven vibrierten noch ein wenig im Nachhinein. Aber ich betrachtete mich schon wieder so kühl, als wär' ich ein Chirurg meiner selbst. Ich legte meine Hand auf die Hand der hilflos in die Polster Gesunkenen. Es war vielleicht ein wenig zu viel gewesen. Ich sagte dunkler Stimme und leise: »Ich liebe dich.« Sechs Minuten vor Opernschluß.

Sechs Minuten vor Opernschluß fährt sie hoch, sitzt starr. Sagt: »Eine Tür ist gegangen.« Ich horch'. Nichts. Sie sitzt da auf diesem Bett, streicht sich das Haar aus der Stirn, beharrt: »Nein, nein, nein, das ist er.«

Na. Er war es. Noch ein paar Zimmer und Türen weit. Ich ließ sie sitzen, wie sie saß und ging ihm entgegen. Trete in das Nebenzimmer – eben da er von der andern Seite kommt. Sagt: »Ich suche Emma!« Setzt sich breit hin. Hat er etwas gemerkt? Aber da spricht er schon wieder. »Ihr Kanzler war in der Oper. Menge Menschen. Wir sind weg vor dem letzten Akt. Meinen Freund Haugwitz getroffen, alten Korpskameraden. Fahre morgen früh mit Emma hinaus zu ihm aufs Gut und in zwei Tagen weiter, direkt hinunter nach Italien.« Fünfzehn Jahre hat man auf eine gewartet, verstehen Sie. Und einen Augenblick bevor man sie kriegt – kommt das Tier und schleppt sie weg! Ich sag': »Sie haben unsere Konferenz vergessen morgen vormittag. Kann sein, daß ich Ihnen doch noch ein paar tausend Stück geben kann von dem Maschinengewehr.« Er blickt sich im Kreis um – er hat einen Verdacht! Ich decke die Tür mit dem Rücken. Sag': »Es ist vielleicht die letzte Gelegenheit für eine Lieferung des Maschinengewehrs an eine deutsche Adresse.«

Ah, gelungen. Ah, abgelenkt. Seine Augen sind aufgewacht. »Versteh' ich nicht«, sagt er.

Ich, nur dieses Morgen. Verhandeln, nur dieses Morgen mir zu erobern: »Weiß nicht, wie soll ich das wissen. Aber vielleicht ist es nicht ganz ausgeschlossen, daß die Westmächte in Österreich intervenieren?«

Es war da ein Tablett mit Kognak, er hatte sich einen Kognak eingeschenkt. Mitten im Kognaksaufen – er kotzt beinah, so sehr brüllt er vor Lachen. Aber seine Augen sind aufgewacht.

Angesichts dieses Tiergebrülls, dieses Urlauts, der da aus dem Teutonischen zu mir herüberstank – sehen Sie: es war so widerlich widerlich. Das darf nicht triumphieren, dieses Leben ist nicht mehr lebenswert, wenn das triumphieren darf! Und einen Augenblick später – sehen Sie: in der Tasche hatt' ich ja doch das Dynamit! Ich hatte mich bemüht, des Vorzugsschülers habhaft zu werden – er aber hatte in der Oper gesessen! Ich hatte für ihn getan, was ich konnte – er aber war ein Schöngeist und Dilettant! Den Plan zog ich aus der Tasche und legte ihn vor mich hin auf den Kognaktisch. Letzte Seite. Frag': »Kennen Sie die Unterschrift?«

Die Augen springen ihm aus dem Kopf. Ah, er schwitzt. Tier, du. Er liest. In ihm arbeitet es. »Was kostet das?« fragt er heiser.

Ich: »Unverkäuflich! Aber kommen Sie morgen in mein Büro und wir –« Doch da kreuzt schon mein Hirn ein anderer Einfall. Heut nacht noch wird das Tier mit seiner Frau schlafen! Ah, ich ertrug es nicht. »Hören Sie«, sag' ich. »Wie wenn ich Ihnen den Plan da übergäbe – zum Transport außer Landes?«

Zwei Minuten später hing er am Telefon und bestellte ein Flugzeug. »Kann man niemandem anvertrauen, ich übergebe das jemandem in Berlin persönlich«, sagte er zwischendurch, »ich bin morgen abend wieder in Wien, ich lasse Emma hier, sie kotzt, sobald sie ein Flugzeug von ferne sieht.« Schlüpft schon in den Mantel und schaut mich noch einmal an, so wie die schauen, auf Pupille nennt man das, und sagt: »Wie Sie das – allerhand! Mit Ihnen kann man arbeiten. Schade, daß Sie –!«

»Ich verstehe Sie nicht«, sagte ich lächelnd. »Ich bin ein großer Verehrer Ihres Führers.«

Er fuhr. Es ist weit hinaus auf den Wiener Flugplatz. Eine Stunde Fahrt; und eine weitere Stunde, so wußt' ich, hat er draußen auf das Flugzeug zu warten.

Die Frau bekam ich in jener Nacht. Es graute ihr vor mir. Sie hatte Angst. Meine Wasserblonde hatte ihr das Zimmer gegeben und schlief auf einem Diwan im Raum nebenan. Aus Angst, die Wasserblonde wacht auf, ist sie stumm geblieben und hat sich nicht gewehrt.

Ich schwöre Ihnen, es kreuzte mein Hirn erst, als ich so bei der Frau lag. Einen Augenblick, hauch' ich an ihrem Ohr. In dem Zimmer daneben noch die Kognakflasche, die Gläser, das Telefon. Der Kanzler? Ja, jetzt ist der Kanzler zu Hause. Die Große Oper ist aus! Der Kanzler persönlich? Hören Sie. Hier Schlessing. Ich spreche leise. Aus Gründen. Wenn Sie jemanden verhaften lassen, der eben in einer Viertelstunde mit dem Berliner Flugzeug abreisen will – finden Sie in seiner Tasche die Rettung, um die Sie mich gebeten haben.

Wo war ich? Ach ja – die Frau. Sie wehrte sich nicht. Sie war eine Enttäuschung, im ganzen. Es war wieder einmal nicht der Mühe wert. Da stand ich nun und hatte das Telefon, in das ich geflüstert hatte, längst wieder hingelegt. Emy lag dort nebenan – Aimée hatte ich sie ja wohl genannt. Ich aber stand da immer noch. Dem Kanzler seine Bitte erfüllt, die Staatsgarantie bekommen für die Schuldscheinemission von vierzig Millionen. Gott sei Dank, man hat wieder einmal gezaubert, die Verpflichtungen per Ultimo sind damit gedeckt. Wie groß waren sie? Zweiunddreißig, hatte mir der Kassendirektor berichtet. Waren darin die fünfzehn für den Wechsel enthalten, der bei der Nationalbank lag? Sehen Sie – und da wurde es mir bewußt! Die fünfzehn Millionen! Die ganze Zeit über hatte mich der Gedanke nicht losgelassen – in meinem Zweikampf mit dem Tier nicht, in der Umarmung nicht. Ich mußte die Ziffer nachsehn in dem Kassenreport, der auf meinem Schreibtisch lag. Und siehst du die Ziffer nicht – dich flieht der Schlaf, dir gilbt die Haut, dir bleichen die Haare, indes du wach in deinem Bett dem Morgen entgegenharrst!

Da stand ich immer noch. Zwei Uhr morgens war's. Ich ging aus dem Haus. Aurora-Versicherung. Das Auto, die Detektive. Emy – fiel mir ein. Ich war nicht mehr zu ihr ins Zimmer zurückgegangen. Aber da fuhr der Wagen schon.

Zwanzig Minuten Fahrt. Nachteinsam das Haus der Versicherung. Ich geh' vom Wagen ans Tor und läute. Sagt der eine der Detektive: »Einer mit einem gelben Mantel. Grad dort hinten um die Ecke gekommen.« In dem Augenblick schließt der Nachtportier auf, ich tret' in das offene Tor, sag': »Kaufen Sie sich den Mann!« Der mit dem Mäntelchen ist inzwischen herangeschlendert – wenn man das Schlendern nennen kann, diesen Stolpertrott. Spazierstöckchen schwingend. Eine Sekunde bevor die Detektive ihn an der richtigen Stelle haben, ihn anzugehn – bleibt er stehen. Nimmt seinen Hut ab – einen steifen, schwarzen Filzhut trug er – und wischt sich über den Schädel, als schwitzte er. (Froststerne standen am Himmel.) Sichtbar wurde ein kümmerlicher Kopf, hohe Stirn schräg fliehend in ein schütteres, in vielen Lebenswinden schäbig gewordenes Haar. Plötzlich, schräg treibend wie ein hirnwunder Köter, zielsicher stolpernd, kam er auf mich zu. Sagt mit einer leidenschaftslosen Stimme: »Guten

Abend.« Und verbeugt sich ein wenig und präsentiert sich und sagt: »Fiul!«

Ich stieg vor ihm die breite, hohe, widerhallende marmorne Treppe hoch. Dabei wandte ich mich nicht nach ihm um. Nur seinen Schatten sah ich, wie er schräg neben mir herlief, hinter dem meinen her.

Das Gespräch war dann kurz und das Gesagte belanglos. An meinen Schreibtisch setzte ich mich, ließ ihn stehen. Er bat um eine Unterstützung. Ich zog die Brieftasche, wortlos, zählte langsam, schob ihm die Scheine an die Kante des Tisches hin. Davon kann er in seinem möblierten Zimmer vierzehn Tage leben – weiß ich noch, daß es mir durch den Kopf ging; sinnlos, was wußt' ihn von ihm? Danke verbindlichst – so sagte er und begann etwas zu plappern. Und indes er so plapperte – ja, das sah ich plötzlich – liefen seine glanzlosen Augen den Umkreis des Zimmers ab. Baldowern – fiel mir ein. Einer der sich die Gelegenheit anschaut. Dann erst hörte ich, wovon er sprach. Momentane Schwierigkeit, sagte er ohne Ehrgeiz, daß man ihm glaube – Geld aus Amerika, Langsamkeit des Devisenamts. Damit empfahl er sich plötzlich und ungelenk. Danke verbindlichst. Als er eine Minute gegangen war, bemerkte ich: das Geld lag auf dem Tisch. Das Geld, um das zu bitten er gekommen war, hatte er liegenlassen auf meinem Tisch!

Sehen Sie – es war nicht mehr, als wenn einer Ihnen mit dem Finger an den Arm tippt. Achtung! Dieser Zweiuhrmorgen-Flaneur, dieser ambitionslose Unterstützungswerber, dieser langsame Umsichblicker in meinem Zimmer – man war ein realer Mensch und kein Halluzinant, darüber konnte man vielleicht noch lachen. Aber daß es gerade dieser war, gerade der Herr Fiul, von dem ich geglaubt hatte – ja, das hatte ich nämlich geglaubt! Er sei im Krieg krepiert, hatte ich geglaubt, in Rußland oder an der Piave verscharrt seit Jahrzehnten in einem Massengrab, so wie es für einen seiner Art und Umstände sich geziemte. Hängengeblieben mit Tornister und Bajonett in Polen im Stacheldraht! Er war doch damals tauglich befunden worden fürs Militär!

Als ich die paar kleinen Banknoten aufnahm und wieder in die Brieftasche schob, sah ich: die Finger zitterten mir ein wenig.

Was folgte, trug einen hinaus über solch kleines elektrisches Nervenvibrieren vor dem großen Gewitter. Der Vorzugsschüler ging nicht nach Paris noch nach London. Er ließ sich prellen um mein dynamitenes Dokument. Er trug es zum Herrn Verfasser, zum Nachbarn – Meerschweinchen, das dem Krokodil auf die Bude rückt – und legte es ihm mit einem sanften Vorwurfsblick auf den Tisch. Ihn fraß das Krokodil! Auch das Land Österreich fraß es, auch das Geld aus der Staatsbank, auch – was sag' ich! Es hatte sich damals beinahe schon zu Tode gerüstet, es fraß das letzte wollene Tuch, es fraß die Butter aus jedem Bauernhaus. Tags zuvor noch hatte man Fahnen ausgesteckt, getanzt auf Bällen, mit Weibern hatte man geschlafen – nein, so hatte es ein jeder gewußt, uns frißt er nicht, der finstere Schwachkopf von nebenan. Erledigt, vorüber, gefressen, rasiert von der Erde! Da war nur der Stechschritt. Zu kompliziert war alles gewesen. Maß, Wert, Zweifel, Erkenntnis, Hirnbemühung, jenes zarte Gespinst, jenes rebellische und beglückende Widerspiel genannt Geist, genannt Menschlichkeit – alles zu kompliziert. Sie waren die großen Vereinfacher. Lump, Held, Licht, Nacht, Deutsch, Volk, Schlecht, Gut, Blut, Jud. Der Stechschritt lärmte darüber weg.

Herr Präsident Schlessing? Der neue Zauber dauerte nun schon ein halbes Jahr. Um ihn fielen sie wie das Laub im Herbst. Blätterte er in seinem Adreßbuch – Kreuzchen um Kreuzchen konnte er zeichnen neben die Namen. Konzentrationslager, abgehauen über die Grenze, verschollen, Irrenhaus, Zuchthaus, auf der Flucht erschossen. Hitzschlag beim Straßenreinigen, Herzschlag beim Warten vorm Paßamt, Hirnschlag während der Hausdurchsuchung, aus dem Zug gefallen, aus dem Schlafzimmerfenster gefallen, von der Brücke in die Donau gefallen, mit zerschmettertem Schädel aus dem Straßengraben gezogen, ersäuft gezogen aus einem

Brunnenschacht, erwürgt aus der Latrine gezogen, zertrampelt gezogen aus dem Keller einer Kaserne, krepiert, krepiert, krepiert – ah, das Bekanntenadreßbuch des Herrn Schlessing mit seinen schwarzen Kreuzchen glich einem Kirchhof. Ihn aber, den Herrn Präsidenten – ihn fraß es nicht. Er wurde vielleicht ein wenig grau im Gesicht in der letzten Zeit, ein wenig fett, er schlang zuviel in sich hinein, aus Nervosität. Denn er hatte es mit den Nerven. Aber sein Stadthaus und Landhaus waren unversehrt. Er dirigierte seine Fabriken. Er saß in seinem langen Automobil. Fuhr er in die Aurora – der Portier riß die Tür auf, er riß die Hand in die Höhe, er grüßte: Heil Hitler, Herr Präsident! Es war alles beim alten, wenn man nur absah von jenem Grauer- und Fettergewordensein. Eine weithin ragende Säule, ein bronzenes Monument. Alles glatt, alles blitzblank. September, erst ein halbes Jahr seit der großen Vereinfachung – schon ein halbes Jahr.

Spät im September war das – der Tag läßt sich am Kalender errechnen. In meinem Arbeitszimmer in der Aurora-Versicherung. Mittags ein Uhr. Wieder einmal einen Vormittag sich behauptet. Ich sag': »Schluß jetzt. Es wird niemand mehr vorgelassen.« Sagt der Sekretär: »Der Herr Schwager!« Und ich erinnere mich, ich geruhe mich zu erinnern: der Rinkel, der Piefke, das Tier wartet draußen seit einer Stunde und geht nicht weg. Schick ihn zum Teufel! Aber du sagst: »Ich unterschreibe noch ein paar Briefe, dann schicken Sie ihn herein.« Und dann liegt vor einem ein Brief, dessen sechs Zeilen man schon sechsmal gelesen hat – aber statt ihn zu unterschreiben, sitzt man da denkend. Der Schwager nach Wien gekommen, wieso denn, Achtung, was will er? Emy – Aimée hat man sie ja wohl gelegentlich genannt – lebt seit ein paar Monaten da in der Gegend. Der guten Luft zulieb. Draußen im Grünen am Stadtrand in einem Erholungsheim. Herr Rinkel besucht seine Frau! Aber was geht sie mich an, was gehen mich seine Frauengeschichten an – warum kommt er zu mir? Wieder einmal in Bedrängnis geraten? Die deutsche Industrie, Staatslieferungen – und der Staat kauft auf Pump und zahlt keinen Pfennig. Da vergißt man die Vorsicht, da gibt man Wechsel, da fährt man im Land umher und reißt neue Kredite auf. In Vorzimmern wartet man. Genug kreditiert, vergebens gewartet. Genug Blankowechsel von Ihnen und Ihresgleichen hat man schon in der Kasse. Ihnen borgt keiner mehr, jetzt, wo endlich Ihre Kumpane – ja, und jetzt weiß ich es! Was Herrn Rinkel zu mir schleppt ist, daß er die große Pleite wittert in der Septemberluft! Er knüpft wieder an, er deckt sich den Rücken. Ratte aus dem sinkenden Schiff. Denn so war das. Seit zwei, drei Wochen begann es ja endlich zu dämmern! Ein leibhaftiger englischer Premierminister hatte in Berchtesgaden Besuch gemacht. Dort war das einem zu Kopf gestiegen, und er hatte zu hart auf den Tisch gehauen! Ah, wußte man durch das ganze Land, diesmal hat da einer sich überschrien, die Stimme ist ihm umgekippt, diesmal endlich haben sie es erkannt auf der andern Seite, daß das alles ein Schwindel ist. Hohl! Das sieht ja ein Blinder, daß er in sich zusammensacken muß, der ganze falsche markige Zauber, sowie man den einmal beim Worte nimmt. Übermorgen, morgen ist der Alptraum von uns genommen, morgen, vielleicht heut abend schon hat sich all das verzogen wie ein Gestank. Ein Zeichen geben Sie uns nur, Herr Premierminister von England, und mit nassen Lappen jagen wir selbst sie in ihre Rattenlöcher zurück! Krieg – nein, nicht einmal Krieg, es kommt gar nicht erst zum Kriege. Am ersten Tag werden staunende Zeitgenossen die Zeugen sein, wie all das Gigantische zu Brei zerschmilzt. Ah, es taut schon – so atmeten sie durch das Land. Das war es! Deshalb kam der Herr Schwager und wollte es nicht gewesen sein. Saß man noch immer über diesem Sechszeilenbrief? Nun faßte man, was da geschrieben stand, was war denn da nicht zu verstehen, und setzte harten Strichs darunter die Unterschrift, Schlessing mit dem groß gezeichneten S, und klingelte dem Sekretär und rief ihm entgegen: »Lassen Sie ihn herein!« Ah, stell dich breit hin, wipp in den Knien, tu ein Gelächter auf, dem zu Kreuz Gekrochenen zum Empfang. Lassen Sie ihn herein!

Der Sekretär sagt: »Er hat nicht länger gewartet. Da ist ein Brief von ihm.« Warum bist du enttäuscht, warum bist du erleichtert? Den Brief auf – warum flattern die Finger dir? Schwör dir, daß du keine Zigarre mehr rauchen wirst, nie mehr. Auf dem Blatt steht: »Zufällig Wien passierend, wollte Sie sprechen bezüglich jenes gewissen Dokumentes. Schreibe Ihnen nächster Tage.«

Und das ist alles. Da steht man mit diesem Blatt in der Hand, mit Bleistift gekritzelt, Vorzimmerschreibpapier, und nun bringt man doch noch das schon zu einem Empfang bereitgehaltene Lachen an. Das ist alles. Ist damals geschnappt worden, mit jenem Plan in der Tasche – und jetzt nach sechs Monaten drehen sie ihm daraus noch rasch einen Strick, ehe ihnen das Haus überm Kopf zusammenbricht. Versuchen einander noch ein wenig zu killen, in der bewährten kridatarischen Tradition. Du bist zu nervös, nimm eine Zigarre. Er kommt ja nur winseln, er will ja nur zur Bestätigung seiner Unschuld dieses oder jenes Dokumentchen aus deinen Dossiers. Das ist alles! Hat er da noch etwas auf die Rückseite seines Briefes gekritzelt? »Heute morgens bei Emma draußen gewesen. Direktor der Anstalt bittet um eine Unterredung mit Ihnen.« Was ist das? Wie ist das? Unterredung – warum? Ich soll den Direktor der Anstalt besuchen? Die Kranke hat etwas geplappert! Was weiß er? Da liegt etwas versteckt! Dir stürzt das Blut ins Herz. Das mit den Dokumenten ist eine Warnung – diese Anspielung auf die Dossiers. Alarm! Die Nazis sind noch gar nicht so schwach. Wenn der englische Premierminister sich vielleicht doch noch einmal von ihnen verblüffen läßt, dann schmilzt es noch nicht, dann stinkt es noch nicht, dann bleibt der Dreck noch zum Fels erstarrt, dann sind sie noch immer die Herren im Land. Ah, es tobt dir in den Pulsen, lies den Brief noch einmal, er ist eine einzige wilde, wütende Drohung! Die Zigarre, den Stengel Gifts zerdrück zwischen den Fingern. Schwör's, sag' es laut: Nie wieder werd' ich rauchen. Verdorre meine Hand, wenn ich rauche. So wahr dieses Leben eine Hölle ist.

Sehen Sie – es war nichts! Es war nur wieder einmal das große Vibrieren. So gedacht, so gezittert, strich sich stets der Herr Präsident Schlessing mit der flachen Hand ein paarmal über das ein wenig verzerrte Gesicht und war schon wieder er selber. Was denn, was denn. Die Hysterische draußen in ihrem Vogelbau zu besuchen, die auf zwei Beinen wandelnde Enttäuschung, die da über einem Scherz, einem Nichts, einem kleinen galanten Erlebnis ihre Krämpfe gekriegt hatte – man dachte ja nicht daran. Es war nicht der Mühe wert gewesen, Betriebsunfall, man hatte mit ihr nichts zu schaffen und noch weniger mit ihrem Seelenarzt. Erledigt, vergessen. Blieben noch die Dossiers! Mit ihnen hatte man seit sieben Tagen seine Geheimnisse. Mittagszeit, man sollte nach Hause, die Hinkende wartet – aber man bleibt wo man ist. Den Sekretär weggeschickt, die Türen zu, die flachen Stahlkammern auf, die man da in den Wänden hat. Es ist die neue große Idee, man treibt es so schon seit diesen sieben Tagen, in verriegeltem Zimmer, mit den Packen und Packen beschrifteter Mappen und gebündelter Zettelchen vor sich auf der Platte des langen Tischs. Denn was sollte einem noch dieser Brief da, an dem Kopf und Kragen irgendeines zweitklassigen Lumpen hing, oder jener gefälschte Wechsel jenes Polizeioffiziers, oder da dieses Päckchen vertraulicher Quittungen? In all dem ging es ja doch nur um das Allzumenschliche, um die große Schäbigkeit dieses Geschlechts. Was war denn da noch viel zu beweisen. Das hatte ausgereicht für die idyllische Heimwehr-Zeit. Aber für jetzt? Für den Schlächter vor aller Welt, für die Kridatare eines Jahrtausends?

Da hatte man auch schon wieder einmal darein gefaßt, in das Papierene. Da brannten schon wieder Zettelchen, Zettelchen im Kamin. Nur gerade das zahme Zuviel hatte man zu verbrennen gedacht – aber nun brannte es in diesem Zimmer seit sieben Tagen schon. Eine üble Luft hing in den Tapeten. Schwelende Fetzen verkohlten Papiers verlagerten den Kamin. Ich verbrannte das letzte Blatt. So saß es mir in den Nerven! Ich hustete. Dem quellenden Rauch einen Abzug zu schaffen, stieß ich das Fenster auf. Die kalte Luft sprang mir ins Gesicht. Nun mochten sie kommen, der Herr Schwager, jeder einzelne, alle! Suchen, Dokumente abverlangen – damit war es aus. Erledigt. Suchen Sie, durchwühlen Sie was Sie wollen – Sie finden nichts. Wo es verborgen liegt, und was da verborgen liegt? Forschen Sie in sich selbst, und nehmen Sie ruhig an, ich besäße das Schlimmste, das Demaskierendste, das was Sie am tödlichsten treffen muß. Denn ich verbrannte ja nur das Papier! Ich verbrannte nicht Ihr schlechtes Gewissen. Dadurch, daß ich die Realität in die Flammen warf, machte ich die Gespenster frei. Was noch für Gespenster hocken in den unauffindbaren Mappen des Herrn Präsidenten Schlessing? Ja, du zittre nur, du geh nur hin und konfiszier ein Gespenst! Ein großes, vollbesetztes Gespensterorchester mit Oboen, Klarinetten und Fiedeln hatte ich da in die Welt gesetzt. Komme da nur einer und probier's und zerre den Herrn Dirigenten vom Dirigentenpult!

Es war eine Lust – dieses Funktionieren des heilig höllischen Apparats. Die Lust saß mir in den Nerven. Was da an kleinen Irritationen gewesen war – ausradiert. Ich fuhr nach Hause. Du hast mit dem Mittagessen gewartet, Liebste? Wie reizend. Ich hauchte ihr einen Kuß auf die Stirne, der Hinkenden. Ah, man war ein Mensch wie Menschen sind! Und hatte man allerlei Wildes und Triumphales geleistet – das tat man allen zum Nutzen! Ein Kunststück mit allerlei Wechseln. Damit das Loch gestopft für den Kassatag. Hieraus elftausend Arbeitern und Angestellten rechtzeitig ihre Löhne gegeben. Durch solche von ein paar Kleinmütigen schon bezweifelte Pünktlichkeit das Ansehn des Konzerns bei der Hypothekenbank gefestigt. So daß die einem noch einmal drei Millionen gab auf das große Rohmateriallager der Gußstahlwerke. Das Lager war nicht bezahlt, man hätte es besser nicht als Pfand gegeben – aber mit den drei Millionen nähte man doch wieder einmal siegreich den großen Riß! Den Riß im Aurora-Reservefonds! Und die Aurora, die garantierte! Es war noch gar nicht so ausgemacht, daß das alles verloren war. Fünfmal in fünf Nächten hatte ich einen Traum gehabt. Rennen, eine Treppe hinauf. Holztreppe. Morsch. Jede Stufe bricht ein unter deinem Fuß. Aber wie sie einbricht, bist du schon auf der nächsten. Ans Geländer krall dich. Zögerst du auf einer der Treppenstufen nur für den Bruchteil eines

Augenblicks–! Ah, Angsttraum, der Schweiß bricht dir aus der Stirn, Schlaf würdest du brauchen, aber du krall dich nur an das Geländer, du keuch nur, du renn nur die ganze Nacht. Jetzt aber war da der helle Tag, und ein Traum war ein Traum, und noch war man der große Zauberer und gedachte zu zaubern ewig. Und heute vormittag, Frau, hat die Winterhilfe sich bei mir bedankt, und gegen einen ungerechten Zeitungsangriff hab' ich mich wehren müssen, der Gauleiter hat sich bei mir entschuldigt. Man wird oft nicht verstanden! Auch zwei Juden hab' ich heut am Vormittag heimlich geholfen. Und du nimm diesen Scheck und kauf dir dafür was du willst. Und heut abend gehen wir zur Premiere des neuen Stücks, du laß uns eine Loge reservieren, wir essen nachher bei Sacher, ja, nur wir beide miteinander allein. Denn ein Hochgefühl sitzt einem heute nun einmal in den Nerven. Und ist man auch bewehrt mit Krallen und Zähnen und läßt sich nicht fressen – man ist doch ein Mensch!

Zwanzig Minuten später verließ ich das Haus. Man war ein Mensch – doch ließ man sich nicht fressen. Ehelich heiter genossenen Mahls hatte man nach dem Telefon gegriffen. Den Gauleiter angerufen. Das war der Mann, der hier im Lande die braune Macht darstellte. Ich mußte an vier, fünf Stellen telefonieren, ehe ich seiner habhaft ward. Er saß eben draußen am Stadtrand in einem Betrieb, er inspizierte eben Fabriken. Hier Schlessing. Ich will Sie besuchen. Fragt er: »Was wollen Sie?« Lach' ich und sag': »Zügeln Sie Ihre Neugier, ich fahr' hinaus zu Ihnen, sofort, Sie werden es hören.« Denn so hatte ich mir das ausgedacht. Ihm sagen: So und so. Die Aurora. Das Kartenhaus. Solidarische Haftung für die solidarische Schuld. Du hilf mir aus dem Gedräng oder ich blas darein, in das Papierene, ich selber, ich Schlessing, ich der für dich nicht greifbare Dirigent eines Gespensterorchesters – daß es dir deine ohnedies schon wackelnde Weisheit und Wirtschaft zusammenschmeißt für ein Dezennium. Denn so hatte ich mir das ausgedacht! Die kunstvoll gemischten Karten auf den Tisch zu legen eben in jenem Augenblick war eine blitzhafte Erleuchtung des Hirns, ein Kabinettstück der

Zauberkunst. Komme dann noch einer und tue mir etwas an! Es war ein Triumph! Grauen Gesichts vielleicht, vielleicht ein wenig verfettet – aber ich war elastisch, elastisch, da ich mein Haus verließ.

Nachmittag war es schon. Früh dunkel. Es brannten schon die Laternen. Der Chauffeur riß den Schlag des wartenden Wagens auf. Da sah ich: ein Mann, der da schon eine Weile gewartet haben mochte vor meinen Fenstern, kam rasch auf mich zu. Ich erkannte ihn erst nach einer kleinen Bemühung. Wie sollte ich ihn auch gleich erkennen! Er war ja nicht wiedergekommen, damals vor einem halben Jahr, er hatte sich ja nicht das vergessene Geld geholt, er blieb ja verschollen! Das sitzt einem in den Nerven sechs Stunden lang; und nach zwei Tagen fragt man sich einmal: Wieso kommt er nicht; und nach einer Woche erinnert man sich seiner noch einmal, flüchtig gekräuselten Mundes; und dann ist einem eine gewisse Spukgestalt im gelben Rock verwest und verwittert. Weggewischt von der Bewußtseinstafel mit einem Gespensterschwamm!

Er grüßte. Ich hatte den Fuß schon auf dem Trittbrett. Ich sagte lachend: »Der Herr Fiul! Keine Zeit, aber steigen Sie ein, ich nehme Sie für eine Minute mit!« Ja, ich lachte noch immer, es trieb mich zu lachen. War der wieder einmal nicht unter den aus dem Fluß Gezogenen und Zertrampelten, war der wieder einmal nicht hängengeblieben in dieses Lebens Stacheldraht – und kam um sein Geld! Unverändert, unbeschädigt, mit Brille, Röckchen und Stöckchen. Aber wie er so neben mir in dem gleitenden Automobil saß – er erwähnte gar nicht das damals Vergessene. Er komme mit einer Proposition, so sagte er schwunglos. Ein Geschäft ersten Ranges. Eine Kohlengrube in der Provinz, im Burgenland, das ganze Quantum produzierend, das ich für meine Fabriken brauchte. Ein Gelegenheitskauf, vierzig Prozent unterm Schätzungspreis. Stimmt nicht, denk' ich – wieso hat der Mann da solch eine Transaktion an der Hand? Ich sag': »Einverstanden, das interessiert mich!« Er schaut mich an ohne Ausdruck – oh, hab' ich schon etwas über seine Augen gesagt? Klagelaut der

Kreatur! Nie im Leben hab' ich solche Augen gesehen, so kreatürlich, so gehetzt und blicklos grausam zu gleicher Zeit. Schaut mich an mit diesen Augen, und ohne jede Ambition, wenigstens plausibel zu lügen, wenn er schon log, lustlos, ohne Ehrgeiz, daß man ihm glaube – so sagt er: »Zur Besichtigung müssen Sie mit mir hinausfahren. Man schickt uns einen Wagen. Aber es ist eine diskrete Sache, Sie dürfen darüber nicht reden oder sich vorher erkundigen oder so. Wenn Sie wollen, fahren wir heute nacht.«

Es war diese Ambitionslosigkeit, die mir – in die Knochen fuhr wäre das falsche Wort, im Gegenteil, etwas an ihr faszinierte mich. »Prächtig«, sagte ich. »Eine Autofahrt. Trifft sich glänzend. Heute nacht wird es schwer gehen. Aber vielleicht gegen Ende der Woche!« »Sie fahren wirklich?« fragte er. Ich: »Sicherlich, darauf können Sie sich verlassen.« Was ist das, denk' ich gleichzeitig, was ist das, das stimmt doch nicht, den Herrn Schlessing auf eine jener Autofahrten zu locken, von denen man nicht mehr wiederkommt, schickt man doch nicht diesen linken Schächer. Das Zigarettenkistchen zog ich vor aus der Seitenwand, das elektrische Feuerzeug, ich lehnte mich zurück, und Bein über Bein geschlagen sagte ich: »Nun, mein Lieber, und wie ist es Ihnen eigentlich im Leben ergangen? Erinnere ich mich recht, so haben wir doch einmal irgendwo auf derselben Schulbank gesessen oder dergleichen.« Und ich such' seinen Blick zu fangen – aber den fang einer! – und streif' die Asche meiner Zigarre ab und sag' hart und hell: »Ich glaubte – Sie seien tot!«

Die Geschichte, die er mir erzählte, indes er da so neben mir in dem fahrenden Auto saß – nein, es war kein Erzählen und keine Geschichte. Es war eine Art – wissen Sie, wie das ist: Verhör dritten Grades? Man hat den Verdächtigen zwölf Stunden lang in der Zange gehabt. Sechsmal hat man ihn aus dem Schlaf geschreckt. Man hat ihm nichts zu fressen gegeben, hat ihn mit Fragen angefallen, rechtsher, linksher, Tricks, Fallen, Wolfsgruben, Fußangeln, Netze. Und nach diesen zwölf Stunden ist er mürb, und man bietet ihm zum erstenmal einen Sessel und eine Zigarette an, und das Morgengrauen steht im Fenster – und da ist nun also dieses Verhör! Ja, sagt er, ja, nur laßt mich schon schlafen. Kein Firlefanz mehr, kein Theater, meine Rede wird sein ja-ja, nein-nein, so wie es in der Bibel steht. Das war der Schlüssel zu seiner Ambitionslosigkeit. Er mußte noch weiterstolpern, aus Gründen, die ich damals noch nicht kannte – und dabei hatte ihn doch das Leben im Verhör dritten Grads gehabt! Was blieb mir zu tun? Ich war der Mann, der ihm sagte: »Zigarette, Herr Fiul? – vielleicht Platz nehmen, Herr Fiul?« Und schon – hoppla!

Ich hatte geglaubt, er sei tot? Nein, da sitzt er. Entronnen dem Massengrab, entronnen allerlei Gräbern. Was das Militärische anlangte damals, so hatte er zu jener Zeit vom Verdienst dreier Huren gelebt, sowie einer ältlichen Postbeamtin in einem Ämtchen draußen am Stadtrand. Mit der war er verlobt. Nun, und da war der Kanzleifeldwebel, der Herr über Leben und Tod, und der hatte die Tochter! »Ich hab' damals mit Mädchen sprechen können«, sagte die Kreatur und drückte die Zigarette aus. »Die Postmeisterin – eine von meinen Damen hat eine anonyme Anzeige ans Amt geschrieben. Kassenrevision.« Er schaute mich durch die farbigen Gläser an. »Es haben vierunddreißigtausend Kronen in der Kasse gefehlt. Sie hat sich aufgehängt. Mit der Feldwebeltochter hab' ich mich da schon verlobt gehabt. Zwei Tage später war ich dienstuntauglich, mit einem tadellosen Entlassungsschein. Stampiglien für die Amtszettel hat sie dem Vater aus der Lade genommen. Auch Reisegeld. Leontine hat sie geheißen, so eine Brünette, Vollschlanke, wissen Sie, vorn und hinten, daß man sieht: es ist eine Frau. Tadellos. Zärtlich, etwas das man sich merkt, nichts für Husch und vorüber. Im Bett war sie – Sie würden es nicht glauben. Ach, hat sie mich lieb gehabt. In ganz Buenos Aires hat man so etwas nicht gesehn gehabt wie sie. Eine Sensation!« Er drückte die siebente Zigarette aus und sagte blaß: »Ich hab' sie nämlich hinübergebracht und in einem Etablissement placiert. Leontine hat sie geheißen. In Buenos Aires, in Südamerika.«

Ich hatte ja doch andere Gedanken in meinem Kopf. Ich fuhr zu einer Besprechung – an der hing allerlei. Aber wie der Mann da so saß und plapperte – es erregte mich! Sprach der Kerl da – wie sprach er, wie wer nur? Diesen Tonfall kannte ich! Ich schob ihm noch einmal das Kästchen mit den Zigaretten hin. »Es interessiert mich, es fasziniert mich, erzählen Sie weiter!« Es war, wie wenn man auf eine Klingel drückt. Er reagierte sofort.

Also Südamerika! Hat die Frau ins Bordell gebracht! »Die Nachfrage war so groß«, sagte er und drückte die zwanzigstc Zigarette aus. »Bin ich im Auftrag von den lokalen Firmen als Agent zurück nach Europa. Ukraine. Nach dem Petljura-Pogrom, die Männer erschlagen, hätten Sie sehen sollen, wie die jüdischen Frauen – hopp hopp! Angestellt in Schlangen haben sie sich vor der Tür – nur helfen Sie mir, Herr Baron Fiul, hinüber nach Südamerika! Prima Ware, glatt, ohne Schwierigkeit – die wenigsten, daß man sich gesagt hat, sie ist eine Jungfrau, laß ihr, du bist doch ein guter Mensch, die Illusion, was kostet es dich, Verlobung oder auch ein Ehekontrakt, und auf der Überfahrt hast du keine Szenen und keine Tränen, du hast ein zu weiches Herz, du kannst Frauen nicht weinen sehn. Man ist doch ein Mensch!« Er strich sich über den Schädel. »Petljura-Pogrom«, sagte er, »ein Riesengeschäft.« Plötzlich erregte er sich. »Aber ein Riesengeschäft – für wen? Für die anderen! Für die Herren Besitzer von den Etablissements! Sie wohnen in Palästen aus Marmor. Kapitalisten! Ein Kommunist könnt' man werden.« Er beruhigte sich, er drückte mit fliegenden Fingern die Zigarette aus. »Endlich ein Haus in Sao Paulo, außer Kartell. Ich hab' geliefert seit Jahren. Don Hernando Segelfinger, aus Wilna. Die Tochter hätten Sie sehen sollen. Schwarz, fett, älter als ich. Daß man sich schämt, wenn man mit ihr ins Kaffeehaus geht. Was hilft es, man wird bei so einem Schwiegersohn? Weiterarbeiten – da eine Lieferung – dort eine Schickse zur Polizei gerannt, daß man schmieren muß – da ein Geschäftsbrief, etwas aufgeflogen in Bukarest – dort zehn Damen über die Grenze hereingebracht, und man verdient eine Kleinigkeit.

Aber – wie soll ich es sagen? Die Haare fallen einem schon aus, die fette Schwarze hat man sich auf den Buckel geladen, aber der Alte stirbt nicht, man kommt nicht daran!« Er hatte sein Stöckchen ergriffen und taktierte damit. Und schloß ab, ohne Leidenschaft: »Das Haus war außer Kartell. Sagt das Kartell zu mir: ›Geben Sie uns, Fiul, etwas Material für die Polizei, wir lassen den Schwiegervater auffliegen, sind Sie Unternehmer, und wir nehmen Sie in den Ring!‹ – Drei Tage später war ich der Herr im Haus.« Er taktierte mit seinem Stöckchen. »Der Alte ist krepiert, ein schwerer Mensch, er hat zuviel gefressen, der Tag war heiß. Herzschlag. Meine Frau ist melancholisch geworden und hat sich umgebracht. Aus dem Fenster. Haben Sie das schon einmal gesehen – eine sehr dicke Frau aus dem fünften Stock?« Er taktierte. »Herr im Haus – was hat man davon? Manchmal denkt man: Wozu? Wozu lebt der Mensch, wozu plagt man sich? Alles für den Abort.« Er drückte die dreißigste Zigarette aus und verlangte: »Lassen Sie mich aussteigen.« Ich sagte in einem heisern Protektorenton: »Fahren Sie noch ein Stück mit, erzählen Sie weiter!«

Er klopfte an die Scheibe. »Halten Sie bei der nächsten Station von der Straßenbahn«, verlangte er vom Chauffeur. »Nichts weiter zu erzählen«, sagte er zu mir ohne Leidenschaft. »Es ist dann ein englischer Jud gekommen. Hat Lärm gemacht. Einer hat stolpern müssen – haben die in den Palästen aus Marmor gesagt: ›Einer muß stolpern? Natürlich der Herr Fiul!‹« Der Wagen hielt. Schon die Hand auf der Klinke, schloß er ab, stimmlos: »Bin ich weg. Nach Berlin.«

Da hatt' ich ihn! Er hatte sich verplappert, er hatte es eingestanden. Ein Jud – und ohne Zwang war er nach Berlin gegangen! Ich hatte es ja gerochen vom ersten Augenblick heute – nein, damals schon bei seinem ersten Besuch: dieser langsame Umsichblicker, dieser Banknotenvergesser – ein Spitzel! Ein Emissär zu weiß Gott was für einem finstern Ende. Und er will mich auf eine Autofahrt locken! – Lächerlich, nicht wahr. Wollen die Nazis mir an die Gurgel – wozu brauchen sie den Fiul. Wozu Autofahrt. Kriminalroman. So sehr wirtschaftet man seine Nerven herunter in dieser Zeit. Ein Zuhälter. Kleiner Lump. Harmlos. Da drückte er sich ja auch schon. Den Wagenschlag hatte er aufgeklinkt. Warum hielt ich ihn, was faszinierte mich? Ich rief: »Bleiben Sie, bleiben Sie!«

Er war im Begriff, aus dem Wagen zu steigen. So, ohne mich anzusehn, hielt er inne. Sagte stimmlos: »Damals, zu Hause, Sie werden sich selbstverständlich nicht mehr erinnern, wie man etwas Bestimmtes gesagt hat auf meine Mutter – hat die Polizei später festgestellt, daß das eine Verleumdung gewesen ist!« Jetzt stand er auf der Straße, am offenen Wagenschlag, und schaute mich an. Und jetzt nahm er die Brille ab. Ich hatte seinen Blick doch schon gesehen, anläßlich seines ersten Besuchs. Metaphern darauf geprägt – Kreaturblick, was weiß ich. Ich sah diesen Blick in dieser Sekunde zum erstenmal wirklich. Ein Grinsen lag dem Mann um den Mund. »Natürlich war die Polizei erst recht beschissen, wie sie diese Ehrenerklärung gegeben hat«, sagte er langsam. »Wovon soll denn eine schöne Frau leben, und hat noch ein Kind dazu.« Nun redete er beinahe stimmlos. »Aber wer sie angezeigt hat – manchmal aus dem Schlaf fahr' ich auf und denk': wer? Einmal möcht' ich den treffen!« Und verstummt und schaut mich an. Nichts da Kreatur, nichts da Klageruf. In dem Blick stand ein so zügelloser Haß, eine so flackernde Grausamkeit, daß –!

Eine Sekunde später hatte er den Schlag zugeworfen und war schon gegangen – Röckchen, Stöckchen und Hundetrott. Sieh da, dacht ich belustigt – der Tod! Er hatte einen Zettel mit seiner Adresse neben mich auf den Sitz gelegt. Ich zerknüllte ihn und warf ihn in einen Winkel. Ich saß da und pfiff mir eins, leise, wie einer, der sehr in Gedanken ist – und nun hat er sich's ausgedacht. Ein Licht ist über sein Hirn gekommen, da ist es jetzt taghell. Was war das für eine Spinnen- und Schlangenfaszination, die für mich von diesem Lumpen ausging? Die Art seines Tuns und seine Art davon zu berichten – wo hatte ich derlei schon gehört? In dem Augenblick da er von jener Zeit sprach, von jener Verschollenheit, in der ein gewisser Modeanwalt Schloßbesitzer gespensterte, mit dem im Zusammenhang er sich allerlei Schwachheiten einzubilden beliebte – in dem Augenblick war der Funke gesprungen. Der Kerl lebte, der Kerl faßte die Welt und die Menschen an, der Kerl sprach davon so wie ich! Bruder? Lassen Sie sich nicht auslachen. Keinen metaphysischen Firlefanz. Er glich mir nicht wie ein Bruder. Sondern wie ein – haben Sie einmal in einer Menagerie einen Gorilla gesehen? So glich er mir. Fast-Bruder, Fast-Mensch, Schritt, Stimme, Tun, Leben – alles grausig angeglichen von unten her. So war das. Einer hat lang nicht in den Spiegel geschaut, vielleicht durch ein ganzes Leben nicht, trotz Glanz und Brillanz und Dialektik und Hirngewalt – und da unversehens hält ihm etwas so einen Spiegel hin, und da ist's eine Fratze.

Ich saß noch immer in dem Automobil. In einer Vorstadtstraße war das – ach ja, entsann ich mich, ich wollte ja doch hinaus in die Fabrik, den Nazi sprechen, so und so, Aurora, jetzt hilf oder deine Wirtschaft fliegt in die Luft. Es war spät. Ich hatte dagesessen und mich verplaudert mit einem Affen, einem Wicht, einem Habenichts. Jetzt war der Mann, den ich sprechen wollte, wohl schon auf dem Weg in die Stadt zurück. Tat nichts – eine Stunde noch, dann konnte ich ihn in seinem Stadtamt besuchen. Was tun, eine müßige Stunde lang? Aber man war ja hier, so fiel es mir plötzlich ein, in der Nähe eines gewissen Erholungsheims! Man war gebeten worden um einen gewissen Besuch! Man hatte dieser Bitte nicht zu willfahren gedacht, nie, niemals. Aber nun man sich einmal zu einer müßigen Stunde hier so sehr in der Nähe fand? Welcher Zufall! Versuch nur, wußte gleichzeitig etwas in einem Winkel eines höllisch himmlischen Apparats, versuch es nur, dich zu überreden, daß das wirklich ein Zufall ist. Daß du nicht zu diesem Zufall hinüberschieltest vom ersten Augenblick, da du dich anbotst, lächerlich liebedienerisch überstürzt, zu dem Mann dort hinauszufahren. Immer wußtest du, daß die Fahrt dort hinaus hier vorübergeht. In den Nerven hat es dir gesessen, seit der Lektüre eines gewissen Briefs! Du läßt das sein, du läßt ab, befahl ich mir, du läßt wenden und fährst zurück in die Aurora und unterschreibst deine Post. Ich klopfte an die Scheibe, verlangte: »Fahren Sie weiter, zweite Straße nach rechts, zum Erholungsheim.« Ich brüllte: »Fahren Sie in das Irrenhaus!«

Denn ich gedachte, mir das Weib einmal anzusehn. Mich schrecken Gespenster nicht. Mich schrecken auch keine Irrenhausdirektoren, die mich zu sprechen wünschen, weiß Gott wozu. Emma hieß sie und war eine Enttäuschung. Ins Narrenhaus hat sie ihr Wehwehchen getragen, die Gans, und hat geschwätzt. Wage es einer, so ein Narrenhauspapst, und komme mir mit dem Geschwätzten. Ich verbitte mir das, so gedachte ich es einem zu sagen, der mir unter die Augen träte, ich verbitte mir alles Persönliche! Ich bin hierher gekommen, eine mir tief fremde Dame mir einmal anzusehn, eine die da in einem Ihrer Vogelkäfige sitzt, und damit basta, erledigt, adieu, ich bin nicht Ihr Patient!

Damit war ich durch einen Mauereinlaß und über einen Gartenkiesweg im Haus. Eine kalkweiße Halle, von der allerlei kalkweiße Korridore liefen, nach allerlei Richtungen. Auskunft, Anmeldung – schräg hinten die Tafel. Keine zwanzig Schritt war es dort hinüber. Nichts war da, etwa auf mich Eindruck zu machen. Nichts Bestürzendes, o nein, wieso denn, woher denn. Keine Finger an Gittertüren gekrallt, kein gellender Schrei, kein von Wärtern an mir vorübergeschleppter Lacher, niemand, nichts, nicht ein Laut. Ich machte meine zwanzig Schritte quer durch das kalkweiße Geviert in einer widerhallenden Stille. Und als ich den Auskunftsschalter erreicht hatte, drehte ich mich auf den Fersen und ging davon. Warum? Grauen? Lächerlich. Ich wollte einfach nicht. Was hatte ich da zu suchen? Ich hatte mir's überlegt. Ich hatte keine Zeit, ich hatte es eilig. Ja, ich gestehe, daß ich es sehr eilig hatte mit einemmal. Mich rief es dort draußen. Den Gauleiter besuchen – das Geld für die Aurora, Herr, oder die Wirtschaft fliegt Ihnen in die Luft. Das Leben verlangte nach mir, ich war in ihm verankert hundertfach. Die Frau, Umkleiden fürs Theater, wir essen nachher bei Sacher, ja, wir beide miteinander allein. Ah, ich gestehe es, so sehr in Eile war ich mit einemmal, daß ich rasch ging, beschäftigten Schritts, wie einer in so großer Lebensverbundenheit nun einmal geht. Vielleicht rannte ich sogar ein wenig auf diesem meinem Weg aus dem kalkweißen Haus, vielleicht war ich auch schon im Zustand des Rennens, als der Herr mich begrüßte.

Das habe ich nämlich noch nicht gesagt: mich begrüßte ein Herr! Im Augenblick, da ich hinaus auf den Vorplatz trat. Ein kleiner, dicklichter Herr mit dem roten Gesicht eines Bonvivants, mit dem jovialen Gehaben eines populären Politikers, mit einem eben merkbaren Anflug bodenständigen Dialekts. Rennt mich beinahe um, zieht mit Schwung seinen schwarzen steifen Hut und sagt: »Meine Verehrung, Herr Präsident!« Und hat auch schon meine Hand ergriffen und schüttelt sie. Ein Bekannter. Ich zerknittere mein Gesicht zu einem Begrüßungslächeln – weiß der Teufel woher ich ihn kenne. Zufällig da vorübergefahren, einmal ansehen, Blick ins Haus – so hör' ich mich sagen. (Wozu?) Und will weiter. Er lacht, als hörte er einen Witz: »Ist ja ganz reizend, daß Herr Präsident auf meine Anregung so prompt –!« Und sieht, ich kenn' ihn nicht, und erklärt: »Ich hab' einmal die Ehre gehabt, bei einem Bankett, vor ein paar Jahren, ah, ich vergess' kein Gesicht. Professor Ritter mein Name. Ich bin der Direktor da von diesem Vergnügungsetablissement. Ist ja entzückend, daß der Herr Schwager meine Bitte um eine Audienz so schnell weitergegeben hat. Aber ich wär' ja doch selbstverständlich zu Herrn Präsidenten ins Büro gekommen. Jederzeit! Mit besonderer Freude!« Und zwinkert schlau und trompetet mit der imitierten Geradheit eines Mannes aus dem Volke: »Nämlich – der neue Trakt dort hinten! Herr Präsident können ihn nicht sehen in der Dunkelheit. Hab' ich mir gedacht: Wozu hat man eine Patientin mit Verbindungen im Haus? Wir brauchen nämlich Kredit!«

Sehen Sie, da stand ich, übergrellt von dem leichenfarbenen Bogenlicht, das über dem Eingang des Vogelhauses hing wie ein irrer Mond – und stand da und lachte. Daß mir die Tränen in die Augen sprangen – so lachte ich. »Kredit«, lachte ich und schlug dem Mann auf die Schulter – »Sie wollen einen Kredit?« Er schaute mich scharf an. »Ich weiß nicht, was daran lustig ist«, sagte er trocken verändert. Ich aber war wohlgelaunt! Er wollte einen Kredit! Das wolle bedacht sein, dagegen sei grundsätzlich nichts einzuwenden – so sagte ich. »Kommen Sie morgen zu mir, Professor«, so sagte ich, »mit Ihren Papierchen und Sicherheiten und Schätzungen – und man nimmt an Ihnen eine klinische Untersuchung vor.« Es war seine trockene Verändertheit, die mich reizte! »Man wird es mit Ihnen treiben«, so lachte ich – »wie Sie es mit Ihren Patienten tun! Wieviel ist zwölfmal vierhundertacht! Wenn übermorgen Donnerstag ist, und das Schiff ist zweihundert Meter lang, und zwölf Grad Morgentemperatur – wie alt ist der Kapitän! Auf Ihre finanziellen Reflexe wird man Ihnen mit dem Hämmerchen klopfen, Professor. Festzustellen wäre vor allem das sublime Imponderabile der Irrsinnsgeneigtheit Ihrer möglichen Clientèle!« Ja, ich stand da in dem leichenfarbenen Licht und lachte immer noch. Denn mich reizte es, seine Bonvivantverlogenheit welken zu sehen wie eine Blume, die man auf den Ofen stellt, mich reizte der professionelle Funken im Blick dieses Narrenpapsts! Wieviel Sätze kostete es mich, ihn wieder zu bannen? Drei Sätze, vier? Mich trieb die Freude am Feuerwerk. Von jener scherzhaft erwähnten Irrsinnsbereitschaft, von der lustvoll geheimen Zerstörung des Hirns, war ich, gelockt durch das Wortspiel, hinübergewechselt zum Hirn als der großen Zerstörgewalt, zu den vier, fünf, sechs Pfund göttlichen Dynamits, die unsereiner mit sich spazieren trägt. Das Göttliche in der irdischen Schale! Ich hatte von da aus die Wahl des Wegs ins Christliche oder in die platonische Philosophie. Indes ich kaum mir selbst zuhörend eine dialektische Volte schlug, stand ich vor diesen zwei Wegen, wie ein Mann des Morgens vor seinen Krawatten steht. Ich blickte dem Herrn da in sein Bonvivantgesicht und wählte den Weg ins Hellenische. Wo hielt ich, beim achten, beim neunten Satz? Da sagte ich schon etwas von Irrlichtern Flimmerndes übers Dämonische! Du bist hingestellt in ein

Zwischenreich. Blickst du aufwärts – so improvisierte ich, das Gesicht übergrellt vom leichenfarbenen Bogenlicht auf dem Kiesweg vor einem Irrenhaus –, blickst du aufwärts, so ist da die große Kühle, vor ihr zu bestehen bist du zu kreatürlich, dir graut vor dem Abstand, der dich von den hellen Bezirken trennt. Aber blickst du hinunter, so spiegelst du dich in den Augen des Abgrunds, und dir graut vor deiner Höh', daß du nicht stürzest. »Hier aber«, so rief ich, »wäre etwas anzumerken über die Einsamkeit!« Ah, jener professionelle Funke glomm nur mehr kümmerlich. Was da Angst, was da Ängste. Es war eine Lust! »Professor«, so rief ich – »ich schenke Ihnen ein Thema für Ihr nächstes Kolleg. Das Problem der Gorillas! Spiegelst du dich in den Augen des Abgrunds – du siehst eine Fratze. Ich sage Ihnen, nie fühlt einer solchen Haß und Blutdurst in sich, wie wenn er vor seinem Gorilla steht. Den Spiegel zerschmeiß! Wobei es sein kann – das Tier haßt dich so sehr wie du das Tier. Hier haben Sie Raum, Professor, für einige Spekulation. Über den jüdischen Judenhaß! Auch über das große Judenhassen des Deutschen! Wir wollen es nicht so laut sagen – aber es richtet sich gegen einen, der größenwahnsinnig ist so wie er, Ausgewähltes Volk so wie er, mit einem geheimen Verdacht gegen die eigene Gottähnlichkeit so wie er. Und dazu der mächtigste Konkurrent in der Unbeliebtheit unter allen Völkern der Erde. Den Spiegel zerschmeiß!«

Ah, kleiner Mann. Wer wollte behaupten, es habe je einen gewissen Funken gegeben in den Augen des kleinen Mannes? Er sagte: »Brillant!« Ich beugte mich zu ihm hinab, und indes ich ihm schon die Hand reichte zum Abschied, fragte ich leichthin: »Ist sie eigentlich heilbar, die junge Dame aus meiner Verwandtschaft?« Seltsam – ich lachte, als wäre das ein Witz. Er stimmte in dieses Lachen ein. »Hoffen wir, hoffen wir«, lachte er – »Gott tut mitunter Zeichen und Wunder.« Ich scherzte: »Es ist sein Geschäft!« Und fuhr fort und machte ein Aug' klein: »Sie sind ein Verführer, Professor. Sie könnten einen Bankdirektor betören, seinen Polstersessel zu tauschen gegen eine Polsterzelle in Ihrem Vogelhaus. Was ist die Isolation Ihrer Zellen gegen die Isolation des Mannes auf dem großen Gipfel der großen Macht? O Lebens Mittag – Sie kennen den Nietzsche-Vers?« Ich stellte mich hin, als wäre ich ein Mime, ich deklamierte: »O Lebens Mittag, feierliche Zeit, o Sommergarten. Sehnsüchtig Glück im Gehn und Stehn und Warten. Der Freunde harr ich, allezeit bereit. Wo bleibt ihr, Freunde? Kommt, 's ist Zeit, 's ist Zeit!« Er schüttelte mir die Rechte. »Brillant«, wiederholte er. Ich aber beharrte, lachenden Mundes: »Der Freunde harr ich –! Da können Sie harren, Herr. Einen Ihrer Vogelkäfige zu beziehen, Professor – es wäre geradezu eine Verlockung.« Ich zitterte ein wenig, mich hatte ein kleiner Frost gefaßt. Wir lachten beide und schüttelten einander die Hände nun seit einer Minute schon. Er werde sich also gestatten, mich zu besuchen. Und brachte seinen Mund meinem Ohre nah und flüsterte, als ging's um einen schweinischen Witz: Er habe ein wenig Geld frei, er dilettiere ein wenig für sich privat an der Börse, und was er nun also nach meiner Meinung –? Ich hatte mich von ihm losgemacht, ich stand da schon bei meinem Wagen, ich lachte. »Kaufen Sie Aurora-Aktien!« rief ich zu ihm zurück. Ich lachte noch, als schon der Wagen fuhr.

Zum Gauleiter! Kein Zweifel, jetzt war er schon in seinem Amt in der Stadt. Er hatte draußen vergebens auf mich gewartet. Es war vielleicht nicht gut, ihn warten zu lassen. Amt des Gauleiters, rief ich nach vorn zum Chauffeur. Und dann blickte ich auf die Uhr. Zu spät für heut. Die Premiere! Ich rief: »Sie, halt, nein – fahren Sie ins Theater!« Der Wagen bog scharf ab. Und indes er so abbog – fiel mein Blick auf den Zettel Papier, der da zerknüllt auf dem Boden des Wagens lag. Adresse des Herrn Fiul! Ich hatte geglaubt, ich hätte sie aus dem Fenster geworfen. Ich trat auf dieses Zerknüllte, wie einer ein widerliches Insekt zertritt. Aber da lag es. Ich hob es auf, strich es glatt. Gasse in der jüdischen Vorstadt, dritter Hof, vierte Treppe. Ich nickte; so hatte ich es mir vorgestellt. In kleine Stücke zerrissen und aus dem Fenster. Vergessen! Frau wartet im Theater, o Lebens Mittag, der Narrenpapst, Gauleiter morgen, da können Sie harren, Herr.

An der Logentür machte ich kehrt. Eine Taxe. Dritter Hof, vierte Treppe. Ohne zu klopfen, stieß ich die Tür auf. Eisenbett, Nachttisch, Tisch, Sessel. Ich hätte nicht sagen können warum, doch erfüllte mich die Trostlosigkeit dieses möblierten Zimmers mit einer wilden Befriedigung. Der Gorilla saß an dem Tisch. Petroleumlampe, ein halber Brotlaib, Wurst auf einem fetten Papier.

»Ich bin beim Abendessen«, sagte er ohne Gruß und blieb sitzen. Keinen Hemdkragen hatte er an, die Brille hatte er vor den Augen.

Ich sagte: »Ihre Auftraggeber sollen sich hüten. So einen wie mich macht man sich zum Bundesgenossen und stößt ihn nicht vor den Kopf!« Ich stand zumitten des Zimmers, in Mantel und Hut. »Man soll sich hüten«, wiederholte ich heftig. Dann nahm ich den Hut ab. Ich wischte mir einen jähen Schweiß von der Stirn und blickte um mich. Das Bett. Das gelbe Mäntelchen lag darauf, das schob ich beiseite und setzte mich. »Sie sind von Südamerika nach Berlin gegangen«, sagte ich leise und heiser, »zu den Nazis. Mir machen Sie nichts vor, Mensch. Sie sind ein Spitzel.«

Der Mann hatte Brot und Wurst in den Mund geschoben und kaute. Er wischte sich umständlich die dünnen Lippen mit einem Taschentuch. »Ja«, sagte er endlich. Er hatte das Messer in der schlaffen Hand, sich einen neuen Bissen zurechtzuschneiden. Er verzichtete mit einem blassen Bedauern. »Wie soll ein Mensch verdienen heutzutag«, sagte er. »Das sicherste Geschäft – man arbeitet für die Gestapo.« Er stand auf und trat nahe an mich heran. Sein Gang war verändert. »Es ist ein glattes Geschäft«, sagte er. Ich sah hinter seinen farbigen Brillen die Augen nicht. Er sagte, verwandelt, dumpf drängend: »Geben Sie mir etwas aus Ihren Mappen, etwas Pikantes. Wir haben eine alte Rechnung, aber Schwamm darüber. Nur geben Sie mir etwas, ein Schriftstück, was Sie wollen, um Gottes willen, nur daß ich sagen kann: ich hab' da ein Resultat!« Er rang mit sich und sagte nebenhin: »Ich brauch' nämlich ein Resultat. Sie haben jemand gehalten, als Garantie für mich.«

Und da fing ich den Blick. Er schaute nach jenem wackligen Nachttisch. Dort stand eine gerahmte Fotografie. Ein junger Mann, ein jämmerlicher Jüngling mit dürftigem Brustkorb. Ich sagte lachend: »Sie haben einen Sohn! Man hat Ihnen den Sohn geschnappt und hält ihn als Geisel?«

Er stand da ungelenk, sagte leise: »Sie haben ihn geschlagen in der Kaserne.« Er blickte das Bild an und setzte sich an den Tisch zurück. »Er ist etwas schwach auf der Brust«, erklärte er schon von dorther, ohne Leidenschaft in der Stimme. Und schloß ab: »Helfen Sie. Er ist doch Ihr Verwandter!«

Ich sagte: »Ich verbitte mir das. Damit kommen Sie bei mir an die falsche Adresse.« Ich erregte mich. »Der Herr Doktor Schlessing war nicht mein Vater! Er ist im Irrenhaus verkommen, das wissen Sie. Denken Sie nach – der große schlanke blonde Kavallerieoffizier, der im Schloß bei uns einquartiert gewesen ist jedes Jahr. Daran müssen Sie sich erinnern. Der Anwalt Schlessing im Irrenhaus, die Mutter war einsam, eine geborene Gräfin Erdödy, ungarische Aristokratie – und da war eben der Offizier!«

Er blickte mich lang an. »Ich verstehe«, sagte er endlich. »Ein Geschäft. Ist mir recht. Geben Sie mir etwas aus Ihrer Mappe. Dokumente, ein Dokument. Dafür bestätige ich es, wie Sie es wollen – und Sie sind ein Arier.«

Ah, ein linker Schächer, nicht wahr. Glaubte, ich zitterte um das Stühlchen, auf dem ich saß. Ein Arier. Glaubte, meine Angst sei die Allerweltsangst des Tages. Was wußte der linke Schächer von Ängsten? Was wußte er von der großen Angst? Ein Arier. Man hätte nicht herkommen dürfen. Die Schwedin hätte man anrufen sollen, sie wartet seit einer Woche. Der Straßenhure an der Ecke da unten hätte man folgen sollen in eine Kammer mit einem Ofen und einem Bett. Da steht man im brausenden Orkan der Jahrtausende, ein von Morgen zu Mitternacht furchtbarer sich entblätternder Baum, und der da lallt etwas von einem Arier! Ich erhob mich, ich sagte: »Ich gehe.«

Es zuckte um seinen Mund. Er war blaß vor Wut und Verzweiflung. »Ich rat' Ihnen, daß Sie nicht so weggehn«, flüsterte er außer sich. Kaum mehr sich zügelnd – so sagte er: »Ich hab' nachgedacht. Ich erinner mich jetzt wirklich an den Offizier, der es mit Ihrer Mutter gemacht hat.«

Ich sagte: »Ich pfeif' auf Ihre Bestätigung. Sie sind mir auf den Leim gegangen, Sie Dummkopf. Haben Sie den Auftrag, mich auszuholen, was ich in meinen Mappen hab'? Alles! Da haben Sie die Auskunft, geben Sie sie weiter an Ihre Auftraggeber: ich habe alles! Schwule Briefe, pornographische Filme, die Fotokopie von einem zerstörten Gerichtsakt aus Breslau – was weiß ich, was sonst noch? Schweinische Dilettantengedichte von Ihrem Propaganda-Schimpansen! Oder wollten Sie das Protokoll einer Ehrengerichtsuntersuchung über ein betrügerisch angemaßtes Eisernes Kreuz? Die Ehrenrichter sind gekillt und begraben, aber ich habe das Protokoll!« Ich rief: »Alles in Sicherheit, alles im Ausland, und sowie mich einer berührt –!« Ich stand dem Mann gegenüber, ah, ich war ins Schrein gekommen, da stand ich schreiend und zitterte. Er schwieg. Er antwortete nicht. »Wozu hat man Sie zu mir geschickt?« fragte ich heiser. »Mich um die Ecke zu bringen – wie? Mich killen – was?«

Er antwortete nicht! Stand da, der linke Schächer, der Bravo dritten Ranges, der sentimentale Vater, der Bettler um Dokumente – und antwortete auf meine Frage nicht! Ich lachte hell auf, als lachte ich über einen Witz. Mattgesetzt hatte ich ihn, erniedrigt, reduziert zu einem Gelächter! Ich setzte den Hut auf den Kopf und klopfte ihm protektorisch die Schulter. (Herrgott, dacht' ich dabei leicht angewidert, als berührte ich ein Reptil – der Kerl ist zu mager!) »Auf morgen«, sagte ich. »Melden Sie sich in meinem Sekretariat, man wird Ihnen helfen.« Ich stand in der Türe. »Auch Ihrem Sohn!« rief ich aus und winkte mit den Handschuhen einen Gruß nach dem verwaschenen Bildnis hin. Ich pfiff mir eins, indes ich die Treppe hinunterstieg.

Drunten – Telefonautomat! Die Finger flatterten mir, kaum brachte ich die Münze an ihren Platz. Polizei, Polizei! Ein Polizeimajor hatte in meinem Vorzimmer gesessen am Tag zuvor, er hatte genommen. Den verlangte ich an das

Telefon. Nicht im Haus, nicht zu sprechen. Hier Schlessing! Die Hauszentrale dort drüben arbeitete liederlich, ich hörte wie der Gesuchte dem Telefonisten den Auftrag gab: »Sagen Sie dem Herrn Schlessing, ich bin nicht –!« Abgeschnappt. Die Finger flatterten mir. Polizei! Ich wünsche den Polizeipräsidenten! Hier Präsident Schlessing von der Meissner Metall, hier Generaldirektor Schlessing von der Aurora-Versicherung, man will mich ermorden! Es war etwas nicht in Ordnung mit der Hauszentrale dort drüben. Die Stimme des Ober-Gotts (er hatte genommen!) schrie am andern Ende des Drahtes dem Telefonisten zu: »Sagen Sie dem Saujuden, wenn er es wagt, mich hier persönlich –!« Abgeschnappt. Was war da los, wieso denn, warum denn, Achtung, da wurde gegen mich etwas gezettelt! Ich stand in der Telefonzelle, es war eine Frostnacht, mir trat ein jäher Schweiß auf die Stirn. Ich nahm den steifen Hut ab und legte ihn mit großer Sorgfalt auf das Brettchen neben dem Apparat. Es war eine gläserne Zelle, in der ich stand. Ich fühlte mich plötzlich allzu sichtbar, ich drehte das Licht ab. Nun erst drang das Bild der Straße zu mir herein. Jüdische Vorstadtstraße. Die Straße war sehr leer. In diesem Augenblick setzte irgendwo, drei, vier Häuser weiter unten ein Lautsprecher ein. Es war zu weitab, ich konnte nichts verstehen, ich hörte nur eine Stimme, die sich heiser schrie, in die Leere der Straße hinein, dämonisch, an einem Wortbrei. Es war nichts Besonderes, man hatte sich in den letzten Monaten an derlei Stimmen gewöhnt. Ich griff in die Tasche. Meine Finger waren sehr ruhig mit einemmal. Ich fand noch zwei Münzen. Amt des Gauleiters. Ich will den Gauleiter sprechen. Präsident Schlessing. Augenblick. Ich wartete lang. Es kam keiner zurück an den Apparat. Ingrimmig hängte ich ab. Seine Wohnung anrufen. Und indes ich mich schon anschickte, die Scheibe zu drehen, mit meiner letzten Münze, zum letztenmal – setzte es draußen ein. Die Straße war leergefegt. Dann quoll's um die Ecke. Ich kannte diese Gestalten wohl, ich kannte die Gesichter, oh, es war nichts Besonderes. Sie waren von einer trüben und sturen Entfachtheit, Fettnacken, Schädel mit niedrigen Stirnen und ohne Hinterkopf. Heil Hitler! Kleinbürger. Jugendliche. Kleinbürger wiederum. So trieben sie es in diesen Vierteln tagaus tagein, kein Pogrom, kein Exzeß, sie demonstrierten nur die Gesinnung, sie trugen sich nur spazieren. Sie hatten leere Rucksäcke über den Schultern. Auslagefenster splitterten. Es war nichts Besonderes. Die Lichter waren gelöscht in den Häusern, der Marsch der Marschierer hatte eine tödliche Stille zum Hintergrund. So quoll das rechts und links an meinem Telefongefängnis vorüber. Ich wandte meine letzte Münze nicht an die Jagd nach dem Nazigott. Ich rief meine Wohnung an. Eine Flüsterstimme. Meine Frau war am Telefon. »Gott sei Dank«, hauchte sie in die Muschel. »Die Leute sind nebenan. Dich verhaften. Haussuchung. Sie haben die Laden aufgebrochen, die Vitrinen zerschlagen, sie packen ein, was ihnen gefällt, einer –«

»Halt«, unterbrach ich, »ich bin seit Stunden unterwegs, ich bin nicht informiert!«

»Die Nazis«, sagte die rasende Flüsterstimme der Frau. »Sie suchen dich wegen der Aurora, sagen sie, dort fehlen hundertzwanzig Millionen, sagen sie, diese Lügner, was kannst du für ihre Millionen!«

Ah, dieses rasende Flüstern. Es ging gar nicht um das Gesprochene in diesem Gespräch. Es ging ums Geschwiegene. Denn da endlich riß eine trübe Haut, die trotz allem noch immer gespannt gewesen war zwischen mir und der Wirklichkeit! In der gläsernen Zelle stand ich, ein sehr wohlgekleideter Herr, Telefon in der Hand, die flüsternde Verzweiflung einer gewissen Hinkenden, die mir schon immer eine Bürde gewesen war, am andern Ende des Drahtes. Mich retten, raste es mir durch das Hirn, wieder einmal in diesem Leben die große Volte schlagen, hingehen zu den Kerlen auf ihr oberstes Amt und ihnen auf die Schulter klopfen und sagen: »Kinder, da bin ich! Und jetzt wagt es und rührt mich an, der ich der Dirigent des Großen Gespensterorchesters bin!« Ah, der Augenblick war versäumt. Die entscheidenden zwei Stunden verzettelt an einen Wicht, einen Habenichts. Wissen Sie wie das ist, wenn man einen Skorpion mit den glühenden Kohlen umstellt hat, und er kann nicht entrinnen? Eine funkelnde Wut war in mir. Es war nicht länger zu ertragen! »Sie suchen dich«, flüsterte das Weib – »diese Lügner!« Sehen Sie – ich hatte es einfach zu lang in mir gestaut! »Du Irre«, so hauchte ich in die Muschel des Telefons, »du gottverdammte Närrin, sie sind keine Lügner, sie reden die Wahrheit, du mit Blindheit Geschlagene. Die hundertzwanzig Aurora-Millionen hab' ich gestohlen, ich habe sie in die Luft verpufft!« »Wie«, sagt die Stimme am andern Ende, rasend in einer Flüsterverzweiflung – »was sagst du, ich versteh' dich nicht, um Gottes willen, ich kann dich nicht hören!« »Du hinkender Krüppel«, schrie ich in die Muschel des Telefons, denn so schleppte es mich mit sich fort – »du bist mir ein Leben lang eine Bürde gewesen! Ich hab' sehr viel mehr gestohlen als diese hundertzwanzig Millionen, sehr viel mehr hab' ich getan, immer haben sie recht gehabt, ein Gelächter bist du mir gewesen all diese Jahre!« »Was«, sagte sie, »wie, jetzt sprichst du zu laut, um Gottes willen, ich soll dir etwas schicken, wohin denn, ich kann dich ja nicht verstehn!« »Dich selber schick!« brüllte ich – »schick dich zum Teufel! Nicht verstehen kannst du mich«, brüllte ich – »du hast mich niemals verstanden! Das kann ja kein Mensch ertragen, ich war ganz einfach in zu vieles verstrickt, tausend Fäden, tausend Strickchen, zehntausend Stricke – das muß einmal bersten. Ich hab' dich betrogen, hörst du mich? Mit allen Weibern dieser Erde hab' ich geschlafen vom ersten Tag an, hundertmal, tausendmal. Die Frau mit dem Kind, die mich auf dem Bahnhof ansprach voriges Jahr – das Kind war von mir. Die Dame in Cannes letzten Winter war meine Geliebte. Deine vier Freundinnen – eine jede hab' ich gehabt. Deinen Vater hab' ich um die Ecke gebracht – wegen des Gelds! Ah, einmal«, so schleppte es mich, daß ich es schreien mußte ins Telefon – »einmal endlich sprech' ich es aus! Du, hörst du mich? Deine Schwester hab' ich vergewaltigt in deinem Bett!« »Was«, flüsterte es aus der Muschel, die ich in fliegenden Fingern hielt – »was sagst du? Es muß ein großer Lärm dort sein, wo du telefonierst, ich versteh' dich nicht, o mein Gott, wenn du nur –« Da hörte ich dort drüben ein Poltern. Dort war einer in das Zimmer gekommen. Die Frau wurde vom Telefon weggezerrt. Ich konnte sie mit jemand sprechen hören – wesenlos gewordene Stimme, gespenstisch davongerückt. »Nein«, sagte sie im Verdünnten, Gespenstischen – »nein, nicht er, nein!« Ein Polternder nahm das Telefon auf dort drüben, eine Trinker- und Amtspersonenstimme sagte: »Halloh! Sie – Schlessing! Versuchen Sie sich nicht zu verbergen, man weiß wo Sie sind, die Stelle von der Sie sprechen wird in einer Minute ermittelt sein, ich befehle Ihnen, augenblicklich nach Hause zu kommen!« Ich gab keinen Laut. »Sie – Schlessing«, setzte der Mann an. »Nein«, schrie die Frau aus dem Wesenlosen – »nein, komm nicht!« Ich konnte hören, wie sie weggeschleppt ward und etwas rief dabei. Ein Knakken war in der Muschel. »Halloh«, sagte ich. Abgeschnappt. Ich sagte: »Halloh.« Ich flüsterte: »Halloh.« – »Halloh«, hauchte ich. Ich stand so noch eine Minute bewegungslos. Dann hängte ich das Sprechrohr hin und setzte mir den steifen Hut auf den Kopf.

Ich stand noch immer in jener Zelle – Insel im trüben Strom der Marschierenden, der mir rechts und links an den gläsernen Wänden vorüberstrich. Um die Ecken, fern, nah, in den lichtlosen Häusern gellten schon Stimmen. Ah, es war nichts Besonderes. Wieder und immer wieder preßte sich ein stur entfachtes Gesicht an diesen Scheiben platt und starrte herein. Es war weit an den Bahnhof. Vorsicht, ich ging zu Fuß. Ich war jahrzehntelang nicht so weit zu Fuß gegangen. In den Abendzeitungen stand es zu lesen: der Engländer hatte sich doch noch einmal ins Bockshorn jagen lassen von dem großen Geschrei. Nein, es taute nicht. Der Brei blieb gefroren. Es war ein gewonnener Schwindel, es war eine verlorene Generation. Durch alle Straßen drängte ein Menschenstrom. In ihm sich zu bewegen war ohne Gefahr. Auch war es kein großer Umweg: ich ging an meinem Haus vorüber. Es mochte gebrannt haben oder es brannte dort drinnen immer noch. Vor dem Tor standen Feuerwehrautomobile. Durch das Tor war ein Gedräng – Retter, Plünderer. Licht war dort drinnen keines mehr. Die Scheiben lagen geborsten. Auch die meines Zimmers. Auch die des Schlafzimmers meiner Frau. Es kam über mich – ich hätte gerne etwas geschmissen. Ich fand keinen Stein. Ich faßte in die Tasche. Da fand ich meinen Schlüsselbund. Dutzende Schlüssel und Schlüsselchen zu Dutzenden Schlössern. Den Schlüsselbund wog ich in meiner Hand. Ich zielte mit Sorgfalt. Ich hörte wie es klirrte, als er dort in die Leere eines verwüsteten Zimmers schlug.

An die Grenze zu kommen kostete mich das Geld, das ich in der Tasche trug, und vier Tage Umweg. Im Grenzbahnhof hing mein Steckbrief. Ich lachte, ich stieg in den Zug. Drei Minuten später war ich draußen. Echappiert!

Können Sie sich übrigens vorstellen, wie das ist: eine Frau wird vom Telefon weggezerrt, man hört ihre Stimme noch, nahe, und dann verdünnt durch die Entfernung vom Apparat, und jetzt schon so sehr wesenlos geworden, so sehr entwirklicht zu einem Luftgespenst –! »Robert«, hat sie geschrien. Das ist nämlich mein Name. »Robert!« Und dann nur mehr, kaum noch hörbar, ein luftdünner Geisterhauch: »Robert –!«

Echappiert – ja? Probieren Sie – echappieren Sie. In diesem Leben echappiert es sich nicht so hopp hopp. Mailand – mein Steckbrief. Ah, nichts Politisches. Sie hatten die Aurora auffliegen lassen und suchten mich im Ausland wegen Betrugs. Ich lachte darüber. In Neapel lachte ich immer noch. Viermal war ich der italienischen Polizei mit heiler Haut entschlüpft. Den Herrn Schlessing, den fängt man nicht. Port Said, so sagte ich mir, und von dort mit der Bahn, Palästina–Damaskus. Den Arabern zeigen, wie man zu Waffen kommt. Geschäft ist Geschäft! Am Hafen, am Umsteigebahnhof hatte die englische Polizei meinen Steckbrief, eine Haaresbreite und ich war arretiert. Ausgeliefert nach Wien! Das Herz schlug mir wild in Triumph, als ich glücklich durch die letzte Sperre war und in den Zug steigen durfte, der in die arabische Freiheit hinüberfuhr. Es war eine Hölle gewesen – jetzt im Nachhinein durfte ich es mir eingestehn.

Der Zug fuhr an. Es war ein überfüllter Wagen, ich stand auf dem Gang, dort standen noch andere, ich drängte mich mit dem Koffer durch. Einer hatte das Fenster niedergelassen und schaute hinaus. Ich kam an ihm vorüber, er blickte nicht her, ich sah ihn nur von der Seite, diesen gemächlich die Reiseluft genießenden Passagier. Es war Fiul.

Palästinazug! Man könnte darüber schwermütig werden, wenn man dazu die Gabe hätte. Eine Hammelherde Menschen, in ein paar Waggons zusammengepreßt, und das Ziel – Palästina! Ein Luftgebilde, eine Chimäre, Mißgeburt eines dilettantischen Idealistenhirns, irreal, irrealisierbar, eine lächerliche und heldenhafte Sekundenetappe auf einem jahrtausendalten Verzweiflungsweg, ein heroischer Furz! Klammert sich da im Taifun der Zeit, im heulenden Orkan der brausenden Jahrtausende ein großartig und furchtbar und wurzellos in einem Gott-Rausch, Geist-Rausch, Hirn-Rausch hingerissenes Volk an eine darrende Klippe Lands! Episode. Ist schon wieder beinahe vorüber. Die Araber fressen's, die Pleite frißt's. Was für ein Reiseziel für was für eine Fracht Menschen! Wer reist da – woher – wohin? Aus welcher Enttäuschung – über welche Hoffnung – in welche Enttäuschung? Aber ich betrüge Sie noch um die Fortsetzung meiner Geschichte. Lassen Sie nicht zu, daß ich kneife, lassen Sie sich nicht prellen.

Überfüllter Waggon – am Fenster der Herr Fiul! Blaue Brille, Röckchen und Stöckchen, Gespenst eines Dandy, transplantiert auf den afrikanischen Kontinent. Ich rechnete blitzschnell. Sie haben einen Steckbrief hinter mir hergeschossen, die ausländischen Polizeistationen hinter mir hergehetzt – wozu schicken sie mir noch den Spitzel nach? Denn ob auf spezielle Order oder auf eigene Faust – da war der Herr Fiul, was also wollte der Herr Fiul? Die Dossiers? Jene Dokumente, von denen ich ihm etwas vorgeflunkert hatte auf seiner Bude in jener letzten Nacht? Sie hatten meine Laden durchstöbert in der Aurora in Wien – und nun dachten sie, ich trüge das Fehlende mit mir in der Tasche!

Ich überlegte. Zur Polizei gehen, sagen: Meine Herren, der dort ist ein Spitzel! Gelacht. Dem Fiul die Hand auf die Schulter legen und sagen: Haha, du linker Schächer, das mit den Dokumenten war ein Bluff, die gibt es gar nicht, du Gorilla, ich hab' sie nicht, verschwind, kehr um, fahr nach Haus zurück? Gelacht, er glaubt es nicht. Aber er mußte umkehren! Was da Dokumente, was da Verhaftung, wen schreckten die lächerlichen Zeremonielle der Justiz. Paragraphen! So viele Schlösser – so viele Türen. Aber der linke Schächer durfte nicht hinter mir reisen, mir nachgesandt aus einer glücklich in Trümmern liegenden Existenz! Aurora. Wechsel. Fabriken. Freitag die Löhne. Wieder Wechsel. Wieder Fabriken. Wieder die Löhne. Das Nähen des großen Risses. Das Stopfen des schwarzen Schlunds. Das Rennen und Rennen über die brechende Angsttraumtreppe siebenmal jede bleierne Nacht entlang. Ich war frei – gut, vogelfrei, gejagt von der Polizei, aber ich hatte wieder zu atmen begonnen, ich hatte wieder Blut in den Adern, ein Tier im Wald, halli und halloh. Der große Dschungelruf hatte noch einmal mein Ohr erreicht. Von dem dort hinten in Trümmern Liegenden hatte ich mich befreit! Auch von einer Hinkenden, einer Blinden und Närrin, wandelndem schlechtem Gewissen, Symbol der Großen Verstricktheit, die man hinter sich hergeschleppt hatte jahrzehntelang. Nie mehr, sagte ich zu mir – nie mehr. Da aber trottete hinter einem der Sendling dieses Zertrümmerten!

Ich setzte mich mit meinem Koffer in eins der vollen Abteile. Er beobachtete jeden Schritt, den ich machte. Läppischerweise tat er noch immer, als genösse er den Anblick der Landschaft. Er sprach mich nicht an. Was sich zwischen uns vollzog, jetzt, später – vollzog sich wortlos.

Ich blickte auf die Uhr. Zur nächsten Station war es noch beinah eine Stunde. Bis dorthin mußte alles erledigt sein. Ich überlegte es blitzblank. Hatte ich ihn mit dem Luftgebild von Dokumenten auf meiner Spur da heruntergelockt, den Gorilla – ich mußte es weiter treiben mit diesem Luftgebild. Ich erhob mich und ging den Zug ab. Vier Waggons, voll von Menschen. Schlafwagen. Speisewagen, von Menschen voll. Der Amerikaner, der Boxer, saß dort mit seiner Frau, auch der englische Ingenieur, die kannte ich vom Schiff. Und von diesem Speisewagen weiter nach vorne, erreichbar durch einen Zwischengang, dessen Türe weit offenstand – dort lief als nächster hinter der Lokomotive der Waggon mit dem Passagiergepäck. Ein paar eilige Kisten, ein paar große Koffer – sonst nichts. Kein Schaffner, kein Mensch. Man kennt diese Wagen. In ihren Seitenwänden rechts und links ist eine breite Verladetür – nein, keine Tür, eine klaffende Öffnung mit einer einfachen Eisenbarre davor. Ich überlegte in einer großen Kühle. Ich werde jetzt noch einmal nach hinten gehen, an den Gorilla streifen, der dort wohl noch immer am Fenster steht, und flüstern: Ich kapituliere, ich verhandle mit Ihnen, ich gebe Ihnen zwei Dokumente, um Gottes willen, kommen Sie in zehn Minuten nach vorne in den Gepäckwaggon!

Ich stand immer noch in eben diesem Gepäckwaggon, als ich so weit war. Viel Zeit war inzwischen vergangen, es war ein wenig eilig geworden. Jetzt zurück ins Abteil und zu dem Gorilla geflüstert! Das Zigarrenrauchen hätte man lassen sollen, man hatte es mit dem Nikotin im Puls.

Ich will ins Abteil zurück, ich hab' den Gepäckwaggon noch nicht verlassen – im Zwischengang, durch das Klipp-Klapp der Reise: lehre mich einer ihn wieder erkennen, den Hundetrott! Der Fiul war hinter mir. Es hatte nicht erst der Worte bedurft, ihn hinter mir herzulocken. Daß ich allein mich in Bewegung gesetzt hatte, war dem Gorilla Köder genug! Sehen Sie, daß er es wagte, daß er es war, der mich suchte, so vor der Zeit, so gradaus hinter dem noch nicht richtig gelegten Köder her, so ohne Angst, und war doch nur der Gorilla, und hatte doch Angst zu haben – ah, glauben Sie nicht, daß ich mich fürchtete. Ich hatte es ja doch ausgeheckt. Nur die Plötzlichkeit, nicht wahr, das muß einen doch verwirren. Drei, vier Koffer standen da, hohe amerikanische. Hinter die sprang ich. Es war ein Spalt zwischen ihnen und der Wand des Waggons, breit genug dort zu stehen, Arme gepreßt an den Körper, Atem angehalten, aufrecht bewegungslos. In dem Augenblick kam er herein. Stand da, Röckchen, Stöckchen, blaue Brille. Blickte um sich. Er suchte mich! Sehen Sie: daß er mich suchte –! Er sah mich nicht. Schnüffelte das Gepäck entlang. Sah nichts. War daran – ja, Herr, verstehen Sie's, wenn Sie können, ich hatt' es doch ausgeheckt, und nun war eine wilde Freude in mir, eine ganze Blutwelle wilder Erleichterung, da ich sah: er wendet sich nach dem Ausgang, er geht, es muß nicht sein, es ist dir gespart! Ich hatte doch allerlei ausgefressen in diesem Leben, ich hatte in den Tod geschickt –, Meissner Metall, nicht wahr, meine Waffen, und die Aurora-Verzweifelten, die Zugrundegerichteten an der Börse, ja, und die ein, zwei, drei Weiber da dort doch auch dazu. Kaltblütig, mit einem Federstrich, und addierte man's, so waren es Tausende! Aber nicht das, Herrgott. Er wandte sich nach dem Ausgang und ich – ja, ich liebte ihn dafür daß er mir entwischte! Sieg des Lichts, Hallelujah, er ist gerettet – du bist gerettet! Denn der Mensch, denn der Mensch! Ausgeheckt hat er es, hoppla, blitzblank, aber wie es dann wirklich wird –! Denn der Mensch ist viel besser als seine eigene Meinung von sich selbst!

O ja. Gelacht. Daß es einem erspart bleibt – vielleicht in den Traktätchen der Pfaffen. Da kennen Sie ihn schlecht, den Gott des Alten Testaments. Ein reeller Geschäftsmann, hie Geld hie Ware, Kredit wird nicht gegeben. Fiul war schon fast in dem Zwischengang, der nach hinten führte, Speisewagen, zu Menschen, ins Menschliche. Schon in diesem Zwischengang – wendet er sich. Kommt zurück. Stand da zwischen Koffern in dem verlassen ratternden Waggon und dachte. Ich sah ihn in dieser Sekunde durch einen Spalt zwischen Koffer und Kistenstapel schräg von der Seite her. Seine Augen hockten hinter der Brille, doch sah ich sie genau. Er dachte gar nicht an die Dokumente in dieser Sekunde, nicht an mich, sondern – ja: woran dachte er? Da war die breite offne Verladetür mit der Eisenbarre davor. Das Bild des Landes zog an diesem breiten Fenster vorüber, ein dürftiges Brachland, spärlich bestanden mit verdorrendem Baumgestrüpp, eine zu jämmerlichster Menschensiedlung verdorbene Wüste, Sanddüne, hinter der ganz dort hinten noch der große Schiffahrtskanal zu ahnen war, ekler gelbschwarzer Rauch aus der Krone eines wandernden Dampferschlots, und hinter seinen Schwaden das kranke Fieberrot eines in den Dünsten verreckenden Tageslaufs. Welcher langhingezogene Klageruf einer Landschaft – betrachtet von welchem Klageruf eines Blicks! Eben da trat der Mann zwei, drei Schritte seitwärts, um besser sehen zu können vielleicht, in einer sonderbaren Selbstvergessenheit. Die Wahlverwandtschaft dieses von Knechtgeschlechtern der Ahnen erschauten Klage-Sonnenuntergangs über dem Land Ägypten, ja, der Sonnenuntergang hatte es ihm angetan!

Er stand in diesem Augenblick ganz genau mir abgewandt, ganz genau vor dem Spalt, in den ich gepreßt war. Sein Hals – ah, habe ich Ihnen etwas über den Hals des Fiul gesagt? Ein zerbrechlicher Hals. Man sieht ihn bei kleinen Leuten, die jäh mager geworden sind und zu sparsam waren, ihre Hemdkragen den Maßen der neuen Dürftigkeit anzupassen. Das bewegt sich, das ruckt auf diesem zu dünn gewordenen Stiel die traurige Schädelnuß rechtshin und linkshin – aber der steife Hemdkragen, Rock, Rumpf bleiben regungslos. Ein Huhn, noch darf es leben, bis auf jederzeitigen Widerruf, aber ihm sind schon die Federn vom Hals gerupft, der schimmert nackt-rötlich für das Messer der Köchin. Diesen Hals des die Klage-Landschaft Betrachtenden sah ich vor mir. Ich stand bewegungslos in meinen Spalt gepreßt. Und dann legte ich, von dort her, wortlos, ohne – daran erinnere ich mich genau! – ganz ohne den Körper zu regen, so legte ich meine satten, kräftigen Hände um diesen Hals. Ich registrierte es blitzblank: in mir war zu gleicher Zeit ein Triumph und ein Schrecken. Triumph: ich werde die Augen des Gorilla nicht sehen müssen – nie mehr! Und der Schrecken: Herrgott, wie fühlt sich das an, das also, dieses hilflos und widerlich aus Knorpeln und Knöchelchen Aufgebaute – das ist ein Menschenhals! Und dazu, sinnlos: warum bewegt er sich denn nicht, warum wehrt er sich nicht – Herrgott, dieser Gorilla, er soll doch schrein!

Sinnlos! Schreie einer, wenn der Griff des Herrn Schlessing sich um seine Gurgel legt. Aber ich drückte ja nicht zu, ich stand ja da nur so reglos, die Hände um seinen Hals, ich war ja erschrocken! Er hätte sich wehren können, sich losringen, das tut doch einer eh' er erstickt, er hätte doch wenigstens die Nägel krallen sollen in meine Hand! Nein, bis auf ein erstes, einziges, tiefes Zucken des Schreckens, ah, ich hab' dieses Zucken noch in meinen Fingern – aber dann: er bewegt sich nicht. Jammergestalt eines Würgers, Spottgeburt eines Gewürgten – schreckgelähmt! Fragen Sie mich, wie lange wir so in dem leeren ratternden Wagen gestanden sind. Weiß ich nicht, nein, ich weiß es nicht – Sekunden, Minuten, noch sehr viel länger als Minuten. Ich vergess' sie nicht. Wissen Sie etwas vom tierischen Magnetismus? Heißen Sie's wie Sie wollen. Glauben Sie, daß durch das elektrische Kabel solch einer Würgehand ein Leben in einen herüberströmt? Daß man einen auffrißt? Gelacht, nicht wahr. Mystisch gezuckerter Kannibalenschwatz? Aribert der Cherusker reißt dem gefällten Feind das Herz aus der Brust und schlingt es hinunter. Wenn Sie einen erwürgen wollen, gewöhnen Sie sich rechtzeitig vorher das Rauchen ab. Sonst kann es Ihnen passieren –! Denn es passierte mir. Lachen Sie mich aus, meschugge der Herr Schlessing, Vater ist bekanntlich im Irrenhaus gestorben, jetzt endlich hat es geschnappt bei ihm. Aber mir passierte es! Ich hatte viel Leben gefressen. Galt nicht. Papier. Eine Unterschrift. Irreal. Luft. Nun, wie ich da so stand – nun war es mir, ich fresse dieses jämmerlich philiströse Lumpenleben in mich hinein. Ich war es, der die Kinder um einen kupfernen Kreuzer beschissen hatte, ich war es, der drei Damen auf dem Wiener Strich laufen ließ und den die Postdefraudantin sich aushielt, ich war auch ein Spitzel der Gestapo, ja, auch einen brustkranken Sohn hatte ich bei den Schuften dort droben irgendwo in einem Keller. Mystisches Geschwätz, Symbolramsch, es kotzt mich an, aber wenn Sie das nicht verstehen – dann verstehen Sie alles nicht, dann haben Sie eben noch keinen erwürgt!

O ja – das habe ich beinah zu sagen vergessen. Ich hatte ihn nämlich inzwischen erdrosselt. Reglos wir beide, lautlos wir beide, kampflos wir beide, und ich hatte doch gar nicht zugedrückt – und da hing er mir mit einemmal schwer in den Fäusten und einen Augenblick später, da ich ihn aus dem

Griff ließ, stürzte er polternd auf den Bretterboden des Wagens hin. Der Tag war inzwischen beinah in seinem Rostblut ersoffen, aber ich sah den Niedergebrochenen genau, er lag neben der offnen Verladetür. Er lag auf dem Bauch, das Gesicht nach unten. Die blaue Brille, gesplittert, lag neben ihm. So schaute ich auf ihn nieder. Ich fühlte mich mit einemmal sonderbar frisch. Ich hastete meine Taschen nach einer Zigarre ab – Nikotin! Hatte ich da also meinen Gorilla erdrosselt, hatte ich den Spiegel zerschlagen. Da lag er – auf dem Gesicht!

Eisenbahnerhäuser tanzten rechtslinks an den Ladetüren vorüber. Das weckte mich. Das mußte schon die Station sein. Der Tote mußte aus dem Waggon! Ah, Grauen, ihn anzufassen. Ich stieß an ihn mit dem Stiefel. Durch das Stiefelleder kroch noch das Grauen in mich. Wissen Sie, wie schwer so ein Toter ist? War ein kleiner Mann, ein dürftiges Männchen – und liegt da nun breitspurig, großherrlich wie in seinem Leben nicht und wiegt Zentner! Mit den Stiefeln, das fliegende Grauen in den Knochen, mich klammernd an allerlei, ächzend – so, mit Stiefeltritten, stieß ich und schob ich den Leichnam, der da auf seinem Gesichte lag, Zentimeter um Zentimeter der Öffnung zu. Er lag schon ganz nahe an dieser Öffnung. Vielleicht war es meine wilde Freude darüber, daß es beinah schon getan war, vielleicht war's eine Hastigkeit, weil die Arbeiterhäuser und Bahnschuppen linksrechts dichter standen an schon verlangsamter Fahrt – da, unter meinen letzten Stiefeltritten, zentimeternah nur mehr diesseits des Nochvorhandenseins, wälzte sich der leblose Zentnersack. So lag der Gorilla noch einmal auf seinem Rücken. Die Brille zerschlagen. So sah ich einmal noch sein Gesicht. Aus seinen nackten Augen, langgezogener Klageruf eines Hunds in der Finsternis, aus seinen Augen schaute er mir ins Gesicht! Seine Lider, nein, das eine Lid nur, das linke – das blinkte, als kniffe er es ein, Lump zu Lump, schelmisch. Du bleibst da, so hab' ich dich doch überlistet, ich geh' fort, ich bin fein heraus. Seine Lippen bewegten sich, formten an einem Wort. Nein, es kam nicht. Statt seiner – ein dünnster roter Streifen sickerte ihm aus dem Winkel des Munds. Was für ein Wort war das? Und haben Sie gewußt, daß ein Erwürgter so bluten kann, so ganz fein – fein? Sehen Sie, da geschah es, da trat ich zu. Sehr viele Tritte trat ich, in einem fliegenden Grauen, meine Wangen waren naß von Tränen mit einemmal, so bitterlich muß einer sich mühen, daß sein Gorilla ausgelöscht werde aus dieser Welt. Den Spiegel zerschmeiß! Ich ächzte, indes ich zutrat, ich mußte mich an die eiserne Barre klammern, immer starrte ich dabei in diese Verschmitztheit und auf die kleine dünne Röte aus seinem Mund. Endlich hatte ich ihn so weit, endlich kollerte er über die Kante. Eine Sekunde lang verfing sich noch sein gelbes Röckchen an einem Riegel, dann riß es, lächerlich durch Jahrzehnte fadenscheinig getragenes Tuch, wie soll denn das einen halten, dann stürzte er dort hinaus. Sein Stöckchen geriet mir zwischen die Beine, das schmiß ich ihm nach. An die Eisenbarre mußte ich mich stützen, das Nikotin, ich wär dem Verschwundenen nachgetaumelt in seine Finsternis. Da war die Station, Waggons im Blickfeld, der Zug hielt, vielleicht hatten sie da den Hinausgestürzten auch schon gefunden, irgendwo war ein Schrei. Drei, vier Schritte, Sprünge, durch den offenen Zwischengang. Ich stand in dem Speisewagen. Man hatte meines Gehns und Kommens nicht acht gehabt, da saß der englische Ingenieur, ich setzte mich an seinen Tisch, ich sagte: »Ich komme aus meinem Abteil noch für einen Drink in letzter Minute, haha, meine Sorte Zigarren müssen Sie einmal versuchen, wir haben unsern alten Streit unterbrochen über die palästinensische Situation, haha, Sie geben mir noch Bescheid!« Ein Laufen und Rufen war draußen auf dem Perron.

Ich sagte: »Da scheint etwas geschehen zu sein, haha, kommen Sie gehen wir, vielleicht ein Unglück.« Ich schrie: »Es ist ein Unglück geschehen!« Der Schweiß brach mir aus der Stirne, Tränen sprangen mir in die Augen, ich stürzte dort hinaus, wo es sich schon ballte um einen Zermalmten, Geräderten. »Ein Unglück ist geschehen«, schrie ich, »ein Unglück!«

Dieses gelbe Röckchen, sehen Sie – wie es an jenem Riegel hing und wie es platzte. Und dieses Lippenzucken um ein nicht mehr gesprochenes Wort. Was war das für ein Wort? Wenn einer in diesem Leben seinen Gorilla erdrosselt – was kann der noch sagen wollen, was war das Wort?

DAS LETZTE KAPITEL

DAS LETZTE KAPITEL

Da war die enge Stadt, da war der windige Ziegelbau eines Bahnhofs. Dann war da nur noch die tiefe Kerbe des Bachbetts – und drüben setzte jählings die Wüste ein, unerbittlich, unüberschaubar, weithin besät mit den verwilderten Trümmern eines roten Gesteins. Die Schienen der Eisenbahn und das blasse Band der Straße hinüber nach dem Land Palästina, das dort hinten im Osten lag, querten eine kurze, stählerne Brücke – dann warfen sie sich hinaus in das öde Land.

Der Betonblock des Brückenfundaments war geborsten. War das die Tat arabischer, den Briten, den Juden, dem Fremdenzustrom nach Palästina feindlicher Franktireurs, so waren sie Stümper. Daß man den bescheidenen Mangel entdeckt hatte, war noch nicht eine halbe Stunde her. Es war kein Grund, sich zu erregen. Daß man dennoch beschlossen hatte, den Palästinazug zu besserer Sicherheit die schadhafte Brücke nicht passieren zu lassen, wußten die auf dem Bahnsteig Wartenden erst seit sieben Minuten. In der jäh sinkenden Dämmerung war da schon das Licht der nahenden Lokomotive zu sehen. Und dann, indes der Zug in den Bahnhof fuhr – es war zwölf Minuten nach neun – ereignete sich das Unglück.

Der Mann fiel aus dem Gepäckwaggon. Er fiel vielleicht schon hundert Meter ehe dieser zu stehen kam, doch mochte er in seinem Sturz fürs erste durch etwas aufgehalten oder sonst mitgeschleift worden sein, denn man brauchte nicht erst zu laufen, man fand ihn sofort. Nur ein einziges Rad war offenbar über ihn weggegangen, er war auf eine furchtbare, jedoch simple Weise zerschmettert. Er war ein dürftiger Mensch, bekleidet mit einem lebensfreudigen, gelben, ja nun allerdings unansehnlich gewordenen Überrock. Er lebte oder mochte wenigstens noch für einige Augenblicke gelebt haben; anders bliebe das Verhalten des blassen Herrn aus Polen ohne Erklärung.

Die vier Personen, die eine jede für sich in der ersten Minute von dem Unglück Kenntnis nahmen, waren dieser Herr aus Polen, ein Deutscher, das Mädchen und der Franzose.

Der aus Polen, ein fadenscheiniger, schmalbrüstiger Mann, gekleidet in einen fadenscheinigen Kaftan, schwang sich aus dem letzten Waggon. Er kauerte sich auf die Steine des Fahrdamms und bettete den Kopf des Geräderten auf seinen Schoß. Und der Verunglückte muß da also wohl noch gelebt haben, denn der Kaftanmann sprach noch mit ihm oder sprach ihm zu. Es vollzog sich das (zumitten aufgellenden Entsetzens und Trappens Näherrennender) in einer großen Stille. Was der Blasse dem sein Blut Verspendenden zu sagen hatte, sagte er ihm mit Flüstern. Vielleicht war es auch nur ein Gebet. Auch dauerte das nur ein paar Augenblicke – da war der Sterbende schon gestorben.

Der Deutsche – oder war er ein Österreicher? – kam aus dem Speisewagen. »Ein Unglück ist geschehen«, rief er mit sich überschlagender Stimme – »ein Unglück!« Er war ein wohlgekleideter, hochgewachsener Mensch, gelichteten Scheitels, unjung doch von einer großen Gewalt des Leibes, ein Tank von einem Mann. Trappend, rufend – so lief er näher, verhielt aber vier, fünf Meter von dem Hingebetteten seinen Schritt. Und von dorther, ohne heranzutreten, rief er zum drittenmal: »Ein Unglück!« Er verstummte erst, als auch das Mädchen schrie.

Das Mädchen stand an einem Fenster des ersten Passagierwaggons. Der Vorfall war ihr von allem Anfang auf eine gräßliche Weise in die Nähe gerückt. Da war es eben für einen Augenblick stärker als sie. Sie schrie gellend. Es war ein Anfall unstatthafter Schwäche – alsbald reagierten in ihr schon wieder Tatkraft und Disziplin. »Wasser, Verbandszeug«, rief sie – »wo ist ein Arzt?« Sie war auf eine einfache und nutzhafte Weise gekleidet, hutlos, straff gescheitelten Schwarzhaars, und erst wenig über die Zwanzig alt.

Der vierte von den vieren, der Franzose, kletterte aus dem Schlafwagen. Ein kleiner, adretter, ein wenig über-elastischer, über-beweglicher Herr mit Spitzbart und Schnurrbart in der Art des Dritten Napoleon. Er sah übernächtig und versorgt aus, doch scharf angespannt. Man hätte ihn für jenen herbeigerufenen Arzt nehmen können, wie er da raschen Schritts näherkam. Doch hielt auch er sich in ein paar Schritt Entfernung, sozusagen am Rande des Körperlichen an diesem Vorfall. Geschärften, geschulten Blicks, geschärften, geschulten, forensischen Tonfalls, so sagte er: »Der Mann ist aus dem Gepäckwaggon gefallen. Was hatte er in dem Gepäckwaggon zu suchen?« Er hatte französisch gesprochen, er sah sich dürftig verstanden. Nun zog er eine teure und ein wenig eitle goldene Uhr und sagte, als wäre damit allerlei Erklärendes, Zubehaltendes, ja Hintergründiges festgestellt, in einem gallisch flinken Deutsch: »Es ist dreizehn Minuten nach neun!« Seit dem Unglück war eine Minute vergangen. Der Tote war tot.

So drehte sich alles weitere nur mehr scheinbar um einen Leichnam und in Wirklichkeit um die Lebendigen. Um neun Uhr sechzehn zum Beispiel galt die sonderbare Ergriffenheit eines deutschen Emigranten mit Namen M., der sich inzwischen dem Kreise zugesellt hatte, allein dem blassen Manne, der dieses blutige Stück gelebten Lebens immer noch auf seine Knie gebettet hielt. Auch ein anderer, einer aus dem Osten Europas, im schwarzen Rock und schwarzen Bart, einer von der finstern und robusten Art, sah offenbar nur den Blassen und nicht den Verstorbenen. Und damit glitt der Vorgang schon weit ab. Ein Wort in jiddischer Sprache gab dem spitzbärtigen Mann aus Frankreich Anlaß zu einem unbedacht unfreundlichen Satz. Dies wieder wollte von einem kleinen, straffen englischen Herrn mit weißgrauer Haarschur in die Schranken gewiesen sein. Als um neun Uhr neunzehn endlich die Behörde hinzutrat, lag der schlimme Schläfer schon ein wenig abseits auf den Fliesen des Bahnsteigs, mit einem Sack bedeckt. Einem um neun Uhr zweiunddreißig nachzüglerisch mit seiner grellen Dame nähertretenden muskelschweren Amerikaner wurde gar nur noch die Auskunft, es habe da anläßlich eines Unfalls einen Disput gegeben, unter Juden, nein, über die Juden, und deshalb stehe man da umher. Es war da schon Nacht, man sah nur mehr, was in dem Lichtkreis der Lampen lag. Als vier weitere Minuten darauf, neun Uhr sechsunddreißig, ein lässig und teuer gekleideter englischer Jüngling mit einer hochgewachsenen, rotblonden, nicht mehr ganz jungen, doch schönen Frau an eben jener Stelle vorüberkam, hatten auch die letzten Gaffer sich schon verzogen. Es war nichts mehr zu sehen in dem Lichtkreis der Lampen.

Außerhalb dieses Lichtkreises, keine zehn Meter fern, lag zu jener Minute transportbereit, doch noch nicht weggeschafft, auf einer niedrigen Kofferkarre der Tote immer noch. Der Sack war von seinem Schädel zurückgeglitten. In der Nachtschwärze konnte es einem scheinen, als wäre er gar nicht so sehr zerschmettert, ja als starrte er aus gläsernen Augen aufwärts in die große Sternenstille des Firmaments.

Es war das nämlich eine flirrende Sternennacht. Über einen Hügel der östlichen Wüste schwamm eben makellos der volle Mond hinaus in die verfinsterte Bläue.

Das war also das Unglück. Der Schläfer schlief und blieb zurück. Die Lebendigen lebten weiter und reisten weiter. Jener schadhaften Brücke wegen hatte man inzwischen beschlossen, den Zug zurückzudirigieren dorthin, woher er gekommen war. Die meisten der Passagiere bestiegen mürrisch doch gelassenen Mutes wieder die Wagen. Es war für sie nichts verloren. Mit ihrer Palästinafahrt war es ihnen nicht eilig.

Die, denen es eilig war, die dem Rückreiseangebot nicht folgten, und die durch diese Eiligkeit – ein jeder aus seinen besonderen Gründen – sich von den anderen sonderten: das waren im ganzen acht Männer, vier Frauen, ein Knabe, ein Mädchenkind. Einer unter ihnen, einer von der finstern und robusten Art, ein Mann mit Namen Borscht, trieb in dem kleinen arabischen Städtchen einen Autobus auf und mietete ihn für eine Fahrt hinüber nach der ersten palästinensischen Stadt. Das war ein neuer, großer, grauer amerikanischer Wagen. Der Lenker, ein schlanker, finsterblickender Araber, klinkte die Tür auf.

Letzten Augenblicks trat der Besitzer des gemieteten Wagens heran. Eine Liste, sagte er, die Namen der Passagiere, die Behörde verlange das. So war es, daß die Liste der vierzehn Weiterreisenden zustandekam. Es war spät geworden. Der kleine Herr aus Frankreich zog seine teure und ein wenig eitle goldene Uhr. »Zweiunddreißig Minuten nach Mitternacht«, sagte er.

Da zog der Wagen an, da glitt er schon in die Finsternis.

Als der Franzose, aus dem Schlaf auffahrend, wieder auf seine Uhr blickte, war weniger als eine halbe Stunde vergangen. Es war drei Minuten vor eins. Seltsamerweise waren in dieser kurzen Zeitspanne alle Insassen des großen Automobils in Schlummer gefallen. Da saßen sie, da lehnten sie, da lagen sie schlafend. Der Wagen stand lichtlos, von seinem Lenker verlassen, am Straßenrand. In der beinernen Helle des vollen Monds enthüllte sich die über kleinem Schlaf und kurzer Reise veränderte Landschaft. In ihr war die unversehens kärglicher und kümmerlicher gewordene Zeile der Straße das einzig Menschliche. Diese Straße war geschmiegt und verloren in ein groß trauriges Steinland, Hügelland, Schutthaldengebirg, das im Lichte des Mondes fror.

Es war eine große Stille, in die die Schläfer erwachten. »Die Wüste«, sagte einer leise. Man sah seine Züge nicht.

Ein großer Wind war aufgestanden und wehte aus der Finsternis in die Finsternis.

Da aber einer sagte: »Siehe, das ist die Wüste«, stand ein anderer aus ihrer Menge auf, der ein Findling und Zugereister war, man kannte nicht seinen Vater, und sprach: »Dies ist die Wüste Mosis, durch die er das Volk geführt hat nach Kanaan aus der Ägypter Land, das ist siebenmal siebenmal siebenzig Jahre her, eine kurze Zeit.«

Einer aber, ein Mann verwilderten Herzens, ein großer Widersprecher, höhnte ihn und rief aus: »Es ist siebenmal siebenmal siebenzig Jahre her, eine lange Zeit. Damals hat Gott gesprochen: Denen, die von euch übrigbleiben, will ich ein feiges Herz machen in ihrer Feinde Haus, daß sie soll ein rauschend Blatt jagen, und sollen fliehen davon, ob sie gleich niemand jagt, und sollt euch nicht auflehnen dürfen, und das fremde Land soll euch fressen!« Und sprach weiter, dieser Widersprecher, er hieß Schlessing mit seinem Namen, und sagte: »Wohin werdet ihr fliehen, da des Feindes Kundschafter schon davongeeilt ist, die Seinen zu holen, daß sie euch erwürgen mit dem Schwert?«

Da sprachen sie untereinander: »Gehen wir diese Straße vorwärts, so trifft uns Amalek, gehen wir sie aber zurück, so trifft uns Amalek. Denn Amalek ist mächtig geworden in diesen Tagen, und wir sind aufgebrochen und haben dessen nicht achtgehabt. So laßt uns seitwärts gehen in diese Wildnis, wo sie uns nicht finden, und nehme jeder von seiner Habe, was er mit sich tragen mag, den Rest aber gebt verloren.«

Darüber war ein großes Gedräng, ein jeder raffte auf, was sein eigen war, und machten sich schleppend auf ihren Weg. Manche aber mußten ihre Habe hinsetzen und lassen Stück um Stück schon nach zehn Schritt und dreißig Schritt und manche nach hundert Schritt und manche nach fünfmal hundert Schritt, und viele taten dies ingrimmig und viele mit lautem Klagen, wie man um Verstorbene klagt. Dabei ward keinem geholfen von keinem, und die vieles besaßen verloren vieles, und die weniges ihr eigen nannten büßten weniges ein, und einer unter ihnen, mit Namen Marcus, der sagte: »Siehe, es ist nicht gut, daß dieses Volk Israel sich schleppe mit viel Gepäck.« Sie waren aber erst eine winzige Strecke Wegs gezogen, als sie schon alle alles verloren hatten, und war ein jeder so nackt wie ein jeder.

Da sprachen sie untereinander: »Wer wird uns führen?« Es waren aber zwei, die voranschritten, ein jeder für sich, jener Widersprecher und jener Blasse. Und sie sammelten sich alle und zogen hinter dem Widersprecher, und der Blasse zog allein. Als aber die Ermattung groß war unter ihnen, erzürnte sich einer, ein Abtrünniger, so da mit seinem Sohne ging, und hieß Glückstein mit Namen, und hob seine Hände auf und wies auf den Blassen und sagte: »Wir sind in der Irre. Und dieser hat uns geführt!« Da sagten sie es alle, und es war ein großer Zorn, und sie lagerten sich an dieser Stelle.

Da sie lagerten an der Lagerstelle des großen Zorns, stand auf der Mann Wasservogel und ging abseits und betete. »O du mein Herr Herr«, so betete er, »ich rufe zu dir aus einer großen Wildnis. Die in ihr lagern, glauben zu wachen, aber sie sind nicht aufgewacht.« Da hörte er des Herrn Stimme, und der Herr sprach zu ihm: »Wecke sie, daß sie nicht sterben in dieser Wüste.« Da sagte er: »Ach, mein Herr, ich bin je und je nicht wohlberedt gewesen und habe eine schwere Zunge.« Der Herr aber sagte: »Wecke sie.«

Da waren zwei, mit Namen Glückstein, der Abtrünnige, der mit seinem Sohne zog, und Borscht, der haderte wider Gott, weil der ihn seine Bündel und Behältnisse hatte verlieren lassen, an denen hing sein Herz. Die sahen den, der betete und verlachten ihn. Und der Glückstein sagte: »Wenn er betet, dann bete er für mich. Hingeworfen habe ich seinem Gott den Vertrag und hab' ihn zerfetzt, er aber will mich nicht lassen. Dieser Judengott hat ein schlecht gewogenes Pfund gegeben, ein Fluch-Pfund, ein Pfund Makels, und nun tut er vor mir, als wäre es gewesen ein Pfund blanken Golds und wuchert an mir mit seinem Pfunde. Ich aber will ihn nicht, er ist mir eine Bürde und Schande, und ich mag ihn nicht tragen.« Und der da Borscht hieß, der sagte: »Ich habe seine Feste gehalten beinahe zu jeder Zeit, meinen Bart hab' ich beschnitten nur wenig, und seht, ich trage immer noch einen schwarzen Rock, beinah wie ein Judenrock. Er aber hat mich betrogen. Darum bete dieser Mann nicht. Denn es gibt keinen Gott.«

Da sah der Herr, daß es ein halsstarriges Volk war, und ließ seinen Zorn über sie ergrimmen. Der Abtrünnige hatte einen Knaben mit Namen François Marie, des Glücksteins Sohn, und der mit Gott haderte wegen seiner Habe hatte eine

Tochter, Jessica mit Namen, Borschts Tochter. Und da die beiden Männer aufblickten aus ihren Freveln, waren die beiden Kinder verschwunden in der großen und grausamen Wüste, und da man rief in die Finsternis, war keine Antwort. »Jessica«, rief der Borscht. »Jessica!« Und der Glückstein rief: »Wehe, unter welches Pack und Gesindel habe ich meinen Sohn gebracht, der ein Blut ohne Makel in seinen Adern hat.« Und wandte sich dem Mann Borscht zu und bezichtigte ihn: »Deine Tochter hat ihn verführt.« Und der Borscht sagte: »Dein Hurensohn hat sie davongelockt.« Und sie drohten einer dem andern mit ihren Fäusten.

Es war aber unter ihnen ein Jüngling, so da hieß Melville, aus einem großen Geschlecht, und war ein Weib, Sephardi mit Namen, das war ein Wohlgefallen vor seinen Augen; darüber sah er nichts anderes. Und sie sagte sich: Was soll mir dieser Knabe, da es doch Abend werden will um mein Leben? Siehe, ich fürchte mich und ich sehne mich und ich wehr' mich vergebens. Nun aber, angesichts dieser Männer Glückstein und Borscht, erwachte sie zum erstenmal aus ihrer großen Verwirrtheit und war klaren Gesichts für den Augenblick und sagte: »Gott hat sie geschlagen.« Und der Jüngling Melville sagte: »Gott hat jene geschlagen«, und kauerte sich wieder hin zu Füßen des Weibes und blickte auf ihren Leib.

Der Widersprecher aber, der unter ihnen war, lachte und rief aus: »Nicht jene haben recht und nicht diese. Sondern es ist das Volk Amalek, das lagert rings um uns in dieser Nacht, und das hat die Kinder gefangen. Darum klaget nicht. Denn dieses Leben ist kurz, und über ein kleines wird es an uns allen geschehen wie es an diesen Kindern geschehen ist.«

Da war ein großes Wehklagen, und sie schrien und sprachen: »Warum nicht Gräber in Ägypten?« Zwei aber unter ihnen, ein Greis so da hieß Smith und ein junges Weib so da hieß Lewy, ermutigten sich als erste. Sie gingen hin und sammelten Steine und Stecken, sich damit eines Feindes zu erwehren, und der Greis sagte: »Wir werden stehen für unser Judenvolk und für unser jüdisches Recht, das wollen wir verteidigen.« Und das junge Weib blickte ihn an in Zorn und erwiderte: »Was ist dieses Judenvolk, es sei denn ein Teil des großen Volks der Enterbten, das all über der Erde wohnt? Was ist das Unrecht an uns denn ein Teil des großen Unrechts an allen?« Da sie aber aufeinander blickten in Streitbarkeit, sahen sie, wie sie Waffen gesammelt hatten gleicher Weise. Und stellten sich nebeneinander und blickten aus gegen Amalek, und der im weißen Haar sagte zu dem jungen Weibe: »In Kanaan werden wir Brustwehren baun und sie besetzen mit hundert.« Und das Weib sagte: »In Zion werden wir Waffen schmieden für hundertmal hundert und werden alle Ackerfelder mit ihnen umstellen, daß sie zittern vor unserer Macht.« Und der Greis sagte: »Wir werden es groß machen, dieses Kanaan.« Und blickte aus selbzweit mit ihr durch die Finsternis, und sie sagten: »So sei es.« Der Beter aber stand immer noch abseits und betete.

Einer unter ihnen, so da hieß Marcus, hatte sich befaßt mit Eitlem sein Leben lang, ein Mann von der Art, die künstlich mit Worten ein Abbild machen von dieser Erde, gegen des Herrn Gebot. Der sprach zu sich: Warum hat dieses Volk seinen Mut nur im Erleiden, und geht für seinen Glauben in den Tod, wie eines durch eine Türe geht – doch wenn ein Hund bellt, so schlottert ihm das Gebein? Ich aber habe mir zugeschworen, daß ich nicht mehr ein Mann des Schreibstifts und der Pergamente sei, und bin ausgezogen wider den Gepanzerten Dreck und hab' ihn noch nicht getroffen. Darum will ich stärker sein als mein Herz und will sein ein Kundschafter wider Amalek, daß ich mich beweise vor mir selbst.

Und war stärker als sein Herz, und nahm in die Hand einen Stecken, daß er damit Amalek schlage. Und ging gradaus in die Finsternis und sprach zu sich: Tausend Schritt und tausend und tausend Schritt, und weiß ich auch, daß sie mich erwürgen werden, so geh' ich doch in sie hinein. Er war aber gegangen zehn Schritt, da stolperte er über einen Stein und erhob sich mit Schmerzen. Und nach aber zehn Schritten taumelte er in ein getrocknetes Rinnsal und stürzte und erhob sich mühsam in seinem Schweiß. Und sprach zu sich:

Auf! Nur mehr tausend Schritt und du bist an Amalek! Und nach aber zehn Schritten in dieser großen Wüste lahmten ihm die Glieder von seiner Bemühung, und er taumelte, ob da gleich gar kein Stein lag vor seinem Fuß, und brach in die Knie und war zu schwach, sich zu erheben. Da sprach er zu sich selber: Hier lieg' ich, mögen sie mich auffinden und erwürgen, und tun sie's nicht, so sterb' ich an dieser Schmach. Daß du ein Jude seist, ist eine Aufgabe für ein Leben, und es ist gesorgt, daß du sie nicht vergessest länger als einen Augenblick.

Es war eine große Verzagtheit unter den Lagernden, da er nicht wiederkam, und der Widersprecher sagte: Amalek hat ihn gefressen.

Der Beter aber stand immer noch abseits und betete.

Unter ihnen war einer, Silverman mit Namen, der hatte sich hingelegt und den Kopf gebettet auf seines Weibes Schoß. Doch nun erwachte er von ihrem Wehgeschrei und stand auf in Zorn, ein riesiger Mann, und sagte: »Wo ist der, so uns in die Irre geführt hat, daß ich ihn strafe?« Der aber, den er suchte, stand da und betete: »O du mein Herr Herr, wenn diese dich nicht greifen können mit ihren Fingern, so glauben sie nicht an dich. So laß sie deine Herrlichkeit sehen.«

Da sagte des Herrn Stimme: »Ich werde an ihnen ein Zeichen tun. Es ist einer gewesen, so da hieß Esau, ein Mann langsamen Hirns, und sein Same ist nicht gestorben. Und zeugte über viele Geschlechter weg den Simson, einen Mann langsamen Hirns. Und auch seither ist sein Same nicht gestorben in Israel, und dieser Mann, so bei dir steht und will dich erwürgen, ist seines Samens. Aber eben darum will ich gerade ihn aufwecken, daß er für mich zeuge.«

Da wandte sich der Mann Silverman von dem Betenden, und war ein Licht in ihn gefallen, und sagte: »Wahrlich, ich ziehe aus gegen Amalek.« Und da sein Weib darob wehklagte und wollte ihn halten, ward er zornig und stieß sie zurück und rief aus: »Ich ziehe aus gegen Amalek!« Und zog aus, und hielten ihn nicht Stein noch Graben, und stapfte riesig durch die Finsternis und rief: »Wo ist es, daß ich es erwürge mit meinen Fäusten, dieses Volk Amalek?« Und war ein großer Held in Israel, und ging von ihm aus ein solcher Schrecken und eine solche Erstarrung, daß kein Lebendiges aus Amalek ihm wagte sich entgegenzustellen, und stand ihm eins im Weg und floh nicht und kam er an das heran, daß er es schlage, so war's nur ein Starrer und ein Stein. Er jedoch drehte sich gegen Mittag und gegen Mitternacht und machte seine Stimme mächtig und rief: »Amalek! Amalek!« Aber sie antworteten ihm nicht. Da fand er den Mann Marcus, so da lag in seiner Erniedrigung. Er warf sich ihn über die Schulter, wie ein Jäger sich die Beute über die Schulter wirft, und schritt mächtig zurück zu den Lagernden. Da er die erreichte, sahen sie alle, daß er sein Haupt aufrecht trug, und es lag ein Widerschein auf seinem Gesicht. Der Beter aber stand immer noch abseits und betete.

Da neigte sich der Mann Silverman und trat neben ihn, und sie sprachen untereinander und sagten: »Siehe, dies ist ein Zeichen.« Und der Mann Marcus erhob sich und sagte: »Indes ich in Schanden lag auf meinem Zug gegen Amalek, habe ich Zeit gehabt zu erkennen: es war ein Narrenzug. Denn die Mächtigen dieses Judenvolks sind wie andere Mächtige. Aber seine Schwachen sind gewaltig.« Damit ging er hin und stellte sich neben den Betenden.

Da traten die beiden Männer Glückstein und Borscht heran an den, so da gestritten hatte wider Amalek. Sein Weib wollte ihnen wehren und war stolz geworden und sagte: »Störet ihn nicht, den Reb Simon, da er, der Held, soeben eine wichtige Konferenz hat mit Gott.« Sie aber rührten an die Schulter des Streiters und fragten: »Hat mein Herr nicht meine Tochter gesehen? Hat mein Hochgeachteter nicht meinen Sohn erspäht in der Finsternis?« Der Sohn Simsons des Sohnes Esaus aber sagte: »Ich habe sie nicht gesehen.« Da verzweifelte der Mann Glückstein und rief aus: »Er treibt Wucher auch noch mit seinem Zorn, und ist der Gott, so da ausreißt Aug um Aug und tritt unter seine Ferse des Menschen Herz und übt Rache bis ins dritte und vierte Glied.« Der Mann

Borscht aber trat zu dem Blassen und rührte die Falte seines Gewandes an und sagte: »Ich habe meinen Bart gestutzt und mein Kleid verfälscht, aber siehe, ich bin dir noch nicht so fern. So hilf mir beten für mein Kind.« Und winkte seinem Weib, so da hieß Blümele, Weib des Borscht, und die trat heran in ihren Tränen und stellte sich hinter sie.

Der Blasse aber stand da in seinem Gebet, und war das, als stünde er zerwühlt von einer großen Verzweiflung. Er schrie zu Gott aus seinem Herzen und sagte: Noch sind es nicht alle. Ich aber ring' mit dir und kann dich nicht lassen eh' es nicht alle sind. Da lächelte der Herr aus seinem Ernst und streckte seine Hand aus nach jenen beiden, dem Weib Sephardi und dem Jüngling, Melville mit Namen, so da versunken waren eins in das andere und sahen nichts sonst auf dieser Erde. Und der Herr sagte zu dem Beter: »Nimm diese da.«

So wachten sie auf, die da kamen aus des Lebens Licht, und war in ihr kein Bedauern um das Niewieder, und war in ihm keine Trauer um das Nochnicht. Sie ließen eins des andern Finger fahren, da sie sich an den Händen gehalten hatten, und merkten's nicht einmal. Und lächelten einander zu in Schweigen und stellten sich hinter den Betenden.

Da sagte einer: »Sieh die beiden, jenen Greis und jenes Mädchen, so da Wacht halten auf ihrem Posten immer noch. Ich aber will ihnen zurufen, daß sie sich mit uns vereinen.« Da hielt ihn der Blasse an und sagte: »Laß sie gewähren. Denn sie sind fromm auf ihre Weise.«

Und waren viele, die standen hinter ihm. Und hinter dem Widersprecher stand keiner.

O du mein Herr Herr, so betete der Beter, blick auf dieses Volk, das da vor dir steht, und du wirst sehen, du hast es gemacht zu einem großen Volk. Und sagtest ihm: Diese Erde habe ich aufgeteilt für den nächsten Augenblick meiner Ewigkeit, so daß du wohnen wirst nicht da noch dort, sondern geh hin und sei unter ihnen der Mittler. Und sollst gehen durch dieses Mittlertum, dich zu läutern wie das Erz, das durch einen glühenden Ofen geht. Und soll sein in dem kleinen Mittler, so da einen Kamm und ein Spiegelchen verkauft dem Fremden, schon ein Funke jenes größern Mittlers, so da reist und lehrt und mittelt die Ware und allerlei Kenntnis und Gelehrtheit von Land zu Land. Und soll sein in diesem Kaufherrn und Gelehrten schon ein Funke des Großen Mittlers, so da steht zwischen dir und den Menschen und dein Prophet und Verkünder ist, und er läßt dich nicht, du segnetest ihn denn, und läßt sie nicht, sie nähmen denn deinen Segen. Und dies ist die Stufenleiter von den Mittlern.

Da stand der abseits, den sie nannten den Widersprecher, der lachte und sprach: »Da Esau geboren ward, hielt ihn Jakob, sein Zwillingsbruder, der hinter ihm kam, an seiner Ferse fest, und dann betrog er ihn um das Recht seiner Erstgeburt. Da der Herr sagte zu dem Juden: Siehe, diese Erde ist aufgeteilt und nichts geblieben, daß ich es dir gebe, da sagte der: Tut nichts, gib mir nur von dem Goj die Adress'. Und ist in dem Messias, so mit Gott und den Menschen feilscht, etwas von dem Kaufmann mit den vielen Verbindungen. Und ist in ihm, so dich nicht läßt, du segnetest ihn denn, ein Stück von dem Hausierer, so mit dir feilscht und läßt dich nicht, du kauftest denn von ihm ein Spiegelchen und einen Kamm. Und dies ist die Stufenleiter von den Mittlern.«

Der Blasse sagte: »Dieses Mittlertum aber im Großen Elend der Fremde ist nur für einen Augenblick deiner Ewigkeit, eine kurze Zeit. Denn du hast zugeschworen das Land.«

Da sagte der Widersprecher: »Er hat zugeschworen das Land Nirgendwo in einer Zeit Nirgendwann. Sie aber kaufen Äcker und wollen haben eine Heimat in Äckern, wo sie doch ausgezeichnet sind, eine Heimat zu haben in ihrem Hirn. Sie sollen ihre Heimat im Hirn nicht verraten. Dann wird der Faschist sie hassen, weil er sie fürchtet. Und wird sie hassen mit Recht, denn sie sind die Hellen, die mit den Hirnen, so da besiegt haben alle Feinde und sie besiegen werden immerdar, denn sie sind die Trotzdemnochimmervorhandenen und werden leben ewig, nicht trotz ihrer Zerstreuung, sondern durch ihre Zerstreuung, und haben viele Leben und sind geworfen unter die Völker als Hefe, daß sie gären, wie es ob der Hefe im Teige gärt! Und das ist das Lied vom Stolz und von der großen Verachtung wider das große Verachtetsein!«

Da wandte sich der Beter und betete: »O du mein Herr Herr, ich kann nicht stolz sein mit diesem Stolz und kann nicht heiter werden an diesem Lied vom Großen Hirn, denn dies Hirn ist des Teufels. Und wird keiner verraten, er werde denn von seinesgleichen verraten. Und hat ein jeder in diesem seinem Menschenhirn seinen Mörder und hat ein jeder seinen Ermordeten.«

Da sprach zu ihm der Widersprecher und sagte: »Tritt mit mir abseits.« Und da sie abseits getreten waren, sagte er: »Ich habe gemordet.«

Es ist aber so bestellt um die Macht des Gebets, daß es ein Schall und Rauch ist, du verlörest dich denn und zerstörtest dich und gäbst dich auf ganz und streutest deine Trümmer weit hinaus in die Finsternis. Und bist du ein Mensch schwachen Leibs und stehst da betend, ein starker Beter, und stehst da wie ein Weidenstrunk und wie ein Vogelschreck in einem einsamen Ackerfeld, so sei es, wie wenn ein großer Wind auffährt aus der Finsternis, die anderen hören ihn nicht, du aber hörst ihn brausen, und zerrt an dir, an deinen Lumpen und an der Jämmerlichkeit deines Leibgerüsts, und will dich ganz zerstören. Du aber stemm dich entgegen dem großen Wind und gib ihm nach und laß dich rütteln und biegen so wie ein Weidenbaum, daß er dich nicht ausreiße mit deinen Wurzeln, und schlag dir, du Vogelschreck, vor deine dürftige Brust die Fäuste vielemal, denn der große Wind zerrt dir an deinem Kittel, und trägt er ihn fort, so frierst du und stehst da nackend. Du aber, Mensch Mensch, heul an gegen diesen großen Wind aus der Finsternis, daß er sich deiner erinnere und du nicht zugrunde gehest in der Wüste. Und das ist dein Gebet.

Es ging aber eine große Macht aus von diesem Beten des Reb Mojsche Wasservogel, so da den Beinamen führte von

Nirgendwo, weil er ein Mann ohne Vater war. Und da er vorausschritt und auszog in die Finsternis, zogen sie hinter ihm und strauchelten nicht und wurden selbst ergriffen. Einer erst und dann noch einer, und bogen sich und schlugen sich die Brüste mit ihren Fäusten. Ihr Schreien war eine Wildnis, so da anstritt wider den großen Wind, daß sie waren ein Heerhaufen Gottes. Und sie schrien: »Erweis dich an uns, wir lassen dich nicht, du tätest denn ein Wunder.« Und einer, so da hieß Borscht, der verwildert war ob dieser Wanderschaft, verwirrten Barts, zerschlissenen Rocks, der schlug sich die Brust mit seinen Fäusten und schrie: »Ein Wunder!«

Da drang dieses Heerhaufens Schreien an des Herrn Ohr, und er sprach: »Ziehet hin, so wird es an euch geschehn.« Und war das Wunder also, daß sie um den nächsten Felsen kamen, und da traten hervor die Kinder, Jessica, Borschts Tochter, und François Marie, des Glückstein Sohn, die sie verloren geglaubt hatten an Amalek. »Jessica«, rief der mit dem zerwühlten Bart, so da heimgefunden hatte von wo er war abgeirrt, und rief: »Jessica!« Da aber der Abtrünnige zutreten wollte auf seinen Sohn, erkannte ihn der nicht und ging an ihm vorüber und legte seine Hand in des Beters Hand. Und fragte den Betenden, so wie es geschrieben steht als Frage: »Mah nischtanneh haloiloh haseh mikkol halelaus, was unterscheidet diese Nacht von allen anderen Nächten?« Der aber ließ nicht des Knaben Hand und gab ihm Antwort, so wie es geboten ist, und er sagte: »Es ist dies die Nacht, da der Herr sein Volk heimführt aus der Ägypter Land.«

Da verwunderte sich einer und sagte: »Blickt dort hinüber! Dies ist die Straße und dies ist der Platz, von dem wir ausgezogen sind, und sind geirrt und gezogen im Kreise.«

Und sagte einer: »Irrende. So ist dieses Volk.«

Doch da war einer, der sagte: »Nicht Irrende, sondern Streiter. So ist dieses Volk.«

Da sagte einer: »Nicht Streiter, sondern nur eine Handvoll Schlafwandler Gottes. Und so ist dieses Volk.«

Einer aber, so einmal gewesen war ein großer Widersprecher, der sagte: »Über ein kleines wird da sein das

Morgengrauen, und sie werden sein aufgewacht. Und über ein kleines wird da sein das neue Leid, die neue Blindheit und die neue Verstrickung. Und wird schlagen der Starke den Schwachen und wird verachten der Reiche den so da in Lumpen geht, und die da hoffen, werden das Land sehen und werden sagen: Siehe, dies ist nicht der Verheißung Land. Denn es steht geschrieben: Nicht sollen sehen das Land, so da gegessen haben das Brot der Erniedrigung. Jetzt aber wandeln sie noch im Schlaf Gottes. Und dieser Schlaf ist kurz. Denn so ist dieses Volk.«

Da frohlockte einer und sagte: »Sind wir nicht gezogen in dieser Wüste vierzig Jahre und leben immer noch?«

Und einer sagte: »Vierzig Jahre, aber ihm war es wie eine Stunde.« Es war dunkel, man sah seine Züge nicht.

Ein großer Wind war gewesen, der hatte geweht aus der Finsternis in die Finsternis. Nun aber war er verloschen.

Der Franzose sagte leise: »Ein Uhr siebenundfünfzig. Eine Stunde.« Er hielt eine teure und ein wenig eitle Uhr in der Hand, doch war sie im großen Mondlicht nicht mehr als ein geringes Gerät wie irgendeins.

Das Automobil stand da in der Finsternis. Der Mann Schlessing tat daran seine Griffe. Da sprang das Licht auf, da sprang der Motor an, da stand das Fahrtier und zitterte. Der Mann hielt die Tür auf, da kamen sie an ihm vorüber, in Schweigen, Gesicht um Gesicht. Er blickte sie lang an, einen jeden, dann setzte er sich an das Steuerrad.

Einer sagte: »Noch eine kleine Weile, dann wird der Himmel grau. Noch eine kleine Weile, da reisen wir über die Grenze.«

Der am Steuerrad sagte mit einem Nicken: »Wir reisen.«

Die Soldaten, höher klimmend immer noch, hielten an, wo die versandete Straßenspur sich um den Felsen schwang. Ein jäher Absturz klaffte hinter dieser Biegung. Jenseits der Tiefe zog sich die kahle Halde eines kegligen Berges in einer großen Schräge hoch aufwärts. Den Steilhang hinunter war die breite Schleifspur eines großen Taumelns zu sehen, eines

Gleitens, eines gigantischen Sprungs in das Nichts hinab. Da, dort an Felsen hing in furchtbaren Fetzen Metallenes. Weiter drunten verlor sich die Kluft in eine steinerne Wildnis, deren Boden nicht sichtbar war. Was dort hinuntergestürzt war, mußte zerschmettert worden sein in einem Augenblick. Aus dem Unsichtbaren und Regungslosen stieg grausig einsam die hohe, dünne Säule eines winzigen Räuchleins hoch.

Zwischen den Felsen am Sockel des jenseitigen Berghangs bewegte sich etwas. Nun es höherklomm, sah man: es war ein Mensch. Er bewegte sich bergwärts so schwerelos, als schritte er einen gemächlichen Weg entlang. Über die Höhe drüben lief die Grenze des Landes Kanaan. Dem geschärften Blick erwies sich, daß der Kletterer ein dürftiger Mensch war, in einen Kaftan gekleidet. Dieser Kaftan war auf eine gräßliche Weise zerrissen, und dieses Gräßliche hatte offenbar nicht nur das Kleid getroffen, sondern auch darunter den Mann. Nun er dort drüben eine weiße, glatte Felsplatte querte, konnte kein Zweifel sein: was er hinter seinen Tritten ließ, war eine schwarze Spur Bluts. Um so unbegreiflicher war jene Schwerelosigkeit, ja beinahe Hast in den Gebärden des Höherklimmenden. Er war in Eile! Erst da er zwanzig, da er fünfzehn Meter unter der Grenzscheide des Gipfels war, hielt er an. Man konnte sehen, daß er sich krümmte wie unter einem schwarzen Schrecken, der ganz im tiefen Geheimnis des Leibes saß. Da brach er auch schon ins Knie. Doch richtete er sich noch einmal hoch – halb nur, nicht ganz, nur in ein kauerndes Vorwärtstaumeln, das reichte für zwei, drei, vier Schritte gipfelwärts. Beim fünften Schritt fiel er auf sein Gesicht und regte sich nicht mehr. Tot, dachte einer, der ihn von ferne sah. Da kam noch einmal Bewegung in den, der dort drüben in seinem Blute lag. Auf allen vieren kroch er gipfelwärts. Er war zu der Zeit keine zehn Meter unter dem Höhenkamm. Auf dieser Zehnmeterstrecke starb der dort drüben ein dutzendmal und stürzte ein dutzendmal und lebte weiter und kroch bergwärts ein dutzendmal. Es dauerte eine sehr lange Zeit, bis er auf der Höhe stand. Ja, denn nun stand er, nun, wie geweckt von dem Gipfelwind, richtete er sich hoch und stand aufrecht – ein großer Bezwinger, schwarzflatternden Mantels eingeschrieben in die blasse Bläue des Firmaments.

Die Soldaten erreichten jenen Gipfel erst zwei Stunden später – so weit war der Weg um den Abgrund und den Kamm des Gebirgs hinauf. Der Mann saß auf einem Felsen, den Höherklimmenden abgekehrt, den Blick im Land, und saß da wie im Schlafe. Sie rührten an ihn, da war er tot. Er mochte gelesen haben in einem Buch, doch war das seiner Hand entfallen und ruhte auf einem Stein. Auf der aufgeschlagenen Seite stand:

»Da sagte er: Herr Herr, du hast angeboten zu erzeigen deinem Knecht deine Herrlichkeit. So laß mich hinübergehen und sehen das gute Land.

Aber der Herr sprach: Laß es genug sein; rede mir davon nicht mehr! Aber steig auf dies Gebirge Abarim und besiehe das Land. Und wenn du es gesehen hast, sollst du dich sammeln zu deinem Volk.«

Und darunter stand:

»Aber deine Kinder werden nicht untergehn.«

INHALTSVERZEICHNIS

Isaac B. Singer im dtv

Feinde, die Geschichte einer Liebe

Immer noch von Ängsten gepeinigt, lebt ein der Nazi-Verfolgung entkommener Jude in einer fatalen Konstellation zwischen drei Frauen. dtv 1216

Der Kabbalist vom East Broadway

Geschichten von jiddisch sprechenden Menschen, denen Singer in seiner geliebten Cafeteria am East Broadway begegnete. dtv 1393

Leidenschaften – Geschichten aus der neuen und der alten Welt

Autobiographische Erzählungen über Okkultisches, Übersinnliches und Phantastisches. dtv 1492

Das Landgut

Kalman Jacobi, ein frommer jüdischer Getreidehändler, wird 1863 Pächter eines enteigneten Landguts in Polen und gerät mit seiner Familie in den Sog der neuen Zeit. dtv 1642

Schoscha

»Eine Liebesgeschichte aus dem Warschauer Ghetto und zugleich ein Gesellschaftsroman unter Intellektuellen.« (Stuttgarter Zeitung) dtv 1788

Das Erbe

Auch Kalman Jacobis Familie wird von den politischen und sozialen Veränderungen gegen Ende des 19. Jahrhunderts erfaßt. dtv 10132

Eine Kindheit in Warschau

Singer erinnert sich an seine Kindheit im Warschauer Judenviertel. dtv 10187

Verloren in Amerika

Singer als kleiner Junge auf der Suche nach Gott, als junger Mann auf der Suche nach Liebe, und als einsamer Emigrant in New York. dtv 10395

Die Familie Moschkat

Eine Familiensaga aus der Welt des osteuropäischen Judentums in der Zeit von 1910 bis 1939. dtv 10650

Old Love

Geschichten von der Liebe dtv 10851

Ich bin ein Leser

Gespräche mit der Literaturwissenschaftler Richard Burgin. dtv 10882

Der Büßer

Joseph Shapiro entkommt dem Holocaust und bringt es in den USA zu Vermögen, Ehefrau und obligater Geliebter. Eines Tages merkt er, daß er seine – wenn auch ökonomisch wie erotisch erfolgreiche – Existenz nicht mehr aushält … dtv 11170

Manès Sperber im dtv

Foto: Horst Tappe

Wie eine Träne im Ozean
Romantrilogie

In dieser an Figuren und Schauplätzen ungewöhnlich reichen und spannenden Romantrilogie beschreibt Manès Sperber die politische Landschaft Europas in den Jahren zwischen 1930 und 1945. Im Mittelpunkt steht das geistige Abenteuer des revolutionären Menschen. dtv 1579

Churban oder
Die unfaßbare Gewißheit
Essays

Das hebräische Wort Churban bedeutet Verwüstung, Vernichtung. Es bezeichnet insbesondere die Zerstörung des Ersten Tempels durch Nebukadnezar (587 v. Chr.), die des Zweiten Tempels durch Titus (70 n. Chr.) und die ab 1940 von den Nationalsozialisten organisierte Ausrottung der europäischen Juden. dtv 10071

Die Tyrannis und andere Essays aus der Zeit der Verachtung

»Die Tyrannis, das ist nicht nur der Tyrann, allein oder mit seinen Komplizen, sondern das sind auch die Untertanen, seine Opfer, die ihn zum Tyrannen gemacht haben.«
dtv 10770

Wolyna
Erzählung

Dem kleinen jüdischen Städtchen Wolyna in Ostpolen droht im Winter 1942/43 der Untergang durch Hitlers Schergen ...
dtv großdruck 2588

Individuum und Gemeinschaft
Versuch einer
sozialen Charakteriologie

Die letzten Vorlesungen, die Manès Sperber vor seiner Emigration 1933 am Individual psychologischen Institut in Berlin gehalten hat.
dialog und praxis
dtv/Klett-Cotta 15030

Schalom Ben-Chorin im dtv

Die Heimkehr
Jesus, Paulus und Maria in jüdischer Sicht

Mit dieser Triologie will Schalom Ben-Chorin die tragenden Gestalten des neuen Testaments sozusagen ins Judentum heimholen und damit einen Beitrag zum »Abbau der Fremdheit zwischen Juden und Christen durch den lebendigen Dialog« leisten.
Kassettenausgabe in drei Bänden
dtv 5996
Auch einzeln lieferbar:

Bruder Jesus
Der Nazarener in jüdischer Sicht
dtv 1253

Paulus
Der Völkerapostel in jüdischer Sicht
dtv 1550

Mutter Mirjam
Maria in jüdischer Sicht
dtv 1784

Jugend an der Isar

Ben-Chorins Schulzeit in München das Engagement in der jüdischen Jugendbewegung, die Begegnung und Auseinandersetzung mit Martin Buber und dessen Werk, und seine Liebe zur Dichtung seiner Zeit. dtv 10937

Ich lebe in Jerusalem

Ben-Chorin, 1935 von München nach Jerusalem emigriert, schildert in seinen Erinnerungen das Wachsen und Werden dieser berühmten Stadt. dtv 10938

Zwischen neuen und verlorenen Orten
Beiträge zum Verhältnis von Deutschen und Juden

»Unwissenheit erzeugt Mißtrauen, Mißtrauen erzeugt Haß, Haß erzeugt Gewalttaten. Wir alle müssen die Kettenreaktion beim untersten Glied abbauen.
Christen müssen mehr von Juden und umgekehrt Juden von Christen mehr wissen, damit die Fremdheit verschwindet.« dtv 10982

Der Engel mit der Fahne
Geschichten aus Israel

Gemütvolle Geschichten aus einem halben Jahrhundert »zwischen den Welten«, zwischen der Vaterstadt München und dem Jerusalem von heute, zwischen Christentum und Judesein. dtv 11087